KB263972

음악의 역사

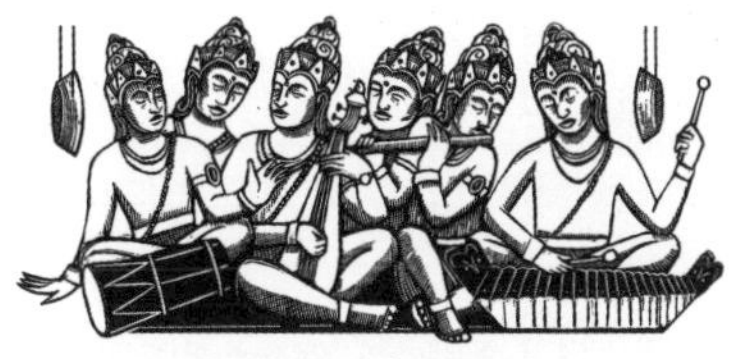

A LITTLE
BOOK
of
MUSIC

소리로 말하고
함께 어울리다

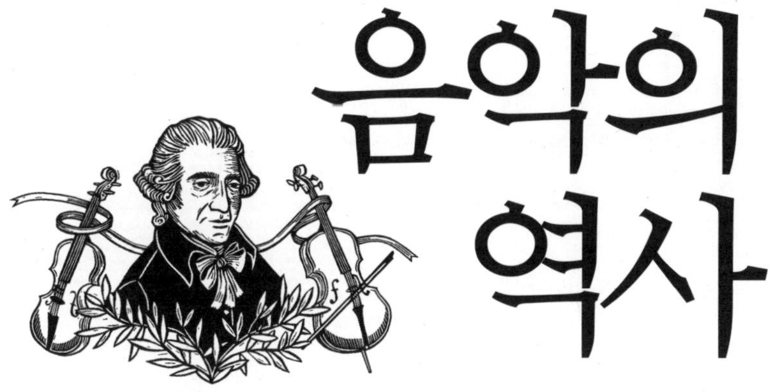

음악의
역사

로버트 필립 지음 | 이석호 옮김

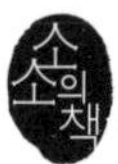

연대표*로 보는 음악의 역사

	음악 및 예술사	세계사
기원전		메소포타미아의 수메르에서 도시가 생김 (BC 3500~BC 3000년경)
		설형문자가 생겨남(BC 3100년경)
	우르의 고제사장 에르두한나의 찬가(BC 2300년경)	
	바빌로니아의 음악에 관한 기록(BC 1800년경)	
		무왕의 주나라 건국(BC 1121년)
	호메로스의 「일리아스」와 「오디세이아」(BC 800년)	그리스 도시국가의 출현(BC 800년)
		춘추시대 시작(BC 700년)
		바빌론 유수(BC 587~BC 538년)
		페르시아 제국의 오리엔트 통일(BC 539년)
	피타고라스 사망(BC 500년경)	로마 공화정 시작(BC 509년)
		전국시대 시작(BC 481년)
		페르시아 전쟁 종전 / 그리스 연합군이 방어에 성공함으로써 전제군주 체제의 확산을 막음(BC 480년)
	아이스킬로스의 비극 3부작 중 하나인 「아가멤논」(BC 458년)	
		펠로폰네소스 전쟁(BC 431~BC 404년)
	소포클레스의 「오이디푸스 왕」(BC 429년)	
	에우리피데스의 「타우리스의 이피게니아」(BC 414년)	
		스파르타가 아테네를 무찌름 / 아테네 민주주의 쇠락의 시작(BC 400년)
		플라톤의 『국가론』(BC 380년경)
		알레산드로스 대왕의 동방 원정(BC 334~BC 323년)
	아리스토크세누스의 『화음의 요소』(BC 330년경)	아리스토텔레스의 『정치학』(BC 330년경)
		진나라 시황제의 중국 통일(BC 221년)
		그리스가 로마의 속주가 됨(BC 146년)
		로마의 예루살렘 정복(BC 63년)
기원 원년~ 900년대		아우구스투스, 황제에 오르며 로마를 제국으로 만듦(AD 27년)
	베르길리우스의 서사시 「아이네이스」(AD 29년)	베수비오 화산 분화(AD 79년)
	세이킬로스의 비문(여기에 기록된 악보는 현존하는 가장 오래된 완전한 악보이다)(1세기)	
	프톨레마이오스의 음악 이론서 『화성학』(127~148년)	
		로마 제국에 의해 예루살렘이 파괴되고 유대인들이 추방됨(135년)
		한나라 멸망, 중국의 혼란과 분열 시작(220년)
		콘스탄티누스 황제가 밀라노 칙령을 반포하여 기독교를 공인(313년)
		기독교가 로마의 공식 종교가 됨(392년)
		로마 제국이 서로마 제국과 동로마 제국으로 나뉨(395년)
	퀸틸리아누스의 『음악에 대하여』(4세기)	
		훈족의 로마 제국 침략(451년)
		서로마 제국의 멸망(476년)

* J. 피터 버크홀더, 도널드 J. 그라우트, 클로드 V. 팰리스카가 함께 쓴 『서양 음악사』(제7판, 2006년)를 참고했다.

기원 원년~ 900년대	보에티우스의 『음악론』(500~510년경)	
		수나라가 중국을 통일함(589년)
		마호메트, 신의 계시를 받고 이슬람교 창시(610년)
		당 건국(618년)
	스콜라 칸토룸 설립(7세기 후반)	
		8만 병력의 이슬람 대군이 콘스탄티노플 포위(717년)
		샤를마뉴 대제, 신성 로마 제국의 황제로 임명(800년)
		베르됭 조약 성립. 샤를마뉴의 아들들이 제국을 분할함으로써 프랑스, 독일, 이탈리아의 기원이 됨(843년)
1000~ 1200년대		유럽 인구 세 배로 증가(1000~1300년)
	귀도 다레초의 『미크롤로구스』(1025~1028년)	
		헤이스팅스 전투. 노르망디 공국이 잉글랜드를 정복(1066년)
		제1차 십자군 원정(1095~1099년)
	「롤랑의 노래」(1100년경)	
		볼로냐, 파리, 옥스퍼드에 대학 설립(12세기)
	힐데가르트 폰 빙겐의 「미덕의 질서」(1150년경)	
		파리 노트르담 대성당 착공(1160년경)
	초기 모테트(13세기 초)	
		아시시의 성 프란치스코, 탁발수도회를 세움(프란치스코회)(1209년)
		영국의 존 왕, 대헌장에 서명(1215년)
	현전하는 가장 오래된 돌림노래「여름이 오다」(1250년경)	
		토마스 아퀴나스, 『신학대전』 집필(1266~1273년)
		제8차 십자군 원정(1270년)
1300~ 1400년대	조토의 파도바 아레나 예배당 프레스코화(1305년)	
	단테의 『신곡』(1307년)	
		교황 클레멘스 5세, 교황청을 아비뇽으로 옮김(1309년)
	기욤 드 마쇼, 룩셈부르크 백작 얀 1세를 위해 일하기 시작(1323년경)	
		영국과 프랑스 간의 백년전쟁(1337~1453년)
		교회의 대분열(1378~1417년)
	초서의 『켄터베리 이야기』(1400년)	
		구텐베르크, 금속 활판 인쇄술 발명(1450년경)
		투르크인의 침공으로 비잔틴 제국 멸망(1453년)
	하인리히 이사크가 피렌체에서 활동(1484~1492년경)	
	조스캥 데프레가 밀라노와 로마에서 활동(1484~1495년경)	
		포르투갈 탐험가 바르톨로뮤 디아스, 희망봉을 통과(1487년)
		콜럼버스, 서인도제도에 상륙(1492년)
	레오나르도 다 빈치의 「최후의 만찬」(1495년)	
1500년대	오타비아노 페트루치가 세속 다성음악 모음집 『오데카톤』 출판(1501년)	

시대		
1500년대	미켈란젤로의 「다비드 상」(1504년)	
	세계 최초로 기악곡 악보가 출판됨(페트루치의 류트 태블러처)(1507년)	
		마키아벨리의 『군주론』(1513년)
		마르틴 루터, 가톨릭교회의 부패를 고발하는 '95개조 반박문' 발표(1517년)
	조스캥 데프레의 「미사 팡제 링구아」(1520년경)	
	마르틴 루터와 요한 발터, 첫 코랄을 씀(1523~1524년)	
		발다사레 카스틸리오네의 『궁정론』(1528년)
		영국이 로마와 단절하여 영국 국교회를 세움(1534년)
		코페르니쿠스의 『천구의 회전에 관하여』(1543년)
		트렌트 공의회(1545~1563년)
	팔레스트리나, 로마에서 활동(1551~1594년)	
		영국의 엘리자베스 1세 통치기(1558~1603년)
	팔레스트리나의 『교황 마르첼루스의 미사』(1567년)	
	윌리엄 버드, 채플 로열의 음악가로 일하기 시작(1572년)	
	조반니 가브리엘리, 베네치아의 성 마르코 대성당에 봉직(1585~1612년)	
	클라우디오 몬테베르디, 첫 번째 마드리갈곡집 발표(1587년)	
	최초의 오페라로 알려진 야코포 페리의 「다프네」 공연(1598년)	앙리 4세, 낭트 칙령 반포(1598년)
1600년대	현전하는 최초의 오페라인 페리의 「에우리디체」가 피렌체에서 공연됨(1600년)	
	셰익스피어의 「햄릿」(1601년)	
		'영어로 쓰인 최초의 철학서'로 일컬어지는 프랜시스 베이컨의 『학문의 진보』 출판(1605년)
	몬테베르디의 오페라 「오르페오」(1607년)	영국에서 건너온 이들이 버지니아 주 제임스타운에 첫 정착지를 건설(1607년)
		갈릴레오 갈릴레이, 『시데리우스 눈치우스』를 펴내 목성에 있는 네 개의 위성을 관찰했다고 알림(1610년)
		30년 전쟁(1618~1648년)
	베네치아에 최초의 대중 오페라하우스 개관(1637년)	르네 데카르트의 『방법서설』 출판(1637년)
		프랑스 루이 14세의 치세(1643~1715년)
		유럽에 흑사병 창궐(1649~1665년)
		토머스 홉스, 『리바이어던』 발표(1651년)
	존 밀턴의 「실낙원」(1667년)	
	하인리히 비버의 「묵주 소나타」(1675년경)	
	아르칸젤로 코렐리의 「트리오 소나타, 작품 1」(1681년)	
		아이작 뉴턴, 『자연철학의 수학적 원리』 발표(1687년)
		영국의 명예혁명(1688~1689년)
	헨리 퍼셀의 「디도와 아이네아스」(1689년)	
1700년대	바르톨로메오 크리스토포리의 피아노 발명(1700년)	
		프로이센이 프레데리크 1세 치하에서 왕국이 됨(1701년)

1700년대	대니얼 디포의 『로빈슨 크루소』(최초의 영어 소설)(1719년)	
	장 필리프 라모의 『화성론』(1722년)	
	바흐, 라이프치히 성 토마스 교회의 칸토르로 임명됨(1723년)	
	비발디의 「사계」(1725년)	
	바흐의 「마태 수난곡」(1727년)	
	존 게이의 「거지의 오페라」(1728년)	
	조반니 바티스타 페르골레시의 「마님이 된 하녀」(1733년)	
		볼테르의 『철학서간』(1734년)
		프리드리히 대제, 프로이센의 국왕으로 취임(1740년)
	헨델의 「메시아」(1742년)	
		드니 디드로를 필두로 한 학자들, 『백과전서』 출판(1751~1772년)
	부퐁 논쟁(1752년)	
	하이든, 에스테르하치 공의 작곡가로 채용됨(1761년)	
	글루크의 『오르페오와 에우리디체』 / 카를 필리프 에마누엘 바흐의 『진정한 건반악기 연주 예술에 관한 에세이』(1762년)	루소의 『사회계약론』(1762년)
		미국의 독립선언서 발표 / 애덤 스미스의 『국부론』(1776년)
	밀라노 라 스칼라 오페라하우스 개관(1778년)	
	모차르트, 잘츠부르크를 떠나 빈에서 프리랜서 음악가로 일하기 시작(1781년)	칸트의 『순수이성비판』(1781년)
	모차르트의 「돈 조반니」(1787년)	
		프랑스 혁명(1789년)
	모차르트 사망 / 하이든의 첫 번째 '런던 교향곡집'(1791년)	
	베토벤, 본을 떠나 빈에 도착(1792년)	프랑스 공화국이 선포되고 루이 16세는 효수됨(1792년)
1800년대	베토벤의 「영웅 교향곡」(1804년)	
	런던의 필하모닉 협회 결성(1813년)	
	슈베르트의 「실 잣는 그레트헨」(1814년)	나폴레옹, 엘바 섬에 유배(1814년)
		빈 회의(1814~1815년)
	로시니의 「세비야의 이발사」(1816년)	
	무치오 클레멘티의 「그라두스 아드 파르나숨」(1817~1826년)	
		증기선, 최초로 대서양 횡단(1818년)
	세바스티앙 에라르, 피아노 액션의 스피드를 개선함(1821년)	
	베토벤의 「합창 교향곡」(1824년)	
	슈베르트의 「겨울 나그네」(1827년)	
	베를리오즈의 「환상 교향곡」(1830년)	프랑스의 '7월 혁명'(1830년)
	쇼팽, 파리에 정착 / 빈첸초 벨리니의 「노르마」 / 빅토르 위고의 『파리의 노트르담』(1831년)	
	가에타노 도니체티의 「람메르모르의 루치아」(1835년)	

1800년대	글링카의 「황제를 위해 바친 목숨」(1836년)	
		빅토리아 여왕, 대영제국의 왕위에 오름(1837년)
	사진술 발명(1838년)	
	슈만의 「시인의 사랑」(1840년)	
		유럽과 미국에 철도가 뻗어나가기 시작함(1840년대)
		볼티모어와 워싱턴 DC 사이에 전신 개통(1844년)
		칼 마르크스와 프리드리히 엥겔스, 『공산당 선언』 발표 / 혁명의 불길이 유럽을 휩쓺 / 캘리포니아 골드러시(1848년)
	너새니얼 호손의 『주홍글씨』 / 런던의 브로드우드 사, 연간 2,000대의 피아노 제작(1850년)	
	베르디의 「라 트라비아타」(1853년)	
	오펜바흐의 「지옥의 오르페우스」(1858년)	
	바그너의 「트리스탄과 이졸데」(1859년)	찰스 다윈의 『종의 기원』(1859년)
		미국의 남북전쟁(1861~1865년)
	스메타나의 「팔려간 신부」 / 도스토옙스키의 『죄와 벌』(1866년)	
	브람스의 「독일 레퀴엠」(1868년)	
		프랑스-프로이센 전쟁(1870~1871년)
	무소륵스키의 「보리스 고두노프」(1874년)	
	비제의 「카르멘」(1875년)	
	바그너의 「니벨룽의 반지」 초연(1876년)	
	길버트와 설리번의 「펜잔스의 해적들」 / 스메타나의 「나의 조국」(1879년)	토머스 에디슨, 전구 발명(1879년)
	브루크너의 「교향곡 4번」(1880년)	
	후고 볼프의 「뫼리케 가곡집」(1889년)	에펠탑 건설(1889년)
	드보르자크의 「신세계 교향곡」(1893년)	
	푸치니의 「라 보엠」(1896년)	
	리하르트 슈트라우스의 「돈키호테」(1897년)	
		미국-스페인 전쟁(1898년)
	스콧 조플린의 「메이플 리프 래그」(1899년)	프로이트의 『꿈의 해석』(1899년)
1900~2000년대		라이트 형제, 최초로 동력 비행에 성공(1903년)
	리하르트 슈트라우스의 오페라 「살로메」(1905년)	
	조르주 브라크와 파블로 피카소, 최초의 입체파 회화 발표(1907년)	
		헨리 포드의 '모델 T' 자동차 출시(1908년)
	쇤베르크의 「달에 홀린 피에로」(1912년)	
	스트라빈스키의 「봄의 제전」(1913년)	
		제1차 세계대전(1914~1918년)
		아인슈타인, 일반상대성이론 제안(1916년)
		러시아 혁명(1917년)
	T. S. 엘리엇의 「황무지」(1922년)	
	듀크 엘링턴, '코튼 클럽'에 출연(1927년)	찰스 린드버그, 대서양 단독 횡단 비행 성공(1927년)
	쿠르트 바일의 「서푼짜리 오페라」(1928년)	
		뉴욕 주식시장 붕괴로 대공황 시작(1929년)

1900~ 2000년대	윌리엄 그랜트 스틸의 「아프로-아메리칸 심포니」 (1930년)	
		히틀러, 독일 총리에 취임(1933년)
	거슈윈의 「포기와 베스」(1935년)	
	쇼스타코비치의 「므첸스크의 맥베스 부인」이 〈프라우 다〉지를 통해 통렬히 비판받음(1936년)	
		스페인 내전(1936~1939년)
		나치 독일의 오스트리아 합병(1938년)
		제2차 세계대전(1939~1945년)
	메시앙의 「세상의 종말을 위한 4중주」(1941년)	일본의 진주만 공습(1941년)
	로저스와 해머스타인의 「오클라호마!」(1943년)	
	조지 오웰의 『1984』(1949년)	북대서양 조약 기구 NATO 창설(1949년)
		한국전쟁(1950~1953년)
	마일스 데이비스의 「쿨의 탄생」 발매(1957년)	
	오넷 콜먼의 「프리재즈」 발매(1961년)	
		J. F. 케네디 미국 대통령 암살(1963년)
	비틀스의 첫 미국 투어(1964년)	
		인류 최초의 달 착륙(1969년)
		닉슨 미국 대통령의 중국 방문(1972년)
		베를린 장벽 붕괴(1989년)
		소련이 해체되고 냉전 체제가 종식됨(1991년)
		9·11 테러(2001년)

| 차례 |

● 일러두기

1. 이 책의 본문에 나오는 각주는 옮긴이가 독자들의 이해를 돕기 위해 달았습니다.
2. 원어는 괄호 없이 병기하는 것을 원칙으로 삼았습니다.
3. 일반적인 책명과 장편소설에는 『 』를, 작품명이나 프로그램명, 오페라, 희곡 및 연극명,
   노래 제목 등에는 「 」를 붙였습니다. 단, 바이블 제목 앞뒤에는 기호를 생략했습니다.

CHAPTER 1

음악의 '무엇'과 '왜'

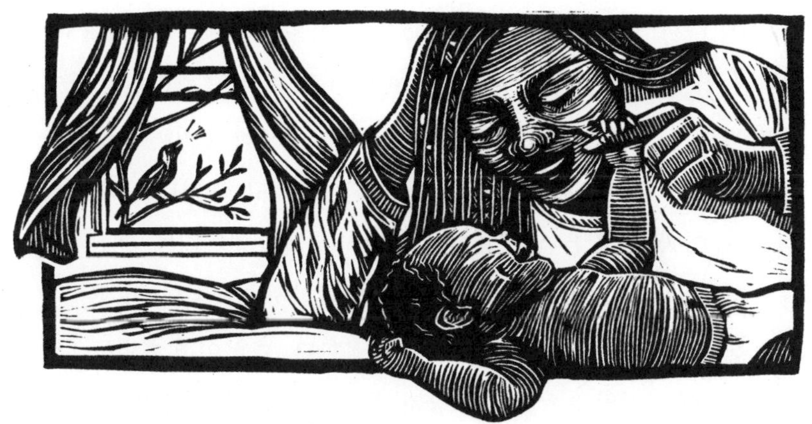

음악이란 무엇인가? 퍽 단순한 질문이라고 생각할 수도 있겠다. 그렇지만 결코 간단한 질문은 아니다. 음악이란 누군가가 노래 혹은 악기로 듣기 좋은 소리를 내는 것 아닌가, 하고 답할 수도 있으리라. 하지만 이 '듣기 좋은 소리'라는 건 과연 무엇이며, 우리가 노래를 하거나 악기를 연주하는 행위는 과연 또 무엇일까? 사람들이 가락과 화음, 화성, 리듬, 박자를 만든 결과가 음악이라고 말할 수 있을지 모른다. 물론 이들이 음악의 재료인 것은 사실이다. 그러나 이것만으로는 음악이 정녕 무엇인지에 관한 근본적인 설명은 되지 못한다.

우리는 어머니 자궁 안에서부터 이미 음악의 여러 요소를 처음 접한다. 아직 태어나지 않은 아기도 태내 15주 무렵부터 듣기 시작한다. 어머니 배 속에 든 아기의 삶을 지배하는 소리는 어머니의 심장이 뛰는 소리다. 어머니가 숨 쉬는 소리와 더불어 어머니의 심장이 고동치는 소리는 언제나 거기에 있다. 그러니까 우리는 태어나기도 전부터 이미 언제나 진행 중인, 그리고 우리 어머니의 활동량에 따라 빨라졌다가 느려지는 두 가지 리듬을 인식하는 셈이다. 그러므로 사람들 대부분이 어떠한 종류든 리듬감을 갖고 태어나는 것도 놀랍게 여길 일은 아니다.

태어나서 첫돌이 되기 전부터 우리는 기본적인 종류의 '의미'에, 어쩌면 '음악'에 반응한다. 당신은 '베이비 토크'가 어떤 소리인지 알고 있다. 베이비 토크란 의미하는 바의 분위기를 강조하기 위해 목소리가 과장되게 올라갔다 내려갔다 하는 소리다. '아이고, 착하다!', '까꿍!', '아야야! 어쩌나!' 같은 식의 표현이다. 거의 노래처럼 들리는 이들 과장된 말투는 전 세계의 여러 다른 문화권에서 나란히 사용된다. 아기는 미소와 웃음으로, 또는 심각한 표정으로 반응한다. 뜻을 이해하진 못해도 말과 말투에서 어떻게든 '의미를 찾기' 때문일 것이다. 사람들은 어쩌면 이러한 행위에 인간 음악의 기원이 숨어 있을지 모른다고 주장한다.

나는 '인간 음악'이라는 문구를 썼는데, 그렇다면 이러한 물음도 가능하겠다. 음악은 오로지 인간만이 할 수 있는 행위일까, 아니면 다른 동물들도 할 수 있을까?

우리 인간은 유인원의 일종이며, 모든 유인원과 원숭이 종은 폭넓은 종류의 소리를 낼 줄 안다. 함성과 비명을 지르고, 휘파람을 불거나 으르렁대거나 울음소리를 낼 수도 있다. 기쁨과 공포, 흥분, 위협감 같은 다양한 감정과 특정한 의미를 표현하기 위한 행위다. 베이비 토크와 마찬가지로 유인원이 내는 소리 역시 꽤나 '음악적'으로 들릴 수 있다. 워낙 음악적으로 들리기에 아예 '노래를 부른다'고 일컫는 동물도 있다. 혹등고래는 고음역 울음소리부터 깊은 신음까지 여러 '주제'로 분류 가능한 다양한 소리를 내며, 하나의 소리로 20분 이상 노래하기

　　음악의 역사

도 한다. 새들 역시 '노래하다'라는 동사가 붙는 종이다. 몹시 복잡한 새의 울음소리에는 인간의 음악과 유사한 특징이 있지만, 그 노랫소리가 워낙 빨라 인간의 귀로는 그 세부를 낱낱이 듣지 못한다. 새의 노랫소리를 길게 잡아 늘이면 고래처럼 음표를 마구잡이식으로 섞는 게 아니라 음표를 정돈된 방식으로 배열하여 노래함을 확인할 수 있다.

그렇다면 유인원과 고래, 새는 '음악'을 노래한다고 말할 수 있을까? 글쎄, 그건 당신이 '음악'을 어떻게 정의하느냐에 달린 문제일 테니 그다지 유용한 질문이 아닐지도 모른다. 고래들과 새들이 내는 복잡한 소리가 어떤 종류의 '언어'에 이른다고 말할 수 있을까? 이 역시 당신이 '언어'를 어떻게 정의하느냐에 달린 문제이리라. 이런 질문들에 대한 대답을 아직 우리는 가지고 있지 못하다. 우리가 아는 건 인간의 두뇌와 목청이 진화의 과정을 거쳐 왔고, 그 결과 우리는 인간의 언어를 말할 수 있게 되었으며, 아울러 이것이 음악의 발전과 발맞추어 이루어졌다는 점 정도다. 따지고 보면, '음악의 역사'를 기록할 수 있게 된 것도 우리에게 언어와 음악이 모두 주어졌기에 가능한 일이다.

리듬은 비단 음악에서뿐만 아니라 인생에서도 가장 기본적인 재료 중 하나다. 태어나기 전부터 죽는 순간까지 우리는 리듬에 둘러싸인 채로 지낸다. 우선 우리 몸 안의 심장이 고동친다. 우리가 걸을 때 우리의 두 다리는 네발짐승의 리듬과 다른 규칙적인 리듬을 새기며 앞으로 나아간다. 절뚝이는 것, 깡충깡충 뛰는 것, 달리는 것이 저마다 다른 리듬을 가지고 있고 말발굽 역시 천천히 걸을 때, 재빠르게 걸을 때, 달음박질할 때, 전속력으로 질주할 때의 리듬이 모두 다르다.

오랜 세월 이어져온 인간의 작업 중에도 특유의 리듬으로 음악에 영감을 준 경우가 있다. 이를테면 땅을 파고, 노를 젓고, 줄을 당기고, 바위를 부수는 행위가 여기에 해당한다. 산업혁명 이후로는 자연의 리

듬에 다양한 기계적 리듬이 더해졌다. 리듬이 중단되거나 변경되면 –
달리던 말이 담장을 넘거나 걷던 사람이 갑자기 뛰어가거나 멈추는 식
으로 – 우리는 긴장과 예상, 놀라움의 순간을 경험한다. 이 모든 리듬
으로부터 음악과 춤의 여러 리듬이 생겨났다.

자연의 어떤 리듬 패턴은 늘 변화한다. 공기의 움직임, 나뭇가지가
바람결에 움직이는 방식, 해안으로 밀려와 부서지는 파도가 그러하다.
고요한 리듬도 있다. 하루하루의 반복에는 되풀이되는 리듬이 있다. 새
벽녘에 뜬 해가 하늘을 가로질러(우리에게는 그렇게 보인다) 저녁이 되면 언덕
너머로 사라진다. 낮의 길이도 점차 길어졌다가 다시 점점 짧아지면서
한 해의 리듬을 만든다. 태어나고 성장하여 쇠락하고 숨을 거두는 인생
에도 그 자체의 리듬이 있다. 인생 그 안에도 여러 육체적·심리적 리듬
패턴이 있다. 뭔가를 이루기 위해 전심전력으로 고군분투하고는 힘을
뺀다. 몸에 병이 들었다가 회복한다. 아기를 배고 출산한다.

그러니까 우리의 삶은 음악에 영감을 줄 리듬의 원천으로 가득한
셈이다. 세계 여러 곳에는 리듬이 음악의 주된 요소가 되는 문화권이
있다. 그러나 리듬만으로 음악이 되는 경우보다는 선율과 화음이 나란
히 존재하는 음악이 보통은 더 많다. 선율과 화음 중에서 더욱 두드러
지는 쪽은 선율이다. 그러나 화음은 근본적이다. 누군가가 아무런 도
움도 없이 무반주로 노래를 부를 때조차도 그가 선택한 음표에는 이미
화음이 존재한다.

종잡을 수 없는 이야기처럼 들릴 수도 있다. 그러니 내 말이 무슨
뜻인지 좀 더 설명했으면 한다. '화음'의 의미는 누구든 어느 정도는 알
고 있다. 우리는 어느 가족이 서로 화목하게 지낼 때 '조화롭게in harmony
산다'고 말한다. 하나의 은유일 뿐이지만, 음악적 화성의 가능성을 창
조하는 자연현상에서 기인한 표현임은 분명하다.

　　　　　　　음악의 역사

만약 한 번이라도 목관악기를 불어본 적이 있다면 숨을 불어 넣는 방식의 변화만으로도 연주하는 음표를 바꿀 수 있음을 금세 알아차렸을 것이다. 악기에 따라 다르겠지만, 숨을 더 세게 불거나 리드를 더 단단히 조이거나 혹은 입술 모양을 조정함으로써 더욱 높은 음표를 연주할 수 있고, 조정의 정도를 더할수록 더욱더 높은 음표도 연주 가능하다. 이는 악기 내부의 관을 여러 방법으로 진동시킬 수 있기 때문이다. 관 전체를 진동시킬 수도 있고, 관을 절반으로 나눠서, 혹은 셋, 넷 등등으로 나눠서 진동시킬 수도 있는 것이다. 관 속으로 더 많은 에너지를 투입할수록 공기는 더욱더 많은 부분으로 나뉘어 진동한다. 관이 둘로 나뉘어 진동할 때 진동수는 두 배로 늘어나고 셋으로 나뉘면 세 배로 늘어나며, 진동수가 늘어날수록 음표의 높이(音高)도 올라간다. 바이올린이나 기타, 하프의 현으로도 이와 같이 할 수 있다. 현을 절반 지점, 3분의 1 지점, 4분의 1 지점에서 눌러 막으면 파장이 짧아지면서 점차 높은 음을 낼 수 있는데, 이를 '하모닉스harmonics' 혹은 '배음倍音, overtones'이라고 한다.

이러한 음표들의 일련을 '배음렬harmonic series'이라 부른다. 배음렬은 그저 개별 음표의 연속으로서만 존재하는 건 아니다. 서로 어우러지며 음색을 만들기도 하기 때문이다. 하나의 음표를 발성하거나 연주하면 현이나 공기가 배음렬의 여러 가능한 분할 – 절반, 3분의 1, 4분의 1 등등 – 로 동시에 진동하면서 기본음 위로 다양한 배음이 생성된다. 하나의 음표에 특징적 음색을 부여하는 것은 바로 이들 여러 배음의 조합인 셈이다. 우리가 매일 생활에 사용하는 음성에도 이러한 현상이 녹아 있다. 다섯 모음 – 아, 에, 이, 오, 우 – 사이의 차이는 배음 조합 사이의 차이이며, 우리는 입 모양을 조정함으로써 여러 모음의 소리를 자유자재로 오간다.

우리의 귀는 이 모든 미묘하고 예민한 차이를 듣도록 디자인되어 있다. 배음렬 덕분에 우리의 귀는 이 모든 다양한 조합의 차이를 판별할 수 있고, 우리는 배음렬을 구성하는 음표들 사이의 '조화로운' 관계를 감지할 수 있다.

이 모든 것이 다소 이론적인 이야기로 다가올 수도 있으므로, 구체적인 예를 들어 우리가 배음렬의 '화음'을 이해하는 본능적인 방법을 설명해보도록 하겠다. 배음렬의 첫 번째 음정, 즉 배음렬의 첫째 음과 둘째 음 사이의 거리는 '옥타브'로 알려져 있다. '옥타브가 뭐지?' 하고 궁금해할 수도 있겠으나, 여러분은 이미 알고 있다.

친구들과 모여 생일 축하 노래를 부른다고 생각해보자. 목소리가 굵은 남자들은 자기가 부르기 편한 대로 노래할 것이요, 목소리가 가는 여자들과 아이들 역시 자기가 편한 대로 남자들보다 한 옥타브 위의 음역으로 노래할 것이다. 이는 의식적으로 하는 일이 아니라 본능적으로 그렇게 되는 일이다. 한 옥타브 차이가 나는 두 음 사이의 관계는 너무도 밀접하여 생일 파티 자리에 모인 남자들과 여자들은 서로 다른 음으로 노래한다는 인식조차 없다. 한쪽은 높고 다른 한쪽은 낮으나 같은 음이라고 생각하는 것이다. 이는 두 음이 그보다 더 간단할 수 없는 관계에 있기 때문이다. 다시 말해 이 두 음은 배음렬의 제1음과 제2음이며, 제2음의 진동 주파수가 제1음의 정확히 두 배이기 때문이다. 배음렬의 그다음 음의 진동 주파수는 제1음의 세 배다. 배음렬의 제2음과 제3음 사이의 음정은 '5도'로, 5도 음정은 옥타브 음정을 제외하면 전 세계 모든 음악 문화권에서 가장 흔히 만날 수 있는 음정이다. 이 역시 배음렬의 제2음과 제3음의 진동수 사이에 간단한 정수비 관계 (2 대 3)가 성립하기 때문이다.

배음렬은 화음의 기초가 된다. 배음렬은 선택의 가능성으로 이어

음악의 역사

지는 자연현상이다. 즉 어떤 음표를 골라 선율을 꾸밀 것인가, 혹은 음표를 어떻게 묶어 하나의 덩어리로 만들 것인가의 선택 말이다. 두 개의 음을 동시에 연주할 때 그 소리가 더 '조화로운' 쌍이 있고 그렇지 못한 쌍도 있다. 조화로운 소리가 나는 이유는 두 음 간의 관계가 단순하기 때문이다. 그리고 두 개의 음이 서로 어울리지 못하고 '맞부딪히는' 것처럼 들리는 건 그 두 음의 관계가 단순하지 못하기 때문이다. 우리가 듣는 음악에서 얼마나 많은 정도의 불협화음을 원하는가 하는 것은 취향과 문화의 문제이기도 하다. 그러나 그 취향이라는 것 역시 배음렬을 향한 우리 귀와 뇌의 민감성에 근거를 두고 있다.

이렇듯 자연은 우리에게 음악을 지어낼 수 있는 기본 재료를 공급해준다. 마치 시각예술을 위한 재료 - 색채, 흙, 나무, 돌 - 역시 지구가 제공하는 것과 같은 이치다. 회화, 조각, 건축은 수천 년간 살아남는다. 그러나 음악은 음악가의 행위가 멈추는 순간 홀연히 사라진다. 그렇다면 왜 우리는 이러한 음악을 떠받들고 가치를 두는 것일까? 음악은 무엇을 위한 것일까?

이러한 질문들에 대한 대답은 여러분 각자의 입장에 따라 제각각으로 갈릴 것이다. 직접 음악을 연주하거나 노래를 하는지, 연주회에 참석하는 편인지, 노래가 동반되는 예배 공간에 출입하는 처지인지, 혹은 그저 집에서 음악을 감상하거나 여기저기서 나오는 음악에 귀를 맡기는 편인지에 따라서 말이다. 물론 당신이 듣는 음악은 누군가가 창조했기에 비로소 존재한다. 음악 생산 행위에 몸소 참여하는 독자라면 노래나 연주에 의해 촉발되는 특정한 범위의 감정이 있고, 그것이 단순히 음악을 들을 때 느끼는 감정과 다르다는 점을 체감하고 있을 것이다. 합창단의 일원으로 노래하는 사람들은 피곤한 몸을 이끌고 연습 장소에 도착한 경우라도 연습이 끝나고 헤어질 때는 재충전된 기분을 느끼는 경우가 흔하다고 말하곤 한다. 이는 노래라는 신체적 행위가 우리의 몸과 두뇌에 영향을 미치기 때문이기도 하겠지만, 그게 전부는 아니다. 합창은 같은 목적을 가진 타인들과 우리를 이어주는 공동의 행위이기 때문이다.

공동 행위로서 오랜 세월에 걸쳐 가장 널리 퍼진 음악의 사례는 바로 종교 제례에서 찾을 수 있다. 여러 고대 문화권 – 인도, 메소포타미아, 중국, 이집트, 그리스 – 은 우주 어디에나 소리의 진동이 편재遍在한다고 믿었고, 아울러 이 소리의 진동이 에너지의 원천이 되어 궁극적으로 음악을 빚어내고 화음을 일으킨다고 믿었다. 기독교 문명 초기에 이러한 개념은 하느님이 만든 우주의 질서를 설명하는 수단이 되었고 음악은 그러한 질서의 표현으로 여겨졌다.

이와 비슷하게, 고대 전통을 보존한 여러 문화권은 음악을 창조 설화의 핵심적 요소로 간주한다. 여기서 조금만 더 나아가면 인간이 자연 세계와 관계를 맺는 방식으로서의 음악, 동물이나 조상의 정령과 소통하는 수단으로서의 음악이라는 관점으로 이어진다. 음악은 좋든 나쁘든 힘을 가진 것으로 여겨진다. 음악에는 아픈 자를 치료하는 힘이 있다고 믿는 이들이 있는가 하면, 음악이 위험하며 잠재적으로 비도덕적이라고 여기는 사람들도 있다.

음악은 그 용법과 효과가 무척 다양하므로 음악이 마치 하나인 양 생각하는 것은 유용하지 못하다. 음악이라는 단어에 광범위한 의미를 부여하는 영어와 달리 어떤 언어들은 '음악'을 가리키는 단어 자체가 없다. 대신 이들은 시를 읊고 종교 경전을 낭송하고 악기를 연주하고 북을 치는 등등의 행위를 구별하여 표현한다. 흔히 종교음악은 딱히 '음악'으로 간주되기보다는 그저 예배 행위로 여겨진다(예를 들면 이슬람교가 그러하다). 선율을 붙여 노래로 부르는 언어는 높은 차원으로 고양되어 창조주에게 봉헌하기 더욱 합당한 것으로 여겨진다.

여기서 조금만 더 나아가면 그 어떤 말도 노래로 부르면 고양된다는, 혹은 최소한 탈바꿈된다는 생각에 이른다. 이것은 말을 더욱 명쾌하게 한다는 의미가 아니다. 흔히 말은 노래가 되면 그 명료성이 퇴색되기 때문이다. 하지만 여러분이 말의 의미를 이미 알고 있다면 음악이 말의 메시지를 어떻게든 더욱 강화함을 또한 느낄 수 있을 것이다.

춤에 관해서도 이와 비슷한 말을 할 수 있다. 춤은 몸을 통해 리듬의 경험을 강화하는 음악적 방식이다. 이는 야생의 열광적 에너지부터 전례와 의식에 동원되는 장엄한 행렬에 모두 적용된다.

어떤 사회에서는 종교와 춤, 음악이 공동체 사회의 우선적 표현으로 기능한다. 그러나 특히 현대 사회를 비롯한 많은 사회적 집단은 청중을 앞에 두고 연주하는 음악에, 그리고 개별 음악가의 자질에 강한 방점을 찍는다. 특수한 기술이 없으면 음악가가 될 수 없으며, 음악가가 된 이들은 거기에 부속되는 지위와 위신을 함께 누린다. 특히 현대의 초超연결 세계에서 음악가들은 유명세를 얻는다.

악기는 수천 년간 존재해왔다. 우리 모두에게 목소리가 있는 마당에 악기는 왜 또 필요한 걸까? 대답은 간단하다. 악기가 없었다면 우리는 지금처럼 다양한 범위의 소리를 낼 수 없었을 것이다. 악기의 힘을 빌려 우리의 목소리만으로는 불가능한 고음과 저음을 낼 수 있고 우리의 성량을 벗어나는 커다란 소리를 낼 수 있다. 또한 인간의 노래 실력으로 달성할 수 없는 정교한 음표의 패턴 역시 악기로는 가능하다. 타악기의 연주 소리에는 춤의 리듬을 뚜렷이 하거나 전례의 엄숙성을 고양하는 효과가 있다. 악기는 때때로 몹시 중요하게 여겨져 지배자나 신에게 바쳐지거나 조상의 목소리를 상징하는 등 그 자체로 귀중한 물건으로 간주된다.

이 모든 음악적 행위가 한 가지 분명한 배경을 공유한다. 즉 음악은 다른 모든 것과 마찬가지로 어느 정도 사회를 반영한다. 음악은 사회가 그것이 되길 요하는 바는 무엇이든 된다. 학자들의 연구를 통해 밝혀지고 있는 바처럼, 음악은 인간 두뇌 속의 화학물질을 자극함으로써 우리에게 깊은 쾌감과 만족감을 선사한다. 깊은 쾌감을 다른 이들과 함께 나누는 경험은 우리 각자의 인생을 고양함은 물론이요, 우리를 하나로 묶는 것임은 두말할 필요가 없으리라. 수만 년을 되짚으며 전 지구를 답파할 앞으로의 여행을 통해 우리는 음악이 가진 힘이 얼마나 다양한 결과를 가져오는지 발견하게 될 것이다.

음악의 역사

CHAPTER 2

아득한 옛날 춤의 그림자

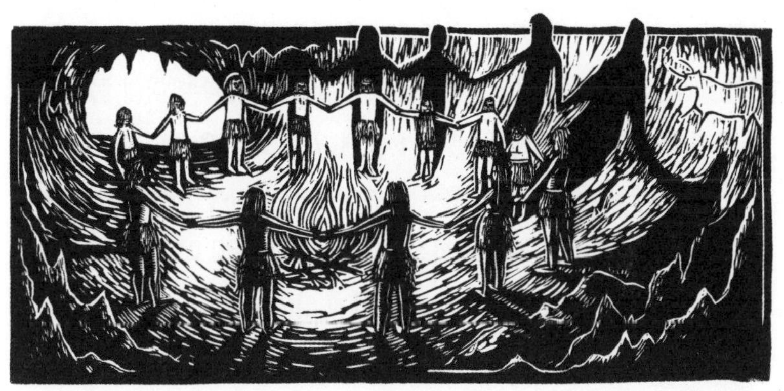

어느 여행이나 마찬가지겠지만, 출발은 시작점에서 하는 것이 바람직하다. 하지만 시작점이 어디일까? 역사에는 간단히 '여기가 시작점이다' 하고 말할 수 있는 순간이 극히 드물다. 만약 무슨 사건이 일어난다면 보통은 거기까지 이르는 전사前事가 있게 마련이며, 결국은 일의 기원을 찾아 한참 과거로 또 과거로 거슬러 올라가게 된다. 음악도 마찬가지다.

우리가 '인간'이라고 부르는 최초의 유인원이 진화를 시작한 것은 지금으로부터 약 400만 년 전 동아프리카에서였다. 이들은 300만 년 전쯤부터 석기를 제작했다. 믿기 어려울 정도로 오래된 이들 인공 유물을 바라보고 있으면 노래하고 손뼉을 치고 춤추고 서로를 때리는 것과 같은 유인원들의 행위를 초창기 인간들이 좀 더 복잡한 형태로 발달시키는 모습이 자연스레 머릿속에 그려진다. 인간이 진화를 거듭함에 따라 이러한 행위들은 다양한 방식으로 발전했다. 특히 결정적인 진화는 초창기 인간의 가장 중요한 특징인 '직립'이다. 인류학자들은 인간이 직립한 이유에 대해 지금까지도 갑론을박하고 있지만, 그런 그들도 직립이 인간의 양손을 자유롭게 하는 효과를 가져왔다는 점에는 의견이 일치한다. 세월을 거듭하며 우리 인간은 양손을 사용하는 여러 다양한 방법을 개발했으며, 그중에는 음악과 관련된 방법도 있었을 것이다. 또한 몸을 곧게 하고 두 발로 서는 것은 인간의 머리와 목구멍에 한 가지 큰 영향을 미쳤다. 머리가 등뼈 위로 올라옴으로써 후두－우리가 말을 하고 다양한 소리를 내는 데 사용하는 목소리 상자－가 목구멍 아랫부분으로 내려가면서 길어졌는데, 덕분에 인간은 다른 유인원 종보다 훨씬 폭넓은 소리를 낼 수 있게 되었다. 혀의 모양 변화와 두뇌의 발달 역시 인간의 발성 능력을 키웠다. 이렇게 인간은 음악과 언어를 모두 가지게 되었다.

음악의 발전과 언어의 발전이 서로 어떻게 얽히며 전개되었는지는 지금도 진행형인 논쟁 주제이며, 아직까지 그 질문에 아무도 속 시원한 답을 내놓지 못하고 있다. 그러나 음악과 언어의 발전이 아주 오랜 세월 동안 이어져온 매우 느린 과정이라는 점에는 이견의 여지가 없다. 어떤 인류학자들은 인간의 언어가 35만 년 전 아프리카에서 처음 생겨났다고 주장한다. 만약 그들의 주장이 사실이라면 인류 최초로 언어를 사용한 사람들의 삶에 모종의 음악 또한 있었을 게 분명하다. 인류학자들은 초창기 인류에게 음악이 어떤 역할을 했는지를 두고도 여전히 논쟁을 벌인다. 음악이 감정 표현을 통해 집단의 결속을 높이는 방안 중 하나였다는 설부터(이는 유인원들의 외침이 가지는 역할을 확장한 이론이었다) 함께 노래하는 행위가 포식자의 접근을 물리치기 위함이었다는 설까지 다양한 주장이 있다.

음악의 역사

　　물론 이 모든 것은 인간의 신체 구조 발전과 이후 인간 및 동물 행동에 관한 우리의 지식에 근거한 추측에 불과하다. 인류 최초의 음악에 관해 남은 증거가 어디에도 없기 때문이다. 그나마 음악의 존재를 추정할 수 있는 가장 오래된 물리적 증거는 제례祭禮, 특히 죽은 자를 매장하는 형식 절차와 관련되어 남은 증거다.

　　1970년대 남프랑스에서 발견된 무덤 자리에서는 두 살 된 아이의 시신이 나왔다. 매장 시기는 4만 년 전쯤으로 추정되었다. 부장품은 발견되지 않았지만, 시신은 마치 영면에 든 듯 편안한 모습으로 가지런히 놓여 있었다. 인류 역사를 통틀어 음악은 죽은 자의 매장이나 조상 숭배 의식과 긴밀히 연관되어왔으므로, 4만 년 전에 숨진 아이가 땅에 묻힐 때도 노래건 합창이건 춤이건 행렬이건 어떤 형태의 음악이 동반되었으리라 상상해볼 수 있다.

　　지금까지 발견된 것들 중에 가장 오래된 악기의 출처 역시 이와 같은 시기로 추정된다. 1990년대에 발굴자들은 독일 남부의 동굴에서 4만 년 전 매머드 상아로 만든 피리를 발견했다. 그로부터 10년 뒤, 그곳에서 멀지 않은 또 다른 동굴에서는 독수리의 날개 뼈로 만든 피리가 발견되었다. 둘 다 보존 상태가 온전하지는 못해 실제로 불어볼 수는 없었지만 남은 파편을 재구성함으로써 그 소리가 어떠했는지 짐작해볼 수 있다.

　　한 가지 사실은 분명하다. 누가 이러한 피리를 만들었건 간에 그것이 '즉흥적'인 발명은 아니었으리라는 점이다. 이처럼 정교한 악기를 멋모르고 만들었을 가능성은 희박하다. 모양을 잡은 솜씨는 세심하고, 바람구멍 역시 아무렇게나 배치된 게 아니라 특정한 음표의 소리를 내기 위한 뚜렷한 목적성을 띠고 있다. 한쪽 끝에 입을 대고 숨을 불어 넣는 방식인데, 어떤 피리는 흡사 리코더처럼 호각 모양의 구멍까지 나 있다. 이런 악기들은 수공예 전통의 산물이 아닐 수가 없다. 피리는 온 갖 다른 재료로도 만들어졌을 게 틀림없다. 이를테면 대나무나 갈대처럼 천연 대롱 모양의 재료가 가장 흔히 쓰였을 텐데, 그런 피리는 세월이 지나면서 썩어 없어졌을 것이다. 뼈로 만든 피리가 발견된 독일의 동굴에서는 가슴이 큰 여인의 나신裸身을 본떠 만든 인류 최초의 비너스 조각상「빌렌도르프의 비너스Venus of Willendorf」가 발견되었다. 유럽과 아시아 곳곳에서 발견되는 이러한 조각상은 다산多産이나 여신 숭배와 관련된 제례적 의미가 담긴 것으로 여겨지고 있다. 이후 수천 년 동안 여러 사회에 걸쳐 음악은 제례와 불가분의 관계를 맺게 되는데, 그러므로 이처럼 정교한 조각 솜씨가 발휘된 피리는 고대 혈거인의 의례에서 일정 역할을 담당했을 것으로 추정된다.

지금 불어도 소리가 나는 가장 오래된 피리는 중국에서 발견되었다. 1980년대 황하 인근의 지아후賈湖에 있는 여러 무덤에서 스무 개의 피리가 출토되었다. 제작 시기는 8,000~9,000년 전으로 추정되고, 재료는 독일에서 발견된 피리 조각과 마찬가지로 몸집이 큰 새의 날개뼈다. 이들 피리는 그릇을 비롯한 부장품과 함께 무덤에 묻힌 것으로 보아 중요한 의미가 있는 물건으로 취급되었음을 짐작할 수 있다. 그런데 중국에서 발견된 피리가 특히 흥미로운 건 아직까지도 연주가 가능하다는 점 때문이다. 덕분에 우리는 고대 중국인들이 피리를 통해 얻은 음표의 범위를 가늠할 수 있게 되었다. 연주자는 한쪽 끝에 난 구멍으로 불어 넣은 숨을 관 속으로 통과시킴으로써 소리를 냈다. 발견된 것 중 가장 오래된 피리들은 구멍이 다섯 개, 이후의 피리들은 구멍이 일곱 개가 나 있고, 이를 통해 얻을 수 있는 여러 음표는 이후 수천 년 동안 아시아 전역에서 보편적으로 사용된 음표들과 흡사하다.

악기 외에 선사시대 유적에서 발견된 그림과 새긴 무늬에서도 인

음악의 역사

류가 음악 활동을 했다는 증거를 찾을 수 있다. 이들 중 다수가 춤추는 사람들의 모습을 묘사하고 있는데, 그중 가장 오래된 사례는 보르네오에서 발견된 2만 년 전 작품으로 추정되는 그림이다. 여기에는 작대기처럼 생긴 인물들이 서로 손을 맞잡고 춤을 추는─혹은 적어도 뜀을 뛰는─광경이 나타나 있다. 인도에 있는 빔베트카 바위 은신처Bhimbetka Rock Shelters에는 1만 년쯤 된 암각화가 있다. 동물의 모습 및 사냥 장면과 함께 여기에도 막대 모양의 사람들이 손을 잡고 줄지어 춤을 추는 광경이 새겨져 있다. 서로 마주 보고 서서 한 손에 둥근 물건을 든 사람도 보이는데, 아마도 탬버린이나 작은북 같은 악기가 아닌가 짐작된다. 사하라 사막에는 그곳이 사막이 되기 전인 6,000~8,000년 전에 그려진 벽화 수천 점을 간직한 동굴들이 있다. 가축을 몰고 사냥을 하는 장면들 사이로, 둘씩 짝을 지어 서로 같은 팔 동작을 하며 춤을 추거나 마치 제례 행렬을 따라가는 것 같은 군중의 모습으로 표현된 사람들이 보인다. 이 그림과 가까운 곳에 있는 벽화에는 손뼉을 치고 노래하고 춤을 추는 여인들이 그려져 있는데 그들 중 한 명은 북을 치고 있는 모습이다. 차드에 있는 어느 바위 표면에도 네 여인이 줄지어 춤을 추는 모습이 그려져 있고 그들 중 한 명은 북으로 보이는 물건을 손에 쥐고 있다.

약 6,000년 전부터 정착지의 규모가 커지고 도시가 생겨나기 시작하면서 사람들이 음악 활동을 했음을 보여주는 증거품의 숫자 또한 극적으로 늘어난다. 발견은 메소포타미아(현재의 이라크를 중심으로 한 지역)와 페르시아(이란), 이집트, 인더스 계곡(현재의 파키스탄), 중국의 주요 거점에 집중되었다. 이들 지역을 중심으로 음악은 향후 수천 년간 중요한 발전을 이룬다. 또한 이들 지역은 놀라우리만치 이른 시기부터 서로 생각과 악기를 주고받았다.

이집트 문명에서는 5,000년 전 사람들이 무덤 내벽, 그릇 표면, 단검 손잡이에 그린 그림에 서로 손을 잡고 춤을 추는 여인들의 모습이 등장한다. 페르시아에서는 무리를 지어 춤추는 사람들을 묘사한 점토 봉인과 그릇이 다수 발견되었다. 또한 지금까지 알려진 것들 중 가장 오래된, 독무獨舞를 추는 사람을 묘사한 작은 조각품도 발굴되었다. 이처럼 다양한 형태의 춤은 현전現傳하는 유물에 나타난 것보다 역사가 훨씬 더 오래되었을 게 분명하며, 유물에서 보이는 것과 유사한 형태의 집단무는 지금까지도 여러 민속무용에 흔하게 나타난다. 춤에는 개인의 표현으로서, 그리고 서로 다른 사람들이 결속을 다지는 의식으로서 인간 본성에 근본적으로 호소하는 뭔가가 있는 것이 틀림없다.

이와 비슷한 무렵부터 다양한 종류의 나팔이 존재했다는 증거가 나타난다. 나팔은 마우스피스에 입술을 오므려 대고 혀를 입술 사이로 부르르 떨듯이 하여 소리를 내는 악기다. 이 원칙은 1만 7,000년 전 소라 껍데기를 나팔처럼 사용할 때부터 그대로 적용되었고, 전 세계에 걸쳐 사람들은 동물의 뿔을 입에 대고 이와 비슷한 방식으로 소리를 냈다. 나팔을 제례 목적으로 사용한 기록은 유대인의 경전에서 만날 수 있다. 약 5,000년 전 숫양의 뿔로 만든 나팔인 쇼파르shofar를 예루살렘에 있는 솔로몬의 예배당에서 불었다는 기록이 있고, 동물을 제물로 바치는 희생 제례가 끝나고 은색 나팔을 불었다는 기록도 나온다. 은색 나팔은 3,500년 전 이집트를 통치한 소년 파라오 투탕카멘의 무덤에서도 출토된 바 있다. 이들 초창기 나팔은 폭넓은 범위의 음역을 아우르도록 고안되지 않았다. 신호처럼, 혹은 의식의 중요한 순간을 나타내기 위해 한두 음표를 소리로 내는 정도면 충분했기 때문이다. 이런 악기들은 '음악' 연주를 위한 악기라기보다 제례적 목적이 강한 도구로 보는 편이 적당하다.

　한편 현악기는 아주 옛날부터 본격적인 음악 연주 목적으로 사용되었다. 화살을 먹여 날리는 사냥용 활은 수천 년 동안 존재해왔으며, 사람들은 활의 줄을 팽팽히 잡아당긴 채로 퉁기거나 문지르면 특정 음높이를 가진 소리를 낼 수 있다는 사실을 곧 발견했다(아프리카의 일부 지역에는 아직도 이러한 형태의 악기가 존재한다). 정교한 현악기를 제작해 사용하기 시작한 건 고대 메소포타미아와 이집트 사람들이다. 메소포타미아 지방의 남쪽 끝단에 있는 우르Ur 지방에서 출토된 물건에는 5,000년 전에 사용된 악기의 그림과 노래하고 춤추는 사람들, 곡예사, 종교 제례의 그림이 그려져 있어서 그 당시에 음악이 사용된 배경을 짐작케 한다. 그 시절에 사용된 하프와 리라(크기가 작은 하프라고 생각하면 된다)도 몇 점 남아 전한다. 나무로 구성된 부분은 오래전에 썩어 없어졌지만 화려한 귀금속 덮개 덕분에 간신히 형태를 유지한 유물들이다. 당시 메소포타미아 지방에서 가장 흔했던 리라는 정교한 조각 솜씨가 돋보이는 황소 머리 모양의 소리통에 줄을 위아래 방향으로 단 형태다. 황소는 비와 천둥을 관장하는 신을 상징하는 동물이었으므로, 이 리라에는 단순히 여흥을 넘어서는 의미가 부여되었음이 분명하다. 우르에서 발굴된 리라들은 8~10개의 줄이 매달려 있다. 각각의 현을 어떻게 조율했는지는 미지수지만, 그로부터 1,000년쯤 이후에 사용된 점토판을 보면 이미 당시의 메소포타미아 사람들이 배음렬의 수학적 원리를 이해하고 있었음을 알 수 있다. 이러한 지식을 바탕으로 메소포타미아 사람들은 악기에 매달린 줄을 5도 간격(배음렬의 두 번째 음과 세 번째 음 사이의 음정)으로 조율했다. 메소포타미아의 조율 원칙과 음계는 이후 수 세기에 걸쳐 아시아 전역에 영향을 미쳤고, 현대 서구 음악의 장음계와 단음계, 그리고 서양 악기를 조율하는 기법은 적어도 4,000년 전 메소포타미아에서 개발된 이론에 그 존재를 빚지고 있다.

이는 비단 음악 이론의 문제만은 아니었다. 고대 메소포타미아에서 음악은 우주의 이해 및 우주에 내재한 수학적 관계 – 여기서 화성이 파생되었다 – 와 밀접히 연관되는 사안이었다. 메소포타미아 사람들의 음악에 관한 사상은 동쪽으로는 중국, 남쪽으로는 이집트까지 전파되었다. 그리고 이집트로부터 메소포타미아의 음악 이론을 건네받은 그리스에서는 '우주의 화음', '천체의 음악' 같은 개념이 뿌리내렸다. 기독교 시대 초기에 이러한 개념은 하느님이 세운 세계 질서를 설명하려는 시도로 활용되었고, 음악은 바로 그 질서를 표현하는 수단으로 여겨졌다.

메소포타미아 양식의 악기는 고대 이집트까지 건너갔다. 이집트 그림에는 리라와 하프가 자주 등장한다. 메소포타미아와 이집트에서 모두 사용된 악기 중에는 류트(기타와 비슷한 형태로, 자그마한 몸통에 목은 길쭉하다)도 있다. 메소포타미아에서 발견된 약 5,000년 전의 것으로 추정되는 그림에는 류트를 연주하는 악사의 형상이 담겨 있는데, 한 손으로는 줄을 퉁기고 다른 손으로는 악기의 목을 감싸 쥔 채 지판 위로 현을 누르는 모습이 현대의 기타 연주자와 신비로울 정도로 닮아 있다. 이집트에서 발견된 그림은 그들이 사용한 류트에 프렛 – 각 음의 위치를 알기 쉽게 하는 지판 위의 돌기 – 이 달려 있었음을 알게 해주는데, 이 역시 기타와 마찬가지다. 3,500년 전에 조성된 것으로 추정되는 어느 이집트 관리의 무덤에서는 유명한 그림이 여러 점 발견되었는데, 그 중 하나에는 여인들이 두 줄짜리 류트를 연주하는 모습이 그려져 있다. 같은 무덤에서 발견된 또 다른 그림에는 두 여인이 옷을 벗은 채 우아한 곡선 동작으로 춤을 추고 있는 모습이 표현되어 있고, 다른 여인들이 앉은 채 손뼉을 치는 장면과 한 명의 악사가 두 개의 기다란 대롱으로 구성된 목관악기 – 더블 아울로스 – 에 입을 대고 부는 장면이 그려져 있다. 아울로스aulos는 현대의 오보에처럼 작은 겹 리드reed*를 사용해 소리를 내는 악기로, 이 역시 메소포타미아에서 이집트로 건너온 문물이다. 그림은 가정의 화목한 한때를 묘사한 것으로 짐작된다.

그런데 음악은 종교 제의와 왕족의 의식에서도 중요한 부분을 담당했다. 이집트에는 연주 수준별로 남녀 직업 악사가 고루 포진되어 있었다. 그중 지위가 가장 높은 이들은 종교 사원 음악가들이었다. 그들은 사원이 모시는 신을 받드는 일에 전념했고, 일부는 사제나 여사제에 버금가는 대우를 받았다. 이집트 사람들은 모시는 신이 많았는데, 그중에는 음악이나 춤을 따로 관장하는 신들도 있었다.

---

* 갈대의 줄기, 또는 그것을 가공한 발음체, 그리고 그 같은 기능을 가진 발음체를 통틀어 말한다. 한쪽을 고정시키고 공기를 불어 넣음으로써 다른 쪽을 진동시키는 발음원으로서 주로 오보에, 클라리넷 같은 목관악기에 이용된다.

CHAPTER 3

시인이 노래하다

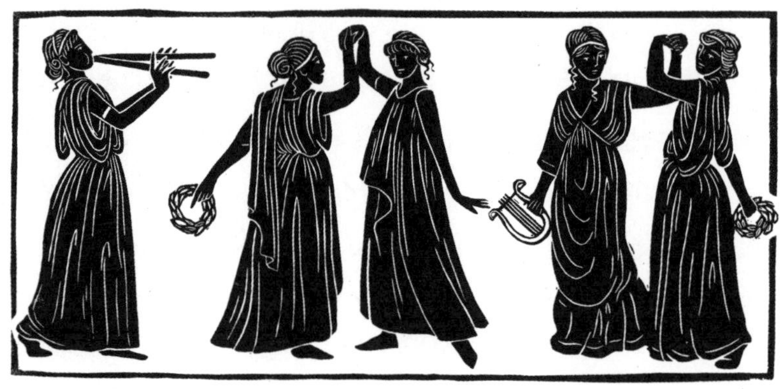

　'그리스 고전기'는 기원전 5세기 그리스에서 정점에 도달한 문명에 주어진 거창한 명칭이다. '고전'이라는 단어를 사용한 이유는 고대 그리스의 사상과 업적이 훗날 유럽 세계의 발전에 가장 중요한 밑거름이 되었다고 여겨지기 때문이다. 그러나 그리스 문명의 달성이 동방의 메소포타미아와 남방의 이집트 같은 선배 문명권에 크게 빚지고 있음이 발견된 것은 최근 학자들의 연구 덕분이다.

　앞에서 보았듯, 그리스가 문화적으로 두각을 드러내기 전부터 메소포타미아와 이집트는 서로 많은 생각과 악기를 나누었다. 메소포타미아 사람들이 배음렬의 수학적 원리를 이해했고, 또한 이를 바탕으로 현악기 조율법을 개발해냈음도 앞에서 이미 언급했다. 그런데 우리는 과연 어떻게 이러한 사실을 알게 되었을까? 왜냐하면 메소포타미아는 현재의 학자들이 해독할 수 있는 언어로 된 기록 자료를 남긴 최초의 문명이기 때문이다. 그들은 점토판에 찍어 기록한 쐐기 모양의 문자(설형문자)를 사용했다. 메소포타미아 사람들은 음악에 대한 글을 남겼을 뿐만 아니라 음표를 기록하는 방식도 개발했다. 현대식 기보법記譜法에는 한참 미치지 못하는 수준이지만, 학자들은 그 의미를 완전히 해독하기 위해 애를 쓰고 있다. 현전하는 가장 오래된 사례는 우가리트(메소포타미아 북쪽 지방의 도시)에서 발견된 점토판이다. 3,400년 전에 제작된 이 점토판에는 여신에게 바치는 노래가 기록되어 있는데, 음표와 노랫말뿐만 아니라 노래 방법에 관한 지침도 적혀 있다. 비록 이 태곳적 음악은 많은 부분이 미지의 영역에 갇혀 있지만, 메소포타미아 사람들과 그 이웃들은 선법旋法, mode – 현대의 음계와 유사한 음의 체계 – 에 기반하여 선율을 만들었던 것 같다. 선법은 메소포타미아 사람들이 조율체계의 원리를 수학적으로 이해했다는 사실과 무관치 않으며, 그리스인들이 메소포타미아로부터 건네받은 지식 역시 그 핵심에는 선법과 조율체계가 있었다.

고대 그리스인들에게 음악은 시와 긴밀히 연관된 매우 중요한 대상이었다. 기원전 7세기에 탄생한 「일리아스」와 「오디세이아」 같은 초기 서사시는 비록 호메로스라는 저자의 이름을 달고 있지만 세대를 거듭하며 구전된 서사시의 오랜 전통에서 유래한 것으로 짐작된다. 입에서 입으로 전해지던 이야기가 마침내 기록되면서 고정된 형태에 도달한 것이다. 이들 태곳적 시들은 이야기를 '말'하기보다 '노래'하는 편에 가까우며, 시인 혹은 '음유시인'은 모르긴 몰라도 이런 서사시를 노래한 경험이 있는 이들이었을 가능성이 높다. 호메로스는 「오디세이아」에서 리라로 직접 반주를 곁들이며 노래하는 음유시인을 묘사하는데, 이런 광경은 아마 당시 사람들에게 익숙한 장면이었을 것이다. 호메로스가 활동할 당시 그리스에서는 메소포타미아나 이집트와 마찬가지로 일곱 줄짜리 리라가 사용되었다. 앞으로 보게 되겠지만, 시를 외우고 즉석에서 간단한 반주를 곁들여 암송하는 행위는 이후 수 세기를 관통하는 하나의 전범典範이 되었다.

고대 그리스 문명의 황금기는 호메로스가 죽고 두 세기가 지난 기원전 5세기 아테네에서 만개했다. 문학, 희곡, 미술, 조각, 건축, 철학, 정치 등의 분야에 걸쳐 이후 세대에게 영감이 된 그리스인들의 모든 성취는 이 시기에 집중되었다. 그리스 예술의 초점은 축제였다. 그리스 전역에서 펼쳐진 축제 무대는 어떤 것들은 촌락 중심의 작은 규모였고, 또 어떤 것들은 방방곡곡에서 찾아온 사람들이 힘을 모을 정도로 거대한 규모였다. 이런 축제들은 신들을 기리기 위한 목적을 띠었다 ─ 그리스는 이집트나 메소포타미아와 마찬가지로 수많은 신과 여신을 섬기는 문화였다. 축제는 종교 행렬, 동물을 희생 제물로 바치는 제사, 운동경기, 음악과 연극 등으로 이루어졌다. 연극 축제 중 가장 중요한 무대는 아테네 사람들이 봄철마다 주신酒神 디오니소스에게 바친 '디오니시아Dionysia'였다. 디오니시아에서 핵심이 되는 순서는 비극과 희극을 망라한 신작 희곡 경연 대회로, 여기서 우승한 이들의 명단에는 지금까지도 유명세를 떨치는 위대한 극작가 네 명의 이름이 포함되어 있다. 비극 부문의 에우리피테스와 아이스킬로스, 소포클레스, 그리고 희극 부문의 아리스토파네스가 그들이다.

음악은 연극 공연에 없어서는 안 되는 부분을 차지했다. 연극은 주연배우들이 담당하는 부분과 코러스가 추임새를 넣는 부분으로 나뉘었다(무대 위에 오르는 이들은 모두 남성이었으며, 이들이 남자 배역과 여자 배역을 모두 소화했다). 주연배우들은 극의 주축으로서 이야기를 끌고 나가는 존재였고, 비극적 상황과 그것이 일으키는 도덕적 문제가 이야기의 주를 이루었다. 열 명 남짓으로 구성된 코러스는 주연들의 행동에 논평을 달았다.

　　　　　음악의 역사

곧 일어날 일을 향한 두려움을 표현하거나, 주요 등장인물의 운명에 연민을 보내거나, 그들의 행동이 불러올 결과를 경고하는 등으로 말이다. 시문詩文 형식을 취한 코러스의 대사는 낭독되기보다 노래되는 것이 일반적이었고, 코러스는 리라나 아울로스 연주에 맞춰 노래하는 동시에 춤도 추었다. 그들의 춤과 노래는 '오케스트라'라고 불리는 무대 앞의 공간에서 이루어졌다. '오케스트라'라는 명칭은 그대로 풀어쓰자면 '춤추는 공간'이라는 의미가 된다(이 단어가 같은 공간을 사용하는 악기 연주자 집단을 가리키게 된 것은 한참 후의 일이다).

음악은 광범위한 맥락과 여건에서 중요하게 취급받았다. 주요 축제 기간 중의 행렬과 제사 의식은 그리스 전역의 사원과 성지에서 거행되는 종교적 제례의 최대 규모 행사였다. 각각의 남신과 여신은 저마다의 숭배 의식과 예배 장소를 가지고 있었다. 사람들은 자신이 믿는 신을 위해 노래를 부르고 제례적 춤을 곁들여가며 숭배 행위에 몰두했다. 그리스인들은 춤을 신들이 내려준 선물로 여겼고, 따라서 춤을 추는 행위는 종교적 제례의 일부이기도 한 셈이었다. 종교적 제례는 공공 축제부터 비밀스러운 숭배 행위, 장엄한 행렬부터 격정적이고 열광적인 춤사위에 이르기까지 그 범위가 무척 넓었다. 무용을 반주하는 음악의 성격 역시 다양했다. 고대 그리스 시대의 물병에 새겨진 그림 중에는 사람들이 종교의식이나 연회 중에 춤을 추고 있는 모습이 여럿이다. 여자끼리, 그리고 남자끼리(다만 아이들을 제외하면 남녀가 한데 섞여 춤을 추는 경우는 없다) 춤을 추는 모습은 무겁고 근엄한 춤사위부터 술에 취해 흥분한 이들의 막춤까지 다양하다.

고대 그리스인들의 격렬한 춤사위는 제멋대로 방종하게 흐르기도 했지만 언제나 그런 건 아니었다. 디오니소스 신을 모시는 이들은 '오르기아orgia'라고 불리는 숭배 행위에 참가했다('오르기아'는 현재 우리가 사용하는 '오지orgy, 주지육림'라는 단어의 어원이다). 오르기아에 참가한 남성들과 여성들은 (남성은 남성끼리, 여성은 여성끼리) 술을 마시고 황홀경에 도달하는 것을 디오니소스 신과 하나가 되는 방법으로 여겼다. 이들의 춤에 동원된 악기의 음량은 당연히 커야 했다. 그리스인들의 격렬한 춤사위를 묘사한 도자기 그림에는 아울로스 - 메소포타미아와 이집트로부터 물려받은 리드 악기로, 찌르는 소리라서 침투율이 높았다 - 가 자주 등장하는데, 때로 아울로스 연주자는 직접 춤에 가담함으로써 춤꾼들이 더욱 흥분하도록 돕는 것처럼 보인다. 이 격정적인 춤사위 중 가장 대중적인 것은 페르시아에서 유래되었는데, 그리스와 페르시아가 서로 힘을 겨룬 전쟁 이후 아테네로 전해졌다. 때로 전쟁은 서로 다른 문화권의 음악과 예술이 만나는 장이 되었다.

아울로스와 달리 리라는 조용한 음악을 위한 악기였다. 호메로스가 활동한 시절에 리라는 시인의 노래를 반주하는 악기로 사용되었다. 메소포타미아 사람들처럼 그리스인들 역시 음악을 기록하는 방법을 알고 있었다(지금까지 전해지는 유물 중 음악적 지시가 나란히 기록된 찬가 가사가 존재한다). 그러나 음악을 기록하는 방법이라고는 해도 현재 우리가 사용하는 기보법과 완전히 달라서 어느 정도 상상력을 동원해야 해석하고 풀어낼 수 있지만, 분명한 것은 고대 그리스인들이 메소포타미아로부터 전수받은 음악적 체계를 그대로 사용하여 음악 활동을 했다는 점이다. 배음렬과 그에 관계된 수학적 원리를 기반으로 고대 그리스인들은 여러 선법을 끄집어냈고, 그러한 선법을 재현할 수 있는 조율용 악기 사용법을 창안해냈다. 조율은 배음렬의 첫 번째 음정(옥타브)과 두 번째 음정(5도)을 근간으로 했다. 이러한 방법을 다듬은 공이 가장 큰 인물이 바로 철학자요 수학자인 피타고라스인데, 순수 5도에 기반한 조율을 지금까지도 '피타고라스 조율'이라고 부르는 것도 바로 그래서다.

 음악의 역사

기원전 3세기 무렵에는 그리스의 어느 기술자가 오르간의 원형인 '히드라울리스hydraulis'라고 불리는 악기를 발명했다. 히드라울리스는 손으로 풀무질한 공기를 수조 속 공간의 압력을 통해 파이프로 보냄으로써 소리를 내는 원리로 작동되었고, 풀무질을 멈추지 않으면 공기의 흐름을 꾸준히 유지할 수 있다는 이점이 있었다(백파이프의 자루로도 이와 똑같은 효과를 낼 수 있다). 연주자가 건반을 누르면 거기에 연결된 각각의 파이프가 열리면서 음을 조절했다. 히드라울리스는 음량이 무척 큰 악기여서 야외 의식에 활용하기에 적합했다.

축제 무대에 오른 연극이 잘 보여주듯, 고대 그리스 음악은 노랫말과 떨어뜨려 생각할 수 없었다. 시에 음률을 붙여 노래한 것은 물론이고 시의 낭독 리듬이 음악의 리듬을 결정했다. 그리스 시의 리듬은 지금의 영시英詩처럼 강박과 약박의 이분법적 문제만은 아니었다. 전통적으로 시행詩行의 구성은 길고 짧음이 서로 번갈아 등장하는 패턴, 혹은 하나의 긴 음절 뒤에 두 개의 짧은 음절이 오는 패턴으로 나뉘었다. 그러므로 시는 이미 대단히 리듬적이었다. 노래꾼 겸 시인은 길고 짧은 음표를 동원하여 시의 리듬에 맞춰 노래했다. 가수의 예술적 기량은 중요한 음절을 더욱 길게 끌거나 선율의 상승과 하강을 통해 시 본연의 리듬을 어떻게 향상하느냐를 두고 판단되었다. 노래의 분위기나 목적에 따라 선율의 선법이 결정되었는데, 이는 어찌 보면 훗날 유럽의 음악가들이 장조나 단조 중 하나를 선택하는 연유와 비슷했다. 때로 가수들은 음표를 주어진 선법 바깥으로 '구부림'으로써 표현적인 터치를 가미했는데, 이는 흡사 현대의 재즈 뮤지션들이 '블루 노트'를 사용하는 것과 유사한 기법이었다. 선법의 레퍼토리, 특정 분위기와 특정 선법의 결부, 그리고 노래 해석상의 유연성은 이후 서양에서 중앙아시아를 거쳐 인도까지 폭넓은 지역에 걸쳐 공유되었다.

그리스 사상가들은 음악의 힘에 대해 잘 알고 있었다. 철학자 플라톤은 음악에 듣는 이의 영혼을 사로잡는 도덕적 힘이 있다고 했다. 음악은 정화淨化와 휴식에 도움이 되면서도 잠재적으로는 유해할 수 있다고 했다. 바로 이러한 이유로 음악가는 세심한 훈련이 필요했고, 아울러 (디오니소스 신을 찬양하는 '주지육림'과 같은) 과도한 감정 표현과는 거리를 둘 줄도 알아야 했다. 전사의 용기를 북돋우는 선법과 평화를 표현하는 선법이 따로 있었지만, 어떤 선법은 지나치게 구슬퍼서 일반인이 사용하기엔 적합하지 않다고 여겨졌다.

그리스의 모든 음악적 행위와 음악적 사고의 기저에는 음악이 세상을 이해하는 데 근본적으로 필요하다는 믿음과 우주 속에서 음악이 차지하는 위치에 대한 믿음이 있었다. 음표 간의 수학적 관계, 즉 그들 사이의 '조화'는 우주 속 천체 간의 관계와 조화의 표현이었다. '우주의 조화 harmony of the spheres'라 불린 이 개념은 이후 수 세기 동안 이어지게 된다.

음악의 역사

CHAPTER 4

류트 소리에 절로 우러나는 음악

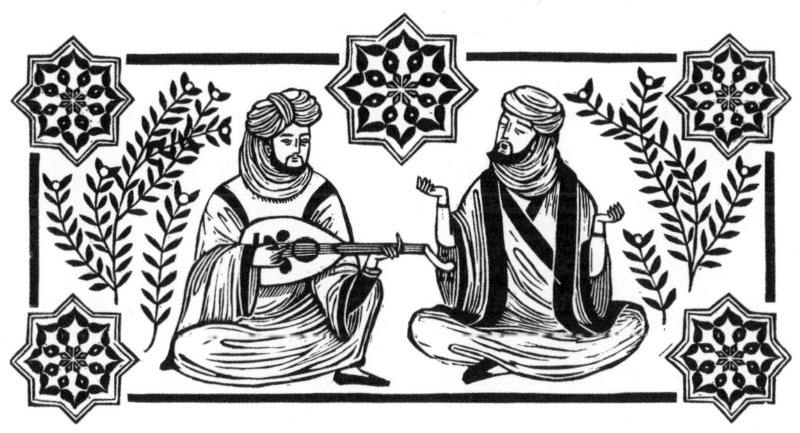

앞서 두 장에서는 이야기의 초점을 머나먼 과거에 두었다. 지금부터 몇 장은 지구상의 여러 나라로 이동하며 현존하는 주요 음악 전통을 다루려 한다. 이들 전통에 공통되는 특징 중 하나는 과거부터 현재까지 수 세기 동안 대체로 끊이지 않고 이어져왔다는 연속성이다. 그렇다고 해서 전통이 변화하지 않았다는 말은 아니다. 오랜 세월 움직이지 않고 제자리에 머무는 건 아무것도 없고, 음악 전통 또한 늘 진화하는 상태로 존재한다. 그러나 장구한 기간에 걸친 음악 전통의 지속성이 있기에 우리는 과거의 음악을 그것과 같은 전통에 속한 현재의 음악과 연결할 수 있고, 동시에 지난 수 세기 동안 어떤 변천이 있었는지 파악할 수 있다. 그러므로 과거는 현재의 음악 속에 여전히 살아 있다고 해도 틀린 말은 아닐 것이다. 갑작스럽고 급진적인 변화의 역사를 가진 서양 음악이 세계 유수의 다른 음악 전통과 구분되는 지점이 여기에 있다. 세계의 다른 문화에 대한 이해는 그 자체로 소중하지만, 내가 바라는 한 가지는 향후 서양 음악을 고찰하게 될 때 다른 음악 문화에 대한 이해가 우리에게 몇 가지의 유용한 관점을 제공해주었으면 한다는 것이다.

나는 이미 음악적 사상을 포함해 고대 세계에 폭넓게 퍼진 여러 사상에 대해 이야기했다. 이쯤에서 잠시 숨을 돌리고 이것이 갖는 함의를 생각해보자. 오늘날 우리는 인터넷을 이용한 즉각적인 의사소통에 너무나 익숙해진 나머지 우리 이전의 그 어떤 세대보다 바깥 세계와 단단히 연결되어 있다고 짐작하기 쉽다. 좁은 의미에서 이는 사실이다. 하지만 사람들이 타인과 얼마나 깊이 소통하고 다른 문화를 얼마나 제대로 이해하느냐는 이와 별개의 문제다. 컴퓨터, 전화, 라디오, 그리고 심지어 책조차 존재하기 이전에 인류가 어떻게 생활했는지 한번 생각해봄직하다. 고대 세계에도 기록 문자는 있었다. 우리는 고대인들이 돌에, 흙에, 그리고 일부 지역에서는 양피지에 글을 적었음을 알고 있다. 그러나 기록 문자에 접근하고 이를 읽을 수 있는 이는 극소수였다. 그러므로 당시에는 대부분의 의사소통이 한 사람이 말을 하고 다른 사람이 그것을 들음으로써 이루어졌다. 멀리 있는 누군가에게 소식을 전하려면 직접 길을 떠나거나 누군가를 보내야 했다.

그럼에도 불구하고 서로 멀리 떨어져 지내는 사람들 사이에 얼마나 풍부한 의사소통이 이루어졌는지 깨닫게 되면 놀라움을 금할 수 없다. 의사소통은 주로 교역을 통해 이루어졌다. 서쪽의 튀르키예부터 동쪽의 중국까지 아시아에는 수천 년 동안 무역이 통상적으로 이루어졌고, 상인들이 이용한 무역로를 모두 합치면 그 길이가 장장 8,000킬로미터에 달할 정도였다. 기원전 2세기경 이들 무역로는 주요 교역품의 이름을 딴 이른바 '비단길 Silk Road'이라는 교역로로 통합되었다. 오

    음악의 역사

랜 세월 동안 이 동서 교역로 네트워크는 많은 사람이 이용하며 서로 다른 문화권 간의 소통 경로로 기능했다. 그러면서 새로운 언어, 새로운 사고방식, 새로운 과학 지식, 새로운 종교 사상, 새로운 음악 방식이 교류되면서 발달했다. 낙타나 노새 등에 올라 비단길을 왕래한 상인들은 한 번에 몇 년씩 집을 떠나 생활하며 이동 경로에 놓인 거점에서 오랜 기간 머물기도 했는데, 이는 새로운 생각이나 관습을 깊이 받아들일 기회와 시간이 넉넉했다는 뜻도 된다.

문화 간 교류는 침략과 전쟁, 그리고 그로 인한 인구 이동의 부산물이기도 했다. 침략과 전쟁 역시 현대의 관념과 몹시 달랐다. 현대적 화약을 사용한 전쟁은 목표물을 순식간에 파괴하고 그 규모도 엄청나지만 과거의 전쟁은 칼과 방패, 공성 망치 등이 동원된 몹시 힘든 과정을 통해 수행되었다. 그래도 전쟁은 전쟁인지라 무척이나 파괴적인 상흔을 남겼지만, 상대의 돌멩이 하나까지 씨를 말리겠다고 작정하지만 않는다면 전쟁이 지나간 자리라도 대개는 원래의 모습을 잃지 않았다. 또한 전쟁은 지금처럼 원격전이 아니었다. 대부분의 전쟁은 교역과 그 밖의 교류를 통해 서로의 문화에 익숙한 이웃 간의 다툼이었다. 침입자는 교전국의 사회구조와 노동 인력을 최대한 보존하길 원하는 경우가 보통이었다. 침입자에게는 황무지로 변해버린 잿더미보다 정상적으로 기능하는 사회가 훨씬 더 유용했기 때문이다. 예술가와 음악가는 침입자가 보호하고 싶어 하는 인력에 흔히 포함되었다. 예술가와 음악가는 너른 지역에 걸쳐 이름이 날 확률이 높았고, 새로이 유입된 지배층은 궁정 인사를 물갈이하더라도 그 지역의 최고 예술가와 음악가는 그대로 기용하곤 했다.

그 결과 아시아 대륙을 가로지르는 거대한 띠 모양의 지역에서 여러 세기 동안 서로 다른 문화와 종교 ─ 아랍인, 페르시아인, 튀르크인,

유대교도, 기독교도, 이슬람교도-가 한데 섞여 서로에게 배우고 그럭저럭 평화롭게 공존하면서 음악을 포함해 다양한 생각을 나누었다. 메소포타미아 외에 또 다른 강력한 영향력의 원천은 페르시아였다. 페르시아 제국은 근 3,000년 전에 전성기를 구가하며 서쪽으로는 그리스와 리비아부터 동쪽으로는 인도에 이르기까지 광활한 영토를 호령했다. 그로부터 200년 뒤 페르시아 제국과 그리스 사이의 전쟁은 두 문명의 연결고리를 더욱 단단히 했다.

악기를 포함해 페르시아 음악의 여러 요소는 메소포타미아 문명에서 건네받은 것이다(그리스 역시 마찬가지였다). 페르시아 음악에서 매우 중요하게 여겨지는 우드oud라는 악기가 있다. 목이 짧은 류트처럼 생긴 악기로서 주로 노래를 반주하는 용도이며 점차 정교하게 발전되었다. 페르시아 제국의 궁정에서 가장 높이 대접받는 음악가들 역시 이들 시인 겸 가수였다. 이어지는 세월 동안 우드 반주에 맞춘 노래는 광범위한 지역에 걸쳐 중요한 음악 예술 형태가 되었다. 아랍권 세계에서 페르시아 출신 음악가의 위상 역시 높아졌으며, 그들의 영향력은 튀르키예부터 인도까지 뻗어나갔다. 서기 7세기 이후 아랍 군대는 아시아 대륙을 휩쓸면서 신흥 이슬람교의 예언자 마호메트의 가르침을 퍼뜨렸다. 아랍-이슬람 세계는 고대의 가르침과 음악을 드높이 숭상했고, 우드 반주에 맞춰 부르는 페르시아 양식의 노래 역시 귀한 대접을 받았다. 오늘날 아시아 대륙 곳곳에서 행해지는 반주 가창은 2,000년 전 페르시아 음악가로부터 시작된 셈이다.

여러 세기에 걸쳐 이슬람권에서는 지역별로 그 형태는 달라도 근본적으로는 창작과 연주를 향한 공통된 접근법에 뿌리박은 고유한 가창 양식과 전통이 확립되었다. 메소포타미아로부터 물려받은 페르시아의 선법 체계는 넓은 지역에 걸쳐 수준 높은 음악의 근간이 되었다.

 음악의 역사

페르시아 궁정은 이미 음악 활동의 중심지로서 음악가들을 끌어당기고 있었고, 이는 서기 600년경 호스로 2세Khosrow II(570?~628) 치세에서 절정을 찍었다. 호스로 2세는 유명한 음악가를 다수 고용했는데, 그중에는 페르시아 선법 체계와 선율 작법 원칙을 조직하여 그 영향을 페르시아 너머로까지 확장한 것으로 널리 인정받고 있는 음악가 바르바드Barbad도 포함되어 있었다. 수 세기에 걸쳐 작곡된 수백 개의 선율은 『라디프radif』라는 선집에 한데 모여 정리되었다. 오늘날에도 이란(페르시안) 음악가들은 『라디프』에 수록된 선율을 외우고, 이를 즉흥 연주 교습의 기초로 활용한다.

이후 몇백 년 동안 이슬람교는 다마스쿠스, 바그다드, 코르도바 등의 도시에 궁정을 건설하며 그 세력을 확장해나갔고, 이는 곧 페르시아-아랍 양식이 수천 마일에 걸친 지역에서 표준으로 자리 잡아감을 의미했다. 페르시아 우드가 널리 받아들여진 것도 같은 맥락이다. 우드의 조율은 메소포타미아로부터 건네받은, 그리고 그리스인들은 벌써 사용 중이던 배음렬의 5도를 원칙으로 하는 방식으로 이루어졌다. 그리스인들은 표현적인 효과를 위해 음표를 '구부리기'도 했다고 앞에서 썼지만, 페르시아와 아랍 세계의 음악가들은 그보다 한발 더 나아가 미세한 음정 차이를 이용한 음계를 발전시켰다.

서양 음악에 익숙한 현대의 우리는 건반악기를 조율할 때 가장 작은 음정이 반음정semitone인 체계를 사용하는 데 익숙하다. 반음정의 값은 어느 음역에서나 동일하고 두 개의 반음정을 합치면 하나의 온음이 된다(성악가와 현악기·관악기 연주자는 여기에 약간의 변화를 주지만 기본 원칙은 그대로 준수한다). 이러한 체계의 결과로 탄생한 음계는 우리에게 '자연스럽게' 느껴진다. 그러나 페르시아와 아랍의 음계는 서양 음계와 매우 다르다. 이들의 음계에는 반음과 온음만 있는 게 아니라 반음과 온음 사이의 음정도 있고, 온음보다 약간 더 큰 음정도 있다. 서양의 음악에는 장3도와 단3도가 있지만, 아랍과 페르시아의 음악에는 장3도와 단3도 사이에 오는 3도 음정도 있다.

바그다드(오늘날 이라크의 수도)는 9세기와 10세기에 이슬람 문화권의 주요 중심지였다. 바그다드에 있는 '지혜의 전당'으로 알려진 기관에는 철학, 천문학, 산학, 음악 등의 학문 연구에 전념하는 학자들이 모여들었다. 그들의 주요 활동은 고대 그리스어로 된 텍스트를 번역하는 일이었다. 번역가들 중에 특히 유명한 인물이 바로 알 파라비Al-Farabi(870?~950?)였는데, 그가 정리한 그리스와 초기 아랍 음악 이론을 하나로 아우른 서적이 특히 유명하다.

9세기에 코르도바 궁정의 부름을 받은 바그다드 궁정 소속의 음악가 지리아브Ziryab(789?~857?)는 아랍의 최신 사상을 들고서 지금의 스페인 땅을 밟았다. 8세기에 북아프리카에서 건너온 이슬람 군대가 정복한 코르도바는 스페인 남부의 음악 거점이었다. 알안달루스 – 정복자들이 이 땅을 부른 이름이다 – 는 예술의 중심지이자 이슬람교도의 통치 아래에 있으면서도 유대교를 믿는 이들과 기독교를 믿는 이들에게 평화로운 공존을 허락한 다문화 문명의 본산이었다. 안달루시아 음악으로 알려지게 된 고도로 성공적인 음악 양식의 발전은 이와 같은 다문화주의의 결실 중 하나였다. 지리아브의 폭넓은 학식은 코르도바 궁정에 커다란 영향을 미쳤고, 그가 설립한 음악학교에서는 남성과 여성 모두 가르침을 받았다. 이 시기는 세계에서 가장 위대한 건축물 중 하나인 코르도바 대★모스크가 지어지는 무렵이기도 했다. 끝도 없이 이어지는 대모스크 내부의 멋진 기둥과 아치의 숲속을 걷기만 해도 이례적으로 풍성한 문화의 중심지였던 당시 코르도바의 기운을 느낄 수 있다.

음악의 역사

지리아브가 달성한 높은 음악적 성취의 전통은 또 다른 발전을 낳으며 아랍 음악 세계를 단단히 매료시켰다. 아랍 세계에도 다른 많은 문화권과 마찬가지로 긴 시를 노래로 부르는 전통이 있었다. 이슬람교도와 기독교도, 유대교도가 서로서로 영향을 미치며 병존한 알안달루스에서는 새로운 양식의 아랍어 시가 생겨났다. 다양한 각운을 배치한 시행들을 연으로 묶은 형식적 틀을 가진 시였다. 아랍어 시로는 새로운 형식인데다 간결하기까지 하여 곧바로 사람들의 이목을 끌었다. 각운이 반복되는 연 구조 덕분에 초창기 아랍 문학의 주먹구구식 구조를 가진 시보다 외우기가 훨씬 용이한 것도 한몫했다. 시에 선율을 붙여 노래로 부를 때는 각운과 가락 패턴이 맞아떨어지며 그 효과가 더욱 증대되었다. 이러한 새로운 안달루시아 양식의 시-노래는 차츰 아랍 세계 곳곳으로 확산되었다.

안달루시아의 시는 종종 낭만적인 이미지를 불러일으킨다. 사랑에 빠져 취하도록 술을 마시고, 정원을 거니는 연인의 모습을 훔쳐보고 하는 식의 이미지 말이다. 이와 유사한 이미지는 메소포타미아부터 이집트, 그리스, 유대교와 기독교 문화권에 모두 공통적으로 나타난다 (유대교 경전과 기독교 성서의 '에덴동산 이야기'와 남녀 간의 아름다운 연애를 찬미한 '아가雅歌'가 그 예다). 알안달루스 지방의 시와 음악은 고도로 높은 수준의 세련미에 도달했고, 특히 코르도바의 통치자emir가 기거하는 궁정은 수많은 가수의 활동 무대가 되었다. 그중에는 혹독한 훈련을 받은 여자 노예들도 있었는데, 이들은 커튼 뒤에서 몇 시간씩 노래와 연주를 하며 내빈들을 즐겁게 하는 임무를 부여받았다.

이슬람교의 예배 형태는 이슬람 음악의 한 가지 중요한 측면을 낳았다. 유대교, 기독교, 이슬람교는 각각의 신도가 유일신과 저마다 관계를 맺을 수 있다는 믿음을 서로 공유한다. 이러한 믿음은 고대 종교

지도자인 아브라함으로 거슬러 올라간다. 유대교의 예배 형태가 가장 먼저 정립되었고, 기독교와 이슬람교 순으로 뒤를 이었다. 그러니 기독교와 이슬람교가 유대교 전통에 많은 빚을 지고 있는 것도 어찌 보면 당연했다(유대교와 기독교에 대해서는 제10장에서 다루겠다). 이슬람교의 예배 중에는 코란에서 발췌한 성스러운 텍스트가 낭송되며, 예배의 시작을 알리는 '아잔adhan'이 낭송된다. 이들 구호에는 고정된 선율이 없다(이는 고대 유대교의 예배에서 낭송되는 구호 역시 마찬가지다). 아잔을 노래하는 '무에진 muezzin'(이들의 역할은 유대교의 '칸토르cantor'가 담당하는 역할과 유사하다)은 전통적 선법과 그에 따른 특성에 관한 오랜 훈련을 바탕으로 구호 문구의 리듬에 맞춰 그때그때 적당한 선율을 지어 노래한다.

그러므로 무에진의 낭송은 어느 정도 '즉흥적'일 수밖에 없다. 노래꾼 겸 시인들이 활동한 초창기 이래로 대체로 그러했을 테지만, 이는 아랍-이슬람 세계에서 노래되고 연주되는 음악에도 똑같이 적용되는 사실이다. 현장에서 즉석으로 음악을 만들어 연주하는 행위는 여러 세대를 거쳐 고도로 정교한 전통으로 발전했고, 이는 '마캄maqam'이라는 이름으로 알려지게 된다. 마캄은 종교적인 뿌리를 잃지 않으면서 (안달루시아 전통에서와 마찬가지로) 남녀 간의 사랑과 속세의 쾌락 같은 주제도 품어 안았다. 가수들은 한 대의 우드가 연주하는 반주 혹은 몇 명으로 구성된 앙상블의 반주에 노래를 실어 올렸으며, 악기 연주자들은 가수가 부르는 노래에 약간의 변주를 섞어 그림자처럼 따라붙었다. 마캄은 가수 없이 악기 연주자끼리도 연주가 가능하며, 우드는 그중에서도 오랜 세월 사랑받으며 특히 선호된 악기였다.

마캄은 동쪽으로 중국과 국경이 맞닿은 타지키스탄부터 서쪽으로는 튀르키예까지, 그리고 남쪽으로 이집트와 수단에 이르기까지 여러 문화권과 국가에 걸쳐 다양한 양식으로 나타났다. 여러 악장을 묶

음악의 역사

어 '모음곡'처럼 공연하는 관행이 널리 퍼졌는데, 이때 각각의 모음곡
은 서로 다른 선율에 기초하는 식으로 구성되었다. 17세기 이후 연주
자들은 선율이 바뀜에 따라 선법도 이리저리 옮기는 연주 관행을 채택
했다. 이는 우리에게 익숙한 서양 음악의 '조바꿈modulation, 轉調'과 흡사
한 기법이라 할 수 있다.

CHAPTER 5

명상으로서의 음악

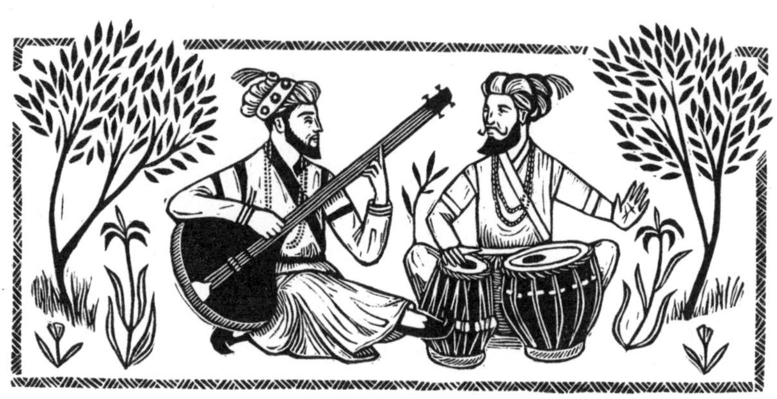

아시아의 풍요로운 고대 음악 문화 중 인도는 특별한 위치를 차지한다. 오랜 세월 외세의 침략과 식민지 지배를 견뎠고 이후 현대화 과정을 거친 오늘날 인도 음악가들은 그들의 예술이 수천 년 된 철학과 신앙에 뿌리박고 있음을 강하게 느끼고 있다. 인도 문명에서 가장 오래된 문헌인 베다Veda는 지금으로부터 3,000년도 더 전에 쓰였다. 이후로 베다는 우주의 기원과 본질, 만물을 창조한 절대자, 자연의 여러 면모를 관장하는 여러 신, 인간계와 신계의 관계 같은 문제들의 정신적 해석이라는 까다로운 문제를 푸는 바탕이 되었다. 베다에는 찬가도 포함되어 있는데, 노랫말뿐만 아니라 일정한 형태의 기보도 기록되어 있어 향후 발전의 근간이 되었다. 딱히 놀라운 일은 아니지만, 베다에는 고대 메소포타미아와 이집트 사람들이 신봉한 사상이 메아리친다. 고대 인도의 힌두교는 강한 신비주의 전통을 낳았고, 이에 입각한 신앙의 목적은 완벽히 고요한 정신 상태를 달성함으로써 절대자와 합일을 이루었다는 느낌에 도달하는 것이었다. 아울러 고대 인도인들은 영혼의 윤회를 믿었고, 인간으로서 잠깐 얻은 이승에서의 삶이 덧없으며 '비실재적'이라고 여겼다. 이러한 사상을 가장 강력하게 표현한 종교는 기원전 500년경 힌두교로부터 갈라져 나온 불교였다. 불교의 교주 석가모니는 명상과 올바른 행동, 마음 챙김을 통해 무한한 윤회의 사슬에서 벗어나 궁극의 '깨달음'을 얻을 수 있다고 가르쳤다.

이런 사실들을 알면 인도 음악으로 들어가는 길을 찾기도 더 수월해진다. 다른 고대 문명과 마찬가지로 인도 문명에서도 음악과 종교는 서로 긴밀히 연관되어 있고, 특히 명상으로서의 음악은 인도에서 핵심적 화두로 대접받는다. 음악에 시작도 끝도 없는 것 같은 느낌을 부여하는 드론drone* 악기의 사용도 음악의 명상적 성격과 무관하지 않다.

광대한 지역과 방대한 인구를 가진 인도에서는 오랜 세월에 걸쳐 여러 지역에서 서로 다른 음악 전통이 발전했다. 특히 남인도의 음악과 북인도(1947년 영국에 의해 남인도에서 분리 독립하기 전까지는 북인도의 일부였던 파키스탄을 포함한다)의 음악은 뚜렷한 차이를 보였다. 고대부터 북인도는 서쪽으로부터의 침공에 노출되어 있었다. 이어지는 침략의 결과로 북인도에는 그리스와 페르시아 문명이 전해졌고 불교와 이슬람교가 유입되어 풍부한 문화적·종교적 교배가 일어났다.

지방 궁정의 통치자들은 지역 특유의 양식을 장려했지만, 그 아래에 깔린 근본적인 철학은 모두 베다에 뿌리를 둔 것으로서 결코 멀리 있지 않았다. 북인도에 공통된 음악 양식이 등장하기 시작한 것은 15세기 무굴 제국의 성립과 함께였다. 중앙아시아 출신의 무굴 제국 정복자들

---

* 악곡 구성과 무관하게 동일음으로 지속되는 1성 또는 다성 저음. 인도를 중심으로 한 남아시아에서 특히 빠질 수 없는 요소이며, 인도에는 드론 연주를 위한 전용 악기도 많다.

은 페르시아의 영향을 강하게 받은 이슬람교 신앙과, 다른 문화를 향한 관용 정신 및 그들로부터 최고의 요소를 받아들이려는 욕구를 결합했다(당시 시아파 교리가 떠오른 페르시아 지방은 음악을 향한 관점이 한층 엄격해지고 있었다). 1600년경 무굴 제국의 황제 악바르 Akbar the Great(1542~1605)는 인도 중북부의 도시 아그라에 화려한 다문화 궁전을 건설했다. 악바르는 우리가 고대 메소포타미아와 이집트에서 처음 목격한 목이 긴 류트를 부리는 연주자들을 인도로 데려왔고, 이들은 곧 인도 내에서 유명한 존재로 부상했다. 동시에 악바르는 수준 높고 세련된 솜씨로 이미 유명세를 누리는 인도의 힌두 노래꾼들을 받아들였다. 그들의 가창 양식은 라가를 연주하는 북인도의 고전적 방식('힌두스타니')으로 우리에게도 익숙한 양식의 주요 특징을 이미 갖추고 있었다.

서기 800년 무렵에 기록된 원칙으로부터 발전을 거듭한 힌두스타니 양식은 이 무렵 새로운 수준의 세련성에 도달해 있었다. 이를 이해하기 위해서는, 그리고 인도 음악의 역사 전체를 조망하기 위해서는 두 가지 용어를 먼저 설명해야 한다. 선율과 관계된 개념인 '라가 raga'와, 리듬과 관계된 개념인 '탈라 tala'가 그것이다. 아랍 음악이나 페르시아 음악과 마찬가지로 인도 음악 역시 안정된 상태로 머무름으로써 음악에 지속성을 부여하는 음표의 선택지 ─ 선법 혹은 음계 ─ 로부터 선율을 만든다. 그런데 인도의 라가는 서양인들이 이해하는 음계를 훌쩍 뛰어넘는 개념이다. 이미 메소포타미아, 그리스, 아랍 음악에서 본 대로 선법은 저마다 다른 특징과 분위기를 가지는 것으로 이해되었다. 인도 음악 역시 이와 유사한 접근법을 견지한다. 주어진 음계 내에서 각각의 라가는 선율이 상행하고 하행하는 방식, 고비를 넘는 방식 등 악절의 모양을 잡는 특징적인 방법을 유지한다. 라가별로 어울리는 하루 중 시간대, 자연의 면모, 계절 등도 있다.

탈라는 선율을 배치하는 구조가 되는 리듬 주기다. 탈라는 다양한 비트(拍) 조합과 그로 인한 복잡한 패턴이 낳는 여러 다른 가능성에서 취사선택하여 구성하는 반복 박자라고 할 수 있다. 고래古來의 베다에는 손짓과 손가락 시늉을 통해 이 패턴을 익히는 방법이 소개되어 있으며, 이러한 전통은 세대에서 세대로 구전되었기에 문자 기록의 도움 없이 외우는 수밖에 없었다. 이 모든 내용은 스승(갈수록 여성의 비중이 늘어나고 있다)의 문하에서 오랫동안 배우는 것이 일반적이었고 이 관행은 아직도 대체로 유지되고 있다. 스승은 자신이 가진 지식과 이해를 다음 세대의 후학에게 말로써 전했다. 인도에는 고대 이후로 기보법도 일정 부분 존재했지만, 교습이나 연주에 악보를 활용하는 경우는 드물었고 참조 정도로만 이용했다. 이는 귀로 듣고 배우는 오래된 전통 때문이기도 했지만, 기본적인 음악의 재료 – 라가, 선법, 악곡 – 는 기초적인 골조에 불과하고 나머지의 정교한 실질은 연주자가 즉흥 연주를 통해 채워 넣어야 하는 구조이기 때문에 더더욱 그러했다. 과거에는 인도 전통음악의 연주가 몇 시간씩 이어졌고, 요즘도 라가 한 곡을 연주하는 데 30분 넘게 소요되는 경우가 다반사다.

라가는 노래로 부를 수도 있고, 하나 혹은 둘 이상의 악기로 연주할 수도 있다. 라가를 독주 악기로 연주할 때는 목이 길고 주법이 복잡한 류트의 일종인 시타르sitar가 흔히 사용된다. 가수들은 보통 소규모 기악 앙상블 반주를 동반하는 경우가 잦다. 선율 악기(작은 손풍금인 경우가 많다)가 가수의 뒤를 밟으면서 노래 악절을 메아리처럼 연주하거나 또 다른 장식을 더하는 식이다. 그 아래로는 하나 혹은 그 이상의 드론 악기가 깔린다. 목이 길쭉한 류트 모양의 저음역 악기가 연주하는 드론 음은 부드럽게 맥동하면서 항상 일정한 위치를 사수한다. 앙상블에는 북도 있다. 북의 종류는 다양하지만 북인도에서 가장 일반적인 형태는 작은북 한 쌍으로 구성된 '타블라tabla'다. 타블라 연주자는 북 여기저기를 손바닥과 손가락으로 두드려 폭넓은 타악기적 효과와 흡사 '말하는 듯한' 효과를 구현하며, 주인공 격인 가수 또는 연주자의 음악을 뒷받침하거나 장식을 더하는 방식으로 탈라를 연주한다.

라가를 연주하는 가장 흔한 방법이 자리를 잡은 건 1600년 무렵이다. 현재까지도 통용되는 이 방식에 따르면 라가는 규칙적인 박자가 없는 느리고 자유로운 도입부로 시작한다. 가수(혹은 악기 연주자)는 특정 라가에 특징적인 선율의 꼴을 더듬듯 노래(혹은 연주)한다. 이어서 타블라 연주자가 가세함으로써 규칙적인 리듬 주기, 즉 탈라가 시작된다. 이어지는 음악은 서양식으로 말하자면 일련의 변주와 비슷하다. 기존의 라가에 온갖 음형과 장식을 더해 꾸미되 모든 부가된 음악이 중심 라가의 성격을 벗어나지 않도록 해야 한다. 한 차례 공연에는 두세 작품을 무대에 올리고 사이사이에 자유로운 즉흥 연주를 끼워 넣어 흥을 돋운다. 때로는 가수가 잠시 휴식을 취하는 동안 손풍금 연주자나 다른 악기 연주자가 즉흥 연주를 곁들인다. 대개 연주는 느린 템포로 시작되어 적당한 빠르기에 안착했다가 속도를 붙여 활기차게 마무리하는 식으로 진행된다. 처음부터 끝까지 드론 악기들은 불변하는 베이스 음표에 음악을 잡아 묶어둔다. 아랍의 마캄 같은 경우에는 하나 이상의 선법을 오가기도 하지만 인도 음악에서 그런 일은 일어나지 않는다.

남인도의 음악 역시 고대 문헌 베다와 힌두교에 뿌리박고 있다는 점은 북인도와 다르지 않다. 그러나 이슬람교를 신봉하는 무굴 제국이 북인도에 들어오면서 남북의 음악 양식이 나뉘기 시작했다. 남인도에서는 옛 전통이 한결 온전한 모습으로 유지되었고, 이슬람의 영향을 덜 받았으므로 음악과 고대 종교, 특히 힌두교와의 연결고리가 북쪽보다 훨씬 단단했다. '카르나탁 Karnatak, Carnatic'이라는 이름(남인도에서 면적이 가장 넓은 주州인 카르나타카 Karnataka에서 딴 명칭이다)으로 알려진 남인도의 고전적 음악 양식은 남부 인도의 언어와 문학을 원천으로 하는 전통에 기대고 있다. 음악과 시 사이의 전통적 연결고리는 13세기까지 거슬러 올라가며, 오랜 세월 그곳의 저명 음악가 중 다수는 시인이기도 했다. 이러한 전통이 황금기에 이른 것은 18세기로, 인도 남동부의 도시 탄자부르 Thanjavur에 있는 왕궁에서 세 명의 위대한 음악가 겸 시인이 활동한 시기와 겹친다. 이들 중 가장 두각을 드러낸 티야가라자 Tyagaraja(1767~1847)는 시인이자 음악가로서 존경받은 것은 물론이고 힌두교의 주신主神 중 하나인 라마 신을 모시는 종교 지도자로도 높이 숭앙되었다. 남인도는 사원 음악의 전통이 강했고, 티야가라자는 신에게 바치는 찬가를 카르나탁 음악의 레퍼토리로 끌어들였다. 이 세대에서 비롯된 레퍼토리들이 스승에게서 제자에게로 내리 물림되면서 확장 및 보강되어 오늘날 카르나탁 음악의 중추를 형성하고 있다.

북인도와 남인도에 공통되는 사항이 있다. 그것은 바로 즉흥성의 강조로, 기존에 물려받은 작품은 연주를 위한 출발점에 지나지 않는다는 관점이기도 하다. 저마다 특유의 선율 형태와 관행을 가진 라가를 중시하는 시각은 남북이 마찬가지지만, 선율의 꼴을 잡고 거기에 장식을 붙이는 방식은 남인도가 북인도보다 더욱 정교하며, 선율을 동반하는 탈라의 선택 폭도 남과 북이 사뭇 다르다. 전통악기 역시 남북이 조금 다른데 남인도는 북쪽의 이웃보다 크기가 더 큰 북을 사용하고, 특히 19세기 초 이후로는 바이올린이 가수나 독주 악기를 그림자처럼 따라붙는 악기 운용을 선호하는 경향이 나타났다. 그러나 라가, 탈라, 즉흥 연주를 골자로 하는 기본 원칙은 남과 북 사이에 큰 차이가 없다.

라가 연주의 남북 버전은 인도 음악의 위대한 '고전적' 전통으로 여겨지기에 이른다. 태곳적 종교의 가르침과 제례에서 비롯된 오랜 역사, 고유의 선법과 작품, 특유의 즉흥성을 가진 라가는 아랍이나 페르시아 전통에서 비롯된 음악과 유사한 점이 많다. 라가는 오랜 세월 인도 전역에 걸쳐 가장 끈질기게 생명력을 유지한 음악 형태로서 고전의 지위에 올라섰다. 인도에는 저마다 지역적 변이를 가진 다양한 종류의 민속음악과 사원 음악이 있다. 또한 인도는 사회 각층이 즐기는 연극의 역사도 유구하다. 그리고 이 모든 장르에서 중요한 요소로 여겨지는 것이 있으니, 바로 춤이다.

대표적 유형의 춤 역시 남북이 나뉘는데, 남인도에 바라타나티암 Bharatanatyam이 있다면 북인도에는 카타크 Kathak가 있다. 양쪽 모두 손과 발, 표정과 눈짓 등을 동원한 고도로 정교한 몸동작을 통해 고대 서사시에 등장하는 남신과 여신의 이야기를 표현한다. 이 전통의 시초는 사원 안뜰에서 여인들이 무용극을 춘 2,000여 년 전의 과거로 거슬러 올라간다. 카타크는 훗날 무굴 제국 아래서 궁정 예술로 편입되어 심지어 왕가의 자제들도 배울 것을 장려하는 분위기가 조성되었고 귀족 계층을 위한 여흥으로 확산되었다. 인도의 다른 지역 또한 오랜 역사를 자랑하는 이야기 무용의 전통이 존재한다. 그중에는 여자들이 추는 무용극도 있고 남자들이 추는 무용극도 있으며, 역시나 사원 및 궁정과 오랜 인연을 맺어온 역사가 공통된다. 지역에 따라 역사의 양상은 조금씩 다르지만, 리듬이 복잡하고 이야기를 표현하기 위해 풍부한 몸동작을 동원한다는 점은 기본적으로 같다.

　　　　　음악의 역사

CHAPTER 6

영원한 징 소리

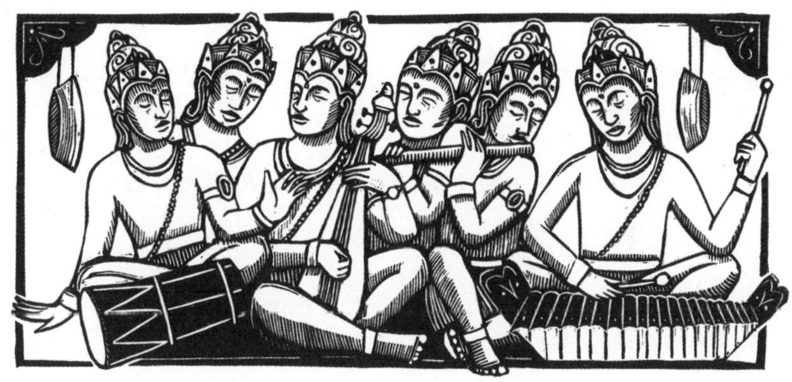

중국에서 9,000년도 더 된 피리가 여러 점 발견되었음은 앞에서도 썼다. 중국 문명은 아득한 과거로 거슬러 올라가며, 인도 문명과 마찬가지로 종교 및 철학과 긴밀히 연결되어 있다. 중국의 고대 종교는 살아 있는 이들과 조상신 간의 관계를 핵심으로 여겼다. 2,000년 전 무렵, 이 종교에 두 가지의 새로운 철학이 결합되었다. 노자를 창시자로 하는 도교는 우주와의 조화에 집중했다(메소포타미아 문명의 사상과 연결되는 대목이다). 그와 비슷한 무렵 공자라는 철학자가 나타나 사회의 건강은 개인의 질서와 규율에 달려 있다는 사상을 발전시킨다. 인도의 승려들에 의해 중국에 소개된 불교는 이 두 가지의 철학과 모두 공명해서 서기 600년경 선종禪宗으로 발전한다.

선종은 명상을 통해 과거와 미래, 혹은 자신에 관한 감각을 내려놓는 것, 그리고 호흡과 자연, 삼라만상의 즉각적 실재 속에서 자신의 존재를 초월하는 것을 목표로 한다. 이 같은 선종의 철학은 음악과 여타 예술에 깊은 자취를 남겼다. 음악 예술가는 '천상의 음악'을 영감으로 받아 그 어떤 개인적 개입 없이 그저 그것을 표현해야 한다. 종교적 노래는 신을 향한 개인적 메시지가 아니라 영겁의 표현이어야 하며, 그 영겁 속에서 인간은 모두 티끌처럼 하찮은 일부에 불과하다. 이러한 종류의 철학은 시기를 가리지 않고 중국 역사의 모든 부분에 퍼져 있다. 그리고 중국 음악과 악기는 이와 같은 문화 및 종교의 역사와 긴밀히 연관되어왔다.

중국의 악기는 구리를 다른 금속과 섞어 더욱 단단한 청동으로 제작하게 되면서부터 크게 발전했다. 약 3,000년 전에 조성된 왕가의 무덤에서는 조상신에게 바치는 제물祭物을 담은 것으로 추정되는 아름다운 청동기가 다수 출토되었다. 일부 무덤에는 청동 종 무더기가 여러 벌 묻혀 있었는데, '편종編鐘'이라고 알려진 이 악기의 주목적은 조상신을 기쁘게 하여 그들이 내리는 복을 받는 것이었다. 증후을묘曾侯乙墓에서 출토된, 특히 화려한 편종은 왕이 직접 지은 축문을 새긴 명문銘文 해독을 통해 기원전 433년에 제작되어 묻혔음이 밝혀졌다. 증후을묘 편종은 다섯 옥타브에 걸친 음고를 가진 서로 다른 크기의 종 65개를 틀에 매단 독특한 악기다. 편종은 나무망치로 두드려 소리를 내는 방식이었고, 각각의 편종은 두드리는 지점에 따라 두 가지의 다른 소리가 났다. 이후 세월이 흐르면서 궁정 의례용 편종은 16개가 한 조를 이루는 것으로 표준화되었다.

이처럼 거창한 의식에 동원된 악기의 반대편 끝에는 개인적 목적으로 사용되는 악기들이 있었다. 그중 첫 번째는 '금琴'이라 불리는 일종의 치터zither 같은 악기다. 금은 2,500년 전의 중국 시에도 언급되어 있고, 공자도 이 악기를 연주했다고 한다. 전통적으로 금은 자연과 우

    음악의 역사

주를 떠올리게 한다 하여 지식인들이 명상과 지혜의 보조 수단으로 곁에 두었으며, 금과 관련된 이러한 연상 작용은 오랫동안 변치 않고 이어졌다.

금은 오음음계五音音階, pentatonic scale – 피아노의 검은 건반만 골라 누르면 오음음계를 얻을 수 있다 – 에 맞춘 줄이 일곱 가닥 달려 있었다. 태곳적 이래로 금이라는 악기는 메소포타미아 사람들이 발전시킨 5도(배음렬의 두 번째 음정)의 연쇄를 이용한 방식으로 조율되어왔다. 이 기본적인 방식은 편종의 음계를 조율하는 데에도 그대로 적용되었다. 그러나 덩치가 큰 종들은 오음음계에 해당하는 음 외에 여분의 음고를 가지고 있었고, 남아 있는 종들의 조율 상태를 보면 '정확한' 조율체계와 어긋나 있음을 확인할 수 있다. 전통적으로 금 연주 방식에는 음고를 '구부리는' 주법*이 포함되어 있었다. 그러므로 고대 중국의 악기 연주법에는 지금까지도 온전히 이해하지 못하는 복잡성과 미묘함이 동반되어 있었음이 분명하다.

당나라가 중국을 통일한 시기(서기 7~10세기)에 황궁의 음악은 중국 예술의 황금기를 구가했다. 궁정의 안뜰에서는 수많은 음악가와 무용수가 모여 하늘을 향한 찬양을 바쳤다. 궁정의 내부에서는 소수의 예술가가 황제와 그의 조상을 찬송했다. 상당수의 음악가는 외국 출신이었으며, 이들이 중국으로 유입한 악기 중에는 페르시아의 류트도 포함되어 있었다. 음악가들은 연회에서 연주를 맡기도 했는데, 일본인들이 당나라의 연회 부속 음악을 모방한 음악은 '가가쿠雅楽'라는 이름으로 현재까지 이어지고 있다.

여러 세기에 걸쳐 중국 전역의 사원과 농촌 지역에는 극을 상연하

---

* 우리의 전통악기인 가야금이나 거문고를 연주할 때 왼손으로 줄을 누른 채로 흔들어서 음고를 떨리게 하고 갖가지 꾸밈음을 더하는 '농현弄絃' 주법을 말한다.

는 풍습이 전해 내려왔다. 14세기 들어 이들 풍습은 궁정의 지식인 계층의 독려에 힘입어 한층 세련된 예술 형태로 집약되었다. 이른바 '중국 오페라'(좀 더 구체적으로는 '경극京劇')라고 불리는 이들 작품은 현대에 이르기까지 발전을 거듭해왔다. 전통 사회에 뿌리를 둔 작품이다 보니 경극의 음악은 대부분 기존의 '민속' 선율이 바탕을 이루지만, 그럼에도 고도로 정교하고 복잡한 가창 양식을 동반하는 쪽으로 변천해간 것은 사실이다.

6세기 들어 일본 궁정이 보낸 외교 사절이 중국에 도착했다. 이들의 목적은 중국으로부터 배운 문물을 일본 궁정이 모방할 수 있게 한다는 것이었다. 이렇게 불교와 유교가 일본에 소개되었고, 이것이 자연 만물에 신령이 깃들어 있다는 일본의 전통적 믿음과 어우러졌다. 일본 사절단은 중국의 연회 음악을 배워서 돌아갔을 뿐만 아니라(가가쿠) 몸집이 큰 치터의 일종, 그리고 목이 긴 류트처럼 생긴 연회용 악기도 자국으로 가지고 갔다. 일본인들은 앞의 것을 '고토箏', 뒤의 것을 '샤미센三味線'이라고 불렀다. 가가쿠에서는 모든 악기가 하나의 선율에 붙인 변주를 동시에 연주한다. 템포는 대단히 느리고, 중간중간 휴지休止도 자주 등장한다. 음악 중간의 휴지는 일본 음악에서 중요한 개념인 '마間'의 실제 활용 예를 보여준다. '마'란 '침묵' 혹은 음표 간의 '공간' 정도로 번역할 수 있는 단어로서 음표만큼이나 중요하게 여겨지는 개념이다. 이러한 발상은 불교도들의 명상과 밀접히 연결되어 있기도 하다.

고토는 중국의 금과 마찬가지로 주로 개인 차원의 연주와 결부되었다. 고토는 일본 왕궁의 궁녀 무라사키 시키부紫式部(973?~1031?)가 서기 1000년 무렵에 쓴 「겐지 이야기源氏物語」에도 등장한다. 시키부는 고토를 자연과 사랑의 악기로 그리고 있다. 주인공 겐지 왕자는 고토의

음악의 역사

명수로서 젊은 여인들에게 이 악기를 배울 것을 권하면서, 악기를 배우는 것은 그 자체로도 훌륭한 성취일 뿐만 아니라 악기를 배우면 남들이 보기에 품격과 우아미가 올라간다고 설파한다. 겐지와 젊은 여인은 달빛 아래에서 자주 함께 음악을 연주한다.

여러 문화권의 악기는 세월이 흐르면서 그 용법과 형태가 변화하는 것이 일반적이다. 17세기 무렵 고토는 이미 사회 하층민 출신의 음악가를 포함해 누구나 사용할 수 있는 악기가 된다. 세로로 쥐고 부는 피리인 샤쿠하치尺八도 이와 유사한 궤적을 걸었다. 고토와 마찬가지로 샤쿠하치 역시 궁정 악단의 일원으로 대접받았지만, 13세기가 되면 일본 전국을 돌며 음악가로 밥벌이를 한 장님 불승들과 특히 인연이 깊은 악기로 여겨지기 시작한다. 19세기에 접어들어 샤쿠하치는 고토나 샤미센과 마찬가지로 실내악 악기로 높은 인기를 누렸으며, 최근들어서는 폭넓은 표현력으로 세계적인 지명도를 얻어가고 있다.

일본의 위대한 극 전통으로는 노能와 가부키歌舞伎가 있다. 둘 중 역사가 더 오래된 노는 종교 민속극에서 비롯되었다. 14세기 이후로 상류층을 위해 노를 전문적으로 공연하는 집단이 생겼으며, 곧 노는 평민과 군부 엘리트―지배자인 쇼군과 그를 모시는 사무라이 집단―가 모두 즐기는 예술로 자리 잡았다. 일단 존경받는 예술 형태가 되고 나자 노는 몹시 진지하고 심각한 성격을 띠기 시작했고, 이는 오늘날까지 그대로 이어지고 있다. 극의 진행 속도는 느린 것이 보통이고, 공연 도중에 부르는 노래는 불교의 독경 소리와 닮아 있으며, 연기 스타일 역시 그에 걸맞게 엄숙하다. 공연은 아무런 장식이 없는 무대 위에서 행해지며, 노래 반주에는 피리와 북이 사용된다. 전체적인 성격은 기강이 엄격하고 몹시 제의적이다. 최근까지 공연자는 주역과 제창 합창단을 망라하여 전원 남성으로 구성되었고, 모두가 무대 위에서 가면을 썼다.

17세기 들어 일본 도시의 몸집이 커지면서 전문직과 상인으로 구성된 새로운 중산층은 자기 삶의 방식과 공명하는 새로운 예술 양식을 향한 갈증을 느끼기 시작했다. 가부키라고 불리는 새롭고 좀 더 생동감 있는 음악극 형식을 시작한 건 여성들이었다. 그러나 몇 년 지나지 않아 가부키는 매음굴에서 생겨났다는 이유로 지배 계층으로부터 배척당하고, 이윽고 노처럼 오로지 남성만으로 공연되는 예술 형식으로 변모했다. 양식 면에서 가부키는 노보다 훨씬 더 화려했다. 공들여 그린 무대 배경과 생생한 색감이 두드러지는 분장, 과장된 동작, 그리고 신음부터 고함에 이르는 폭넓은 발성 효과가 가부키만의 특징이었다. 젊은 여인의 배역을 맡는 남성 배우가 특히 인기가 높았는데, 이들은 비슷한 시기에 유럽의 오페라 극장에서 활동한 스타 성악가와 어깨를 견줄 만한 팬층을 거느리기도 했다.

일본에서는 노와 가부키 외에도 인형극의 인기가 높았다. 인형극은 원래 하층민들이 좋아하는 극 형태였으나 18세기 이후 위대한 극작가들이 인형극 대본을 집필하면서 이른바 '분라쿠文楽'라 불리는 고도로 세련된 예술 형태로 올라섰다. 이런 문필가들 중 가장 유명한, '일본의 셰익스피어'로 알려진 지카마쓰 몬자에몬近松門左衛門(1653~1725)은 특히 가정 비극으로 이름을 날렸다. 이는 내밀한 가정사나 개인 간의 관계에 관한 이야기를 다루기에 적합한 분라쿠의 형식과도 무관치 않을 것이다. 공연에 동원되는 노래꾼은 한 명뿐이다. 노래꾼은 직접 샤미센으로 반주를 곁들이며 고도로 정교한 인형 연기에 맞춰 낭독에 가까운 양식부터 아름다운 노래에 이르기까지 모든 소리를 책임진다.

동남아시아는 대륙 쪽으로 미얀마, 태국, 라오스, 캄보디아, 베트남부터 바다 건너 섬나라로는 인도네시아와 필리핀을 아우르는 광대한 지역이다. 고대부터 동남아시아 지역은 육지와 바다를 통해 북쪽으로는 중국, 서쪽으로는 인도 및 페르시아, 그리고 그 너머의 세계까지 여러 지역과 접촉해왔다. 그렇게 이 지역의 문화는 무척 다양한 특징을 띠게 되었으나, 그럼에도 동남아시아 전역에 걸쳐 공통적으로 나타나는 음악적 요소는 존재한다. 가창 양식에서는 중국의 영향이 짙다. 베트남에는 여인들이 시를 노래로 읊는 1,000년이 넘는 전통이 있는데, 그 정교한 스타일은 중국과 맞닿아 있는 반면 선율을 구성하는 음표의 선택과 조율법에서는 인도의 영향이 관찰된다. 시에 붙이는 선율에는 떨림음, 슬라이드, 비브라토 등과 같은 장식적 효과가 가미된다. 가수는 막대기를 사용해 박자를 두드리며, 류트 연주자가 반주를 곁들인다.

서기 10세기까지 1,000년이 넘는 세월 동안 베트남은 중국 왕조의 일부였으므로, 음악을 포함한 베트남의 문화가 중국의 영향을 강하게 받은 건 당연했다. 치터, 류트, 찰현악기, 피리뿐만 아니라 북과 징까지 베트남이 다수의 전통악기를 중국과 공유하는 건 그래서다.

동남아시아 전역에서 중요하게 여겨지는 연주 행위의 최초 증거가 발견된 곳 역시 베트남이다. 7,000년 전의 것으로 추정되는 석판 일습이 출토되었는데, 이들 석판을 두드리면 오랜 세월에 걸쳐 아시아뿐아니라 세계 각지에서 널리 사용된 오음음계 소리가 났다. 그 재료가 돌일 뿐이지 사실상 현재 서양 사람들이 실로폰(목금木琴)이라고 부르는 악기와 같은 제작 원리였다. 청동 제작 기술의 도래와 함께 타악기 전통에도 날개가 달렸다. 기원전 500년경에 베트남 사람들은 훌륭한 수준의 동고銅鼓를 제작했으며, 머지않아 인도네시아 사람들도 청동으로 다양한 크기의 징을 만들어 사용했다.

본토 쪽 동남아시아의 초기 역사에 관한 우리의 지식은 여기저기에 구멍이 나 있다. 이는 20세기 들어 끔찍하리만치 파괴적인 전쟁이

여러 차례 있었기 때문이기도 하다. 그러나 우리는 서기 9세기에 현재
의 캄보디아 앙코르를 수도로 하는 크메르 제국이 세워졌음을 알고 있
다. 앙코르에 남은 거대한 사원들의 석벽에는 군대의 호위를 받으며
행진하는 왕가의 모습이 새겨져 있다. 1200년경에 제작된 것으로 짐
작되는 이 부조에는 다양한 크기의 징, 바라, 북, 피리, 나팔, 산양의 뿔
따위를 든 음악가들의 모습도 보인다. 징은 크메르 제국의 청동 주조
술이 중국이나 베트남, 인도네시아처럼 정교했음을 알게 해준다.

14세기 들어 크메르 제국은 시암 왕국(태국)의 침입에 무릎을 꿇었
고, 이에 크메르 제국의 음악가들은 시암으로 강제 이주를 당하여 새
로운 주인을 섬겼다. 그로부터 4세기가 흐른 후 태국의 왕국은 라오스
를 정복한 뒤 그곳의 궁정 음악가들까지 수도인 방콕으로 데려왔다.
이런 역사로 인해 태국의 음악은 세월을 거듭하며 크메르 제국 및 라
오스의 영향을 받게 되었으나, 다만 정확히 어떤 요소가 어디에서 건
너왔는지 족집게로 꼬집듯 골라내기는 무척 어렵다.

태국의 이러한 혼성混成 전통은 지금까지도 그 명맥을 유지하는데,
그중 가장 중요한 형태를 꼽으라면 피파트piphat일 것이다. 피파트란
실로폰, 징, 북, 바라, 그리고 '피pi'라 불리는 일종의 오보에가 동원되
는 앙상블을 가리킨다. 피파트 앙상블은 주제를 세 가지의 다른 템포
로 차례차례 변주한다. 각각의 변주곡 내에서 서로 다른 악기는 저마
다의 변주를 가미하여 선율을 연주하는데, 크기가 큰 징은 가장 단순
한 변주를 연주하고 음역이 높은 악기일수록 변주도 더욱 정교하고 복
잡해진다.

인도네시아에 사는 사람들은 청동 악기 제작 기술을 완전히 새로
운 수준으로 끌어올렸다. 징, 종, 철금鐵琴(실로폰과 같은 원리이지만 발음체로 나
무 대신 금속성 조각을 사용한다)을 다양한 크기로 제작해 한데 모은 앙상블이

      음악의 역사

1,000년도 더 전부터 운용되었고, 이것이 우리가 지금 알고 있는 '가 믈란gamelan'의 효시다. 가믈란이라는 단어는 악기의 집합을 가리키는 동시에 그들이 연주하는 음악 장르를 지칭하는 용어다. 가믈란은 특히 자바 섬과 발리 섬에서 인도네시아의 전형적인 '오케스트라'로 오랫동안 여겨졌다. 가믈란과 거기에 동원되는 악기에는 언제나 강한 정신적 요소가 투영되었다. 징을 벼리는 일은 엄숙한 의식이며, 자바 섬에는 인간에게 징을 제작하라 명한 것이 시바 신이었다는 전설이 전해 내려온다. 가믈란의 주요 악기들은 지금도 신성시되고 있다.

가믈란은 마치 복잡한 사회처럼 기능한다는 면에서는 서양의 오케스트라와 흡사하지만, 각각의 음악가가 전체에 이바지하는 양상은 사뭇 다르다. 고수鼓手는 템포를 떨어뜨리고 끌어올림으로써 연주하는 작품이 여러 다른 부분으로 나뉨을 드러낸다. 커다란 징은 연주 내내 반복되는 느린 리듬 사이클을 담당한다. 그 위로 작은 징과 철금 등이 커다란 징의 리듬 패턴보다 두 배, 네 배, 혹은 여덟 배 빠른 리듬 패턴을 얹어 올린다. 그중 가장 느린 패턴은 기본 선율을 담당하며 가장 빠른 패턴은 최고 음역에서 선율을 꾸민다. 이 모든 패턴이 하나로 맞아떨어지며, 어떤 경우에는 두 명의 연주자가 동일 패턴의 음을 하나씩 번갈아 주거니 받거니 연주함으로써 통일된 패턴을 직조해낸다. 이 모든 패턴이 다양하게 조합되며 대단히 복잡한 여러 겹의 거미줄이 형성된다. 연주자 저마다가 모든 파트가 어떻게 서로 맞아 들어가는지를 알고 있기 때문에 음악 전체의 복잡성은 더욱 고조된다. 연주자 각각의 기교가 뛰어난 오케스트라라고 할 순 없으나, 연주자 상호 간의 소통과 이해에 의해 창조되는 고도의 기교적 성취임은 분명하다.

가믈란의 또 다른 이례적 요소는 바로 조율법이다. 옥타브 음정을 제외하면 아시아의 거의 전 지역에서 발견되는 조율법의 근간이 되는 배음렬 음정이 없기 때문이다. 대개 가믈란은 서로 다른 음계로 조율되는 두 벌의 악기군樂器群을 거느린다. 동시에 연주되는 두 벌의 서로 다른 음계 사이에 공통되는 음은 하나뿐이다. 공통음을 제외한 다른 음들이 서로 긁고 부딪히며 내는 자욱한 음향은 일반적으로 '화음'이라고 인정되는 개념과는 한참 동떨어진 불협화음이다. 이러한 조율 양식이 얼마나 오래되었는지, 혹은 그것의 기원이 어디인지 확언할 수는 없으나, 그것이 5도 음정을 사용하는 메소포타미아의 조율체계보다 앞선 것이라는 학설도 다수 존재한다.

가믈란에는 타악기 외에도 서로 합심하여 선율을 꾸미거나 대조적인 선율을 붙이는 노래꾼 한 명과 두 줄짜리 현악기 연주자가 가세하고, 거기에 더해 새의 지저귐 소리처럼 일종의 추임새를 곁들이는 피리 연주자가 동원되는 경우도 있다.

가믈란은 생겨난 이래로 여러 가지 역할을 담당해왔다. 종교적 제례에 동원되거나 지역 축제의 일원으로 참가했고, 그 형태 역시 동네 아마추어들이 힘을 모은 마을 단위의 작은 악단에서부터 궁정에서 고용한 전문 음악가로 구성된 대형 오케스트라까지 다양했다. 이러한 가믈란과 어우러지는 중요한 예술 형태가 하나 있으니, 바로 '와양wayang'이다. 와양은 인형의 그림자를 천막에 비추는 인형극이다. 인형을 부리는 사람(언제나 남성이다)은 지역사회에서 중요한 인물로 대접받으며, 인형극 기술은 가문 내에서 대대손손 전수된다. 고대 힌두교 서사시에서 가져온 인형극의 줄거리는 선과 악 사이의 싸움을 다루며, 가믈란은 인형을 조작하는 사람과 북재비(鼓手)의 지시에 따라 극의 흐름에 맞춘 반주를 쉬지 않고 연주한다. 와양은 마을 전체가 참여하는 주요 축제 행사이며, 때로는 밤새 공연된다.

CHAPTER 7

리듬과 공동체

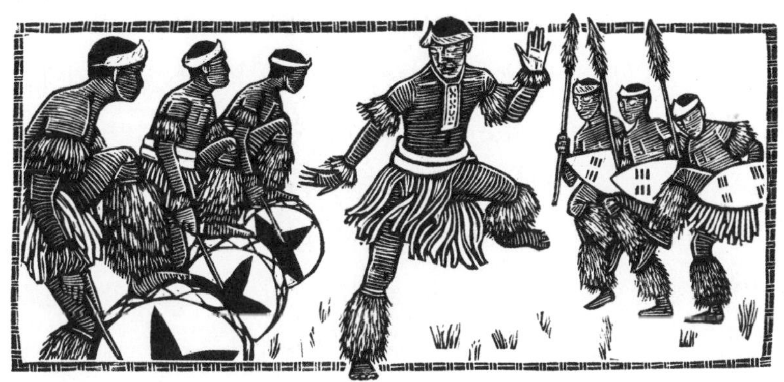

사하라 사막은 지난 4,000년간 아프리카 대륙을 남북으로 갈랐다. 7세기 이후로 북아프리카 지역은 서쪽으로 모로코부터 동쪽으로 이집트와 수단에 이르기까지 이슬람교가 지배 종교로서 굳건한 위치를 잃지 않았다. 그러므로 이 지역의 음악은 우리가 이미 제4장에서 살펴보았던 마캄에 기반을 둔 거대한 전통의 일부를 형성했다. 한편 사하라 사막 이남으로 수천 킬로미터를 뻗어간 대륙에서는 인류가 태동한 시기를 되짚을 수 있는 문화의 흔적이 발견된다.

사하라 사막 이남의 아프리카는 저마다 다양한 역사를 겪은 여러 지방이 복잡하게 얽혀 있다. 유럽인들이 대규모의 수탈을 시작하기 한참 전부터 사하라 사막 이남의 아프리카에는 많은 왕국이 융성했는데, 그중 존재감이 가장 두드러진 곳으로는 서쪽의 가나(8~12세기)와 말리(13~17세기), 베냉(13~19세기), 동쪽의 에티오피아(12~20세기)와 악숨(1~9세기),

남쪽의 짐바브웨(15~17세기)가 있다. 이들 왕국은 주로 금, 상아, 소금, 노예제도를 토대로 부를 축적했으며 광범위한 교역로를 통해 서로 연결되어 있었다. 아시아나 북아프리카와 마찬가지로 이슬람의 교세 확장은 종교의 전파뿐만 아니라 인상적인 건축술과 학문적 성과의 이동역시 가능케 했다. 아프리카 대륙 동쪽의 소말리아와 에티오피아에는 7세기에 지은 모스크가 아직도 여럿 남아 있다. 말리의 수도였던 팀북투는 무역과 학문의 중심지로 이름을 알렸다. 팀북투에는 16세기에 모스크를 중심으로 한 대학촌이 건설되었는데, 한때 이곳에는 수십만 건의 필사 문서가 보관되어 있었다.

아프리카에서 이슬람교는 아시아에서만큼 지배적인 위치에 올라서진 못했다. 팀북투처럼 문서를 통한 학문 활동의 중심지가 있긴 했지만, 아프리카 인구의 대부분은 자연에 깃든 영혼과 조상신을 섬기는 고대로부터의 믿음과 결부된 전통적인 구전 문화에 의지했다. 아프리카인 중 상당수는 가축을 기르거나 수렵과 채집을 통해 먹거리를 해결하며 유목 생활을 했다. 그들의 문화는 지역별로 다양했으나, 아프리카 전역에 걸쳐 수백 년 동안 서로 공유한 특징이 놀랄 만큼 많은 것도 사실이다. 그리고 그렇게 된 데에는 언어의 역할도 일부 있었다.

3,000년경 전, 반투Bantu어라는 이름으로 알려진 언어군이 서아프리카 지방에서 생겨나 대륙 곳곳으로 퍼져나갔고, 덕분에 아프리카 대륙에서 사용된 많은 언어 사이에 연관성이 생겨났다. 이러한 언어의 전파가 정확히 어떻게 이루어졌는지는 논쟁의 여지가 있지만, 사람들이 먹을 것을 찾아 새로운 지역으로 이동하는 도중에 그곳에 이미 자리 잡은 사람들을 밀어내거나 그들과 합류하는 등의 과정을 거쳤을 가능성이 높다. 보통 언어와 음악은 늘 긴밀히 연관되는데, 반투어의 이러한 확산은 아프리카의 광활한 지역에 걸친 음악이 몇 가지 측면에서

음악의 역사

공통되는 현상과도 무관치 않을 것이다.

언어가 과거의 왕국에 뿌리를 두고 있음을 보여주는 사례 중 하나는 말리의 '잘리jali' 혹은 '그리오griot'라고 불리는 찬양 가수의 존재다. 1353년 무슬림 학자이자 탐험가인 이븐 바투타Ibn Battuta(1304~1368?)는 말리 땅에 당도하여 연회에 참석한 경험을 기록으로 남겼다. 그에 따르면 잘리는 스스로 목금 반주를 곁들이며 '전투에서 왕이 보여준 무용武勇을 찬양하고 드높이는 시를 읊었다'. 거물들이 저마다 잘리를 고용하면서 그들의 역할은 오랫동안 이어졌다. 아프리카에서 왕국이 사라진 뒤에도 잘리는 프리랜서로 명맥을 이어갔다. 오늘날의 잘리가 14세기의 선배들과 직통한다고 말할 수 있는 이유는 그들의 예술이 아버지에게서 아들로 전수되는 강한 세습적 전통 속에 있기 때문이다. 19세기 이후에는 여성 잘리의 숫자도 늘어났다. 고대 그리스의 음유시인처럼 잘리는 음악가이자 시인이었을 뿐만 아니라 구전되는 역사와 문화의 보존자로서도 중요한 역할을 했다. 또한 아시아의 여러 전통과 마찬가지로 잘리의 예술 역시 기억과 즉흥의 조합으로 구성되었으며, 그들의 노래와 낭송은 단어의 리듬과 선율적 모양을 따랐다.

'잘리' 하면 떠오르는 악기가 두 가지 있다. 첫 번째는 조롱박을 울림통으로 사용하는 '발라폰balafon'이라는 일종의 실로폰 같은 악기이고, 두 번째는 조롱박 위로 여러 줄의 현을 늘여 걸고 마치 류트처럼 퉁겨 소리를 내는 '코라kora'라는 악기다. 코라는 최근 독주 악기로 인기가 높아지는 추세인데, 그 선율과 리듬 양식은 잘리 가창의 전통적인 서사 양식과 무척 비슷하다.

아프리카 음악과 언어 사이의 연결고리는 순수하게 악기로만 연주되는 음악으로도 확장된다. 서아프리카에서는 북이 언어활동을 대체하기도 한다. 아프리카에서 사용되는 여러 언어에는 '성조'가 있다.

다시 말해 음고의 상승과 하강이 의미 전달에 필수적인 요소로 기능한다는 뜻이다. 높고 낮은 음을 내도록 제작된 북으로 언어의 굴절이나 억양을 흉내 낼 수 있고, 따라서 북을 이용하면 거리가 한참 떨어진 두 지점 간에도 간단한 의사소통이 가능해진다. 기나긴 세월 동안 북을 두드리는 행위는 전통 사회의 중요한 부분이었다. 북은 선조들의 목소리로 여겨졌으며, 북을 치는 행위는 곧 선조들의 이름을 읊는 행위였다.

아프리카 음악은 노래와 악기 연주 모두 선율과 리듬이라는 개념 사이에 차이가 없다시피 하다. 여러 종류의 아프리카 음악에서는 언어 사용 패턴이 음악의 토대를 이루며, 음악의 구성 요소를 우리가 흔히 일컫는 '선율'과 '리듬'으로 나누는 것이 불필요한 경우가 많다. 아프리카의 음악은 언어와 아주 긴밀히 연결되어 있기 때문에 노래의 가장 높은 음과 낮은 음 사이의 음역 또한 퍽 좁은 경향을 띤다. 아랍의 마캄이나 인도의 라가처럼 음역 폭이 무척 넓은 아시아 음악과 다른 것이다. 이는 아프리카에서 노래를 부르는 행위 주체자의 인적 구성과도 무관치 않다. 독창을 담당하는 노래꾼이 있긴 하지만, 기본적으로 아프리카의 여러 지역에서 음악은 공동체가 함께 노래하는 행위로서 존재한다. 노래를 하는 이들은 아시아의 마캄이나 라가 가수와 달리 전문적인 가창 훈련을 받지 않은 일반 촌락민이다.

리듬적 가창과 연주는 다양한 형태를 띤다. 아프리카에서 사용되는 가장 특이한 악기 중에 '고라goura'라는 것이 있다. 이 '구궁口弓'은 커다란 활에 양의 창자로 만든 홑줄을 매단 악기로서 때로 코코넛 껍질로 만든 울림통이 붙기도 한다. 현의 한쪽 끝에는 새의 깃털이 붙어 있는데, 연주자는 이 부분을 입 안에 넣고 숨을 들이쉬고 내쉼으로써 현을 진동시킨다. 고라는 배음렬에 속한 여러 음을 낼 수 있으며, 세 대 혹은 네 대의 고라가 함께 연주하기도 했다는 18세기 초의 기록이 존

음악의 역사

재한다. 연주자는 배음 패턴을 연주하면서 – 어떤 음은 높고 어떤 음은 으르렁대듯 낮다 – 동시에 낮은 음으로 리드미컬한 노래를 곁들이기도 한다. 고라는 현재까지도 남아프리카에서 목동들이 사용하는 악기다. 고라가 내는 효과는 오스트레일리아 원주민들이 사용하는 악기인 디저리두didgeridoo와 판박이다.

여러 사람이 힘을 합치는 연주 행위가 주종인 아프리카 문화에서 가장 중요한 요소 중 하나로 여겨지는 것은 바로 춤과 몸의 리듬이다. 아프리카의 다양한 춤과 음악을 보고 들을 때마다 이 두 요소가 서로 어우러지는 걸 느낄 수 있다. 발을 구르고 몸을 흔들고 손을 맞잡은 채 원을 그리며 도는 반복적인 리듬과, 역시 원을 그리며 되풀이되는 것 같지만 조금씩 변화하고 진화하길 멈추지 않는 말소리 같은 리듬적 선율을 말이다.

중앙아프리카와 남아프리카의 여러 사회 중에는 다수의 가수가 서로 다른 파트를 동시에 부르며 폴리포니polyphony('여러 목소리'라는 뜻의 그리스어에서 온 용어다)를 빚어내는 곳이 많다. 여러 성부가 나란한 화음으로 함께 움직이는 형태를 취하기도 하지만, 때로는 그보다 훨씬 복잡한 형태를 띨 수도 있다. 가령 같은 선율과 리듬 패턴이 여러 성부에서 되풀이되지만, 어떤 성부는 다른 성부보다 늦게 시작되거나 혹은 음악이 진행됨에 따라 반복 중에 변형이 가미되는 식이다. 중앙아프리카의 피그미 부족 사회에는 그 어떤 성악 전통보다 복잡한 양식이 존재한다. 언뜻 보면 노래꾼 각각이 자유롭게 움직이는 것 같지만, 실은 상호 이해된 촘촘한 연결의 거미줄 속에서 서로 어울리는 것이다. 그것은 마치 스텝이 무한히 반복되지만 각각의 개인은 '저마다의 춤을 추는' 것과도 같다. 피그미 부족은 노래를 부르며 그렇게 춤을 춘다. 끝없이 다채로운 반복은 흡사 무아지경과도 같은 효과를 자아내며, 그러한 춤과 음악은 영혼의 영역과 접속하는 제의와 긴밀히 연관되어 있다.

피그미 부족 사회 중 일부 – 아카족이 그 좋은 예다 – 는 수천 년간 유목 생활을 이어오고 있으며, 따라서 덩치가 큰 악기보다는 최소한의 악기만 사용하거나 아예 악기 없이 노래하는 문화가 유지되고 있다. 북이나 실로폰 같은 대형 악기를 사용하는 건 한곳에 정착한 부족 사회뿐이다. 동아프리카, 서아프리카, 남아프리카에서는 실로폰 연주자들이 서로 물고 물리는 복잡한 리듬을 연주한다. 하나의 꾸준한 박자가 존재하는 서양 음악의 리듬과 달리 서로 다른 박자가 동시에 진행되며 조합되는 훨씬 복잡한 리듬이다. 많은 경우, 두 명의 실로폰 연주자는 소분小分된 음표 집단을 주거니 받거니 연주함으로써 하나의 완결된 음악적 선율을 빚어낸다. 때로 대규모 실로폰 앙상블이 동원되는데, 그런 경우에도 두 사람이 한 조를 이뤄 서로 메기고 받는 게 보통이다. 우간다에서는 둘 혹은 그 이상의 연주자가 실로폰을 사이에 둔 채 마주 보고 앉아 복잡하게 맞물리는 패턴을 함께 연주한다. 그렇다는 건 곧 실로폰의 저음역과 고음역이 서로 반대 방향으로 배치되어 있다는 뜻이다. 이른바 '엄지손가락 피아노'로 알려진 '음비라mbira'와 피리 앙상블 역시 이처럼 비슷하게 서로 맞물려 들어가는 패턴을 연주하곤 한다.

아프리카 대륙의 노래는 흔히 '콜 앤드 리스폰스call and response' 형식을 취하곤 한다. 리드 싱어가 선창하면(콜) 이를 전체 그룹이 이어받는(리스폰스) 식으로 주거니 받거니 하는 방식이다. 대개 선창자는 노래의 서사와 선율을 꾸미는 식으로 콜에 변화를 주고, 전체 그룹의 리스폰스는 콜보다 짧고 변화의 폭도 좁다. 순수 기악에도 콜 앤드 리스폰스 형식이 존재하는데, 그러니까 사실상 악기가 사람의 목소리를 흉내낸다는 뜻이 된다. 콜 앤드 리스폰스 전통은 아프리카 사회를 구성하는 패턴의 반영이라는 강한 공감대가 형성되어 있기도 하다. 공동체의 중요성은 아프리카 문화를 이해하는 가장 깊숙한 토대이며, 오랜 세월에 걸쳐 종교와 음악 등이 표현한 바가 바로 그것이었다. 전통적 공동체를 하나로 묶은 이들은 부족의 선조였고, 선조의 존재는 후대의 일상에 녹아 있었다. 부모와 연장자들은 아이들에게 공동체 속에서 각자가 맡아야 하는 역할을 가르쳤다. 지도와 학습은 구전으로 이루어졌다. 음악은 아이들의 놀이부터 노동요까지 삶의 여러 부분에 스며들어 존재하면서 모두의 참여를 유도했다.

이슬람교가 아프리카에 뿌리를 내리자 이슬람 지도자들은 대륙의 기존 생활 방식 속에 종교 관례를 담아내는 방법을 찾으려 했다. 기독교 선교사와 식민지 개척자들은 이슬람교도들만큼 인내심이 크지 않았다. 기독교 교세가 강한 곳에서는 사람들에게 유일신 하느님에 대한 두려움과 하느님의 대표자들(성직자와 교회)을 향한 존경을 주입했다. 이는 공동체와 조상을 중시한 전통적 관점과 배치되는 가르침이었고, 원주민을 복속시킨 뒤 지배자의 뜻 아래 무릎 꿇리길 원하는 자들이 자기네 마음대로 휘두르기 좋은 무기가 되었다. 이는 또한 아프리카인은 마땅히 믿는 신도 없이 그저 미신에 휘둘리는 사람들이라서 신을 공경하는 정복 세력보다 열등한 존재라는 믿음을 키우는 데에도 일조했다. 이러한 사고는 우선 노예무역을 정당화했고, 나중에는 아프리카 대륙의 자원 수탈을 뒷받침했다.

수 세기에 걸친 파괴도, 구전에 의존한 문화 형태라는 점도 일부의 이유가 될 테지만, 아프리카 음악에 관한 논의는 현존하는 전통에 근거할 수밖에 없다. 기록 문헌에 의존하지 않는 문화권에서는 머나먼 과거의 사정을 어느 정도라도 짐작하려면 현존하는 관행을 관찰하고 연구하는 것이 유일한 방법이다. 간혹 여행자들이 기록을 남겼고(말리에서 만난 잘리를 기록한 사람이 그랬듯), 부족은 음악과 관련된 자신들만의 전설을 가지고 있긴 하다. 한 가지 놀라운 건 아프리카 대륙에서 가장 복잡한 다성음악이 여러 층위에 걸쳐 조직적으로 켜켜이 쌓인 패턴이라는 점에서 발리 섬과 자바 섬의 가믈란 앙상블과 무척 닮아 있다는 사실이다. 실로폰의 조율체계도 서양에 흔한 음정뿐만 아니라 '귀에 거슬리는' 음정을 포함하고 있다는 점에서 가믈란과 흡사하다. 1만 킬로미터도 더 넘게 떨어진 이 두 지역의 음악 전통 사이에 어떤 인연이라도 있었던 것일까? 좀처럼 있음직하지 않은 일이지만, 남아프리카와 중국은 14세기부터 교역을 한 기록이 있으니 어느 한쪽이 다른 한쪽에 영향을 주지 않았으리라는 법도 없으리라.

음악의 역사

CHAPTER 8

선조들의 넋

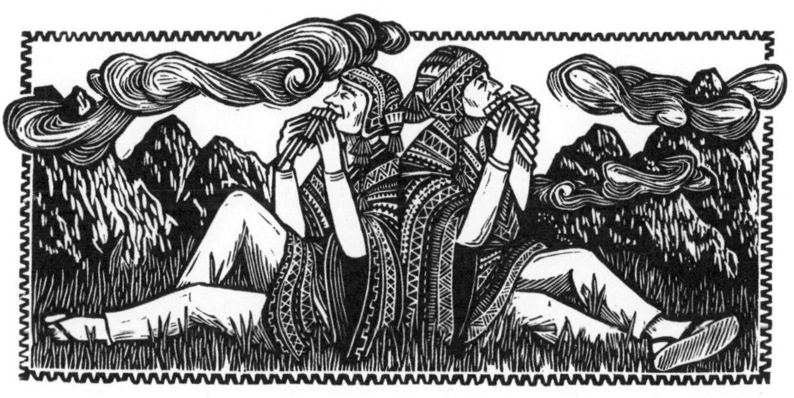

북미, 중미, 남미에 걸친 아메리카 대륙과 오스트레일리아, 뉴질랜드, 폴리네시아의 나라들로 구성된 남반구 대양의 국가들은 지역적으로 광대할 뿐더러 가꾸어온 문화와 역사도 무척 다채롭다. 그런데 이들 사이에는 우리가 지난 장에서 보았던 아프리카 문화와 유사한 몇 가지의 중요한 요소가 나란히 나타난다. 이들 지역은 수백 년간, 어떤 경우에는 수천 년간 원주민이 터를 잡고 살다가 이런저런 방식으로 유럽인들에 의해 침략을 받고 식민지화된 곡절을 겪었다. 그러는 과정에서 토박이 문화가 일부 혹은 전부 파괴되는 비운을 겪었다는 점도 같고, 정복자들에게 동화되거나 복종하고자 하는 의향 정도에 따라 생존 여부가 결정되었다는 점도 같다. 남아메리카와 중앙아메리카에는 아프리카 대륙과 마찬가지로 강력한 왕국이 들어섰고, 어디에나 저마다의 전통을 가진 촌락 사회가 있었다. 아프리카와 마찬가지로 이곳 역시 유럽인들이 당도하기 전에 어떤 일이 있었는지 알려주는 증거물은 희소하다. 따라서 우리로서는 유입된 유럽인들이 남긴 기록과 우여곡절 끝에 지금까지 살아남은 옛 전통을 조합하여 살펴보는 것 외에 달리 방도가 없다.

북아메리카에 거주하기 시작한 최초의 인류는 최소 1만 5,000년 전 마지막 빙하기에 시베리아에서 알래스카 쪽의 거대한 땅덩이 쪽으로 넘어온 것으로 짐작된다. 이들이 오랜 세월에 걸쳐 남하하면서 서로 다른 문화적 집단이 형성되었다. 북아메리카 곳곳에서 석기 창촉이 발견되는 것으로 보아 이들 사회는 대부분 수렵에 의존했던 것 같다. 이들이 정착해 살았음을 알게 해주는 흙무더기 중에 가장 오래된 것은 5,000년 전의 것이다. 입에서 입으로 문화를 전달해온 이들의 삶을 짐작케 하는 최초의 기록은 16세기 유럽인들의 등장과 함께 비로소 시작되었다. 북미 원주민들의 음악 문화는 현재까지 살아남은 원주민들이 보존해온 전통과 그들이 대대손손 물려받은 역사와 신화를 통해 주로 다가갈 수 있다.

음악의 기원에 관한 신화, 그리고 선조들과 관련된 믿음과 음악 사이의 관계에 대해서는 이미 제1장에서 잠깐 다루었다. 세계의 여러 문화권에서 음악은 초자연적 원천을 지닌다고 믿어지는데, 이는 북아메리카 원주민의 음악을 이해하는 데에도 가장 근본적인 요소가 된다. 북미 원주민은 음악을 인간에게서 비롯된 것이 아니라 정령으로부터 전해 받은 것으로 여긴다. 음악의 기원에 관한 여러 다양한 설화가 입에서 입으로 전해졌고 지금도 그러하다. 캐나다 대초원 지대의 블랙풋 부족은 모든 금수의 가죽을 모은 사냥꾼을 찾은 비버들의 왕에 관한 이야기를 한다. 비버는 사냥꾼이 가죽을 하나씩 돌려줄 때마다 초자연적인 힘을 가진 노래를 들려주겠다고 제안한다. 사냥꾼은 모았던 동물

가죽을 하나하나 내주고, 비버는 건네받은 가죽의 동물이 가진 힘에 대한 노래로 화답한다. 북미 원주민들은 음악이 영혼의 세계에 존재한다고 믿었고, 노래를 지어내는 사람은 작곡가라기보다는 '노래잡이' 혹은 '노래 사냥꾼'에 가까운 존재로 여겼다.

북미의 여러 원주민 부족 사회에서 음악과 춤은 종교적 의식 및 선조들의 넋과 밀착되어 있다. 노래를 부르는 행위는 계절이 바뀌는 시점을 표시하고 질병을 물리치며 탄생부터 죽음까지 인생의 매 단계를 기념하는 모든 제의의 핵심적인 부분이다. 노래에는 흔히 딸랑이나 북의 반주가 따라붙고 간혹 피리나 그 밖의 다른 목관악기가 반주를 곁들인다. 제의에는 부족 공동체 전체가 동원되며, 영적 지도자인 샤먼이나 남다른 노래 솜씨와 춤 솜씨를 가진 특정 개인에게 권위가 부여된다. 영적 지도자 중에는 북아메리카 원주민의 역사에서 가장 유명한 이들이 포함되어 있는데, 이를테면 수족의 리더인 시팅 불Sitting Bull(1831?~1890)이나 아파치족의 리더인 제로니모Geronimo(1829~1909)가 대표적이다. 전통적으로 남녀 사이에 역할 구분은 뚜렷했다. 제의의 중점은 언제나 부족 공동체와 그 조상들이었으며, 연주나 공연이라는 관념은 희박했다(그러나 유럽인들이 유입되면서 부족민의 제의 행위에 연주적 요소가 불가피하게 가미되었다).

북미 원주민 음악의 스타일은 지역별로 편차가 있지만, 그럼에도 몇 가지의 공통된 특징이 있다. 리듬을 앞세워 외치는 듯한 창법은 남녀가 나뉘어 무리를 지은 채 원형을 이루어 걷고 뛰고 발을 구르는 행위로 구성된 춤과 긴밀히 묶여 있다. 맥동하는 비브라토가 가미되곤 하는 노래 목소리는 투박한 경우가 많다. 반복되는 하향 악절은 대개 오음음계에 기반을 둔다. 다양한 종류의 오음음계는 동아시아 지역에서도 흔히 사용된 음계로, 북미 원주민이 수천 년 전 아시아에서 아메리카 대륙으로 건너왔음을 생각하면 그들의 오음음계 역시 아시아에서 비롯되지 않았을까 추측하고 싶어진다. 그러나 이는 어디까지나 추측일 뿐 확답을 내릴 수는 없다. 이와 같은 노래는 북쪽으로 이누이트족부터 남쪽으로 푸에블로족에 이르기까지 북미 대륙 전체에서 발견된다. 특히 남쪽의 경우 유럽인의 침략이 자행된 16세기 이후로 전통적인 북미 대륙의 음악이 크게 변화했음을 알게 한다. 하지만 이를 제외하면 토착민과 유럽 음악 문화의 상호 영향은 미미한 수준이었다.

중미와 남미 대륙에서는 15세기 이래로 토착 부족과 유럽발 정복자들 사이에 전폭적인 왕래가 있었다. 그러나 원주민 입장에서 이는 재앙에 가까운 참사였기에 유럽인이 침략하기 전의 역사를 풀어내어 토착 음악 문화를 오롯이 이해하기는 무척 어려워졌다. 16세기 이후에는 아프리카 노예의 대량 유입으로 상황이 더욱 복잡해졌는데, 여기에 대해서는 나중에 따로 이야기하겠다. 중앙아메리카와 남아메리카의 토착 음악에 관해서는 초기의 기록과 고고학적 발굴, 현존 전통에 남은 증거를 가지고 하나로 간신히 기워 맞출 수 있는 형편이다.

16세기 스페인이 지금의 멕시코 지역을 침략하기 전까지 이 지역에는 멕시카Mexica인들이 세운 고도로 정교한 아즈텍 문명이 존재했다. 유럽인들과 마찬가지로 이들 역시 상인, 엘리트 지배층, 전사 집단 등 서로 다른 계층으로 나뉜 사회를 꾸렸다. 아즈텍의 지배자는 신들의 후예로 여겨졌다. 음악은 모든 제의 절차와 의식에서 중요한 부분을 차지했다. 아즈텍 사회에는 전문 음악가가 있었으며, 그중 가장 중요한 이들은 궁전과 사원에 고용되었다. 나무로 만든 나팔은 전쟁터와 사원에서 밤낮으로 시간을 알렸다. 아즈텍인들은 어린 시절부터 음악과 춤을 가까이하며 제의에 공헌할 수 있게 훈련받았다. 피리와 딸랑이 같은 악기도 있었지만 무엇보다 중요한 악기는 북이었다. 특수한 형태의 북은 신들이 지상에 내려온 현신으로 간주되었고, 왕가를 위한 가장 신성한 제례에서는 희생 제물로 바쳐진 이들의 피를 북 위에 뿌렸다. 이러한 희생 의식은 전쟁의 신 우이칠로포치틀리Huītzilōpōchtli에게 바치는 연례 축제에서 절정에 이르렀다. 돌로 만든 조각이나 무덤에서 출토된 유물로 미뤄볼 때 중앙아메리카에서는 이미 2,000년 전부터 사람을 제물로 바치는 의식을 종교적 관행으로 행했으며, 아즈텍 문명의 제례 역시 그러한 전통에 속해 있었다.

스페인 정복자들의 침략 이후 아즈텍 문명의 음악과 춤은 급속하게 탄압되거나 기독교 정복자들의 관행 속으로 포섭되었다. 신대륙에 발을 디딘 스페인인들이 남긴 기록을 보면 아즈텍 전통의 일부를 엿볼 수 있다. 스페인 사령관 에르난 코르테스Hernán Cortés(1485~1547)는 멕시코 땅을 밟은 직후 아즈텍의 황제 목테수마 2세Moctezuma II(1466?~1520)를 포로로 잡아 가택 연금한다. 아즈텍 사람들은 거리와 광장에 모여 음악과 춤으로 응답했다. 당시의 어느 기록에 따르면 아즈텍의 최고위급 귀족 2,000명이 가장 화려한 의복을 입고서 황제가 감금된 궁전 근처에 모여 미토테mitote라 불리는 춤을 추었다고 한다. 미토테는 원을 이루어 추는 출전出戰의 춤이다(이에 이어진 대학살은 나중에 따로 다룰 예정이다). 축제에 참가하는 인원들은 꼼꼼히 노래와 춤을 연습했다. 1530년대에 중앙아메리카 땅을 밟은 어느 선교사는 1,000명이 넘는 댄서가 참가한 대축제를 이렇게 기록했다. '북소리, 노래와 춤이 완벽하게 어우러졌다. 모든 것이 한 몸처럼 움직여서 어느 하나가 다른 그 어느 것과 조금도 어긋나지 않았다. 스페인에서 건너온 능숙한 무용수들조차 이 광경을 보고 놀라지 않을 수 없었다.'

또 다른 스페인인이 1645년 멕시코시티에서 '목테수마 황제를 위한 무용' 공연을 관찰하고 남긴 기록도 있다. 황제를 상징하는 무용수한 명이 두 줄로 늘어선 열네 명의 무용수를 이끈다. 모든 이들은 고대 멕시코의 전통 의상 차림을 하고서 저마다 박으로 만든 딸랑이를 악기 삼아 들고 있다. 꽃잎을 흩뿌린 마룻바닥 한쪽에는 북재비와 장로들이 앉아 '늘 멕시코 춤사위를 반주하는 노래를 불렀다'. 춤은 '느리고 위엄 있는 보폭으로' 시작되었고, 귀족들이 춤을 추는 가운데 목테수마 황제가 옥좌에 앉을 때까지 점차 속도를 붙였다. 이윽고 황제는 자리에서 내려와 두 줄로 늘어선 귀족들 사이에 있는 아이들과 함께 어울려 춤을 추었다. 기독교가 침범한 뒤의 풍경인지라 그 자리에는 기독교 제단도 마련되어 있었다. 비록 무용수들은 기독교 제단 쪽을 향해서도 공손한 예의를 표했지만, 전체적인 춤의 제의 자체는 기독교가 도래하기 전에 수립된 전통적 제의임이 분명했다. 목테수마 황제뿐만 아니라 전임 황제들도 모두 같은 대접을 받았을 것이다.

더 남쪽으로 내려가면 잉카 문명이 있었다. 아즈텍과 마찬가지로 이곳 역시 스페인 정복자들의 총칼에 무릎을 꿇었지만, 그래도 그들만의 고유한 문화는 좀 더 온전히 간직할 수 있었다. '안데스 산맥' 하면 으레 떠오르는 가장 친숙한 소리가 된 팬파이프는 잉카 제국이 수립된 13세기보다 훨씬 더 옛날 옛적까지 거슬러 올라가는 악기다. 지금까지 남아 전하는 최고最古의 팬파이프는 6,000년 전의 악기다. 하나의 관管에 바람구멍을 여럿 뚫어 음표를 조절하는 피리와 달리 팬파이프는 길이가 다른 여러 개의 대롱을 묶어 만든다. 고대의 팬파이프는 갈대나 대나무 대롱, 동물의 뼈, 토기土器 등으로 만들었다(안데스 산맥의 사람들은 토기 제작 기술이 뛰어났다). 팬파이프는 일단 남아메리카의 악기로 가장 익숙하지만 북미와 중미 지역에서도 광범위하게 발견되었으며 아시아와 유럽, 아프리카 대륙에도 팬파이프와 비슷한 악기가 존재한다. 여러 대롱을 묶어 악기로 만드는 것은 예로부터 가장 기본적인 목관악기 제

음악의 역사

작 방식이었던 셈이다.

안데스 지방의 팬파이프는 두 개가 한 벌을 이루어 연주하도록 제작되는 특이점이 있었다. 하나의 악기로는 이빨 빠진 음계밖에 연주하지 못하지만, 두 개가 한 조를 이루도록 하여 톱니가 맞물리듯 서로 빈 곳을 메우는 방식이었다. 그러므로 팬파이프 연주자는 주어진 선율의 음표를 분담하여 연주해야 했다. 이러한 분담 기법은 남아메리카만의 고유한 현상은 아니다. 앞에서도 이미 썼듯이 인도네시아의 가믈란에도, 아프리카 음악에도 음표나 악절을 나누어 서로 메기고 받는 기법이 존재한다.

남아메리카 대륙에 발을 디딘 정복자와 선교사들은 그들이 접한 원주민의 의식과 음악을 야만적이고 악마적인 것으로 여기기도 했다. 그러나 그들이 남긴 기록이 있기에 우리로서는 원주민의 문화를 엿볼 수 있다. 프랑스의 신교 목사 장 드 레리 Jean de Léry(1536~1613)는 1557년 브라질의 투피남바 부족과 몇 달 동안 함께 생활했다. 어느 날 아침 그는 남자들이 뇌까리는 나지막한 노랫소리를 들었다. 소리가 점점 커지더니 마침내 여성까지 가세한 노랫소리는 '헤, 헤, 헤' 하는 동일한 음절을 두 음으로 된 패턴으로 되풀이하기 시작했다. 소리는 갈수록 격렬해졌다. '그들은 울부짖었을 뿐만 아니라 맹렬히 공중으로 뛰어오르며 가슴을 흔들었다. 입에 거품까지 무는 이도 많았다.' 레리는 이들이 악마에게 홀렸다고 생각했다. 그러나 잠깐 숨을 돌린 사람들이 다시 노래하기 시작하자 '나는 방금의 충격에 대한 보답으로 커다란 기쁨을 느꼈다. 몹시 많은 사람이 보조를 맞춘 화음이 일품이었다. (……) 나는 넋을 잃고 그대로 얼어붙었다. 지금도 그때의 일을 생각할 때마다 심장이 쿵쾅댄다. 마치 저들의 음성이 아직도 귓전에 머무는 듯하다'. 레리는 나중에야 이 노래의 의미를 알게 되었는데 그들의 노래에는 망자를 향한 애통함, 적들에게 보내는 경고, 나무에 올라 대홍수를 버텨 낸 조상들을 향한 찬양이 모두 섞여 있었다.

사람들을 선조 및 고대의 신화와 연결 짓는 노래는 남반구 곳곳에 널리 퍼져 있다. 오스트레일리아 원주민들은 창조주-조상들이 대륙을 누비면서 모든 것을 만들고 '노랫길song-line'로 창조의 족적을 새긴 '꿈의 시대Dreamtime'의 기억을 소중히 간직한 노래를 부른다. 이러한 기억은 춤과 노래의 제의를 통해 한 세대에서 다음 세대로 전수된다. 리듬에 방점이 찍히는 노래에는 길이가 3미터에 달하기도 하는 디저리두가 내는 묵직하고 낮은 드론 음의 반주가 붙곤 한다. 디저리두 연주자는 이리저리 바뀌는 배음과 리듬을 통해 최면적인 패턴을 자아냄으로써 제의의 신비로운 분위기에 일조한다.

이와 같은 전통적인 노래와 연주는 남성 위주로 치러진다. 그러나 여성에게도 특별한 역할이 주어진다. 그중 하나가 바로 애가哀歌다. 오스트레일리아 전역의 여러 원주민 집단에는 해당 지역의 장소와 식물, 동물과 관련된 저마다의 애가가 있다. 조상들이 이주 과정에서 창조한 이들 '토템'은 애가를 통해 강한 갈망의 염念과 함께 환기된다.

남태평양의 도서 지역에서 음악은 여러 다른 형태를 취하며, 서로 다른 둘 이상의 성부가 함께 노래하는, 즉 이른바 폴리포니 전통을 계승한 곳도 여럿이다. 18세기에 남태평양을 방문한 유럽 나그네들의 기록에도 그러한 사실이 적혀 있다. 제임스 쿡James Cook(1728~1779) 선장이 1772년부터 1775년까지 두 번째로 세계 일주를 하며 남긴 항해일지에는 폴리네시아 지역의 폴리포니에 대한 다음과 같은 묘사가 포함되어 있다. '그들은 파트를 나눠 박자에 맞춰 노래한다. 그들은 고작 네 개의 음표를 다양하게 주무른다. (내가 들은) 노래꾼들은 모두 여성이었다. 그중 한 명은 저음역을 벗어나지 않고 드론 역할을 했다.'

음악의 역사

1777년 쿡은 통가에서 100명 이상의 남자들이 깔끔하게 줄을 맞춰 서서 북소리와 거대한 합창단의 노래에 맞춰 노를 휘두르며 마치 '한 몸처럼' 움직이는 광경을 목격했다. 쿡은 만약 이러한 공연이 유럽 무대에 올랐다면 '만장일치의 갈채'를 받았을 거라고 썼다. 후대의 목격담에 따르면 이러한 춤사위에는 네 개의 음표가 끊임없이 반복되는 리듬 중심적 노래가 결부되기도 했다.

CHAPTER 9

춤과 화음

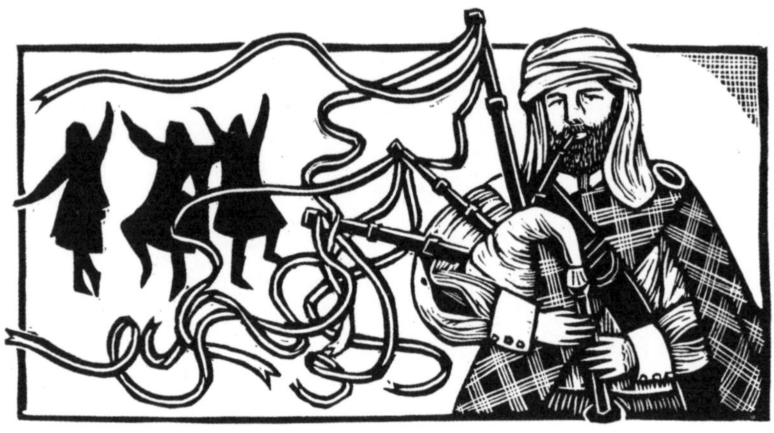

유럽 음악의 초기 역사를 머릿속에 떠올리려면 상상력이 조금 필요해진다. 오랜 세월 동안 음악사학자들은 마치 유럽의 음악이 기보법의 발명과 함께 생긴 것처럼 기술해왔다. 마치 기록으로 남길 수 있는 음악만 중요한 것처럼 말이다. 그런데 유럽에서 음악을 악보에 기록하기 시작한 건 서기 10세기가 되어서였다. 그 이전에는 유럽 또한 세계의 다른 지역과 다르지 않았다. 인류가 유럽 대륙에 처음 등장한 이후 오랜 세월에 걸쳐 이전 세대가 음성으로 내뱉은 것을 다음 세대가 듣고 기억하는 식으로 음악은 발전하고 전승되었다. 기보법이 발명되고 난 뒤에도 여러 세기 동안 사람들이 듣고 노래하고 연주한 음악의 대다수는 여전히 과거의 방식으로 구전되었다. 왜냐하면 악보를 적고 읽는 것은 소수의 사람만 할 수 있는 기술이었기 때문이다. 점차 세월이 흐르면서 전문 음악가들은 악보에 기록된 음악을 중점적으로 다루기 시작했고, 이어서 아마추어들 역시 악보 읽는 법을 깨우쳤다. 그러나 이는 아주 오랜 세월에 걸쳐 일어난 변화였다.

음악 기보법의 발전이 그 이유이기도 하겠지만, 유럽의 음악은 다른 문화권의 음악과 비교할 때 사뭇 다른 방식으로 발전해왔다. 지금까지 살펴본 것과 같이, 음악이 구전되는 문화권에서는 전통이 오랜 세월 살아남는 경향이 있다. 그렇다고 해서 그러한 전통이 고정불변이라는 뜻은 아니다. 외세의 침입, 종교의 유입, 인구 이동, 다른 문화권에서의 영향은 언제나 변화를 불러오게 마련이다. 그리고 세대를 거듭하여 구전되는 모든 것은 세월이 흐르면서 어쩔 수 없이 변화한다. 오늘날 인도의 음악가들이 라가를 연주하는 방식과 인도네시아 사람들이 가믈란을 연주하는 방식은 1,000년 전과 어디가 달라도 다를 것이다. 하지만 중요한 점은 본질적인 전통은 유지된다는 사실이다.

유럽은 상황이 사뭇 달랐다. 지난 1,000년 이상의 세월 동안 유럽음악은 근본적인 변화와 진화의 상태 속에 던져졌다. 이들 변화와 진화의 과정은 때로는 꾸준했고 때로는 급작스럽고 혁명적이었다. 지속하는 전통이라는 개념은 종종 아주 취약했고, 특히 20세기 이후로는 더더욱 그러했다. 거듭되는 격변의 서사는 다른 예술에도 나타났으며, 음악의 변화는 과학기술의 발전, 산업 및 사회의 변동과 발맞추어 나아갔다.

유럽인들은 자신들이 경영한 제국주의 식민지를 통해 변화하는 사상을 세계로 수출했다. 지금까지 본 바대로, 외부의 영향에도 불구하고 어떤 문화권은 고유한 전통을 잘 지켜낸 반면 어떤 문화권은 그러지 못했다. 유럽의 음악에 대해 말하자면 변화와 발전의 역사가 복잡하여 가장 기본적인 윤곽만 그리는 데에도 여러 장의 지면이 필요할 것이다. 그러므로 독자들께서는 내가 통칭 '서양' 음악이라고 불리는 (유럽과 북미의) 음악에 과도한 공간을 할애하면서 세계의 여타 음악은 등한시한다고 생각할 위험이 있다. 내 의도는 서양 음악사를 우대하는 것이 아니라 그 복잡한 발전사를 제대로 전달하는 데 있음을 알아주시길 바란다. 이후의 장에서 다루게 될 테지만, 이 복잡한 발전사를 이야기하다 보면 서양과 세계의 여타 문화권 사이의 접촉에 관해 살펴보지 않을 수 없을 것이다. 그리고 그 접촉은 때로 긍정적 결과를 가져왔지만 때로는 대단히 파괴적인 양상으로 진행된 것도 사실이다. 서양과 그들이 식민 지배하고 착취한 나라들 사이의 관계를 재평가하는 것은 우리 시대에 주어진 중요한 현재진행형의 과제이며, 음악 역시 그 재평가 과정의 일부가 되어야 한다.

　서양 음악의 복잡한 변천의 역사를 본격적으로 다루기 전에 먼저 시작점으로 돌아가 기나긴 진화를 시작하기 전의 유럽 음악이 세계의 다른 음악과 어떻게 같고 어떻게 달랐는지 비교해볼 필요가 있다. 하지만 초창기의 유럽 음악에 관해서는 많은 것이 알려져 있지 않다. 이는 유럽 음악이 걸어온 발전의 궤적이 길고 깊었기 때문이기도 하고, 그렇기에 영향을 받지 않고 원형 그대로 남은 음악이 거의 없기 때문이기도 하다. 현존하는 '전통' 유럽 음악은 기껏해야 파편적인 형태로 존재할 뿐이다.

　따라서 시작점으로 돌아가려 해도 돌아갈 시작점이 없는 형국이다. 그 대신 앞에서 보았듯, 메소포타미아와 이집트의 음악 문화가 그리스에 영향을 미쳤음을 우리는 알고 있다. 고대 그리스의 음악적 사상은 전 유럽의 음악 발전 과정에서 중요한 역할을 하게 된다. 그리고 이를테면 유대교의 기도문이나 성가 같은, 그보다 더 동쪽에서 건너온 요소도 있었다. 이후에는 기독교 성가가 큰 영향을 미쳤는데, 여기에 대해서는 다음 장에서 다루도록 하겠다. 그러나 이러한 영향력이

　　　　음악의 역사

자리를 잡기까지는 몇 세기의 시간이 흘렀고, 그러한 과정에서 유럽 전역에 걸친 여러 다른 문화가 서로 섞이면서 하나의 혼합체가 형성되었다.

유럽의 초창기 음악 전통에 주목하는 분위기가 생겨난 건 18세기 들어서이다. 유럽 출신의 문필가들이 이른바 '민속음악'이라 일컫는 시골 사람들의 음악에 흥미를 느끼기 시작하면서 분위기가 바뀐 것이다. 촌민의 음악은 그것을 짓고 노래한 사람들의 생활 방식처럼 아주 오래된 것, 심지어는 '세월이 흘러도 변치 않는 것'으로 여겨졌다. 민속음악을 향한 관심은 이후 장에서 다루게 될 테지만, 민속음악 그 자체는 유럽의 초창기 음악을 상상할 때 상정해봄직한 하나의 출발점이다.

지역적 종횡을 불문하고 유럽에는 악기로 연주하는 민속음악의 전통이 여전히 살아남아 있으며, 그중 상당수는 춤과 관계를 맺고 있다. 하지만 과연 얼마만큼 진정한 옛 전통에 뿌리를 두고 있는지 낱낱이 풀어서 설명하긴 어렵고, 또한 현대에 들어 민속음악을 되살리기 위한 여러 창조적인 재건 작업이 있었던 것도 부인할 수 없는 사실이다. 고대부터 유럽에 있었을 것이라고 생각되는 악기로는 피리와 리드를 붙인 목관악기(고대 그리스의 아울로스 같은), 그 밖에도 다양한 크기와 형태의 하프와 리라처럼 손가락을 퉁겨 소리를 내는 현악기이다. 다양한 종류의 피들fiddle – 활로 문질러 소리를 내는 작은 현악기 – 은 아마 아시아 대륙에서 9세기 무렵에 전래된 것으로 여겨진다. 14세기 들어서는 백파이프나 허디거디(돌아가는 회전판이 '활' 노릇을 하는 현악기)처럼 드론음을 낼 수 있는 악기가 인기를 끌었다. 백파이프 전통은 불가리아부터 스코틀랜드나 아일랜드까지 유럽 전역에서 발견된다. 스코틀랜드에서는 16세기부터 백파이프를 전쟁에 사용하기 시작했다. 귀족 문중은 백파이프 연주자를 고용했고, 백파이프 연주자들은 연주 기술을 가

업처럼 대물림함으로써 가문의 이름을 높였다. 백파이프 연주자는 행진곡, 애가, 영웅을 찬양하는 노래 따위를 연주했다. 귀족 가문은 좀 더 친밀하고 개인적으로 음악을 즐기기 위해 하프 연주자를 고용하기도 했다.

그런데 분명한 사실 하나는 민속음악 – 혹은 전통음악 – 의 성격은 같은 유럽이라도 동부와 서부 지역의 편차가 크다는 점이다. 동부 유럽은 아시아와 서유럽 사이의 경계에 위치했고, 그들이 받아들인 아시아 음악 문화의 영향은 오랜 세월에 걸쳐 유럽 대륙으로 퍼져나갔다. 유럽과 경계를 맞댄 오스만 제국(14세기~20세기 초, 지금의 튀르키예)은 이슬람교를 국교로 신봉했는데도 다른 종교와 문화에 관대한 입장을 유지하며 그들로 하여금 자신들 곁에서 공생하고 융성하도록 허용했고, 덕분에 오스만 제국은 여러 음악 양식이 뒤섞이는 용광로 노릇을 했다. 오늘날까지도 동유럽의 전통음악은 아시아에 뿌리를 둔 음악과 여러 요소를 공유하고 있다. 이들 요소 중 어떤 것은 이슬람교가 퍼져나가기 한참 전의 세월까지 거슬러 올라가는 것으로 추정되는데, 이를테면 '비서구적' 조율체계를 지니는 선법, 아랍과 페르시아 지방에서 들여와 자기네 언어에 맞게 조정한 선율 양식, 그리고 박자가 복잡한 춤곡 등이 그 예다. 다섯 박, 일곱 박, 아홉 박 등 딱 떨어지지 않는 패턴을 따르는 춤곡은 특히 불가리아와 그 인근 지역에서 흔히 관찰된다.

유럽 대륙 전역의 전통음악에 공통으로 나타나는 특징이 하나 있다면 바로 여러 개의 선율선을 동시에 노래하고 연주하는(폴리포니) 관행으로, 사실 이는 전 세계 곳곳의 전통음악에서 흔히 관찰되는 특징이기도 하다. 이러한 특징은 서유럽보다 동유럽의 촌락 공동체에서 더욱 흔히 발견되는 편이며, 불협화음(서로 부딪히는 소리)을 용인하는 정도에 따라 그 운용 방식이 상당히 다양하다. 불협화음이 가장 두드러지는 사례는 흑해의 불가리아부터 남쪽의 그리스까지 뻗은 발칸 반도에 집중되어 있다. 발칸 반도에는 의도적으로 서로 부딪히는 성부 간 노랫소리―주로 지속적인 드론 음이 되는 베이스 성부와 다른 성부 간의 충돌―를 즐기는 다양한 중창重唱 장르가 존재한다. 전문적인 훈련을 받은 불가리아와 알바니아 출신의 민속 합창단은 최근 수십 년간 서방 세계에 모습을 드러냄으로써 신선함을 주기도 했지만, 그들이 노래하는 놀랍도록 귀에 거슬리는 음악은 촌락 공동체에 그 뿌리를 두고 있다. 고대 그리스에서는 두 대의 아울로스가 함께 연주할 때 서로 어울리지 못하는 음들이 충돌하더라도 으레 용인했는데, 그렇다면 불협화음 폴리포니의 전통이 고대로부터 기원한 것이라는 발칸 반도 출신 가수들의 주장도 아예 불가능한 이야기는 아니겠다.

화음의 충돌을 포함하는 폴리포니 전통은 발칸 반도 이동以東에 있는 조지아(그루지야)에서도 발견된다. 조지아의 음악 양식은 특히 다양하고 복잡하다. 지금도 산골 마을에서 들을 수 있는, 남성이 삼중창으로 노래하는 애도가는 아주 오래된 음악 양식으로 여겨진다. 불협화음은 러시아부터 폴란드와 체코 공화국에 이르기까지 슬라브 국가에서 고루 나타난다. 북쪽의 리투아니아에는 여자들이 소규모로 모여 노래하는 불협화음 다성음악의 전통이 존재한다. 성부는 고작 둘뿐이지만 성부 간의 밀착도가 높아 마치 한자리를 두고 끊임없이 머리를 부딪쳐가며 싸우는 듯한 느낌이 들어 불협화음의 효과는 배가된다. 그러나 이 역시 서양인의 관점에 입각한 설명일 뿐이다. 정작 리투아니아 사람들은 이렇게 '부딪히는' 음향을 불협화음이 아니라 협화음으로 여기고 있으며, 그 효과가 마치 종이 울리는 소리와 비슷하다고 말한다. 리투아니아의 전통은 러시아 작곡가 이고르 스트라빈스키가 쓴 불협화음으로 유명한 작품 「봄의 제전」에 영감을 주었다(20세기 음악사의 획기적 사건이었던 이 곡에 대해서는 제32장에서 다룰 예정이다).

이러한 폴리포니 전통은 대부분 유구한 세월을 거슬러 올라가지만, 각각의 역사는 알려진 바가 별로 없다. 가족 모임이나 마을 행사용 음악이었고, 통신이 발달한 현대에 이르기 전에는 일반 대중에게 노출될 기회가 없었기 때문이다. 약 150년 전 리투아니아의 어느 가수가 민요 수집가에게 이르길, 자기 마을에 사는 모든 어머니는 저마다 아는 노래를 자기들끼리 비밀로 간직하면서 귀하게 아껴 부르고 전통이 서린 노랫말이 변하지 않도록 주의를 기울인다고 했다. 동유럽 곳곳의 수많은 촌락민은 선조들에게 물려받은 음악을 높이 우러르며 간직했다. 그러나 현대 생활의 편의가 닥친 이후로는 그들과 과거 사이의 단단한 매듭도 조금씩 느슨해지고 있다.

서유럽의 민속 다성음악 양식은 불협화의 정도가 낮고 성부끼리 좀 더 잘 '어우러지는' 편이지만, 과연 이러한 특징 중 얼마만큼이 작곡가들이 지은 서양 음악의 영향인지는 알 수 없다. 프랑스와 스페인, 포르투갈, 사르디니아, 코르시카, 시칠리아에 퍼져 있는 수많은 지역 공동체에는 지금까지도 고유의 다성음악 전통이 살아남아 있다. 이들 전통에 나이를 매기는 건 오로지 추측으로만 가능하지만, 15세기 이후로 남부 유럽에 비슷한 노래 관행이 있었음을 짐작케 하는 문서가 남아 있다. 그리고 웨일스에서는 그보다 더 오랜 시기부터 다성부 중창이 있었음을 알려주는 증거가 발견되었다. '웨일스의 제럴드Gerald of Wales(1146?~1223?)'라는 이름으로 알려진 사제가 남긴 12세기의 기록으로, 이렇게 적혀 있다. '여기 사람들이 함께 노래할 때는 다른 지역의 주민들처럼 제창齊唱하는 게 아니라 여러 성부를 나누어 다르게 부른다. 웨일스에서는 사람들이 자주 모여 함께 노래를 부르는데, 모인 사람의 숫자만큼 서로 다른 성부가 들려온다고 해도 좋을 정도다. 제각

음악의 역사

각 노래하던 이들이 마침내 하나가 되어 협화음으로 자연스러운 선율을 마무리한다.' 웨일스의 제럴드는 잉글랜드 북부 지방에서도 이와 비슷한 형태의 노래 행위를 발견했다. '웨일스도 잉글랜드도 인위적으로 이러한 특이점을 획득한 것이 아니라 오래 버릇에 의해 그렇게 되었다. 그래서 그들의 노래에서는 자연스러움과 친숙함이 느껴진다. 그들의 관행은 워낙 확고히 뿌리를 내리고 있어서 오히려 간단한 단선 선율을 근사하게 노래하는 광경이 귀하다. 더더욱 놀라운 사실은 아이들 또한 심지어 유아기부터 어른들과 같은 방식으로 노래한다는 점이다.'

제럴드는 아일랜드 음악가들이 하프, 백파이프, 크루스crwth*를 가지고 연주한 아찔하고 멋들어진 폴리포니에 대해서도 이야기한다. 아일랜드 음악가들은 '예술이 예술임을 감추는 완벽한 경지'에 이를 정도로 솜씨가 뛰어났다. 아일랜드 가수들은 '각운이 맞는 노래와 미리 준비한 대사를 처리하는 솜씨가 몹시 절묘하고 기발하며, 그들의 모국어를 가지고 단어와 문장 면에서 멋지고 예리한 장식을 만들어내는 재주가 탁월하다. 그들이 음유시인bard이라 일컫는 이들은 그렇게 탄생했다. 이 나라에는 상기한 능력을 갖춘 시인이 수다數多했다……'.

제럴드가 이렇게 관찰하고 설명할 때만 해도 이미 이들 전통은 상당히 깊은 역사를 간직하고 있었을지 모른다(이 역시 우리로서는 확언할 수 없지만). 그러나 과연 제럴드가 무엇을 보고서 아일랜드 가수들의 '예리한 장식을 만들어내는 재주'라는 표현을 썼는지 짐작할 만한 단서는 있다. 지금까지 전해 내려오는, 아일랜드어 노랫말로 부르는 무반주 노래인 셰너스sean-nós라는 전통이 그것이다. 시를 노랫말로 삼고 거기에

---

* 중세 웨일스의 민속 현악기. 직사각형 모양이며, 손가락으로 현을 퉁기거나 활을 이용해 연주한다.

길고 정교한 선율을 붙여 노래하는 양식이다. 글꾼들은 셰너스가 한참 남쪽과 동쪽 지방의 노래 양식과 비슷하다면서 특히 우울한 스페인 플라멩코나, 심지어 아랍 지역의 가창 스타일과 닮았다는 점을 언급해왔다. 아일랜드와 아랍이 연결되어 있다니, 나가도 너무 한참 나간 거 아니냐고 생각할 수 있지만 음악의 영향은 오랜 세월을 거치는 동안 놀라울 정도로 광범위하게 퍼져나가기도 하는지라 아일랜드의 노래가 지중해나 그보다 더 동쪽의 음악에서 영향을 받았다 해도 크게 허황된 이야기만은 아니다.

지구상의 여러 문화권에는 음유시인(노래하는 시인)이 존재해왔고, 유럽의 음유시인은 우리에게 가장 초창기의 문학을 선사한 존재다. 「오디세이아」와 「일리아스」를 쓴 고대 그리스의 시인 호메로스에 대해서는 앞에서 이미 이야기했다. 고대 그리스의 시를 선율에 얹어 낭송하는 모습을 상상할 수 있는 것처럼 「베오울프 Beowulf」(8세기), 아이슬란드의 전설들(13세기), 독일의 「니벨룽의 노래 Das Nibelungenlied」(1200년경) 같은 북유럽의 오래된 서사시 역시 선율에 붙여 읊고 노래했을 가능성이 높다. 이들은 기록으로 남은 가장 초기의 문헌일 뿐, 이들 모두 그 뿌리를 되짚어 올라가보면 구전 전설 전통과 만날 수 있다.

남다른 기량을 자랑한 음유시인처럼 노래와 시를 업으로 한 이들이 있기까지는 남이 부른 노래를 듣고 기억하여 후대에 전하고 인생의 중요한 단계마다 노래를 부르는, 거대하지만 지금은 거의 잊힌 전통이 있었음을 기억해야 한다. 아기에게 들려주는 자장가, 연인끼리 부르는 노래, 종교적 헌신을 표현한 노래, 성인의 삶을 찬양하는 노래, 죽은 자를 달래는 노래 등 그 목적도 다양했다. 유럽 곳곳에 걸쳐 이들 노래 중 상당수는 여성이 불렀고, 그러한 여성의 흔적은 중세 시대의 연극에 살아남았다(이에 대해서는 나중에 따로 다룰 예정이다). 기독교가 뿌리를 내린 뒤

음악의 역사

로 이러한 관습은 올바른 기독교식 제의를 위협하는 존재로 여겨졌는
데, 이는 기독교인이 유럽 이외 지역에 진출해 그곳의 토착 관습을 대
한 태도와 다름이 없었다. 유럽인들은 기독교가 정착하기 이전의 관습
은 그 무엇이건 가리지 않고 '악마적'인 것으로 비난했다. 그리고 이는
우리가 다음 장에서 다룰 주제이다.

CHAPTER 10

교회에서는 성가를, 거리에서는 노래를

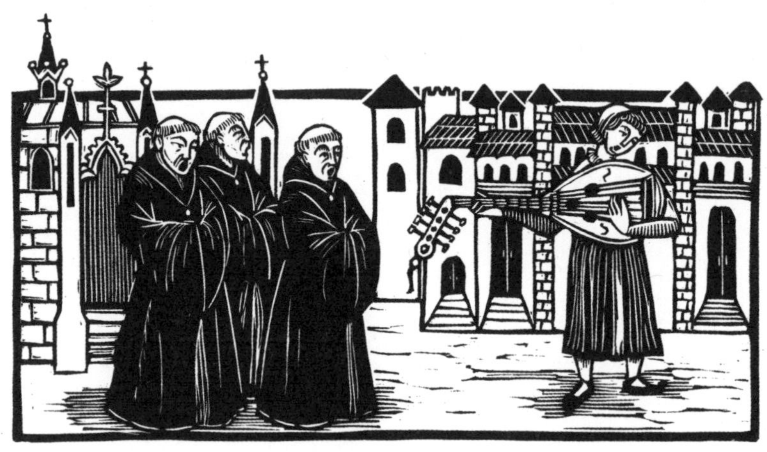

유럽('서양') 음악의 역사를 따라 밟는 여행을 시작하려면 2,000년 전 동쪽에서 시작되어 서쪽으로 건너온 뒤 유럽 사상과 사회의 역사에 어마어마한 영향을 미친 거대한 힘, 즉 기독교부터 고찰해야 한다. 예수 그리스도는 유대인으로 태어나 고대 유대교 전통 속에서 성장했으며, 그가 생활하고 가르침을 남긴 곳은 당시 로마 제국의 속주였던 유대 지방(지금의 이스라엘 남부와 요르단 강 서안 지구)이었다. 예수는 국적과 계층을 가리지 않고 만인을 사랑하는 신에 관한 강력한 메시지를 설파했다. 이 메시지는 대단히 빠르게 퍼져나갔고, 100년도 되지 않아 그리스와 이탈리아 반도에까지 도달했다. 기독교는 유대인이 아닌 이들도 적극적으로 환영하며 품었고, 점차 그 뿌리인 유대교에서 떨어져 나와 독립적인 종교가 되었다. 기독교는 단순한 종교를 넘어 사제와 주교의 위계를 갖춘 하나의 제도로 발전했고, 4세기경에는 로마 제국의 보호를 받는 종교가 되었다(그건 유대교도 마찬가지였다).

이 무렵 로마 제국은 로마를 중심으로 하는 서로마 제국과 비잔티움(지금의 이스탄불)을 중심으로 하는 동로마 제국으로 쪼개져 있었다. 궁전을 로마에서 비잔티움으로 옮기고 기독교로 개종한 황제는 콘스탄티누스 대제Constantine the Great(272~337)였다. 비잔티움은 콘스탄티노플이라는 새로운 이름을 얻었고, 동로마 제국은 나라의 지원을 받는 기독교 숭배와 함께 로마의 문화에 어깨를 견줄 만한 풍성한 문화를 쌓아 올렸다.

수백 년의 세월이 흐르는 동안 로마 제국 내에서는 갈등과 분열, 권력의 이동이 반복되었다. 동로마 제국은 7세기 들어 이슬람 세력이 팽창하면서 크게 위축되었다. 서로마 제국의 중심인 로마는 여러 차례 공격을 받았다. 그러나 교황(로마에 기거하는 최고참 주교)은 기독교를 신봉하는 북방 국가의 군주들과 손을 잡음으로써 명맥과 세력을 유지했다. 서기 800년에는 막후에서 실력자 행세를 한 교황의 위세가 가장 잘 드러나는 사건이 일어났다. 교황 레오 3세Leo Ⅲ(750~816)가 샤를마뉴Charlemagne(748~814)를 기독교의 수호자로 칭송하며 유럽의 거대한 영역 – 지금은 신성 로마 제국이라는 이름으로 알려진 – 을 다스리는 황제로 임명한 것이다. 신성 로마 제국은 갈수록 덩치가 쪼그라들었지만 1,000년 넘는 세월 동안 존속하다가 1806년에야 해체되었다.

기독교의 전파와 발전은 음악에 커다란 영향을 미쳤다. 서로마, 동로마 가릴 것 없이 교회 전례는 그리스도가 체포되어 십자가형을 받기 전 제자들과 나눈 마지막 끼니였던 '최후의 만찬'에 초점을 맞추었다. 그리스도의 피를 상징하는 포도주를 나눠 마시고 그리스도의 몸을 상징하는 빵을 나눠 먹는 행위는 기독교에서 가장 중요한 의례인 미사의 토대가 되었다. 미사에서는 라틴어로 된 성스러운 텍스트를 노래로 낭송했다. 원래 미사 기도문의 낭송은, 독창자(칸토르)가 선창하면 그가 이끄는 신자들이 답하는 방식으로 이루어지는 유대교의 예배와 쏙 빼닮아 있었다(유대교 예배는 아직도 이러한 방식으로 진행된다). 세월이 흐르면서 기독교의 노래는 유대교의 노래와 차별되기 시작했고, 여러 다양한 예배와 교회력에 따른 고유의 노래 레퍼토리가 늘어났다. 4세기 무렵 콘스탄티노플의 대주교였던 성 요한 크리소스톰 St. John Chrysostom(347?~407)은 기독교도들에게 유대교의 시너고그에서 열리는 예배 참석을 금지하며 '유대교식 기도법에 빠지는 일'을 경계하라고 촉구했다. 그가 말한 '유대교식 기도법'에는 아마 유대교의 예배에서 불리는 노래도 포함되어 있었을 것이다. 그러므로 기독교도들은 예수가 알았던 예배와 음악의 형태에서 아주 이른 시기부터 멀어지기 시작한 셈이었다.

이런 일이 일어나는 동안 아직 유럽에는 기보법이 만들어지지 않은 상태였다. 전 세계 어디나 모든 노래가 그랬듯 기독교의 노래 역시 여전히 구전 전통에 속해 있었다. 음악을 간직하는 방법이 귀와 기억력밖에 없는 시절이니, 초기 기독교에서 불린 노래들이 하나의 형태로 고정되지 못한 것도 당연한 일이다. 따지고 보면, 종류를 불문하고 고정된 텍스트라는 개념도 참고할 실제 텍스트가 있어야 존재할 수 있을 테고 말이다. 기독교의 노래는 한 사람에게서 다른 사람에게로, 한 세대에서 다음 세대로 전해지면서 더 변주되었을 것이며, 교회·수도원·나라별로 부르는 노래 역시 차이가 났을 게 분명하다. 이러한 지역적 차이는 이후 몇 세기 동안 이어졌다. 그러나 교회가 하나의 조직 체제로 덩치를 키워감에 따라 교회의 지도자들은 제반 문제를 확고히 그들의 통제 아래에 두길 원하기 시작했다. 7세기 들어 교황 그레고리오 1세 Gregorio I(540?~604)는 교회의 모든 전례용 음악을 규범화하는 운동을 주도했다(그래서 이러한 종류의 음악은 오늘날까지도 '그레고리오 성가'라는 이름으로 알려져 있다). 그레고리오 1세의 명령으로 각지로 퍼져나간 수도승들의 활동 목적은 로마식 기독교를 최대한 널리 전파하는 일이었다. 그렇게 파견 명령을 받고 잉글랜드 땅에 도착한 제임스 부제副祭 역시 '로마식으로' 성가를 노래하는 법을 가르치는 구체적인 임무를 띠고 있었다.

성가의 조직적 규범화는 그리스어 문헌을 라틴어로 옮긴 6세기 로마의 철학자 보에티우스Boethius(480?~524)로부터 영향을 받았다. 보에티우스는 고대 그리스 선법에 관한 자신의 이해를 바탕으로 성가의 기초가 될 선법(음계)을 체계화했다. 그리스 음악에 관한 그의 지식에는 허점이 많긴 했지만, 그럼에도 보에티우스의 선법은 이후 몇 세기 동안 공식적인 '교회 선법'으로 대접받았다. 이는 폭넓은 전통과의 급격한 단절을 의미하진 않았다. 아랍의 마캄이나 인도의 라가와 마찬가지로 고대 그리스 음악에서도 선법은 음악의 분위기, 성격, 적절한 선율 모양 등에 관해 온갖 종류의 연상 작용을 끌고 들어오는 매개체였다. 이러한 종류의 전통은 기독교 성가에도 그대로 이어져 몇 세기를 지속하다가 아주 서서히 그 쓰임새를 잃어갔다.

기독교가 제도화되면서 예배의 형식('전례')과 사제 및 주교의 계층화된 조직('교회'), 그리고 예배 활동이 벌어지는 건물이 생겨났다. 사제와 신자들이 한데 모여 예배를 바치는 교회 건물과 대성당이 건설되기 시작했다. 신자는 남녀 구분이 없었지만, 사제와 주교는 언제나 모두 남성으로 구성되었다. 이처럼 대중과 직접 얼굴을 맞대는 시설 외에도 수도승과 수녀들로 구성된 자급자족적 공동체(수도원, 수녀원)가 생겨났다. 수도승들의 노동과 기도, 복종에 관한 '규칙'을 처음으로 정립한 인물은 4세기 튀르키예의 주교 성 바실리우스St. Basil(330~378?)였다. 6세기 이탈리아의 수도승 성 베네딕토St. Benedict(480?~547)는 성 바실리우스의 규칙에 자신만의 규칙을 더하여 수도원을 건립했다. 성 베네딕토의 가르침을 따르는 수도회는 이후 500년 동안 유럽 곳곳으로 퍼져나갔다.

수도승과 수녀들은 이른 아침에 일어나 밤늦게 잠자리에 들 때까지 종일 일련의 예배 행위를 통해 하느님과의 관계를 단단히 다졌다. 매일 되풀이되는 예배 행위에서는 유대교 경전(특히 다윗 왕이 쓴 것으로 여겨지는 시편)과 기독교의 신약성서에서 뽑은 기도문 및 성스러운 텍스트를 노래로 낭송했다. 가장 중요한 예식은 최후의 만찬의 재현인 미사였다. 이들 공동체 중 일부는 외부 세계와 접촉할 일이 거의 없었던 반면, 어떤 공동체는 일반 대중이 참석 가능한 의식을 마련해 좀 더 공개적인 형태로 존재했다. 수도원·수녀원과 교회는 종교적 공동체를 이루었고, 수도원이 운영하는 도서관은 갈수록 학문의 중심지가 되었다.

유럽에서 기독교가 강력한 제도로 자리 잡음에 따라 음악도 중심적인 역할을 떠맡게 되었다. 10세기부터 음악 기보 기술이 생겨나고 발전되면서 교회의 성가 역시 기록으로 남는 경우가 늘어났으며, 이로써 사람들의 뇌리에도 '교회음악 공식 레퍼토리' 같은 관념이 커졌다.

한편 교회 담장 바깥의 대중들 사이에서는 또 다른 종류의 음악이 특히 노래와 춤의 형태로 존재했다. 초기 기독교 음악과 마찬가지로 이들 역시 입에서 입으로 전승되다가 기보법이 도입된 뒤로는 일부 사례가 기록되었고 – 제일 먼저 기록된 것은 시(노랫말)였고 음악이 기록된 건 그다음이다 – 덕분에 우리는 이런 음악을 쓰고 부른 사람들에 대해 어느 정도 알 수 있다.

'민스트럴minstrel'이라는 일반적인 용어로 통칭하고 알려지게 된 많은 음악가가 있지만, 사실 이들은 이러한 용어가 생기기 전부터 각자가 속한 신분에 따라 여러 이름으로 활동해왔다. '골리아드goliard'라는 이름으로 알려진 신분이 높은 음악가들은 배울 만큼 배워서 교회 방면으로 경력을 쌓고 싶어 하는 젊은이인 경우가 많았다. 그들은 교회의 언어인 라틴어로 된 노래를 지어 불렀다. 반면 신분이 낮은 음악가들은 학교 같은 곳에도 다니지 못하고 글을 깨우치지 못한 경우가 많아서 자신의 일상어를 다양한 악기 반주에 맞춰 불렀다. 그들은 춤을 추고 재주와 묘기를 부리고 저글링을 하는 엔터테이너였는데, 프랑스에서는 이들을 '종글뢰르jongleur'라고 불렀다. 유럽 대륙을 누비며 일하는 수천 명의 민스트럴은 1년에 한 번 한데 모여 서로의 노래와 생각을 나누었다. 거친 성정으로 권력자의 눈 밖에 난 이들도 있었지만 민스트럴은 대체로 기술 숙련도가 높았고, 특히 성공적인 민스트럴은 귀족의 저택에 취업했다. 귀족층의 궤도 안에 발을 들이민 민스트럴은 '트루바두르troubadour'로 알려진 상류층 음악가들과 교류할 수 있었다. 11세기 이후로 트루바두르가 부른 노래 중 일부는 기록으로 남아 보존되었는데, 초창기의 기보 형태라 온전하진 못하지만 최소한 그들의 음악을 대강이나마 짐작케 해주는 귀중한 자료다.

트루바두르는 지금의 프랑스 남부인 프로방스 지역에서 처음 등장했다. 현존하는 것들 중에 가장 오래된 트루바두르 노래를 쓴 사람은 기욤 9세 아키텐 공작 Guillaume IX, Duke of Aquitaine(1071~1126)이다. 트루바두르는 대부분 귀족 출신이었고, 여성도 있었다. 그들이 노래하는 음악의 주제는 전쟁과 십자군 원정, 기사도적인 사랑이었고, 연가戀歌에는 우리가 제4장에서 만났던 스페인의 아랍 노래 주제와 심지어는 시적 양식의 일부가 메아리치고 있다. 이는 기독교를 믿은 남프랑스와 이슬람교가 유입된 스페인이 서로 영향을 주고받았을 흥미로운 가능성을 제기한다. 남프랑스와 북스페인의 기독교 궁정은 이슬람과 유대인 음악가, 과학자, 학자를 불러 대접했고 스페인의 이슬람 궁정 역시 기독교도와 유대교도를 가리지 않고 받아들여 환대했다. 어느 종교권이건 간에 음악가의 계층은 귀족부터 노예까지 다양했다. 이슬람권 스페인에서 불린 아랍 노래 중에는 남프랑스의 언어인 로망스어로 된 악절이 끼어 있었다. 이에 대한 보답이라도 하듯, 아키텐 공작의 노래에도 아랍어로 된 대목이 드문드문 존재한다. 그러나 아키텐 공작은 트루바두르이자 전사였다. 그는 예루살렘에서 무슬림에 맞서 싸웠고, 심지어는 이슬람권 스페인의 예술적 중심지인 코르도바에서도 칼을 휘둘렀다(코르도바는 1236년 끝내 기독교도의 손안에 떨어졌다). 이렇듯 아키텐 공작과 아랍 문화 간의 관계는 복잡했다.

13세기의 중요 인물 중 한 명으로 알폰소 10세Alfonso X(1221~1284)가 있다. '현명한 알폰소'로 알려진 그는 기독교가 점령한 북스페인의 카스티야 왕국, 레온 왕국, 갈리시아 왕국의 군주였다. 알폰소 10세의 궁정은 프로방스에서 넘어온 트루바두르와 이슬람권 스페인에서 북상한 무슬림 및 유대인 학자들이 모이는 만남의 장소였다. 노래를 향한 알폰소 10세의 흥미는 영원한 유산이 되어 남았다. 그의 명령으로 편찬된 『산타 마리아의 노래들Cantigas de Santa Maria』에는 400편이 넘는 노래가 수록되었고, 그중 일부는 알폰소 10세가 직접 쓴 것으로 추정된다. 수록된 노래들 중에는 트루바두르의 노래에서 파생된 다양한 양식이 혼재하는데 리듬과 반복, 후렴구의 유사한 양식은 알안달루스Al-Andalus* 노래들과의 연결고리를 추정케 한다. 동정녀 마리아에게 바친 노래들의 모음이지만 세속의 사랑을 암시하는 대목도 여기저기서 발견되며, 노랫말의 민첩한 움직임은 거기에 붙은 음악 역시 그에 걸맞게 춤추는 듯 가볍지 않았을까 짐작케 한다(다만 노래의 리듬은 정확하게 기록되지 않아 적당히 추측하는 수밖에 없다).

왕가의 후원은 트루바두르의 영향력을 전파하는 결정적 수단이

---

* 711년 우마이야 왕국의 침공 이후 1492년에 마지막 이슬람 왕국인 그라나다가 멸망할 때까지 이베리아 반도를 지배한 이슬람 세력의 영토를 통칭하는 말.

음악의 역사

되었다. 12세기 신성 로마 제국의 황제*와 결혼한 부르고뉴의 베아트리스Beatrice(1143~1184)의 혼례길에 수행한 트루바두르들은 독일판 트루바두르라 할 '미네젱거Minnesänger'의 발전에 커다란 영향을 끼쳤다.

북프랑스에서는 트루바두르처럼 활동한 이들을 '트루베르trouvère'라고 불렀다. 트루베르는 상류층 출신도 있었지만 아무래도 하류층 출신이 더 많았다. 1175년경 트루베르들은 아라스Arras라는 마을에서 민스트럴(종글뢰르)들과 함께 지금까지 알려진 것들 중 최초의 직업 음악가 조합을 결성했다. 그들은 여러 세대에 걸쳐 노래 전통을 갈고닦아 발전시켰고, 주제 면에서는 사랑과 신앙에 관한 노래가 자주 반복되었다. 조합원들 중에는 교회를 다니는 이들과 그렇지 않은 이들이 섞여 있었고, 심지어 여성 조합원도 있었다. 트루베르들은 가난한 조합원을 실용적인 방법으로 지원하기도 했다.

스페인의 이슬람 왕조가 유럽 문화에 미친 영향은 연구자들에 의해 점차 파악되고 정리되는 중이다. 확실하고 생명력도 길었던 것들 중에는 스페인을 통해 유럽의 기독교 세계로 전해진, 전문성을 갖춘 아랍계와 유대계 악기 제작자들이 만든 악기들이 있었다. 유럽 문화에서 가장 중요시되는 악기는 현악기로, 현을 뜯어서(탄현彈絃) 소리를 내는 악기(류트, 하프, 리라)와, 활로 현을 문질러서(찰현擦絃) 소리를 내는 악기(피들, 레벡rebec, 비올viol, 훗날의 바이올린과 첼로)로 나뉘었다. 목이 짧은 류트인 우드는 2,000년 전 중앙아시아에서 매우 중요한 악기로 올라선 이후 아랍 음악의 중추가 되었다. 우드는 스페인의 이슬람 왕조를 거쳐 서유럽에 상륙하여 류트가 되었고, 류트는 17세기가 될 때까지 유럽 전역에서 가장 각광받는 악기였다.

---

* '붉은 수염'을 의미하는 '바르바로사Barbarossa'라는 이름으로 알려진 프리드리히 1세Friedrich I(1122~1190)를 가리킨다.

활을 써서 소리를 내는 악기 역시 중앙아시아가 원산지다. 광대한 초원을 가진 이 광막한 땅덩어리에서 말은 중요한 생활수단이었고, 말총은 활로 사용하기에 이상적인 재료였다. 활을 사용하는 현악기는 10세기 들어 중앙아시아에서 사방으로 뻗어나갔고 동쪽으로는 중국까지, 서쪽으로는 비잔티움을 통해 유럽 대륙까지 이르렀다. 이슬람권 스페인은 활을 사용하는 현악기가 프랑스 및 서유럽으로 전해져 들어오는 중요한 길목이었다.

다른 문화권이 서로 영향을 주고받은 양상을 들여다보면 볼수록 유럽의 초기 음악사는 넓은 외부 지역의 음악 문화라는 거대한 거미줄에 기대어 성장했다는 사실이 더욱 분명해진다. 8세기부터 13세기까지 지중해를 중심으로 그 주변 세력과 문화권 사이에는 상호 영향의 밀도와 빈도가 높았고, 서양 음악이 독자적인 방향으로 나아가기 수 세기 전에는 아랍 음악가와 유대인 음악가, 기독교 세력권의 음악가가 모두 서로를 '이해'했다고 말해도 무방할 정도다.

CHAPTER 11

추론하라, 그리고 기록하라

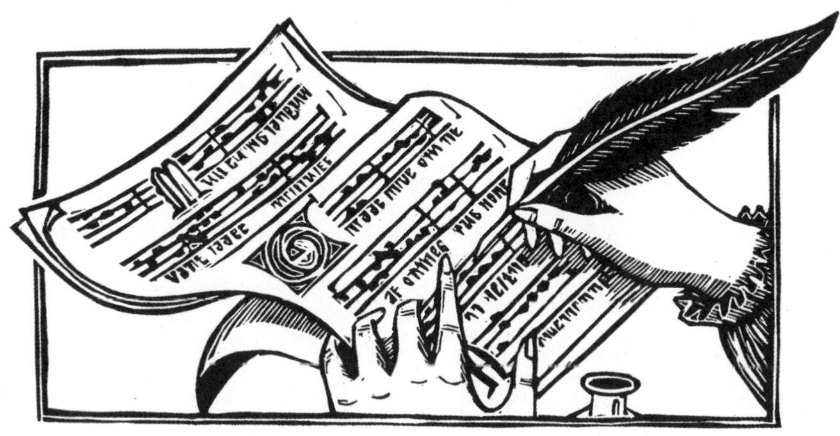

동방정교회가 전통적인 성가를 고수하는 동안 서방의 가톨릭교회는 음악을 새로운 방식으로 발전시켰고, 이는 아주 오랜 세월에 걸쳐 음악사에 영향을 미치게 된다. 처음에는 수도원을 중심으로, 그리고 곧이어 대학을 중심으로 학문이 발달하고 배움이 퍼져나가면서 음악은 단지 예배를 구성하는 행위를 넘어 지적 추구의 대상이 되었다. 6세기 이후로는 고대 그리스의 텍스트가 라틴어로 번역되었다. 유럽인들은 고대 그리스인으로부터 우주를 구성하는 수학적 진리의 표현이 곧 음악이라는 생각 - 고대 메소포타미아와 이집트까지 거슬러 올라간다 - 을 배웠다. 기독교인에게 우주는 곧 하느님이 창조한 우주였다. 위대한 조물주 하느님이 계신 마당에 인간이 '창조'할 수 있는 건 아무것도 없었다. 인간은 그저 하느님이 내리신 영감을 따라 창조적 행위를 수행할 뿐이다. 교회에서 음악을 연주하는 것 역시 하느님이 만드신 수학적 진리에 기초한 규범을 착실히 따르면 되는 문제였다. 이는 반드시 음악에 감정이나 표현이 결여되어 있다는 뜻은 아니었다. 사람들은 음악의 신성한 힘을 인식했고, 음악이 사람들에 의해 오용될 잠재적 위험이 있음을 경계했다.

하느님 중심의 음악관은 12세기 들어 고대 그리스의 철학자 아리스토텔레스의 글이 발견되면서 흔들리기 시작했다. 아리스토텔레스는 인간의 합리적 사고 능력인 이성이 지식의 본질적 바탕이라고 가르쳤다. 이 '인본주의' 철학은 과학적 탐구에서부터 인간의 행동 윤리에 이르기까지 전 영역으로 확장되었다. 스스로 하느님의 뜻을 실천한다고 여긴 교회 당국자들이 이런 신사상과 충돌하지 않을 수 없음은 불 보듯 뻔했다. 이후 수 세기 동안 인본주의와 합리적 사상은 유럽 사회의 발전과 변천에 깊은 영향을 미치게 되고, 덕분에 유럽 사회는 다른 문화권과 뚜렷이 구별되는 길로 나아가게 된다. 유럽 역사에 등장한 일련의 커다란 변혁을 보면 이 말이 과히 틀리지 않음이 분명해진다. 유럽은 르네상스, 계몽주의, 자본주의의 대두와 산업혁명의 길을 거쳐 컴퓨터 기술이 주도하는 현대에 이르렀다. 어느 것 하나 세상 만물에 영향이 뻗치지 않은 곳이 없는 큰 혁신이요 변화이며, 이는 음악이라고 해서 예외가 아니었다. 우리는 앞으로의 역사를 짚어가면서 이들 각각이 음악에 미친 영향을 살펴볼 예정이다.

서양에서 음악이 합리적 학문의 위치로 올라설 수 있게 한 혁신은 바로 기보법이었다. 이미 9세기부터 프랑스를 중심으로 한 지역의 수도승들은 노랫말 위에 성가 선율의 상승과 하강 움직임을 기억할 수 있도록 돕는 표시를 적어 넣기 시작했다. 이러한 표기 방식은 '네우마neume'라는 이름으로 알려졌는데, 앞선 문장에서 가장 핵심이 되는 구절은 '기억할 수 있도록 돕는'이다. 네우마 기보법은 불러야 할 노래가 정확히 무엇인지를 알려주진 못하기 때문에 오늘날에는 거의 쓸모가 없다. 그러나 성가를 이미 알고 있는 가수들에게는 이야기가 달랐다. 이미 배운 바 있는 노래를 정확히 상기할 수 있는 기억 촉진제 역할만 해주면 충분했기 때문이다. 네우마를 연구하고 문헌을 분석한 학자들에 따르면 당시의 악보는 가수로 하여금 성가에 적절한 장식과 치장('꽃들') 및 '떨리는' 음표를 포함한 표현적 몸짓을 덧붙여 노래 부르는 법을 떠오르게 했던 것 같다. 그렇다면 초창기 유럽 기독교의 가창 방식은 그 기원이 된 중동 지방의 음악 성격을 상당 부분 유지하고 있었으며, 우리가 보통 '그레고리오 성가' 하면 연상되는 평이하고 수수한 양식은 나중에야 획득된 형질이라는 추론도 가능하다. 이전 장의 말미에 언급한 유럽인과 아랍인, 유대인 음악가 사이의 '상호 이해'라는 맥락에서도 이는 분명 일리가 있는 추정이다.

10세기 들어 수도원의 필경사들은 성가 선율의 오르내림을 더욱 분명하게 표시할 수 있는 방법을 고안하기 위한 실험을 이어갔다. 11세기 이탈리아의 수도승 귀도 다레초 Guido d'Arezzo(991?~1033)는 지금의 '오선보五線譜'의 시조 격인 악보 기록 방법을 창안했다. 종이에 수평선을 여럿 긋고 음표를 선 위와 선 사이의 공간에 표기함으로써 선율의 모든 음높이(音高)를 정확히 표시할 수 있게 된 것이다(그때도 지금과 마찬가지로 수평선과 수평선 사이는 3도 간격을 의미했다). 그런데 귀도 다레초가 창안한 건 네 줄짜리 보표였으므로 엄밀히 말하자면 '사선보四線譜'인 셈이었고, 거기에 한 줄이 덧붙어 지금의 오선보 형태가 된 건 훗날의 일이다.

기보법의 발전은 서양 음악의 역사에 두 가지의 커다란 영향을 미침으로써 결과적으로 서양 음악사를 다른 음악 문화사로부터 분리했다. 우선 첫째, 기보법은 악보가 사람에게서 사람으로 전달될 수 있게 했고, 예전에는 기억에 의존해 부르던 노래를 악보를 보고 읽을 수 있게 되면서 다른 이들이 부르는 노래를 자기 뜻대로 통제하기가 수월해졌다. 11세기 로마의 어느 성가대장은 스위스 장크트갈렌St. Gallen에 있는 수도원에 파견 근무를 명받았다. 그의 짐 꾸러미 속에는 악보에 기록한 성가집이 있었고, 스위스의 수도승들은 로마에서 온 손님이 건넨 책을 필사하는 일을 잊지 않았다. 이렇게 기록된 악보는 가창자의 '실수'를 바로잡는 준거가 되기도 했다. 성가 악보의 유통이 늘어나면서 원래는 구전 전통인 것이 차츰 일정한 형태로 확립되었고, 지역별 혹은 시기별 편차도 조금씩 줄어들기 시작했다.

둘째, 기보법은 음악을 작곡하는 방법이 갈수록 복잡해지는 과정에 결정적인 영향을 미쳤다. 이는 오로지 기억력에만 의존한 시절에는 상상조차 못한 변화였다. 바로 여기에 유럽의 음악 문화와 세계의 여타 음악 문화 간의 차이점이 존재한다. 이는 하루아침에 일어난 변화가 아니었던 것이, 귀도 다레초 이후에 기보법이 널리 쓰이기까지 몇 세기가 흘러야 했던 까닭이다. 유럽에서 종이가 제작되어 일반에 보급되기 시작한 건 14세기 들어서였다. 양피지는 무척 고가로 거래되었고, 책은 귀중품이자 사치품으로 취급받았다. 그러므로 대부분의 음악 활동은 한동안 여전히 청각과 기억력에 의존했다. 하지만 일부 음악인이 종이에 음악을 상세히 기록하고 이를 다른 곳에 옮겨 적는 기술을 갖추기 시작했고, 이는 음악사의 물길을 바꿔놓게 된다.

악보의 존재는 곧 우리가 작품의 작자를 비로소 알게 되었다는 뜻이기도 했다. 대부분의 성가는 작자 미상이었다. 음악을 쓰는 사람이 뭔가 독창적인 바를 이루겠다는 의지로 무장한 채 곡을 지었을 거라는 생각 자체가 생겨나기 전이기도 했지만 말이다. 전 세계의 구전 문화가 으레 그렇듯, 성가 역시 셀 수도 없이 되풀이되어온 선율의 꼴로 구성되었다. 그러나 간혹 익명성의 벽을 뚫고 표면으로 부상하는 이름이

          음악의 역사

있었다.

　12세기에 그런 사례가 있었으니, 바로 독일 태생의 수녀원장이자 예언자, 시인, 음악가, 학자요 설교자로도 이름을 알린 힐데가르트 폰 빙겐 Hildegard von Bingen (1098?~1179)이다. 그녀가 직접 쓴 시에 음악을 붙인 다수의 성가와 속요가 아름다운 필사본 형태로 현재까지 남아 전한다(그러나 이 시기의 음악이 늘 그러하듯 리듬은 따로 표기되지 않아 미루어 짐작해야 한다). 빙겐의 힐데가르트는 음악을 통해 하느님을 찬양하는 일의 중요성을 맹렬히 옹호했다. 한번은 교회의 (남성) 간부들이 힐데가르트의 수녀원이 뭔가 잘못을 했다고 주장하며 노래를 일절 부르지 못하게 하는 처벌을 내린 적이 있다. 그러자 힐데가르트는 오히려 간부들을 역공하며 만약 부당한 처벌을 강요한다면 천국에서 하느님을 찬미하는 천사들의 대열에 끼지 못하는 벌을 받게 될 거라고 맞섰다. 이러한 협박조의 반박을 문서화하여 보낼 기개를 가졌다는 것부터가 그녀의 위상을 보여주는 반증이었다. 이 사건은 이후의 역사를 통해 몇 번이고 되풀이되는 여성 수녀원장과 남성 교회 당국자 간의 갈등을 보여주는 초기 사례였다. 그리고 양쪽의 갈등은 음악에 관계된 문제에서 비롯되는 경우가 잦았다.

　힐데가르트 폰 빙겐이 숨을 거둘 무렵, 노트르담 대성당 완공을 눈앞에 둔 파리에서는 음악의 또 다른 중요한 혁신이 움트고 있었다. 여러 세기 동안 성가를 노래하는 이들 사이에서는 주선율과 평행하게 움직이는 또 하나의 성부를 덧붙이는 관행이 있었다. 보조 선율은 주선율의 4도 아래 음정인 경우가 많았다. 이러한 가창 양식은 '오르가눔 organum'이라는 이름으로 알려졌다. 오르가눔은 특별한 훈련을 받은 파리의 합창단원들에 의해 더욱 발전되어 한층 정교해진 폴리포니로 올라섰다. 즉 하나의 성부가 원래의 성가 선율을 유지하는 동안 다른 성부는 그보다 복잡한 데스캔트descant*를 노래하는 방식이 그것이다. 그와 동시에 리듬을 좀 더 정확하게 표기하는 방법이 고안되어 더는 악보를 읽을 때 리듬을 어림짐작하지 않아도 되었다. 이로써 작곡가들은 서로 갈마드는 선율만큼이나 리듬 역시 복잡한 폴리포니 양식을 발전시킬 수 있는 수단을 얻은 셈이었다. 이와 같은 새로운 양식으로 곡을 쓴 선구자 두 명의 이름을 우리는 알고 있다. 이 시기에 제작된 필사본 컬렉션에 그들이 지은 작품이 수록된 덕분이다. 두 사람 모두 노트르담 대성당의 합창단 출신으로, 12세기 후반의 레오냉Léonin(1150~1201년경에 활약)과 레오냉의 유업을 이어받은 13세기 초의 페로탱Pérotin(1200년경에 활약)이다. 세 개의 성부, 때로는 네 개의 성부까지 동원된 복잡한 다성음악이 단순한 성가 선율 노래와 갈마들었다. 이와 같은 독립된 선율의 조합은 라틴어로 '풍투스 콘트라 풍툼punctus contra punctum', 즉 '점대점點對點'이라 일컬어졌고, 이를 영어로 옮긴 것이 바로 '카운터포인트counterpoint(대위법)'다.

다성음악과 대위법이 교회의 핵심 기득권 내부로 침투한 건 서양 음악사의 커다란 이정표 중 하나였다. 그러나 모든 교회 당국자가 이러한 변화를 환영하진 않았다. 그때까지 노래로 하는 예배의 튼튼한 기반이 되었던 건 전통적인 그레고리오 성가였다. 사실상 폴리포니가 확고히 자리 잡은 이후에도 다성음악을 노래할 자격은 오로지 특수한 훈련을 받은 남성 가수에게만 주어졌고, 교회와 수도원의 일상을 지배하는 음악은 여전히 그레고리오 성가였다. 어떤 이들은 폴리포니를 교회 외부로부터의 침입으로 간주하고(사실 그 기원을 따져보면 크게 틀린 주장도 아니었을 것이다) 의심 어린 눈길로 흘겨보았다. 그리고 노트르담 성당의 폴

---

* 다성음악에서 최고 성부를 가리킨다.

리포니 전문 가수들 중에 교회의 공식적 교리에 도전한 급진 '이단' 진영과 연루된 이들이 발견된 정황도 있다. 그럼에도 로마 가톨릭은 다성음악과 대위법을 널리 받아들여 사용했다. 이와는 반대로 동방정교회가 성가를 골자로 한 즉흥 데스캔트 가창을 비롯해 교회 내에서 다성음악을 허용한 건 그로부터 400년이 흐른 뒤였다.

수도원과 수녀원은 대학이 생겨난 12세기 전까지 음악을 연구하고 음악에 관해 사고하는 최전선 노릇을 했다. 기보법과 폴리포니 작법이 발전하면서 수도승과 수녀들은 선율과 텍스트를 새롭게 조합하여 전통 성가 안으로 슬쩍 밀어 넣었다. 예를 들어 성가의 마지막 노랫말이 '알렐루야'('하느님께 찬미를')라고 하면 마지막 음절 '-야'에 장식적인 음표를 여럿 붙여 길게 잡아 늘이는 식이었다. 기존의 텍스트에 아예 새로운 텍스트를 덧붙이는 경우도 있었는데, 이렇게 부가된 신규 음악과 텍스트를 따로 떼어내어 몇 절짜리 개별 악곡으로 만들 수도 있었다. 이와 같은 새로운 종류의 성가는 '트로프trope'라 일컬었다. 트로프는 어찌나 인기를 끌었는지 급기야 교회 당국자가 나서서 제한 조치를 발동하기에 이르렀다. 과거로부터 물려받은 그레고리오 성가의 중요성을 지키기 위한 결정이었다.

갈수록 인기를 모은 또 다른 형식은 행렬 때 부르는 노래였다. 행렬은 오랫동안 전 세계에 걸쳐 의례의 일부분을 차지하는 요소였고, 13세기 들어 파리 노트르담 성당의 작곡가들은 최다 4성부까지 운용하는 대위법적 행렬용 성가 – '콘둑투스conductus' – 를 쓰기 시작했다. 콘둑투스는 교회 안팎을 가리지 않고 퍼져나갔고, 특히 영국에서 인기가 높았다. 각각의 성부는 평행한 궤적으로 움직이는 경향이 짙었고, 템포와 박자는 행렬에 적합한 활기찬 두 박자 계열이 압도적이었다.

트로프와 콘둑투스에는 극적인 요소가 내재해 있었다. 10세기의 초기 사례는 부활절 공식 성가에 삽입되었다. 세 여인('세 명의 마리아')이 십자가형을 받고 숨진 예수의 무덤이 텅텅 빈 것을 발견하는 성서 속 장면을 극화한 노래다. 그들은 예수의 시신 대신 천사를 만났고, 천사는 그들에게 예수가 부활했음을 알린다. 이후에도 더욱 정교하게 극화한 노래가 여럿 쓰였는데, 주로 예수의 죽음과 부활에 관한 이야기와 예수의 탄생에 관한 이야기를 다룬 노래가 많았다. 힐데가르트 폰 빙겐이 1150년경에 쓴 도덕극 「오르도 비르투툼 Ordo Virtutum(미덕의 질서)」은 현존하는 최고最古의 음악극으로, 미덕과 악마가 서로 겨루며 나누는 쟁투의 대화를 음악으로 표현한 작품이다.

신앙의 극화劇化가 도를 넘는 수준으로 치닫는다고 판단한 교회 당국은 13세기 들어 교회 건물 내에서 극 공연을 금지하는 포고령을 내렸다. 교회가 단속에 나서면서 이야기를 극으로 만들어 공연하는 관행은 교회에서 시장통으로 내쫓겼다. 교회의 철문을 박차고 나온 드라마는 더욱 정교해졌고, 교회 내에서라면 불가능했을 온갖 종류의 요소─의상, 무용, 코믹한 에피소드, 악기 반주─를 끌어들였다. 드라마와 관련된 이러한 국면 전환이 획기적인 계기가 되어 15세기와 16세기의 신비극과 기적극은 비로소 날개를 달 수 있었다.

폴리포니의 대두와 함께 기존 성가의 노랫말에 가외의 가사를 덧붙인 초창기의 음악 습관은 새로운 전기를 맞이했다. 다성음악이 유아기를 지나고 있던 12세기부터 성가의 긴 음표에 덧붙인 제2파트에 성가 본연의 가사와 다른 라틴어 가사를 붙이는 관행이 있었다─그러니까 이는 음악의 대위법일 뿐만 아니라 언어의 대위법이기도 한 셈이었다. 이런 관행이 고도로 발전되어 장르로 정착한 것이 바로 모테트 Motet('단어'를 의미하는 프랑스어 '모mot'가 그 어원이다)이다. 서로 다른 텍스트 조합을 두고 반대가 있었음에도 모테트는 13세기 들어 인기 장르가 되었다. 기성 성가의 일부가 이런 식으로 처리되곤 했는데, 이를테면 성가의 느린 음표들 위로 두세 성부를 얹어 올리고 각각의 성부가 노래하는 가사도 서로 달랐다. 새로 부가된 가사는 기존 성가 텍스트를 묵상하는 내용인 경우가 흔했고, 따라서 기존 성가와 부가된 노래 사이에 지극히 절묘한 상호작용이 파생되곤 했다. 그 효과는 마치 각각의 등장인물이 서로 다른 관점을 동시에 표현하는 훗날의 오페라 앙상블과 비슷했다. 이러한 모테트 양식은 교회 담장 너머의 상류층에서도 인기를 끌었다. 속화俗化된 모테트는 사랑, 술, 여흥 등의 주제를 다루었다. 때로는 성聖과 속俗이 조합되었는데, 가령 한 성부는 성모 마리아를 찬미하는 노래를 부르고 다른 성부는 애인에게 바치는 사랑을 노래하는 식이었다.

성스러운 것과 속된 것의 중첩이 지금의 독자에게는 다소 놀랍게 다가갈 수도 있다. 그러나 우리로서는 낯선 이 광경이, 일상적 삶과 종교적 신앙이 서로 밀접하게 결부된 세상에서는 낯설지 않았음을 이해해야 한다. 그리고 이는 중세 기독교 세계가 다른 문화권과 다르지 않았음을 보여주는 한 가지 측면이다. 동시에 기억해야 할 것은, 이처럼 고도로 정교한 음악은 일반 청중을 염두에 두고 쓰인 것이 아니라 예배용이었거나 혹은 숙련된 취미를 가진 식자층의 여흥을 위해 쓰였다는 사실이다.

비록 계층별로 서로 다른 음악이라는 관념이 이때 생겨나지는 않았지만, '보통 사람들'을 위한 음악과 교육을 받은 소수층을 위한 음악 사이의 분계선이 짙어지기 시작한 것이 이 시기부터였다는 건 분명한 사실이다. 그리고 교육받은 소수 중에는 단지 부자나 귀족 같은 특권층만이 아니라 교회 내의 식자층 - 사제, 수도사, 수녀, 학자, 필경사 - 도 포함되었다(다만 교회에 종사하는 이들은 유복한 집안 출신인 경우가 많긴 했다). 교회 예배에서 사용되는 언어는 라틴어가 주종을 이루었고, 따라서 일반 신자들의 이해는 사제와 교회의 지도층이 그들에게 설명해주는 바를 넘어서기 힘들었다(성서가 영어 혹은 독일어로 널리 보급된 건 16세기 들어서였다). 그러므로 십중팔구 신자들은 낯선 노래의 가사를 알아듣지 못했을 것이고, 하물며 여러 겹의 텍스트가 중첩되는 복잡한 모테트라면 더더욱 갈피를 잡기 힘들었을 게 분명하다.

식자층에는 휴식 삼아 듣는 단순한 음악이 따로 있었다. 사랑과 우정에 대한 노랫말을 가진 노래라던가, 노래로 부르거나 악기로 연주할 수 있는 춤곡 따위가 그러했다. 트루바두르 전통의 잔재 때문인지, 최고위층 귀족들은 그러한 음악을 직접 쓰는 것도 마다하지 않았다. 사회 하층민들은 악보로 기록되지 않은 채 구전되는 음악을 향유했다. 민중의 삶에서 흔히 접할 수 있는 음악인 민스트럴의 노래와 춤곡이 있었고, 기존 성가에 즉흥적으로 성부를 첨가하는 전통도 여전히 이어졌다.

CHAPTER 12

해묵은 부패, 새로운 생각

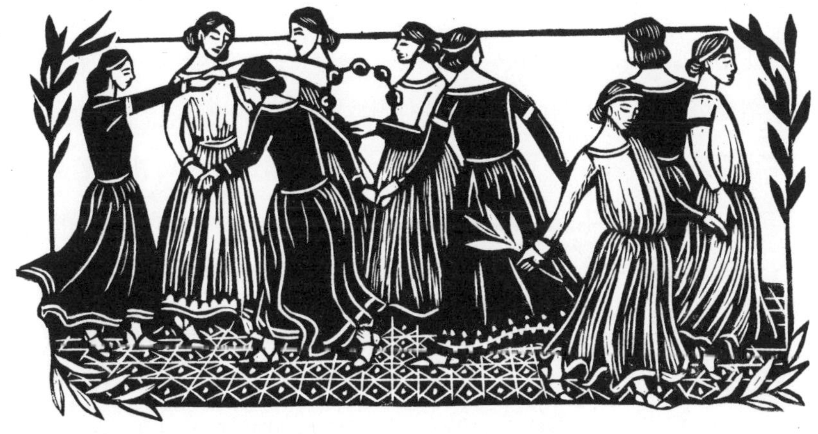

초창기부터 기독교 내부에는 예수의 삶과 가르침을 서로 다르게 해석하는 집단이 여럿이었다. 몇 세기가 흐르는 동안 서유럽 교회는 자신들이 내세우는 진실의 형태가 하느님으로부터 비롯되었으며, 따라서 도전 불가의 권위를 지녔다는 입장을 차근차근 다져나갔다. 물론 그들의 '진실'에 이의를 제기하는 사람은 박해를 피할 수 없었다.

현대 사회의 정부政府에서 흔히 보게 되는 일이지만, 융통성 없이 권위만 강조하는 조직의 내부는 썩어 들어가기 쉽다. 14세기 기독교의 현실이 바로 그러했다. 가장 두드러진 부패의 형태는 '면죄부' 판매로 나타났다. 교회는 신자들에게 사후에 하느님으로부터 받을 벌의 크기와 강도를 줄이려면 교회나 자선단체에 돈을 내라고 했다. 부정한 방식으로 돈벌이에 나선 교회와 사제들은 심지어 영주들에게 군대를 이끌고 전장에 나가 교회 대신 싸우라고 꼬드기기까지 했다.

오랜 세월에 걸친 교회의 부패와 박해는 사회 각계각층의 사람들이 보기에 교회의 위상을 떨어뜨리는 결과를 가져왔다. 이런 와중에 두 개의 사건이 터지자 교회의 쇠락은 곪아 터지기 직전까지 치달았다. 첫 번째 사건은 흑사병이었다. 1350년경 유럽 전역을 휩쓴 역병으로 인해 인구가 절반으로 줄어들었다. 많은 이들은 이를 하느님이 내리신 천벌로 여겼고 교회는 전염병을 막을 방법도, 고통받는 사람들을 위로할 수단도 없었다. 두 번째 사건은 이렇게 취약해진 서유럽 교회의 내분으로, 이른바 '대분열 The Great Schism'로 알려진 사태였다. 둘로 쪼개진 교회는 각각 교황을 추대하기에 이르렀다. 로마에 한 명, 프랑스 아비뇽에 한 명, 이렇게 교황이 둘인 시대가 열린 것이다. 물론 각각의 교황은 하느님이 지상에 보내신 대리자는 오직 자신뿐이라며 절대적 권위를 주장했다.

이러한 일련의 사건은 사회의 근본적인 변화를 촉발했다. 앞에서도 보았듯이, 유럽인들은 이미 12세기경 아리스토텔레스를 비롯한 고대 그리스 철학자들의 존재를 발견했고, 이는 인간의 이성이 인간 믿음의 근저를 이루는 것이 마땅하다는 견해의 촉매가 되었다. 인본주의라는 새로운 생각의 흐름이 대두하면서 교회의 대중 장악력이 약화되었고, 죽음 이후에 올 영생에 집중하기보다 이승에서의 삶이 더 강조되었다. 변화에는 여러 가지 여파가 뒤따랐다. 주로 교회의 역할로 남아 있던 예술과 음악 후원 활동이 왕궁과 귀족 가문, 그리고 마을과 도시를 운영하는 관리들의 몫으로 옮겨간 것이 그 하나의 예다. 전통적이고 권위주의적 방식에 집착한 교회와 달리 새로운 후원자들은 새로운 생각에 한결 개방적이었다. 반면 1324년 아비뇽 교황인 요한 22세 Pope John XXII(1245~1334)는 교회 내의 음악은 오로지 순수한 그레고리오 성가 양식을 준수해야 하며 가장 단순한 형태의 오르가눔을 제외한 모

음악의 역사

든 양식을 금지하는 포고령을 반포했다.

교황과 교회 내 권력자들은 질 수밖에 없는 싸움을 하고 있었다. 교회의 보수주의와 권위주의는 이보다 몇 년 전 제르베 뒤 뷔스Gervais du Bus(?~?)가 쓴 것으로 짐작되는 당돌한 시 「포블 이야기Roman de Fauvel」에서 이미 조롱의 대상이 되었다. 시 속의 교황과 주교들은 포블이라 불리는 말(馬)을 숭배하는 것으로 묘사되어 있다. 포블이라는 프랑스어 이름은 교회가 저지르는 여섯 가지 부패와 악덕의 머리글자(아첨Flaterie, 탐욕Avarice, 비열Vilanie, 변덕Varieté, 시기Envie, 비겁Lascheté)를 모은 것이었다.

「포블 이야기」는 신선하면서도 오래된 측면을 가지고 있었다. 반권위주의적 담대함이라는 측면에서는 현대적이었지만 정교한 상징주의의 사용 – '정원'을 낙원 혹은 우주의 조화를 표현하는 은유로 사용한 것 같은 – 이라는 면에서는 유구한 전통을 따랐기 때문이다. 이러한 생각의 틀은 과거의 사고방식이 지닌 특징이었다. 인본주의가 발흥하면서 사람들은 인간의 삶을 좀 더 직접적이고 직선적으로 고찰하게 되지만, 무릇 하나의 사고 유파가 지고 또 하나의 사고 유파가 일어나는 연쇄의 이음매가 깔끔하게 맞아떨어지는 경우는 좀처럼 흔하지 않은 법이다.

14세기에 가장 높이 이름을 떨친 작곡가는 사제이자 시인이었던 프랑스 출신의 기욤 드 마쇼Guillaume de Machaut(1300?~1377)다. 시대를 불문하고 위대한 창조적 인물이 모두 그러했듯, 마쇼 역시 전통을 중시하면서도 혁신을 도모할 수 있음을 보여준 음악가다. 그는 트루바두르 시대까지 거슬러 올라가는 상징과 격식을 갖춘 압운 형식을 사용해 기사도 정신과 기사도적 사랑이라는 낡은 주제에 관한 시를 썼다. 그의 음악은 매우 이지적이었고, 놀랍도록 복잡한 절차는 음악을 수학적 과학으로 여긴 옛 시절을 떠오르게 했다. 그러나 마쇼가 그토록 중요한 인물로 대접받는 건 그가 참신한 방식으로 대단히 표현적인 음악을 썼기 때문이다. 그는 엄격한 옛 리듬 패턴의 족쇄에서 음악을 해방하기 위해 정교한 기보법을 최대한 활용했다. 마쇼의 새롭고 자유로운 사고방식은 아르스 노바Ars Nova, 즉 '새로운 예술'이라는 이름으로 불렸다. 마쇼는 비록 아르스 노바의 창안자는 아니었지만 아르스 노바를 대표하는 음악가임은 분명했고, 그런 그의 명성은 고국 프랑스뿐만 아니라 이탈리아와 잉글랜드까지 퍼져나갔다. 마쇼는 교회를 위한 음악도 썼지만, 그가 남긴 가장 중요한 작품들 중에는 음악적 식견을 가진 이들의 여흥을 위한 것이 많다. 그는 다성음악에서 선율을 담당하는 최상성부를 가장 중요시했다. 이로써 선율 중심의 옛 트루바두르 전통에 반주부가 폴리포니로 어우러지는 효과가 빚어졌다. 모든 성부를 노래로 부를 수도 있었고, 혹은 가수가 최상성부만 부르고 아래의 나머지 성부는 악기로 연주할 수도 있었다.

이러한 음악의 발전 양상은 이른바 '르네상스'('부활', '재생')로 일컬어질 인본주의의 발흥이라는 광대한 흐름의 일부였다. 르네상스는 특히 피렌체를 필두로 한 북이탈리아의 도시국가를 중심으로 유럽의 여러 곳으로 뻗어나간 예술의 거대한 분출이었다. 르네상스는 저명한 화가, 조각가, 건축가를 배출하며 15세기와 16세기에 그 절정에 이르렀다. 그러나 앞에서 보았듯, 르네상스를 일으킨 사상은 이미 오랫동안 사람들 곁에 있었으며, 앞서 14세기 예술가들은 낯선 방향을 향해 신기원을 연 바 있었다.

음악의 역사는 늘 시와 긴밀한 관계를 맺어온 바, 이 시기의 문필가들을 관심 있게 살펴볼 필요가 있다. 과거부터 음악가 겸 시인의 존재는 낯설지 않았으나, 우리가 저명한 작가들이 쓴 주요 시와 산문을 만나게 되는 것은 14세기 들어서이다. 이탈리아 문학(라틴어 문학이 아님을 유념하기 바란다)의 세 거장이 이때 출현했다. 단테 알리기에리Dante Alighieri(1265?~1321), 프란체스코 페트라르카Francesco Petrarca(1304~1374), 조반니 보카치오 Giovanni Boccaccio(1313~1375)가 그들이다. 셋 모두 피렌체를 에워싼 토스카나 지방 출신인데, 이들이 모두 지역 언어인 토스카나어로 집필한 덕분에 토스카나어는 현대 이탈리아어의 바탕이 되는 데 결정적으로 이바지했다. 명심해야 할 사실 하나는, 이 시절의 시와 그 밖의 글은 묵독용이 아니었다는 점이다. 필사본은 엄청나게 귀했다(그건 악보도 마찬가지였다). 종이가 사용되기 시작한 게 14세기이고 인쇄술 또한 걸음마 단계였으니 책이 몇 권 있기가 쉽지 않았다. 대다수 사람은 낭독을 통해 대문호의 글을 접했다. 단테와 페트라르카, 보카치오 모두 관객을 모아놓고 늘 자신의 원고를 직접 읽었다고 한다.

단테가 「신곡」의 제1부 '인페르노'에 묘사한 지옥의 모습과 거기에 내포된 시적 여정은 후대 음악가들에게 커다란 영감의 샘물이 되었다. 단테는 또한 다수의 서정시를 남겼는데, 보카치오에 따르면 그는 자신이 쓴 서정시를 음악가 친구들에게 건네면서 음악의 '옷을 입혀달라'고 부탁했다고 한다. 페트라르카와 보카치오는 모두 노래를 위한 시를 썼으며, 그중 몇 편이 현전한다.

그렇다면 14세기 이탈리아에서 그런 시들은 어떻게 노래가 되어 불렸을까? 종교음악과 세속음악을 가리지 않고 노래로 불린 여러 종류의 다성음악이 아름다운 필사 악보의 형태로 남아 있긴 하지만, 교회 담장 바깥에 있는 사람들은 이를 직접 눈으로 볼 기회가 거의 없었다. 알다시피, 까다롭게 격식과 형식을 따지지 않는 폴리포니 정도는 사회 각층에 존재해왔다. 그러나 아무래도 간단한 반주를 곁들인, 혹은 반주 없이 부르는 선율 위주의 노래가 가장 많이 퍼졌을 것이다.

노래에 관한 맛깔난 정보가 담긴 문헌이 있으니, 바로 조반니 보카치오가 1350년경에 집필한 본격 픽션의 선구적 작품 『데카메론』이다. 책 속 무대는 흑사병이 휩쓸고 지나간 1348년의 피렌체다. 젊은 여자 일곱, 젊은 남자 셋이 역병을 피해 저마다 하녀와 종복을 데리고서 언덕바지의 별장으로 도피한다. 쾌적한 이곳에서 그들은 열흘을 보내는데 하루하루 돌아가며 각자의 이야기를 들려준다. 이들 각자는 누구 한 명 뺄 것 없이 교육 수준이 높고 음악 실력도 출중하다. 저녁 식사 후 춤과 노래 자리가 이어지고 한 명이 다른 이들을 위해 부르는 노래로 일과가 마무리된다. 그 노래는 춤출 목적으로 시에 음악을 붙인 '발라타ballata'로, 트루바두르들이 이탈리아에 소개한 장르다. 노래할 차례가 된 사람이 발라타를 외워 부르는 동안 다른 남녀들은 노래에 맞춰 서로 손을 둥글게 맞잡고 '카롤carole' 춤을 춘다. 비록 『데카메론』은 픽션이지만, 시에 붙인 단선율 음악인 발라타에 맞춰 춤을 추는 건 당시 상류층 사이에서 인기를 끈 오락이었던 것으로 짐작된다. 보카치오가 살았던 바로 그 시절, 시에나 시청의 내벽에는 어느 여인이 탬버린을 두드리며 노래를 부르고 아홉 명의 여인이 그에 맞춰 카롤 춤을 추는 모습을 묘사한 매력적인 벽화가 그려졌다.* 『데카메론』을 읽는 사람이 머릿속에 그릴 법한 그 정경 그대로 말이다.

　발라타는 다수의 작품이 필사본 형태로 지금까지 남아 전한다. 보통 발라타는 스윙감이 있는 춤곡 박자로 된 음악이지만, 노랫말에 음악을 붙이는 방법은 대단히 자유롭다. 일부 음절에 음표를 여럿 대응시켜 화려하게 꾸밈으로써 박자가 쉽게 늘어나기도 하는데, 이로써 선율에는 노랫말의 낭독 리듬과 무관한 장식적이고 다소 격식을 차린 듯한 효과가 가미된다. 발라타의 이런 성격은 교회음악과도 비슷한 면

---

* 이 그림은 '시에나 화파'의 일원이었던 암브로조 로렌체티Ambrogio Lorenzetti(1290~1348)가 그린 「좋은 정부와 나쁜 정부의 알레고리」라는 작품이다.

이 있다. 교회음악 역시 음악이 제의라는 높은 차원으로 노랫말을 '고양하는' 역할을 하기 때문이다. 그러나 발라타도 교회음악도 노랫말을 현대적 의미에서 '표현'하지는 않는다. 그러한 종류의 워드-세팅word-setting*은 아직 미래의 일이었다.

한편 다성음악은 교회용으로, 또 교회 외부의 엘리트 취향을 가진 감상자 층을 위해서 여전히 쓰이고 있었다. 유명한 작곡가들이 이동성을 획득하며 새로운 음악적 시도가 퍼져나갔다. 마쇼는 프랑스 땅을 벗어나진 않았지만 이 가문 저 가문을 돌며 활동했다. 15세기와 16세기 이탈리아의 다성음악은 알프스 북부 출신의 작곡가들이 꽉 잡은 형국이었다. 이 시기에 가장 유명한 작곡가를 꼽으라면 단연코 기욤 뒤파이와 조스캥 데프레를 거론하지 않을 수 없다. 둘 다 부르고뉴 출신으로, 당시 이 지역은 북프랑스부터 지금의 벨기에와 네덜란드 지역을 아우르는 곳이었다. 부유한 후원자들은 최고의 음악가를 자신의 궁정에 붙잡아두기 위해 경합했고, 선두급 작곡가들은 그러한 상황과 인맥을 적극적으로 활용했다.

기욤 뒤파이Guillaume Dufay(1397?~1474)는 평생 여러 차례 이탈리아에 체류하면서 당대 가장 유명한 가문을 위해 일했고, 그러는 중에 사제 서품을 받고 로마 교황 직속 합창단원으로 봉직했다. 혁명이 로마를 위협해 들어온 1430년대에는 교황을 따라 피렌체로 이동했다. 뒤파이가 피렌체에 머무는 중인 1436년, 건축가 필리포 브루넬레스키Filippo Brunelleschi(1377~1446)가 설계하고 지어 올린 저 유명한 피렌체 대성당의 위대한 돔 축성식이 있었다.

뒤파이는 축성식에 쓸 4성부 모테트「이제 막 꽃 피운 장미Nuper

Rosarum Flores」의 작곡을 위촉받았다. 대성당의 이름 주인인 성모 마리아*에게 봉헌하는 노래이자 제대 장식용 황금 장미를 하사한 교황에 대한 감사의 노래였던 모테트는 마쇼의 장기였던 옛 폴리포니 테크닉과 물 흐르듯 조화롭게 어우러지는 목소리의 태피스트리라는 지극히 '현대적'인 감성이 하나로 조화된 역작이다. 모테트 내의 서로 다른 부분 간의 수학적 비율은 한 치의 오차도 허용하지 않을 정도로 꼼꼼히 계산되어 있지만, 피렌체 대성당에 모여 이 곡을 처음 들은 신자들은 그런 세부 사항을 간파하지 못했을 것이다. 그들은 그저 네 개의 서로 다른 성부가 조화로운 소리로 거대한 공간을 채우는 장관에 입을 떡 벌리고 충격을 금치 못했을 테니 말이다. 축성식에서는 그 밖에도 여러 음악 작품이 풍성하게 연주되었지만 그중 핵심은 역시 뒤파이가 쓴 모테트였다. 대성당을 메운 군중 중 누군가는 그날의 경험을 이렇게 묘사했다. '천사들과 거룩한 낙원의 노랫소리가 천국에서 내려와 상상할 수 없는 성스러운 달콤함으로 지상에 있는 우리를 가득 채웠다고 해도 과언이 아니다.' 「이제 막 꽃 피운 장미」는 교황청 합창단에 의해 공연되었고, 단원들 중에는 작곡가 뒤파이도 포함되어 있었다.

뒤파이는 여흥 목적의 음악도 썼다. 피렌체에서는 도시의 지배자인 메디치 가문과 좋은 관계를 맺었다. 메디치 일가는 음악을 포함해 다양한 예술을 적극적으로 후원했고, 가문의 권력과 위상을 찬양하고 제고하기 위해 음악과 예술을 활용했다. 피렌체에서는 매년 사육제가 열렸는데, 이는 특히 로렌초 데 메디치Lorenzo de' Medici(1449~1492)가 재임한 1469~1492년에 그 절정에 이르렀다. 궁정의 관원들과 도시 길드의 조합원들은 가면을 쓰고 횃불을 든 채 노래를 부르며 행진했다. 로

---

* 피렌체 대성당의 정식 명칭은 '카테드랄레 디 산타 마리아 델 피오레', 즉 '꽃의 성모 마리아 대성당'이다.

렌초 데 메디치는 직접 노랫말의 일부를 지었고 류트 반주까지 곁들였다. 이들이 부른 노래 중에는 전통 신화를 주제로 하여 공들여 꾸민 장식 수레로 표현한 것들도 있었고, 때로는 외설적이리만치 풍자적이고 정치적인 소재를 다룬 것들도 있었다. 노래 중 상당수는 보카치오 시절의 발라타와 결을 같이하되 여러 성부가 함께 부르는 춤곡이었다. 이들 성부는 복잡한 대위법을 이루지 않고 장식이 최소한으로 절제된 화음을 빚어내는 편이었다. 이러한 종류의 인기 있는 다성부 중창곡은 음악을 하나의 지점에서 또 다른 지점으로 전진시키고, 아울러 해소의 순간 – '마침꼴 cadence' – 을 강조하는 데에 화음이라는 요소가 사용될 수 있음을 가늠케 했다. 사소한 것처럼 보일 수도 있는 이 현상은 유럽 음악이 나아갈 새로운 방향의 신호탄이기도 했다.

CHAPTER 13

작곡가들, 날개를 펴다

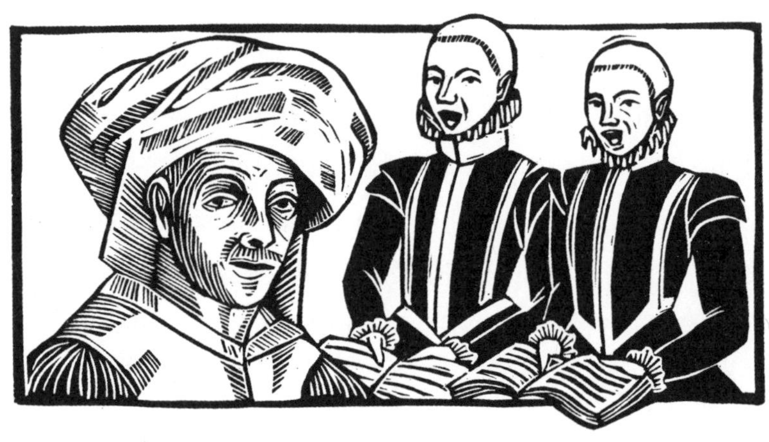

사회적·정치적 환경이 변화한 15세기 내내 음악 역시 진화를 멈추지 않았고 음악가의 위상 또한 바뀌었다. 이탈리아는 작곡가를 각별히 대접하며 모시려 했고, 그 덕분에 알프스 북부의 작곡가들이 이탈리아에서 활동하는 경우가 많았다. 그러나 이들은 교회에 소속된 합창단원으로서의 전통적 위치를 여전히 유지했고, 심지어는 사제 신분인 경우도 있었다. 사실 '작곡가'라고 하여 따로 떼어냄직한 직업 개념은 아직 존재하지 않았다. 기껏해야 교회에 소속되어 노래를 부르는 이들이 곡도 쓰는 정도로 이해되었다.

작곡가로서 새로운 사회적 위상의 가능성을 처음 보여준 인물은 15세기 말부터 16세기 초까지 유럽 최고의 작곡가로 널리 인정받은 조스캥 데프레 Josquin des Prez(1450?~1521)였다. 조스캥은 이탈리아에서 활동한 또 한 명의 부르고뉴 출신 음악가로, 뒤파이의 뒤를 이어 교황 직속 합창단에 발탁되었다. 뒤파이와 마찬가지로 조스캥 또한 여러 성부를 복잡하게 엮어 조화를 이루게 하는 대위법의 명수였다. 그러나 그가 부리는 양식에는 전에 없던 절묘함과 자유가 있었다. 조스캥은 복잡하고 까다로운 카논 – 각각의 성부가 다른 성부를 엄격히 모방하며 따르는 악곡 형식 – 을 짓기도 했고, 한 성부가 다른 성부를 흉내 내며 따르다가 이내 자기 갈 길을 가는 좀 더 자유로운 형식의 '모방'을 선호하기도 했다. 이는 훗날 음악에서 흔히 사용되는 기법으로 정착되었고, 따라서 조스캥은 후배 음악가들에게 중요한 선구자로 여겨지게 된다.

조스캥이 미묘한 차이를 달성하는 방법은 억지스러운 구석 없이 자연스러웠으며, 그가 명성을 얻은 것도 그래서였다. 그는 화음이 이동하는 양상이 음악적 여정, 더 나아가 드라마의 느낌을 만들 수 있다는 관념을 더욱 발전시켰다. 화음이 도달하는 휴식처인 마침꼴은 곡의 시작 지점부터 종결 지점까지 오랜 시간 진행되는 플롯의 얼개를 지탱할 수도 있었다. 종교개혁가 마르틴 루터Martin Luther(1483~1546)는 '일반 작곡가들은 음표가 시키는 대로 한다. 자신이 원하는 대로 음표를 부릴 수 있는 사람은 오직 조스캥뿐이다'라고 극찬했다. 조스캥이 음악으로 표현할 수 있는 범위는 광대했다. 그가 쓴 가장 유명한 중창곡 중에 「귀뚜라미El Grillo」라는 작품이 있다. 오로지 노래가 좋아 더운 날씨에도 노래를 멈추지 않는 귀뚜라미에 관한 곡으로, 사육제 기간에 어울리는 몹시 활기찬 노래다. 그런가 하면 이와 반대되는 극단에는 모테트 「주여, 저를 불쌍히 여기소서Miserere mei Deus」처럼 긴 종교곡도 있다. 다섯 성부는 언뜻 상대를 모방하는 듯 대위법을 이루면서 서로를 휘감다가도 때로는 화음을 이루며 함께 노래한다. 성부 구성도 두 성부만 등장하는 대목부터 전체가 동원되는 대목까지 자유자재로 넘나든다. 각각의 성부가 노래하는 음악은 과도한 장식 없이 담백하고 음역이 제한되어 있으며, 전체적인 분위기 또한 노랫말에 조응하듯 엄숙하다. 음악은 확고한 방향감을 가지고 한 발씩 나아가고, 이따금 특징적인 화음이 등장하여 도착점('마침꼴')에 이르렀음을 느끼게 한다. 이러한 양식은 요한 제바스티안 바흐(제21장에서 다시 만나게 될 작곡가다)를 비롯해 18세기까지 작곡가들에게 영향을 미치게 된다.

　루터의 말마따나 작곡가가 '원하는 대로 음표를 부릴 수 있다'는 생각 그 자체가 이미 변화가 일어나고 있음을 짐작케 하는 지표였다. 음악을 우주의 수학적 질서의 표현으로 여기고 작곡가를 하느님이 만들고자 하는 바를 그대로 받아 전할 뿐인 존재로 여기는 관념은 이미 옛이야기였다. 사람들 사이에서는 예술적 '천재성'이라는 새로운 개념이 싹트고 있었다. 이는 음악에만 국한된 변화는 아니었다. 사람들은 미켈란젤로, 레오나르도 다 빈치, 라파엘로 같은 위대한 화가와 조각가들이 '신성한 천재성'을 가지고 있다고 믿었다. 신성한 천재성이라는 개념은 천재성이 하느님에게서 부여받은 자질이라는 점을 함축했지만, 어떻든 간에 예술가는 천재성을 가진 특출한 존재로 여겨졌다. 따라서 천재와 그들을 고용한 이들의 관계도 변하기 시작했다.

　1502년 페라라 공작 에르콜레 데스테Ercole d'Este(1431~1505)는 자신의 궁정에서 일할 '마에스트로 디 카펠라maestro di cappella', 즉 합창단장을 구하고 있었다. 공작은 메디치 가문을 위해 일하고 있는 당대 최고의 작곡가 하인리히 이자크Heinrich Isaac(1450?~1517)와 조스캥 중에 한 명을 염두에 두고 있었다. 신하는 이자크를 낙점할 것을 조언했다. 곡을 쓰는 속도가 빠르고 동료들과의 관계도 원만해 조스캥보다 나을 거라는 이유에서였다. 그러면서 신하는 이렇게 덧붙였다. "조스캥이 더 나은 작곡가인 건 사실입니다. 그러나 조스캥은 자기가 내킬 때만 곡을 쓰는 사람이지 좀처럼 남의 말을 듣지 않습니다. 게다가 그는 급료로 200두카트를 요구하는데, 이자크는 120두카트에도 움직일 것 같습니다. 물론 최종 결정은 공작 각하의 몫입니다." 데스테 공작의 선택은 조스캥이었다.

조스캥은 새로운 기술의 혜택을 받은 작곡가이기도 했다. 그 기술이란 바로 고품질 악보 출판술이었다. 조스캥이 페라라 궁정에 고용되기 직전인 1501년, 베네치아의 출판업자 오타비아노 페트루치Ottaviano Petrucci(1466~1539)는 역사상 최초의 다성음악 악보를 인쇄해 세상에 내놓았다. 인쇄 방법은 복잡했다. 세 번의 인쇄 과정을 거쳐야 악보 한 장이 완성되는 체계로, 우선 오선보를 찍어내는 판으로 한 번 돌리고 그 다음에는 노랫말을 찍어낸 뒤 마지막으로 음표를 찍어내는 공정이었다. 그 결과로 세부까지 꼼꼼한 지극히 아름다운 악보가 제작되었다. 페트루치가 제작한 예순 권이 넘는 악보집은 음악 출판 역사상 인상적인 금자탑으로 남아 있다. 제작 공정에 상당한 노력이 투입되다 보니 악보집은 아주 높은 가격에 거래되었다. 요즘 합창단은 악보를 구입할 때 대량으로 사들이겠지만, 당시의 악보집은 수집가의 아이템처럼 한 권씩 거래되었다. 4성부 곡의 경우 책의 왼쪽과 오른쪽 면에 각각 두 개의 성부가 인쇄되는 형식이었다. 그러니까 네 명의 가수가 악보집을 펼쳐놓고 둘러서서 각자의 파트를 읽을 수 있는 구조였는데, 다만 책의 크기는 그리 크지 않아서 각각의 성부에 한 명 정도가 나눠 보기도 빠듯했다(그러나 당시의 다성음악은 성부당 한 명 배치가 대종을 이루어서 악보의 크기가 문제가 되진 않았다). 페트루치는 책을 구입할 경제적 여력이 있는 상류층 사이에서 수요가 높은 음악에 집중했다. 가볍게 부를 수 있는 중창곡, 혹은 미사곡이나 모테트 같은 복잡한 종교음악이 바로 그러했다. 인쇄물에 이름을 올리는 작곡가 중 열에 아홉은 유럽 전역에서 인기가 높은 프랑스 출신 혹은 부르고뉴 악파에 속했고, 그중에서도 단연코 조스캥이 돋보였다. 페트루치가 출판한 악보가 유럽 전역의 귀족 가문과 도서관에 전파되고 보급되면서 악보에 이름을 올린 이들의 명성과 영향력도 더욱더 단단해졌다.

그러나 출판 악보나 필사본으로 남아 전하는 음악에만 매달려선 곤란하다. 구전과 즉흥 연주가 여전히 음악 활동의 중요한 일부였음은 조스캥과 관련된 일화로도 생생히 입증된다. 조스캥의 한 제자는 어린 시절 스승으로부터 받은 가르침을 또렷이 기억했다. 조스캥은 그에게 '완전' 협화음과 '불완전' 협화음의 차이를 가르쳤으며, 성가 선율에 대위법적으로 추가 선율을 덧붙일 때 이들을 분별하여 사용하는 법을 가르쳤다. 교습에 악보가 사용된 적은 없었다. "단선율이 적힌 평판을 상상해주기 바란다. 스승님께서 선율을 노래하면 제자들은 따로 혹은 모두 동시에 즉흥적으로 대위 선율을 붙여가며 뒤로 갈수록 화려한 노래를 해야 했다." 제자의 말에 따르면 조스캥은 이와 같은 기본 기술도 갖추지 못한 채 곡을 쓰는 작곡가들을 경멸했다고 한다. "우리 조스캥 스승님은 그런 치들을 웃음거리로 여기며 멸시했다. 날개도 없는 작자들이 날 궁리부터 한다고도 하셨다. 쓸 만한 작곡가의 첫 번째 필요조건은 즉흥적으로 대위법을 만들 수 있는 능력이며, 이게 없다면 음악가가 될 꿈을 단념해야 한다는 말씀이었다." 기존 평성가에 즉흥 선율을 덧붙이는 능력은 유럽 전역의 교회가 16세기에 들어서까지 꾸준히 요구하는 바이기도 했다.

기본적인 다성 합창 기법은 교회 바깥에서도 널리 통용되는 사회 관습의 일부였다. 대중이 즐기는 연극에도 이를 묘사한 대목이 등장할 정도이니 말이다. 1450년 무렵에 공연된 것으로 여겨지는 웨이크필드 사이클Wakefield Cycle*의 신비극「두 번째 목동의 연극」에는 세 명의 목동

　　　　　　음악의 역사

이 시간을 때우며 노래를 부르는 아래와 같은 장면이 나온다.

첫 번째 목동 : 십자가를 걸고 말하는데, 밤이 길기도 하여라! 우리가
　　　　　　가기 전에 누군가가 노래를 해주었으면.
두 번째 목동 : 그렇다면 내 일어서서 우리 모두의 기운을 돋우어볼까.
세 번째 목동 : 좋은 생각이야.
첫 번째 목동 : 내가 테너를 부르도록 하지.
두 번째 목동 : 나는 높은 트레블 파트를 부르겠네.
세 번째 목동 : 그럼 중간 파트는 내 차지가 되겠군. 그대들 노래가 어
　　　　　　떤지 들어보겠네.
[셋은 함께 노래한다.]

하층민들이 파트를 나눠 중창곡을 불렀다는 기록 또한 많다. 1430년
대 스위스 바젤의 노천 욕장을 찾은 어느 스페인 방문객은 이렇게 증언
했다. '사람들의 노래 솜씨가 대체로 훌륭했다. 일반인들도 마치 숙련된
예술가인 양 노래를 세 성부로 나누어 부르는 기교를 부리곤 했다.' 음
악 이론가 요하네스 틴토리스 Johannes Tinctoris(1435?~1511)는 1480년대에
이곳저곳의 궁정을 주유하는 플랑드르 출신의 떠돌이 장님 형제를 만
난 적이 있다. '비올처럼 생긴 악기를 함께 연주하는데 한 사람은 윗성
부를, 다른 한 사람은 테너 성부를 노래했다. 그 솜씨가 무척 뛰어나고
노래하는 방식 또한 아주 만족스러웠다. 나로서는 그보다 더 듣기 좋
은 소리를 만난 적이 없다.'
　　상류층 사회에서는 트루바두르 이전 시기까지 거슬러 올라가는 시

---

* 중세 후반 영국의 웨이크필드라는 마을에서 성체 성혈 대축일 무렵에 공연된 것으로 짐작되는 서른두 편의
신비극.

에 가락을 붙여 즉흥적으로 노래하는 전통이 여전히 귀중하게 여겨졌다. 15세기에 활동한 피에트로보노 부르첼리Pietrobono Burzelli(1417~1497)는 이야기를 가진 노랫말에 류트 반주를 붙여 노래하는 출중한 솜씨로 유명해졌다. 게다가 그는 류트 연주 실력도 대단했다. 성을 떼고 피에트로보노라는 이름으로 통한 그는 이탈리아를 구석구석 누볐고, 헝가리와 잉글랜드 땅도 밟았으며, 시인과 귀족들의 칭송을 받았다. 그러나 그가 노래하고 연주한 음악은 음표 하나도 전해오지 않는다. 그 어느 것 하나 기록된 적이 없기 때문이다.

피에트로보노는 오랜 세월 페라라를 근거로 활동했고, 따라서 어쩌면 어린 이사벨라 데스테Isabella d'Este(1474~1539)에게 음악을 가르쳤을 수도 있다. (조스캥을 고용한) 에르콜레 데스테 공작의 딸인 이사벨라는 기량이 뛰어난 음악가로 성장했고, 피에트로보노노처럼 류트 반주를 곁들여 시에 즉흥 가락을 붙이는 탁월한 솜씨로 특히 존경받았다. 그녀는 만토바의 후작 프란체스코 곤차가Francesco Gonzaga(1466~1519)와 결혼한 뒤 르네상스 시대의 가장 강력하고 영향력 있는 여성이자 예술 후원자가 되었다.

여성이 그들의 노래 및 연주 실력 덕에 칭송받는 여건과 환경은 시대에 따라 크게 달랐다. 15세기에 피렌체의 메디치 가문 여성들은 신분이 높은 빈객을 접대하기 위해 노래를 하고 오르간을 연주했다. 그보다 사회 계층이 낮은 부유한 상인들도 딸에게 노래와 춤을 가르쳤는데, 단순히 여흥과 교육 차원뿐만 아니라 남편감을 구하는 데 음악이 도움되었기 때문이다. 사실 이는 과거부터 이어진 관행이었다. 한 세기 전에 쓰인 보카치오의 『데카메론』에 등장하는 젊은이들 역시 이와 비슷한 이유로 노래와 춤을 배우며 자라지 않았던가. 젊은 숙녀의 음악적 '성취'는 19세기가 될 때까지 유럽 전역에 걸쳐 긴요한 자산으로 여겨졌다.

수녀원의 음악은 전통적인 그레고리오 성가에 국한되었다. 그러나 피렌체의 레 무라테 수녀원Monastero delle Murate은 두 명의 사제를 초청해 수녀들에게 폴리포니를 가르쳤다(그때까지 교회 내의 폴리포니는 늘 남성 합창단이 맡았다). 1480년 페라라의 에르콜레 데스테 공작이 보낸 사절은 레 무라테 수녀들의 노래가 그 어느 남성 합창단에 견주어도 밀리지 않는 수준이라고 기록했다. 1490년대에 들어서자 수도승 지롤라모 사보나롤라Girolamo Savonarola(1452~1498)가 피렌체에서 세력을 얻기 시작했다. 무엇보다 금욕을 강조한 그는 모든 신도의 회개를 촉구함과 더불어 교회 차원에서 사육제 노래를 포함한 경거망동을 금지할 것을 요구했다. 그랬던 사보나롤라였으니 수녀들의 노래를 '악마적'이라고 규탄한 것도 그리 놀라운 일은 아니었다. 유럽에서는 오랜 세월 동안 여성이 공개적인 자리에서 음악 활동에 참가하는 것을 불길한 징조로 여기고 이를 표적 삼아 음악의 잠재적 위험성을 논하는 의견이 있었다. 그러나 16세기가 지나면서 여성이 음악에 이바지할 수 있는 고유한 영역을 전폭적으로 수용하는 사례가 생겼고, 심지어는 사람들 앞에 당당히 나아가 음악가 노릇을 하는 여성에 대한 전향적 자세도 관찰되기 시작했다. 베네치아에는 여자아이만 모아 전문 음악 교육을 시키고 무대에도 세우는 고아원이 여럿 설립되었다(그중 한 곳은 18세기 들어 특히 유명세를 타게 된다*).

다른 많은 궁정과 마찬가지로 페라라의 궁정에도 유독 재능과 재주가 뛰어난 여성 음악가들이 있었다. 1570년대 들어 이들은 팀을 이뤄 공작 알폰소 2세Alfonso II d'Este(1533~1597) − 에르콜레 데스테가 그의

---

* 작곡가이자 사제인 안토니오 비발디가 상주 음악가로 봉직하며 아이들을 가르친 '오스페달레 델라 피에타Ospedale della Pietà'를 가리킨다.

증조부이다 - 만을 위해 노래했다. 이들은 '콘체르토 델레 돈네Concerto delle donne', 즉 '여성 콘서트'라는 이름으로 알려졌다. 궁정 오르가니스트로 봉직한 작곡가 루차스코 루차스키Luzzasco Luzzaschi(1545?~1607)는 그들이 노래할 곡을 썼다. 전문 가수들이 투입되어 노래의 수준을 높였고, 그렇게 콘체르토 델레 돈네는 향후 20년간 페라라 궁정을 내방한 요인들을 위해 마련된 무대에 올라 기량을 뽐냈다. 이들의 명성이 퍼져나감에 따라 사람들은 여성 음악가의 잠재력을 인식하기 시작했다. 또한 그들이 노래한 음악 - 대부분 루차스키가 지어 직접 하프시코드 반주를 곁들였다 - 은 새로운 종류의 레퍼토리로 각광받았다. 콘체르토 델레 돈네를 위해 작곡된 음악은 책으로 묶여 출판되었으며, 그들이 노래한 작품의 양식과 그들의 가창 방식은 뒤이은 세대의 작곡가들에게 크게 영향을 미쳤다.

이러한 새로운 작품 양식은 바로 다성음악임에도 불구하고 노랫말과 음악이 매우 긴밀한 관계를 맺는 장르인 마드리갈madrigal이었다. 마드리갈의 뿌리는 이야기가 있는 시에 즉흥 선율을 붙여 부르는 음악, 춤곡, 사람들에게 인기를 끌던 단순한 종류의 다성음악 등 여러 곳에 뻗어 있다. 마드리갈은 노랫말을 극적으로 표현하는 경향이 두드러졌고, 따라서 고작 세 개의 성부가 동원되는 곡이라고 해도 흡사 극의 한 장면 같은 효과를 자아내곤 했다. 콘체르토 델레 돈네의 공연은 유달리 극적이라는 소리를 들을 법했다. 당시 페라라를 방문한 로마의 어느 은행가는 다음과 같은 기록을 남겼다. '그들은 작품의 요구에 따라 목소리를 줄이거나 늘리고 힘을 주어 무겁게 하거나 가볍게 하기를 자유자재로 했다. 느린 템포로, 때로는 온화한 한숨처럼 갈라져 나가고…… 때로는 짧고 달콤하게 스쳐 지나가는 악절을 나긋나긋하게 노래하고, 때로는 뜻밖의 응답이 메아리처럼 들려온다. 콘체르토 델레 돈네는 노래와 거기에 어린 감정에 어울리는 표정과 눈길, 동작을 덧붙인다.' 흡사 오페라의 한 장면을 설명한 것처럼 들리는 묘사이다(오페라에 대해서는 제17장에서 다룰 예정이다).

CHAPTER 14

류트와 건반

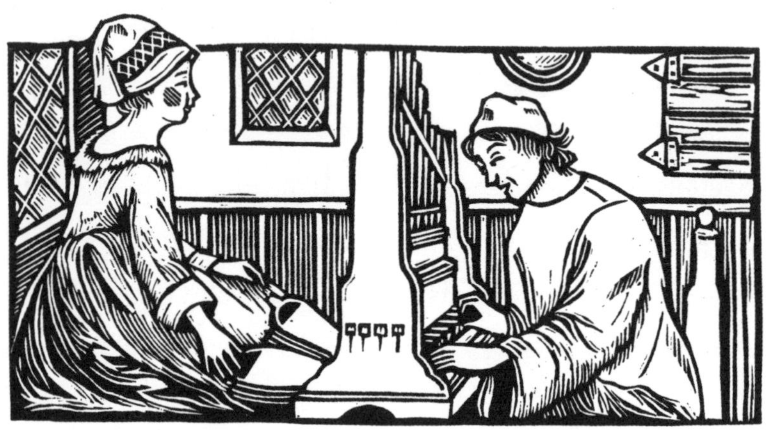

1500년대 초, 오타비아노 페트루치가 출판한 근사한 악보집에 수록된 작품은 열에 아홉이 성악곡이었다. 이유는 간단했다. 이때까지는 기록된 음악 작품의 절대다수가 성악곡이었기 때문이다. 악기를 위한 음악은 좀처럼 기록되는 법이 없었다. 악기는 일단 가수에게 반주를 제공하기 위한 물건이었기 때문이다. 독창에는 류트 반주가 따라붙었고, 중창에는 오르간 반주가 사용되었으며, 교회 합창단은 경우에 따라 다른 악기들의 반주를 동반했다(그러나 교회가 용납하는 악기의 종류는 여건에 따라 달랐다). 춤곡 선율은 사회 계층을 막론하고 악보 없이 들은 대로 전하는 게 보통이었다. 악기 연주자들 역시 즉흥 연주를 하곤 했다. 류트 연주자들은 노래가 등장하기에 앞서 즉흥 '전주preluding'를 덧붙이곤 했는데, 이는 아예 전주곡, 환상곡, 혹은 토카타 등으로 알려진 별도의 악곡이 되어 악보에 기록되었다.

류트 전주곡 양식이 유행하기 시작한 시점은 페트루치의 영업 시기와 맞물렸다. 페트루치는 호재를 이용하기 위해 류트 음악 악보를 여섯 권 출판했다. 이 악보들은 두 가지 이유에서 흥미를 끈다.

첫 번째는 류트 연주 기법과 관련된 이유다. 15세기 중반까지 류트는 아랍권의 우드에서 비롯된 전통을 그대로 이어받아 일반적으로 새의 깃대를 사용해 현을 뜯는 방식으로 연주했다. 그러다가 손가락으로 현을 뜯는 방식이 시도되기 시작했다. 깃대를 손에 쥐고 현을 하나씩 뜯는 탄현법이 아니라 손가락으로 동시에 여러 줄을 뜯는 탄현법은 다성음악 연주에 유리했다. 이 두 가지 탄현법은 모두 후대까지 살아남았다 – 오늘날에도 기타리스트들은 연주하는 곡에 따라 픽을 들고 연주하거나 손가락을 사용해 연주한다.

두 번째 이유는 페트루치의 류트 악보가 채택한 기보 방식과 관련되어 있다. 페트루치가 출판한 류트 악보는 일반적인 오선지 형태의 기보법에 입각한 것이 아니라 과거의 류트 악보 필사본과 마찬가지로 태블러처tablature, 즉 표보 標譜* 형태를 채택했다. 표보는 악보를 보면 지판의 어느 지점에 손가락을 올려야 하는지 바로 알 수 있어 간편한 방식이다(이것과 똑같은 원칙이 기타리스트를 위한 코드 도표에 지금도 그대로 사용되고 있다). 류트 현 각각에 대응되는 줄 위에 문자나 숫자를 적어 어느 프렛을 손가락으로 눌러야 하는지 알려주는 식이다. 류트 태블러처는 14세기의 오르간 연주자들이 사용한 표보를 류트 식으로 변형한 것이다. 독일식 류트 표보는 훌륭한 류트 연주자이기도 했던 15세기 독일의 오르가니스트 콘라트 파우만이 발명했다는 주장도 있다.

오르간 이야기가 나온 김에 이 시기의 주요한 혁신 중 하나인 건반

---

* 태블러처 악보를 우리나라에서는 간단히 줄여 '타브 악보'라고 부른다.

악기의 발전에 대해 언급해야 할 것 같다. 건반 혹은 지렛대를 눌러 연주한 최초의 악기는 오르간이었다. 앞서 제3장에서 오르간의 원형이라 함직한 고대 그리스의 히드라울리스를 설명한 바 있다. 4세기 무렵 비잔티움 궁정에서는 풀무로 공기를 공급하는 방식의 오르간이 사용되었고, 8세기에는 비잔틴 제국의 황제가 프랑크 왕국의 '단신왕短身王' 페팽Pépin le Bref(714?~768) – 신성 로마 제국의 초대 황제 샤를마뉴의 아버지 – 에게 '파이프가 커다란' 오르간을 선물로 보냈다는 기록이 있다. 이들 악기는 무거운 건반을 사용해 각각의 파이프를 여닫을 수 있도록 고안된, 따라서 연주의 효용보다는 과시용으로 보고 즐길 목적에 부합하는 기계 장치에 가까웠다. 오르간이 손가락으로 조작하는 건반을 갖춘, 즉 우리가 인식하는 진정한 연주용 악기로 발전한 것은 14세기 들어서였다.

15세기에 그려진 그림과 판화 등을 보면 작은 오르간이 화재畵材로 종종 등장한다. 15세기 후반 독일의 판화 제작자 이스라헬 판 메케넴 Israhel van Meckenem(1445?~1503)이 새긴 판화에는 탁상용 오르간이 묘사되어 있다. 남자가 작은 건반을 연주 중이고, 오르간 뒤편에는 그의 아내로 보이는 여인이 테이블 위에 비껴 앉아 풀무질을 하고 있다 – 19세기 후반에 기계식 장치가 발명되기 전까지는 최소한 한 명의 조수가 오르간에 공기를 공급해주어야 했다. 15세기 회화에는 탁상용 오르간이나 바닥에 세워놓은 좀 더 덩치가 큰 오르간을 연주하는 천사들의 모습이 자주 등장한다. 아마도 피렌체 메디치 가문의 여인들이 손님들을 위해 연주한 오르간이 그런 모양이었을 것이다. 그리고 그림 속의 천사들은 그러한 젊은 여인들의 모습을 본떴으리라.

1400년 무렵부터는 교회에서도 오르간이 사용되기 시작했다. 교회에 설치된 오르간은 크기가 클 뿐더러 일단 한번 설치하면 항구적으로 사용되는 것을 전제로 했다. 독일과 프랑스 교회의 대형 오르간은 두 벌 내지 세 벌의 건반과 파이프를 조절하는 페달보드가 갖춰져 있었고, 이는 이후 유럽에서 제작되는 오르간의 표준이 되었다. 15세기가 되면 교회 오르가니스트를 따로 임명하는 사례가 생겨나기 시작한다. 메디치 가문이 후원한 플랑드르 출신의 작곡가 하인리히 이자크는 1484년부터 피렌체 대성당의 오르가니스트로 일했다. 그러나 오르가니스트가 단순히 교회음악가가 아니라 독립된 연주자로서 처음 두각을 드러낸 건 독일에서였다.

그런 사례가 바로 방금 언급한 콘라트 파우만Conrad Paumann(1410?~1473)이었다. 파우만은 뉘른베르크 태생의 장님 오르가니스트로, 유럽 곳곳을 누비며 어딜 가나 융숭한 대접을 받았다. 1470년경에 간행된 『북스하임 오르간 북Buxheimer Orgelbuch』에는 그가 쓴 작품 몇 곡이 수록되어 있다. 『북스하임 오르간 북』은 건반 음악 필사 악보 모음집으로는 덩치가 꽤 큰 최초의 사료다. 수록곡은 대부분 종교 성악곡과 세속 성악곡에 바탕을 둔 음악이었다. 보통은 상성부가 장식적인 선율을 담당하고 그 아래로 한 개 혹은 두 개의 성부가 단순한 파트로 대위법을 이룬다. 파우만의 작품들 중에는 그런 음악을 즉흥적으로 연주하는 방법을 지도하려는 연습곡 성격의 곡도 있었다. 기존의 성가에 어울리는 음악을 즉흥적으로 지어내는 능력은 오르가니스트라면 당연히 갖추어야 하는 기술이었다. 합창단의 성가와 오르가니스트의 즉흥 연주가 서로 번갈아 이루어지는 것이 미사의 기본 골격처럼 되어 있었기 때문이다.

독일 출신의 또 다른 장님 오르가니스트 아르놀트 슐리크Arnolt Schlick(1455?~1521)는 1511년 오르간 연주를 주제로 한 첫 번째 논문을 발표했고, 이듬해 최초의 건반 음악 선집을 출간했다. 당시만 해도 오르간용 음악과 여타 건반악기를 위한 음악은 뚜렷이 구분되지 않았다. 음악가들은 당장 손에 잡히는 악기라면 가리지 않고 사용하곤 했다. 그러나 물론 교회 내에서 연주하기에 적합한 악기가 무엇인지에 대해서는 엄격한 기준이 있었다.

15세기에는 현을 진동시켜 소리 내는 건반악기의 사용 또한 증가했다. 그중 특히 두드러진 악기는 클라비코드와 하프시코드였다. 음량이 아주 작은 클라비코드는 건반을 누르면 반대편 끝에 달린 '탄젠트tangent'라고 불리는 작은 쇳조각이 현을 두드리는 방식이었고, 하프시코드는 건반을 누르면 그 끝에 달린 깃대가 현을 뜯는 방식으로 소리를 냈다. 하프시코드를 묘사한 이미지들 중에서 가장 오래된 것은 1425년에 제작된, 독일 민덴 대성당 내부의 목조 제단 돋을새김이다. 천사가 하프시코드로 보이는 악기를 연주하는 모습이 묘사되어 있는데, 그 모양이 현대의 그랜드피아노에 이르기까지 그대로 이어진 한쪽 면이 움푹 들어간 삼각형 생김새 그대로이다. 세모꼴은 그 안에 배치된 현의 길이가 달랐음을 시사한다. 베이스 현은 길어야 했고 고음현은 짧아야 했으므로 삼각형 공명판 위로 현을 팽팽히 잡아당겨 배치하는 것이 자연스러웠다.

건반악기가 보급되면서 건반 제작 기술도 발전했다. 현대인에게 익숙한, 검은색과 흰색의 건반 패턴은 15세기까지 거슬러 올라간다(다만 초창기의 건반악기는 흑백의 배치가 지금과 반대였다). 현대 건반 기준으로 흰색 건반만으로도 가장 흔히 활용되는 음계와 화음을 대부분 연주할 수 있었고, 반면 검은색 건반은 어느 음에서 시작하더라도 음계와 화음을 자유자재로 구사할 수 있도록 빈틈을 메워주었다. 그러나 그건 이론일 뿐이었다. 실제로는 모든 음의 조합이 귀에 거슬리지 않도록 악기를 조율한다는 게 생각만큼 간단하지 않았기 때문이다.

배음렬의 첫 두 음정인 옥타브와 5도를 이용해 현악기를 조율하는 법을 처음으로 알아낸 건 고대 메소포타미아 사람들이었다. 그러나 이 원칙을 적용해 건반악기를 구성하는 모든 음을 조율하면 귀에 거슬리는 음정이 생기게 마련이다. 이는 애초부터 건반악기라는 것이 자연물에서 비롯되지 않았기 때문이다. 다시 말해 모든 가능한 음정을 건반으로 대치하여 모조리 욱여넣은 악기란 건 기본적으로 연주자의 편의를 위해 인공적으로 만들어낸 장치이기 때문이라는 뜻이다. 세월이 흐르면서 음악가들이 전에 없던 화음과 화성을 개척해나감에 따라 건반악기의 조율 문제는 갈수록 골칫거리가 되었고, 모든 음정이 하나의 전체로서 만족스럽게 어울릴 수 있도록 기존의 조율 원칙을 조금씩 '희생하는' 절충안이 필요해졌다. 이러한 절충안은 '평균율temperament' 이라고 불렸다. 현재 서양에서 일반적으로 사용되는 조율법은 '등분 평균율equal temperament'로, 모든 음정상의 차이를 다리미질로 펴서 없애듯 제거한 조율법이다. 그러나 역사적으로는 등분 평균율 외에 다른 조율법도 사용되어오고 있다. 15세기 이후로도 퍽 오랫동안 조성을 가리지 않는 전천후 조율법이라는 건 딱히 필요하지 않았다. 대체로 화음의 범위가 제한되었기 때문에 사용할 곡에 맞춰 악기를 조율하고 나면 그것으로 만사형통, 사용하지 않는 음정이 내는 귀를 긁는 소리를 걱정할 필요가 없었던 것이다.

관악기 역시 제 나름의 발전 과정을 겪었다. 특기할 만한 혁신은 슬라이드 장치가 부가된, 이른바 슬라이드 트럼펫과 슬라이드 트롬본이었다. 슬라이드가 도입되기 전의 금관악기는 배음렬에 속하는 음표 외에는 연주할 수 없었다. 그러던 것이, 슬라이드가 부착되면서 관의 길이를 늘이거나 줄이는 일이 가능해졌고, 연주자로서는 그간 연주하지 못한 음표를 모조리 연주할 수 있게 되었다.

비교적 새로 등장한 또 하나의 악기가 있었으니, 바로 코르넷 cornett(또는 코르네토cornetto)이다. 코르넷은 재질이 나무이지만 금관악기와 비슷하게 생긴 컵 모양의 마우스피스를 통해 숨을 불어 넣는 악기다. 고대부터 사람들은 동물의 뿔로 음악을 연주해왔다(유대인들이 사용한 쇼파르가 좋은 예다). 10세기 무렵에는 동물 뼈에 손가락 구멍을 내서 연주할 수 있는 음의 개수를 늘렸다. 14세기가 되자 나무 관에 세로 방향으로 구멍을 뚫은 코르넷이 사용되기 시작했다. 코르넷 연주의 기교는 16세기에 절정에 이르렀다. 이 악기가 과연 어느 정도의 연주 실력을 필요로 하는지는 '고음악' 운동이 한창이던 1960년대에 확연히 드러났다. 코르넷을 복원하여 연주하는 이들이 안간힘을 쓰며 낸 그 답답한 소리를 나는 아직도 생생히 기억하고 있다. 그러나 그로부터 10년이 흐르자 사정이 달라졌다. 절치부심으로 기량을 연마한 연주자들이 등장했고, 그들의 연주를 들으니 코르넷이 인간의 목소리와 가장 가까운 악기로 여겨진 이유를 비로소 알 것 같았다.

점점 더 악기끼리 무리 지어 연주하는('콘소트consort') 경우가 늘어나는 것도 한 가지 특기할 만한 경향이었다. 야외에서는 음량이 큰 악기가, 실내에서는 음량이 작은 악기가 사용되었다. 13세기부터는 유럽의 여러 마을에서 음량이 큰 악기끼리 뭉친 밴드가 등장하기 시작했다. 오랫동안 아랍 세계의 특징으로 여겨진 의식용 밴드를 모방한 결과물이었을 것이다. 15세기가 되면 이들 마을 밴드의 다수가 두 대의 숌 shawm과 한 대의 트럼펫 혹은 트롬본이라는 형태로 정착되었다(숌은 음량이 큰 더블리드 관악기로, 오보에와 바순의 전신 격이다). 마을과 도시에서는 행사가 열리거나 교회 축일 행렬이 있을 때 이들 밴드를 고용했다. 16세기에는 교회 건물 안에서도 밴드의 공연이 허용되었지만 충분히 상상할 수 있다시피, 이것이 교회 제례의 엄숙성을 모독하는 행위라고 생각한 반대자도 많았다.

교회의 반대편 극단에는 대중 여흥이 있었고, 그런 기회에 밴드가 초대되는 빈도 역시 올라갔다. 따라서 밴드의 레퍼토리 역시 팡파르와 행진용 음악에서 춤곡으로 확장되었다. 시간이 지나면서 밴드에 가담하는 악기의 종류도 다양해졌다. 이와 같은 시민사회 주도의 음악 전통은 지금까지도 그 명맥이 이어지고 있다. 유럽 곳곳의 브라스밴드와 타운 앙상블이 바로 그 후예다. 카탈루냐에서는 오늘날까지도 숌으로 구성된 밴드가 마치 중세 시대의 선배들과 마찬가지로 마을 광장에서 전통적인 사르다나* 춤곡을 연주한다.

음량이 작은 실내용 악기 중에는 비올, 리코더, 그리고 서로 다른 크기의 류트와 같이 다양한 현악기와 관악기가 있다. 교회 내에서 트롬본과 짝을 이룬, 그리고 실내 행진과 춤곡 연주에 사용된 숌은 점차 음량이 작은 코르넷으로 대체되었다. 건반악기와 함께 16세기 초에 새로 등장한 또 하나의 중요한 악기는 바로 바이올린이었다. 피들이나 비올보다 소리가 큰 바이올린은 처음에는 주로 민스트럴들에 의해 사용되거나 춤곡 반주용이었다. 그 누구도 이 악기가 현악기의 제왕으로 등극해 300년을 지배하게 될 미래를 내다보지 못했다.

---

* 사르다나sardana : 스페인 카탈루냐 지방의 집단적 민속무용. 여러 남녀가 두 손을 번갈아 잡은 채 원을 이루어 춤을 춘다.

CHAPTER 15

교회를 개혁하고 사람들을 교육하다

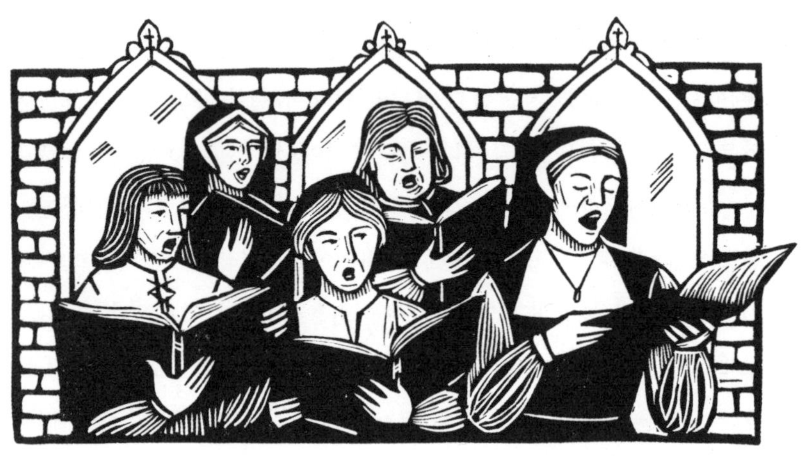

15세기와 16세기에는 계층별로 주로 사용하는 악기가 나뉘기 시작했다. 새로 발명된 건반악기는 가격이 비쌌고, 그러므로 부잣집이나 귀족의 궁정, 부유한 상인과 전문 직종 계층의 가정에서만 사용할 수 있는 사치품이었다. 한편 사회 하층민은 바이올린의 전신인 피들, 백파이프, 피리, 작은북, 손풍금 등을 애용했다. 피리와 작은북은 계층을 불문하고 춤을 추는 자리에서는 어디서나 인기가 높았다. 한 명의 연주자가 한 손으로 피리를 불고 다른 손으로 작은북을 두드렸는데, 이는 과거에 민스트럴이 애용한 악기 조합이기도 했다. 손풍금 역시 오랫동안 여러 사회 계층에서 사용되었으나, 16세기에 접어들면서 상류층의 관심 밖으로 밀려났다. 거기에는 음악적인 이유도 있고 사회적인 이유도 있었다. 손풍금은 손잡이를 돌리면 거기에 매달린 장치가 현을 문지르며 소리를 내는, 일종의 커다란 피들과도 같은 악기였다. 손풍금으로는 하나의 드론 음과 단선율을 낼 수 있을 뿐, 폴리포니 형식으로 여러 선율을 동시에 연주할 수는 없었다. 그러나 상류층이 선호하는 음악은 날이 갈수록 폴리포니적 요소가 짙어졌고, 그런 음악은 물론 베이스 음이 계속해서 바뀌는 음악이었다. 그와 달리 민스트럴과 사회 하층민이 즐기는 음악은 여전히 단선율인 경우가 많았고 베이스 음이나 조성이 바뀌는 경우는 전혀 없었다. 그들에게는 손풍금이나 백파이프처럼 드론 음을 곁들일 수 있는 단선율 악기만으로도 충분했다.

독일어권에서는 점차 늘어나는 중산층 사이에서 단선율 노래가 여전히 높은 인기를 누렸다. 이는 13세기 미네젱거까지 거슬러 올라가는 현상이었다. 프랑스 트루바두르의 독일판이라고 할 미네젱거는 귀족이거나 귀족이 고용한 이들이 다수였다. 그러나 새로운 마이스터징거Meistersinger는 미네젱거와 신분부터 달랐다(그러므로 마이스터징거의 대두는 몇백 년 사이에 유럽이 얼마나 많이 바뀌었는지를 보여주는 현상이기도 했다). 이들은 각자 자기 분야에 종사하며 여가 시간에만 노래하는 장인匠人이었다. 마이스터징거 중 가장 유명한 한스 작스Hans Sachs(1494~1576)의 본업은 제화공이었다(리하르트 바그너의 음악극 「뉘른베르크의 명가수Die Mesitersinger von Nürnberg」의 주인공이 바로 한스 작스다). 각자의 본업 분야에서 길드를 조직해 활동한 마이스터징거들은 규모가 꽤 되는 마을마다 노래 길드를 조직했다. 마이스터징거가 되기 위한 정식 경연 대회가 있었던 점도 흥미롭다. 참가자들은 직접 가사와 음악을 쓴 노래를 출품하여 서로 경쟁했다. 이들의 활동은 독일 음악계에서 무척 중요한 부분이었다. 마이스터징거들의 음악 활동은 지금까지도 독일 문화의 명맥 중 하나로 이어지는 중산층 아마추어의 조직적인 음악 활동의 선례가 되었다.

1523년 한스 작스는 '어디에서나 들려오는 비텐베르크의 나이팅게일'이라는 어구로 시작되는 시를 썼다. 이 시를 포함해 작스가 쓴 몇 편의 글은 정치적·종교적으로 민감한 주제를 다루었다. 때문에 그는 뉘른베르크 시의회 측과 마찰을 빚었다. 몇백 년간 곪아온 교회의 문제 개선을 요구하며 한바탕 소동을 일으킨 종교개혁가 마르틴 루터를 찬양하는 글이었기 때문이다.

'면죄부' 판매를 비롯해 교회의 부패에 관해서는 앞서 제12장에서 언급한 바 있다. 루터가 등장하기 전에도 교회를 개혁하려는 여러 시도가 있었다. 그러나 그때마다 권력을 쥔 성직자들은 개혁의 목소리를 찍어 눌렀고, 개혁을 주장한 이들은 자신의 목숨으로 대가를 치렀다. 교회는 날이 갈수록 깊이 썩어 들어갔고, 급기야 로마의 성 베드로 성당 건축 자금을 조달하기 위해 '새롭게 개선된' 면죄부를 판매하는 수작까지 서슴지 않았다. 이를 좌시할 수 없었던 루터는 당장 떨쳐 일어났다. 그리고 그의 개혁 요구는 단지 면죄부 판매 금지에 그치지 않고 훨씬 더 멀리 나아갔다.

수도승 출신의 루터는 비텐베르크 대학에서 신학 교수를 지냈다. 그는 성서를 깊이 연구한 뒤 교회의 가르침과 상충하는 나름의 결론에 도달했다. 그 첫 번째 결론은, 용서는 하느님의 선물이지 교회가 건네는 시혜일 수 없으며 더군다나 돈으로 거래할 수 있는 대상이 되지 못한다는 것이었다. 두 번째 결론은 사제가 해석해주지 않으면 요령부득인 라틴어 성서 대신 모든 신자가 자신이 사용하는 언어로 된 성서를 직접 읽을 수 있어야 한다는 것이었다. 그러면서 루터는 성서를 독일어로 손수 번역했다. 세 번째 결론은 수사와 수녀가 수도원과 수녀원에 고립된 채로 지내며 기도만 하고 살아야 한다는 교리를 뒷받침하는 내용이 성서 그 어디에도 나오지 않는다는 것이었다. 따라서 수사와 수녀의 청빈과 금욕 맹세는 효력이 없으며, 이들은 원한다면 언제든 자유롭게 수도원과 수녀원을 떠날 수 있어야 했다. 또한 루터는 지금껏 교회가 금지해온 사제와 수사, 수녀의 결혼을 허락해야 한다고 주장했다.

루터의 항의 내용과 사상은 새롭고 값싼 인쇄술로 제작된 소책자와 설교에 힘입어 급속히 퍼져나갔다. 1521년 교황 레오 10세는 루터에게 파문형을 내렸고, 루터는 사람들 앞에서 교황의 파문장을 불태워버렸다. 그러나 루터는 이미 유럽 전역에서 대단히 존경받는 인물이었기에 교회로서도 감히 그의 입을 틀어막을 엄두를 내지 못했다. 그의 개혁 방안은 뿌리를 내렸고, 독일 내 여러 지역은 물론이고 독일 이외의 여러 국가에서 프로테스탄티즘(신교)은 공식 종교의 위치로 올라섰다.

종교개혁이 유럽 역사에 미친 여파는 심대했다. 음악 역시 그 파장에서 벗어날 순 없었다. 최초의 음악적 결실 중 하나는 사람들이 부를 수 있는 새로운 찬송가(이를 '코랄chorale'이라고 불렀다)의 출판이었다. 당장 마르틴 루터부터 직접 몇 곡의 선율과 그보다 많은 숫자의 노랫말을 지었을 뿐만 아니라 다른 작곡가들, 시인들과 합작했다. 최초의 찬송가 모음집이 출판된 건 1524년이었다. 교회당뿐만 아니라 가정에서, 그리고 신도끼리의 회합에서 부를 노래가 수록된 책이었다. 교회는 주중에 찬송가 연습 시간을 정해 다가오는 일요일 예배에서 부를 노래를 신도들에게 미리 가르쳤다. 이들 찬송가는 꾸준히 악보집으로 발간되며 큰 인기를 끌었고, 영어를 포함한 여러 언어로 옮겨져 널리 보급되었다. 초창기의 찬송가는 단선율 악보 형태로 간행되었으며, 루터와 협력한 적이 있는 작곡가 요한 발터Johann Walter(1496~1570)는 처음으로 4성부 찬송가를 출판했다. 선율은 테너 성부(위에서 세 번째 성부)에 배치되었는데, 이는 오랜 세월 관행으로 정착되어온 폴리포니 성가의 작법을 존중한 것이었다. 루터는 일반 신도들을 위해서는 쉽게 따라 부를 수 있는 간단하고 단도직입적인 음악이 좋다면서도 정작 본인은 다성음악의 열렬한 찬미자를 자처했다. 그는 여러 성부가 동원되는 복잡한 성가가 '일종의 거룩한 춤'이라 했고, 그러한 양식을 정복한 거장으로 조스캥 데프레를 꼽았다. 루터와 협력한 발터의 찬송가―여러 성부가 우아하게 서로를 감싸며 어우러지는 동안 화성은 뚜렷한 방향성을 가지고 앞으로 나아간다―에서 조스캥의 영향력이 느껴지는 이유도 그래서일 것이다.

루터의 개혁에는 장기적 결과가 따랐는데, 모든 결과가 긍정적이지만은 않았다. 신교를 받아들인 국가는 대부분의 수도원과 수녀원을 폐쇄했다. 수사들의 경우 부유한 가문 태생이거나 번듯한 직업을 가진 집안 출신이 많아서 수도원이 없어져도 살길을 찾을 수 있었다. 반면 수녀들은 사정이 훨씬 열악했다. 여자는 그저 온순히 남성의 권위를 따르고 교회 내에서도 고분고분한 자세로 침묵을 지켜야 한다고 강조한 성 바오로의 성서 말씀 때문이었다. 로마 가톨릭보다 좀 더 극단적이었던 신교도들이 이 성서 문구를 어떻게 이용했을지는 충분히 상상할 수 있다. 스코틀랜드의 사제이자 신학자인 존 녹스John Knox(1514?~1572)는 여성에게는 직권이 수반되는 그 어떤 직위도 주어져서는 안 된다고 강력히 주장했다. 스코틀랜드와 잉글랜드의 왕좌를 모두 여성이 차지하고 있는 시절에 말이다. 심지어 좀 더 온건한 루터파 교회도 여성은 아내와 어머니의 역할에 만족하는 것이 바람직하다고 권유했다. 그러나 여성의 역할을 제한하는 이러한 요구에 반발하고 나선 특출한 여인들도 있었다. 마르틴 루터의 아내인 카타리나 폰 보라Katharina von Bora(1499~1552)는 귀족 가문에서 태어난 수녀 출신으로, 루터와 결혼해 자식을 여섯 낳고 행복하게 살았다. 역시 수녀 출신인 엘리사베트 크루치거Elisabeth Cruciger(1500?~1535)는 시인 겸 작곡가로 활동하면서 1524년 발간된 최초의 루터파 찬송가집에 이름을 올렸다. 그리고 1590년 헤세의 크리스티네 공작부인 Christine of Hesse(1543~1604)은 자신이 직접 지은 성스러운 시편과 찬송가를 수록한 책을 출판했다. 이들은 모두 귀족 혈통을 타고난 덕분에 이나마라도 할 수 있었다. 사회 하층 계급의 여성들은 음악적 소질과 능력의 배출구를 찾기가 훨씬 어려웠다.

루터의 개혁은 광범위한 지지를 받았으며 교회는 분열의 길로 나아간다. 우선 기존의 로마 가톨릭교회와 신교가 갈라섰고, 신교 내에서 경쟁 교파가 생겨났다. 교회의 분열은 30년 전쟁(1618~1648년)이라는 사건으로 정점을 찍었다. 신성 로마 제국 내부 국가들 간의 갈등으로 시작된 이 전쟁은 여러 정치권력이 가담하면서 장기화되었고, 결국 어마어마한 파괴를 남긴 뒤에 막을 내렸다.

그러나 긍정적인 측면도 있었다. 누구나 각자의 모국어로 성서에 다가갈 수 있어야 한다는 루터의 주장은 문맹률을 극적으로 낮추는 촉매가 되었다. 인쇄술의 발전에 힘입어 종잇장, 소책자, 두꺼운 책 등 다양한 형태로 보급된 읽을거리 역시 도움이 되었다. 어디에나 인쇄된 종이가 있었고, 자연스레 사람들은 거기에 적힌 내용을 읽고 싶어 했다. 종교개혁 이후로 독일어권 지역에서는 종교음악과 세속음악을 불문하고 라틴어 노랫말 대신 독일어 노랫말이 사용되었다. 들으면 대번 이해되는 언어와 그 흐름을 좇기 쉬운 음악이 손을 맞잡은 이때 이후로 400년 넘는 세월 동안 독일에서는 그들의 언어에 가락을 붙인 음악이 봇물 터진 것처럼 쏟아져 나온다.

영국은 신교를 받아들이는 과정이 대륙보다 깔끔하지 못했다. 1534년 앤 불린 Anne Boleyn(1501?~1536)에게 마음을 빼앗긴 헨리 8세 Henry VIII(1491~1547)는 정실부인 아라곤의 캐서린 Catherine of Aragon(1485~1536) 왕비와 이혼하고자 했으나, 로마 교황은 이를 허락하지 않았다. 이에 헨리 8세는 로마 가톨릭과의 결별을 선언했다. 5년 뒤인 1539년 영국 국왕은 교회가 영어로 된 성서를 사용해도 좋다고 허락한다. 그러나 헨리 8세는 아직 완전히 신교 쪽으로 마음을 굳히지 못하고 있었다. 성서를 영어로 옮긴 마일스 커버데일 Myles Coverdale(1488?~1569)이 독일어 원본을 대폭 참고해 출판한 운문 시편(시편을 찬송가로 전용轉用한 것)이 큰 인기를 끌었는데, 국왕은 노골적으로 루터교에 기운 내용을 받아들일 준비가 되지 않아서 책을 모조리 불태워버리라고 지시했다. 커버데일의 운문 시편이 받아들여진 건 헨리 8세의 딸인 엘리자베스 1세 Elizabeth I(1533~1603)가 왕위에 오른 다음인 1558년이 되어서였다. 이러한 우여곡절은 16세기의 잉글랜드 음악가들이 몹시 갈팡질팡해야 했음을, 때로는 절체절명의 위험을 감수해야 했음을 뜻했다. 헨리 8세가 수도원과 수녀원 폐지를 강력하게 밀어붙임에 따라 교회를 위해 일한 잉글랜드의 음악가들은 하나둘씩 일자리를 잃었다. 수백 년간 배움과 연구를 지탱해온 도서관과 장서고도 사라졌다. 오랜 음악적 전통이 무너지는 결과가 초래된 것이다.

로마와의 단절을 단행한 헨리 8세 이후에도 영국의 종교는 오락가락했다. 왕위를 이은 에드워드 6세 Edward VI(1537~1553)는 부왕의 뜻에 따라 국교회를 유지했으나 단명하고 말았고, 그 뒤를 이은 메리 1세 Mary I(1516~1558)는 영국의 종교를 가톨릭으로 되돌렸으며, 메리 1세의 배다른 동생 엘리자베스 1세는 집권 후 다시 성공회 깃발을 내걸었다. 반대편 종교를 믿는 이들을 향한 박해의 매서움은 누가 왕좌에 앉았느냐에 따라 그 정도가 달랐고, 공식적으로는 영국 국교회를 위해 일하면서도 남몰래 가톨릭교도를 위한 곡을 쓰는 작곡가도 많았다. 지뢰밭과도 같은 정세 속에서 오랫동안 활동한 작곡가가 있었으니, 바로 토머스 탈리스 Thomas Tallis(1505~1585)다. 탈리스는 헨리 8세 시절에도 굳건한 가톨릭교도였고, 그 이후로도 흔들림 없는 가톨릭교도로 남았다. 그는 헨리 8세 전용 예배당인 채플 로열 소속 음악가로 발탁된 이후 메리 여왕과 엘리자베스 여왕의 치세에도 끝까지 같은 자리를 지켰다. 탈리스는 시대의 흐름과 유행 및 요건에 따라 자신의 작곡 양식을 솜씨 좋게 적응시켜나갔다. 그가 젊을 때는 라틴어 텍스트에 붙인 정교한 다성음악이 인기가 높았고 엘리자베스 여왕의 치세에는 성공회 예배용의 단순한 영어 찬송가가 수요가 높았는데, 탈리스는 양쪽 모두에서 발자취를 남겼다. 그의 가장 유명하고 가장 복잡한 작품은 모테트 「주님만이 나의 희망 Spem in Alium」이다. 전체 40성부를 위해 쓰인 이 작품은 다섯 성부짜리 합창단 여덟이 동원되는 대작이다. 탈리스의 가장 훌륭한 걸작으로 널리 인정받는 「주님만이 나의 희망」은 이 시기 합창 음악의 가장 우뚝한 금자탑이라고 할 수 있다.

헨리 8세에게 음악은 아주 중요했으며, 그 자신부터 수준급 음악가였다. 헨리 8세는 노래와 기악곡을 지었으며, 인기 선율을 가지고 다른 가수들과 즉흥 연주를 즐겼다. 헨리 8세는 격식 없이 자연스러운 연주뿐만 아니라 궁정 내의 공식적 음악 체계에도 주안점을 두었다. 영국의 귀족 가정은 하인 – 여기에는 음악가도 포함되었다 – 의 숫자로 자신들의 위세를 내보였고, 국왕은 궁정에 고용된 직업 연주자의 숫자를 대폭 늘렸다. 헨리 8세의 궁정 트럼펫 연주자만도 열여섯 명이나 되었는데, 그중 한 명이 바로 존 블랭크 John Blanke(1501~1511년 활동)였다. 아프리카 노예 출신인 블랭크는 아라곤의 캐서린 왕비 수행단 소속으로 영국 땅을 밟아 정착했고, 영국 그림에 그려진 흑인 중 우리가 그 이름을 아는 최초의 인사이기도 하다. 영국 궁정은 다른 악기 연주자도 트럼펫과 비슷한 수로 고용했다. 트롬본의 전신인 색벗 sackbut과 숌은 한껏 격식을 갖춘 무도회에 사용되었고 피리와 작은북, 기타 현악기는 허물없이 어울리는 자리의 흥을 돋웠다. 이들 악기의 연주자 중에는 민스트럴이 많았는데, 이들은 연주뿐 아니라 연극 무대에서 연기까지 소화했다. 1540년 무렵에는 이탈리아의 비올 연주자가 대거 유입되었다. 당시 비올은 비교적 근년에 만들어지기 시작한 신문물이었다. 다양한 크기로 제작되었고, 활놀림 방식은 첼로와 흡사했다. 비올은 금세 영국에서 가장 각광받는 현악기의 위치에 올라섰다.

좀 더 엄격한 형태의 신교가 지배한 스코틀랜드는 지극히 단순한 형태의 찬송가를 제외한 모든 종류의 음악 연주를 금지했고, 커크('교회church'를 일컫는 스코틀랜드 고어) 오르간도 사라져갔다. 스코틀랜드에는 뒤파이를 비롯한 여타 부르고뉴 악파의 국제적 양식을 추종한 다성음악 전통이 유구했으나, 종교 변혁의 서슬이 몰아치면서 다성음악 작곡가들의 활동 범위가 궁정이나 귀족 가문 내부로 제한되었다. 그러나 메리 스튜어트Mary Stuart(1542~1587)가 왕위를 계승한 1542년 이후로 모든 게 바뀌었다. 로마 가톨릭교도였던 메리는 노래 솜씨가 훌륭하고 류트와 하프시코드를 연주하는 등 음악 다방면에 조예가 깊었다. 스털링에 있는 그녀의 왕실 예배당은 종교개혁 이전에 그러했듯 다시 한 번 수준 높은 다성부 성악 음악의 중심지가 되었다.

유럽은 국가끼리, 또 지역끼리 서로 많은 것을 나누고 주고받는 대륙이었으며, 이는 음악 분야에서도 마찬가지였다. 메리 스튜어트는 프랑스 왕 앙리 2세Henri II(1519~1559)의 아들과 결혼했고, 그녀의 왕실 예배당에서 불리는 음악은 부르고뉴 악파와 플랑드르 악파의 거목들을 따르는 국제적 스타일에 부합했다. 헨리 8세의 예배당에서 노래되는 음악 역시 그와 같은 양식이었다. 헨리 8세의 음악 경쟁심은 국경을 넘어 유명했다. 1520년 헨리 8세는 프랑스의 프랑수아 1세François I(1494~1547)와 칼레 근교에서 만났다. 동맹 체결을 위한 회담 자리였다. 두 사람의 만남은 이른바 '황금빛 천의 들판'이라 불렸는데, 황금 태피스트리로 화려하게 장식한 거대한 막사 겸 임시 궁정이 장관을 이루었기 때문이다. 갖가지 화려한 자랑거리와 오락거리가 서로 겨루는 가운데 양쪽 왕궁이 대동한 합창단과 당대 유명 작곡가들의 면면도 찬란했다. 종교 행사 자리에서는 복잡하고 정교한 폴리포니 양식의 음악이 연주되었다. 양국의 왕이 만나는 자리에서는 장대한 금관 팡파르가 연주되었고, 왕가 식구와 가신들이 모인 무도회와 주연 자리에서는 소규모 앙상블의 음악 소리가 들려왔다.

헨리 8세는 프랑수아 1세 궁정의 음악 수준을 잘 알고 있었다. 예배용, 행사용, 그리고 개인적 여흥을 위한 다수의 음악가가 모두 따로 있었는데, 헨리 8세 궁정 내의 음악 체계는 프랑스 궁정에 필적하기 위해 디자인된 측면이 있다.

CHAPTER 16

정복과 탈환

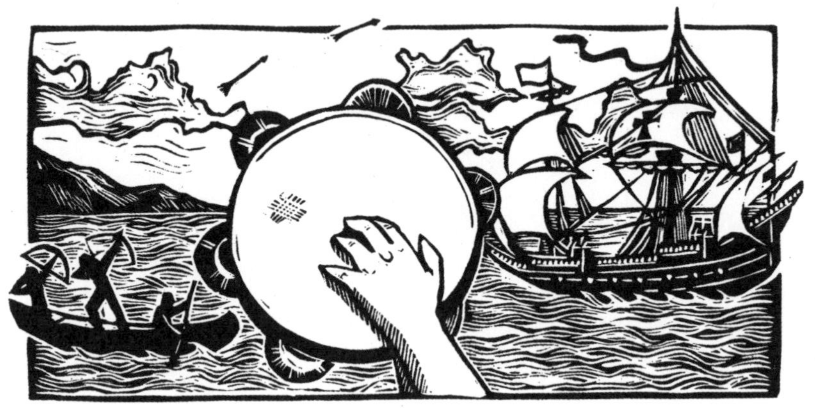

한편 스페인에서는 15세기 후반부터 16세기에 걸쳐 큰 변화가 일어나고 있었다. 이 변화는 비단 스페인뿐만 아니라 전 세계에 지속적으로 영향을 미치게 된다. 첫 번째는 오랫동안 이슬람의 지배를 받아온 스페인 땅을 마침내 기독교 세력이 탈환한 사건이었다. 이는 수 세기에 걸친 점진적인 과정이었다. 1492년 아라곤의 페르난도 2세Fernando II de Aragón(1452~1516)와 그의 왕비인 카스티야의 이사벨라 1세Isabella I de Castilla(1451~1504)는 오랜 정복 전쟁을 마무리한 뒤 스페인이 완전한 기독교 국가가 되었음을 선포했다. '완전한 기독교 국가'라는 그들의 말은 진심이었다. 유대교도와 기독교도를 관용하고 그들의 문화적 기여를 장려한 이슬람 지배자들과 달리 새로 들어선 기독교 정권은 개종을 거부하는 유대인과 무슬림을 추방했다.

무슬림과 유대인의 축출은 수백 년간 이어져온 스페인의 다문화적 풍요로움이 반감됨을 뜻했다. 페르난도와 이사벨라의 궁정은 기독교만 인정하는 편협성을 고집했다. 그러나 왕과 왕비는 예술을 열렬히 후원했으며, 특히 부르고뉴 양식에 입각한 다성 종교음악을 장려했다. 예배당 바깥의 저잣거리에서는 노래로 부르는 춤곡의 인기가 높았다. 특히 사람들의 사랑을 받은 장르는 '비얀시코villancico'라고 불리는 성악곡이었다. 비얀시코는 보카치오 시절 이탈리아의 발라타와 유사하게 반복 후렴구를 가지고 있어서 사람들에게 쉽게 다가갔으며 외우기도 수월했다.

　1492년에는 또 다른 사건이 있었다. 페르난도와 이사벨라가 후원한 이탈리아 탐험가 크리스토포로 콜롬보Cristoforo Colombo(1451~1506)가 인도로 향하는 대서양 항로를 발견하기 위해 출항한 것이다. 항해 끝에 콜롬보(콜럼버스)가 발견한 지역은 인도가 아니라 카리브 해의 바하마였다. 그럼에도 콜롬보와 후대 사람들은 수백 년간 아메리카 대륙의 원주민을 '인디언'이라 일컬었다. 콜롬보의 신대륙 발견을 발단으로 유럽은 아메리카 대륙을 수중에 넣으려는 경쟁에 돌입했다. 스페인은 멕시코와 페루를 목표로 삼았고, 포르투갈은 브라질을 노렸으며, 세월이 좀 더 흐른 뒤 영국과 프랑스는 북아메리카 대륙을 눈에 두었다. 몇 년 뒤 또다시 탐험에 나선 콜롬보는 어느 섬에 정박한 뒤 그곳을 '트리니다드'라고 부르기로 했다. 서로 낯선 문화권 사람들끼리 처음 상면할 때 흔히 나타나는 오해가 이때도 있었다. 그리고 이번의 오해는 음악 때문에 비롯되었다. 섬의 사내들은 카누를 타고 낯선 배에 다가갔다. 섬사람들을 더 가까이 끌어들이기 위해 콜롬보는 젊은 선원들에게 갑판 위에서 탬버린을 연주하며 춤을 추라고 명령했다. 그런데 그 효과는 의도한 바와 정반대였다. '그들은 탬버린 연주에 맞춰 춤을 추는 사람들을 보자마자 노를 버린 뒤 활에 줄을 매달고는 저마다 방패를 들어 올린 채 화살을 날리기 시작했다.' 콜롬보는 석궁으로 응사하라고 명령했고, 카누는 섬으로 뱃머리를 돌려 달아났다.

신속히 스페인 사람들은 바하마를 노예 노동력의 공급처로 착취하기 시작했다. 반면 멕시코가 매력적인 이유는 황금 때문이었다. 앞서 제8장에서 아즈텍인들이 일군 수준 높은 문명과 음악의 중요한 역할에 대해 설명한 바 있다. 1519년 멕시코 땅에 발을 디딘 스페인 군인 에르난 코르테스의 손에는 교황의 서명이 날인된 선언서가 쥐어져 있었다. 거기에는 스페인이 모든 이교도의 땅을 점령하고 원주민에게 기독교 개종을 요구할 권한을 가지며 이에 불응하는 자는 전쟁과 죽음, 혹은 노예가 되는 운명을 감수해야 할 것이라는 내용이 적혀 있었다. 코르테스는 원주민 중 상당수가 기존의 지배층을 타도하고자 하는 욕망이 간절함을 알아차렸고, 상당한 규모의 인원을 모병하여 위대한 아즈텍 제국의 심장부로 쳐들어갔다. 선물과 함께 코르테스를 맞아들인 목테수마 황제는 인질이 되어 궁전 내에 가택 연금되는 처지로 전락했다. 그 과정에서 음악과 관련된 또 하나의 갈등 국면이 펼쳐졌다. 목테수마 황제가 연금된 몇 달 동안 궁전 바깥의 거리와 광장에서는 축제가 진행되었다. 약 2,000명의 고관대작이 저마다 가장 값진 예복을 입고 나타나 전승을 축하하는 윤무를 추었다. 그 광경을 지켜본 스페인 사람들은 ─ 놀라서 그랬는지, 아니면 아즈텍의 지배층이 한자리에 모인 기회를 활용하려 했는지는 몰라도 ─ 무장하지 않은 채 춤추고 있는 사람들을 모조리 죽여버렸다. 앞으로도 이어질 수많은 대학살의 시초였다.

신대륙에서 약탈한 황금을 밑천으로 스페인은 멕시코 및 중앙아메리카와 남아메리카의 새로운 식민지를 빠른 속도로 개발하고 유럽화해나갔다. 크고 작은 교회가 지어졌고 오르간이 설치되었다. 기독교 성가와 다성음악이 도입되었고, 학교에서는 합창을 가르쳐 원주민 사이에 새로운 기독교 신앙이 자리 잡도록 했다. 최초의 미사곡이 노래된 건 1521년 멕시코시티(원주민들은 '테노치티틀란Tenochtitlan'이라 불렀다)에서였다. 선교사들은 멕시코 곳곳에 학교와 수도원, 수녀원을 세웠다.

플랑드르 출신의 수도승 페드로 데 간테Pedro de Gante(1480?~1572)는 이 과정에서 중요한 역할을 한 선구자였다. 데 간테가 멕시코시티에 교회와 학교를 세우고 종교, 음악, 미술, 글쓰기를 가르치기 시작하자 멕시코 전역의 학교들이 그의 행적과 방법을 좇았다. 데 간테의 기록에 따르면 사람들은 처음에는 순순히 교회에 따라가지 않았고 기독교의 가르침도 꺼렸다. '그들은 마치 악마가 십자가를 보고 기겁하듯 했다.' 3년간 거듭된 실패 끝에 그는 좀 더 은근한 접근법을 시도해보기로 했다. 멕시코 토착 종교의 제례가 '저들이 모시는 신들 앞에서 노래하고 춤추는 행위'로 이루어져 있음을 눈여겨본 데 간테는 그들이 종래부터 익숙한 전통적인 방식으로 노래하고 춤출 수 있도록 기독교 음악을 새로 작곡해 건넸다. 음악은 '하느님이 인류를 구원하기 위해 직접 사람이 되어 성모 마리아의 몸에서 태어난 이야기'를 들려주었다. 사람들은 두 달간의 연습 기간을 거친 뒤 1527년 성탄절에 멕시코시티의 수도원 안뜰에서 데 간테의 지시에 따라 전통 의상을 입고서 예식을 거행했다.

이처럼 멕시코 전통과 기독교 제의를 버무린 의식으로 원주민이 기독교를 수월히 받아들일 수 있는 분위기가 조성되었다. 이는 또한 잔존하는 '미신'을 기독교식 통제 아래에 잡아두는 데 어느 정도 효과를 발휘했다. 그럼에도 교회의 고관들은 기독교화된 멕시코식 제례를 영 불안해했다. 엄격하게 감독하지 않으면 언제든 손쓸 수 없는 방향으로 치달을지 모른다고 우려한 것이다.

몇 년 뒤, 또 다른 스페인 탐험가 프란시스코 피사로Francisco Pizarro(1478~1541)가 이끄는 원정대가 페루 정복에 나섰다. 그들의 악행은 멕시코를 손아귀에 넣은 코르테스의 군대만큼이나 잔인했다. 잉카 제국의 황제와 그의 수하 부족장이 모두 몰살당했고, 수도는 파괴되었으며, 황금은 노략질당했고, 원주민 수백만 명이 노예가 되었다. 멕시코에서처럼 선교사들은 페루를 통치 가능한 기독교 국가로 만드는 과정에서 결정적인 역할을 했다. 교회와 수도원이 건립되었고, 학교에서는 아이들에게 합창을 가르쳤으며, 페루 사람들은 기독교 음악과 미술을 배웠다.

원주민과의 통합을 위해 노력한 생생한 사례 하나를 소개할까 한다. 1552년 기독교의 성체 축일 때 있었던 일이다. 잉카 제국의 수도 쿠스코Cusco에 새로 지어진 교회의 합창단장이던 후안 데 푸엔테스는 잉카 부족이 신들을 찬양하며 부르는 노래를 유럽식 다성음악 양식으로 편곡했다. 노래는 잉카의 아이들과 스페인의 아이들, 혼혈 아이들이 섞인 합창단이 맡았다. 잉카의 전통 의상을 입은 아이들이 부르는 노래는 다른 합창단의 노래와 교창交唱 형식으로 오갔다. 공연을 본 '스페인 사람들은 대단히 흡족해했고, 우리 주님의 축제에 스페인 사람들이 그들의 노래와 춤을 이용하는 걸 본 인디언들 역시 몹시 즐거워했다'. 그러나 그건 스페인 사람의 관점에서 바라본 감상평이었다. 자신들의 전통음악이 기독교 정복자들의 제의에 녹아드는 것을 확인한 원주민들의 감정은 그보다 훨씬 복잡했으리라.

이 모든 파괴와 억압적인 기독교화가 진행된 이후 수백 년에 걸쳐 독특한 음악 장르와 양식이 생겨났다. 1583년 스페인에서 멕시코로 건너온 수도승 베르나디노 데 사아군Bernardino de Sahagún(1499~1590)은 지역 토착어인 나와틀Nahuatl어로 된 최초의 성가집을 출판했다. 예수 그리스도와 성인들의 그림이 함께 수록된 이 책은 원주민들이 교회에서 노래를 부를 수 있도록 도왔다. 선율이 제공되지 않은 점으로 미뤄 보

음악의 역사

아 노래는 멕시코인들이 이미 어느 정도 익숙한 그레고리오 성가 양식을 따라 불렀을 것으로 추정된다. 데 사아군은 원주민들이 그들의 신들에게 바친 옛날 노래를 하루빨리 잊어주길 바랐다.

이어지는 17세기가 되면 기독교는 남아메리카의 여러 지역에 확고히 뿌리를 내리게 된다. 스페인과 포르투갈 수도원 출신의 선교사들이 선점한 땅에 이탈리아의 예수회 출신 학자 겸 사제들이 가세한 것도 이때다. 이들은 자신들만의 기독교 공동체를 만들었고, 많은 숫자의 사람들을 효율적으로 다스렸다. 스페인과 포르투갈, 이탈리아에서 건너온 작곡가들은 이런 다양한 맥락을 배경으로 음악을 썼고, 그들의 음악에는 유럽에 있는 고국의 대중적 요소와 남아메리카의 토착 전통적 요소가 혼재되어 있었다. 이들 작곡가는 처음에는 십중팔구 유럽 태생이었다. 그중 특히 두드러진 인물이 포르투갈 출신의 가스파르 페르난데스Gaspar Fernandes(1566~1629)와 17세기 초반 멕시코에서 가장 중요한 종교와 음악의 중심지인 푸에블라 대성당에서 일한 스페인 출신의 후안 구티에레스 데 파디야Juan Gutiérrez de Padilla(1590~1664)였다.

오늘날 우리가 말하는 이른바 '라틴아메리카 음악'의 뿌리는 스페인의 정복 이후에 하나로 모인 여러 요소에서 찾을 수 있다. 스페인에서 비얀시코가 전해져 여러 토착어와 결합되었고 ― 페르난데스는 교회 예배용 비얀시코를 다수 작곡했다 ― 히타노Gitano(스페인에 발을 디딘 지 얼마 되지 않은 집시)들은 '플라멩코' 하면 떠오르는 손뼉 리듬을 중남미로 가지고 왔다. 그러나 늘 그렇듯 아무것도 그리 간단치는 않았다. 1500년경 스페인 남부에는 유럽 최다 규모의 아프리카 노예들이 있었고, 최근 연구 결과에 따르면 플라멩코를 구성하는 요소는 바로 이들 아프리카 원주민에게서 비롯되었다고도 한다. 아프리카 노예들이 대거 북미와 중남미로 수송되었고, 그들의 음악이 아메리카 대륙의 토착 민중음악에 영향을 미치기 시작했다. 따라서 서로 다른 모든 영향을 낱낱이 풀어 헤아리기는 그만큼 더 힘들어졌다. 분명한 점은, 남아메리카의 토착 음악과 스페인 및 아프리카의 외래 영향이 하나로 합쳐진 현상은 아메리카 대륙의 대중음악과 더 나아가 세계의 음악에 커다란 영향을 미치게 되었다는 것이다.

스페인 사람들은 1513년 플로리다에도 발을 디뎠다. 북아메리카 원주민 부족을 물리치고 버지니아를 식민화함으로써 그들이 경영하는 식민지를 지금의 미국 남부로 확장하려는 움직임이었다. 한편 북미 대륙에 첫 번째 영구 정착촌을 건설한 것은 영국인들로, 바로 1607년의 제임스타운 Jamestown이 그것이다. 1620년에는 '필그림 파더스 Pilgrim Fathers'가 북미 대륙에 도착하여 제임스타운보다 더 북쪽에 있는 매사추세츠 주 플리머스 Plymouth에 정착했다. 그들보다 앞서 도착한 스페인 및 영국 이주자와 달리 필그림 파더스는 종교적 박해를 피해 고국인 영국을 버리고 새로운 삶의 터전을 찾아 대서양을 건너온 이들이었다. 그들은 영국 성공회를 거부하고 바다를 건넌 이들로서 신교 내의 또 다른 분파를 이루었다.

북미 대륙에 도착한 영국인의 음악적 영향은 스페인 사람들의 그것과 사뭇 달랐다. 스페인인들은 가톨릭교회의 다성음악과 그들의 대중음악적 요소를 토착 음악 전통에 접목하려 했다. 반면 영국 출신의 금욕적 신교도들은 토착 문화와 어울리는 데는 그다지 관심이 없었다. 영국인들은 우리가 앞서 보았던 시편에 곡을 붙인 찬송가집을 들고 대서양을 건넜다. 버지니아 주의 농장에 정착한 이주민들은 부르기 쉬운 찬송가와 앤섬 anthem*뿐만 아니라 잉글랜드 및 스코틀랜드의 민요와

---

* 영국 국교회의 예배용 음악.

발라드도 가지고 왔다. 이들은 복잡한 다성음악을 가르치기 위한 합창학교를 세우지 않았다. 음악을 통해 하느님을 찬미하는 것은 그들에게도 중요했지만, 찬송가는 정식 훈련을 필요로 하는 음악이라기보다 누구나 부를 수 있는 음악에 가까웠다. 그리고 스페인 식민지의 상황과 달리 북미 대륙에서는 유럽에서 건너온 음악과 원주민 음악 사이의 융화가 거의 없었다. 고작해야 일부 북미 원주민이 기독교로 개종하여 찬송가를 부르는 정도의 몇몇 고립된 통합 사례가 있었을 뿐이다. 대체로 북미 이주민들에게 '인디언'은 거리를 두어야 하는 위협일 뿐이었다.

북아메리카 대륙 남부 지방의 농장이 점차 아프리카에서 끌고 온 노예 노동력으로 채워지면서 유럽의 찬송가와 아프리카의 노래 및 춤이 뒤섞여 새로운 문화적 혼종 장르로 발현될 기회가 생겨났다. 이는 훗날 북미의 음악 – 딱딱한 유럽 음악의 주도면밀함을 버리고 대중들의 음악에 좀 더 확고히 뿌리를 내린 – 이 발전해나가는 양상에 커다란 영향을 미치게 된다.

CHAPTER 17

노랫말을 노래하다, 음악을 이야기하다

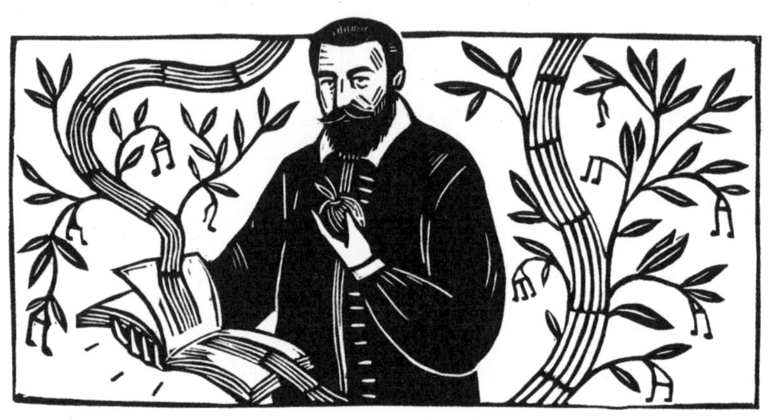

　　스페인과 포르투갈이 '신세계' 정복에 열을 올리는 동안, 이탈리아에서는 그 무엇보다 오랜 생명력을 유지하게 될 음악 예술 형태인 오페라가 꼬물꼬물 요람 속에서 움직이고 있었다. 향후 오페라는 요람을 벗어나 수많은 관객을 끌어들이는 거대하고 화려한 스펙터클로 자라나게 된다. 오페라는 악기 반주에 맞춰 시를 즉흥적으로 노래로 바꿔 부르는 소박한 관습에서 시작되었다. 이러한 관습은 고대로 거슬러 올라가고 여러 문화권에서 나타나기도 하는데, 신규 작곡 다성음악 레퍼토리가 늘어난 15세기 후반 이탈리아에서 그 명맥이 가장 뚜렷했다. 이탈리아 궁정의 지식인 동아리 중에는 즉흥 노래를 전문으로 하는 시인과 가수, 악기 연주자가 있었고, 당시의 예술 후원 계층은 이들을 고용하기 위해 서로 경합했다(앞서 제13장에 소개한 피에트로보노는 당시 가장 유명한 즉흥 가수였다). 피렌체의 로렌초 데 메디치 공은 이러한 시인 겸 음악가를 누구보다 열정적으로 후원했고 그 자신이 노래까지 할 정도로 열성적이었다. 고대 라틴어 작가들을 향한 관심이 일어나면서 그들이 쓴 고전은 옛것이기도 하고 새롭기도 한 글감이 되었다. 그중에서도 사람들은 고대 로마의 베르길리우스와 오비디우스에 열광했다. 자연과 신화를 주제로 한 그들의 이야기는 고대 그리스에 빚지고 있었다. 이탈리아의 시인들은 고대 작가의 주제를 가지고 자신만의 이야기를 썼고, 그 이야기가 궁정이나 연회, 결혼식 같은 자리에서 – 특히 중요한 손님을 모신 경우에 – 흔히 공연되었다.

이러한 종류의 드라마를 집필한 시인들 중에 가장 유명한 인물은 안젤로 폴리치아노 Angelo Poliziano(1454~1494)였다. 폴리치아노의 「오르페오 이야기 La fabula d'Orfeo」는 만토바의 후작 프란체스코 곤차가의 주문을 받고 쓴 것으로, 1480년 곤차가 가문의 궁정 연회에서 처음으로 공연되었다. 고대 그리스 신화에 등장하는 오르페오(오르페우스) 역은 바초 우골리노 Baccio Ugolino(?~?)가 노래와 낭독을 맡았는데, 우골리노는 그 자신이 시인이기도 했지만 동시에 스스로 리라를 연주하며 노래를 부르는 솜씨로도 정평이 나 있었다. 「오르페오 이야기」가 얼마만큼 노래로 불리고 얼마만큼 낭독되었는지 정확히 알 길은 없지만, 감정적으로 가장 고양되는 부분에서 노래가 터져 나왔다는 점은 우리에게도 알려진 사실이다.

극의 줄거리는 대략 다음과 같다. 오르페우스는 아내 에우리디케를 잃은 상심에 슬퍼한다. 오르페우스의 슬픔이 가눌 수 없을 정도로 깊어지자 이를 가엾게 여긴 명계冥界의 신은 오르페우스에게 저승으로 와 아내를 데려가라고 특별히 허락한다. 다만 한 가지 조건이 있다. 아내의 손을 이끌고 이승으로 돌아가는 길에 절대 뒤를 돌아봐서는 안 된다는 것이다. '절대 안 되는 일'은 반드시 일어나게 마련이라, 오르페우스는 몸을 돌려 아내를 바라보고, 그 순간 두 번째로 아내를 잃는다. 연극의 절정부인 이 순간은 다음과 같이 가슴 절절하게 묘사되어 있다.

> 에우리디케 : 아뿔싸! 너무도 깊은 사랑이
>
> 우리 둘을 갈라놓고 마는구나.
>
> 이제 나는 당신으로부터 잔인하게 뜯겨나가니,
>
> 더 이상 당신의 반려가 아니구나.
>
> 당신을 향해 팔을 뻗어보지만 부질없는 일이다.
>
> 내 몸이 아래로 빨려 들어간다. 나의 오르페우스여, 안녕!
>
> 오르페우스 : 아뿔싸! 정녕 그대와 이별해야 한다는 말인가,
>
> 에우리디케, 나의 소중한 이여? 오, 분노여,
>
> 오, 쓰디쓴 운명이여, 오, 잔인한 하늘이여, 오, 죽음이여!
>
> 오, 우리의 사랑은 참으로 박복하였구나!

흡사 오페라와도 같은 이 장면이 당시 얼마나 감동적으로 다가갔을지는 쉽게 짐작할 수 있다. 그러나 최초의 '오페라'가 등장하기까지는 아직 한 세기 넘는 세월이 흘러야 했다.

16세기에 들어서며 또 다른 음악이 연극적인 성격을 띠기 시작했다. 앞서 제13장에서 페라라 공작을 위해 노래한 여성 성악 집단 '콘체르토 델레 돈네'와 관련된 새로운 종류의 마드리갈에 대해 언급한 바 있다. 이들의 마드리갈은 이탈리아의 젊은 작곡가들에게 커다란 영향을 미쳤다. 대표적인 사례가 바로 루카 마렌치오 Luca Marenzio (1553~1599)다. 마렌치오의 마드리갈은 폭넓고 다양한 화성과 불협화음을 사용하여 미묘하고 때로는 급박한 감정의 변화를 직조한다. 그리고 이런 마렌

치오에게 큰 영향을 받은 음악가가 있으니, 바로 이 시기의 가장 위대한 작곡가로 널리 통하는 클라우디오 몬테베르디Claudio Monteverdi(1567~1643)다. 1590년경 만토바의 곤차가 가문―한 세기 전 폴리치아노의 일터였던―에 고용된 몬테베르디는 이미 마드리갈집을 두 권이나 펴낸 상태였다. 그러나 여기서 몬테베르디는 비올 연주자로 일했을 뿐 고용주를 위해 곡을 쓰지는 않았다(따라서 그의 고용 상태는 작곡가만큼 안정적이지 못했다. 당시는 작곡가가 연주자보다 고용 안정도가 높았다). 몬테베르디는 1592년에 펴낸 세 번째 마드리갈집에 고용주 빈첸초 곤차가Vincenzo Gonzaga(1562~1612) 공작에게 바치는 헌정의 글을 적어 넣었다. 여기서 그는 자신을 화초에 비유하면서, 음악은 자신이 공작을 위해 바치는 꽃이며 이번 마드리갈집은 그 꽃이 맺은 '과실'이라고 썼다. 이는 악보가 출판되기 시작한 이후 근 100년이 흐르는 동안 영원히 남을 음악 작품을 창조하는 일이 갈수록 중요해지고 있었음을 보여주는 한 가지 사례라 하겠다. 음악가가 지은 작품의 판매와 배포 역시 대규모로 이루어졌다. 몬테베르디의 마드리갈 제3집은 20년 동안 다섯 번이나 재판을 찍을 정도로 수요가 꾸준했다.

　　몬테베르디가 첫 번째 오페라 「오르페오L'Orfeo」를 써서 바친 대상 역시 만토바의 곤차가 가문이다. 1607년 사육제 기간 동안 두 차례 공연된 이 작품의 대본은 알레산드로 스트리조Alessandro Striggio(1536?~1592)가 썼는데, 원작은 앞서 낭독과 노래를 섞었던 폴리치아노의 희곡과 같은 이야기다. 초연 무대에 관해 현전하는 기록을 보면 음악을 쓴 작곡가보다 대본을 쓴 시인을 더 중요하게 언급하고 있음이 사뭇 의미심장하다. 여기서 우리는 오페라가 대본이 있는 음악으로 여겨지기보다는 음악을 붙인 연극으로 여겨지는 경향이 강했음을 미루어 짐작할 수 있다. 빈첸초 곤차가 공작은 관객이 공연의 흐름을 무난히 따라갈 수 있도록 미리 대본을 찍어내어 배포하라고 명령했다. 공연이 끝나고 어느 관객이 공작에게 보낸 편지 역시 노래보다 노랫말에 방점이 찍혀 있다. '시는 구상이 훌륭하고, 그 형식은 더욱 훌륭하며, 딕션은 더더욱 훌륭합니다.' 이 편지를 쓴 사람은 '시에 이바지하는 솜씨가 무척이나 우수하여 그보다 더 아름다운 것은 그 어디에서도 들을 수 없습니다'라며 음악도 따로 칭찬했다.

노랫말의 종복從僕으로서 음악의 역할은 오페라라고 하는 새로운 예술 형태에서 중심이 되는 개념이었다. 「오르페오」 초연 현장에 있었던 관객 중 다수는 공작을 수장으로 하는 '아카데미아'의 회원 신분이었다(대본 작가 스트리조 역시 그 일원이었다). 당시 이탈리아에는 시와 드라마에 관심 있는 최상류층 인사들을 위한 모임이 여럿 있었는데, '아카데미아' 역시 그중 하나였다. 음악사 최초의 오페라 공연으로 짐작되는 1598년의 「다프네Dafne」 무대 역시 피렌체에 있는 또 다른 아카데미아의 산물이었다. 그러나 야코포 페리Jacopo Peri(1561~1633)가 쓴 「다프네」 음악은 유실되어 전해오지 않는다.

오페라는 고대 그리스의 연극 공연에 그 뿌리를 두었다. 피렌체 아카데미아 회원들은 고대 그리스의 연극 공연이 처음부터 끝까지 노래로 이루어졌을 거라고 짐작했다(그러나 오늘날의 음악학자들은 일부는 노래로, 일부는 낭독으로 이루어졌을 것으로 짐작한다). 로마의 바티칸 도서관에서 발견된 고대 그리스 필사본을 접한 피렌체 아카데미아 회원들은 그리스인들이 시에 음악을 붙이는 방법이 단선율 원칙에 기초하고 있었고 선율의 등락 및 리듬은 시를 낭독하는 억양의 등락 및 리듬과 밀착되어 있었을 거라는 결론을 내렸다. 다시 말해 음악은 언어의 하인처럼 굴어야 한다는 것이었다. 그들은 이 생각을 발전시켜 '레치타티보recitativo', 즉 새로운 음악 드라마의 근간을 이루는 말하기 양식과 근접한 가창 양식을 창조했다.

　몬테베르디가 「오르페오」부터 이후의 오페라에 이르기까지 표현 수단으로 적극 활용한 것이 바로 이 레치타티보라는 신문물이었다. 레치타티보는 음악의 복잡성이 단어에 '복무'하거나 단어를 '표현'하는 목적과 무관했던 구시대의 까다로운 대위법과 뚜렷한 거리를 둔 경향성의 정점이었다. 음악을 언어의 종복으로 만들고자 한 이러한 새로운 욕망은 모호함과 무지를 떨쳐버리고 진실을 밝히려 한 인본주의자들의 열망과 조응했다. 이해와 표현의 명확성이 절대 가치가 된 것이다. 그리고 오래지 않아 전 유럽이 레치타티보를 받아들이게 된다.

　초창기의 오페라는 오페라라고는 하지만 노랫말과 음악을 전면에 내세우고 무대 요소는 그만큼 중요시하지 않았다. 하지만 이탈리아를 비롯한 유럽 국가에는 비전문적인 관객을 상대로 한 극적이고 화려한 무대 공연의 오랜 전통이 있었다. 피렌체의 메디치 궁정은 결혼식처럼 특별히 기념할 만한 날에 상연하는 연극의 막과 막 사이에 '인테르메디오intermedio'라고 하는 막간극을 삽입했다. 인테르메디오는 음악과 춤, 복잡한 무대 배경으로 구성된 극적 장르로서 폭풍우라던가 하늘에서 내려오는 신들 등을 표현하기 위해 기계적 무대장치까지 동원한 것으로 알려져 있다. 베네치아에는 사육제 기간에 화려한 오락거리를 무대에 올리는 전통이 있었는데, 따라서 오페라가 풍성한 볼거리로 무장하고 대중에게 가까이 다가가기 시작한 도시 역시 베네치아였다는 점도 당연하다 할 것이다. 관객이 입장권을 구입하고 대중 오페라하우스에서 처음으로 오페라를 관람한 건 1637년 베네치아에 있는 어느 극장에서였다. 베네치아의 작곡가 프란체스코 카발리Francesco Cavalli(1602~1676)는 대중 극장을 위한 오페라로 큰 성공을 거두었고, 카발리의 오페라는 이내 이탈리아 각지의 극장에서 공연되었다.

극적인 요소가 강조된 음악은 마드리갈과 오페라뿐만이 아니었다. 카발리는 몬테베르디가 합창단장으로 있는 성 마르코 대성당의 소년 합창단으로 음악가 인생을 시작했다. 이 웅장한 성당에는 서로 마주 보는 두 개의 회랑이 있었다. 몬테베르디의 전임자인 조반니 가브리엘리Giovanni Gabrieli(1554?~1612)는 거대한 대성당 내부의 음향 조건에서 인상적인 효과를 자아내는 곡을 썼다. 이 두 회랑에 배분 배치된 합창단과 악기 연주자들이 서로 주고받는 형식의 음악을 작곡한 것이다. 몬테베르디와 훗날 합창단장이 된 카발리 역시 가브리엘리의 전통을 계승했다. 몬테베르디는 오페라에서 시도한 바 있는 몹시 극적이면서도 섬세한 표현을 교회음악에도 그대로 가져왔다. 그의 1610년작 「성모 마리아를 위한 저녁기도Vespro della Beata Virgine」는 오페라에서 막 튀어나온 것만 같은 대목부터 그레고리오 성가를 기초로 한 전통적 대위법까지, 또한 독창 아리아부터 이중창, 그리고 두 합창단이 교창 형식으로 부르는 대목까지 몬테베르디가 신구를 망라한 다양한 음악 양식에 능했음을 예증한다.

이 시기에 가장 돋보이는 또 다른 작곡가로 카발리의 제자였던 바르바라 스트로치Barbara Strozzi(1619~1677)가 있다. 베네치아에서 시인의 딸로 태어난 스트로치는 1638년 베네치아 아카데미아에서 열린 토론에 참여했다. 이 자리에서 토론자들은 누군가를 사랑에 빠지게 하는데 노래와 울음 중 어느 쪽이 더 효과적인지를 놓고 설전을 벌였다. 토론 도중 바르바라 스트로치는 직접 작곡한 비가悲歌를 몇 곡 부름으로써 어느 한쪽만 고집하는 것보다 노래와 울음을 적절히 섞는 것이 더 감동적임을 아카데미아 회원들 앞에서 실연했다. 스트로치는 마드리갈, 이중창, 독창 칸타타 등으로 구성된 여덟 권의 악보집을 출판했는데, 여기에는 몬테베르디와 카발리의 극적 양식을 물려받은 수작들이 수록되어 있다. 스트로치의 음악적 명성은 생전에도 무척 높았다. 그러나 그녀는 남성 작곡가라면 고민할 필요가 없었을 문제와 씨름해야 했다. 스트로치는 조반니 비드만이라는 귀족 남성과의 혼외 관계에서 아이 넷을 낳았다. 당시 이탈리아 궁정과 상류사회에서 혼외 관계는 그리 낯설지 않았지만, 제아무리 뛰어난 재능을 가진 여성이라도 남성 동료들과의 버거운 경쟁에다 아이들까지 건사해야 했으니 이만저만한 고생이 아니었다.

한편 이탈리아의 오페라 양식은 이미 국경을 넘어 수출되고 있었다. 바르바라 스트로치에게 음악을 가르친 카발리는 1660년 프랑스 국왕 루이 14세의 결혼식을 기념하는 오페라 작곡을 위촉받았다. 그러나 카발리가 쓴 오페라는 파리에서 신통한 성적을 거두지 못했다. 프랑스 사람들에게는 발레와 노래, 우아한 볼거리가 결합된 그들만의 전통이 있었고, 카발리의 음악 양식은 그들의 취향과 맞지 않았기 때문이다.

비록 이탈리아 오페라는 파리 무대에서 혹독한 신고식을 치르고 말았지만, 이탈리아 사람의 파리 무대 정복은 곧 일어나게 될 일이었다. 사육제 기간에 피렌체의 길거리에서 바이올린을 연주하다가 어느 프랑스 귀족의 눈에 띄어 국경을 넘은 이탈리아인 장 바티스트 륄리 Jean-Baptiste Lully(1632~1687) − 이탈리아식으로는 조반니 바티스타 룰리 Giovanni Battista Lulli − 가 그 주인공이었다. 당시 고작 열네 살이었던 륄리에게는 재능이 있었고 운도 따랐다. 6년 뒤에는 당시 열네 살의 소년 국왕인 루이 14세의 눈에 들어 스무 살의 나이로 궁전 내의 기악곡을 책임지는 왕실 직속 작곡가에 임명되었다. 륄리는 익살극과 풍자극 작가로 앞장서 나간 몰리에르 Molière(1622~1673)에게 극 부수음악을 공급하며 무대음악 작곡가로 처음 이름을 날렸다. 1672년에는 오페라 프로덕션에 관한 독점적 권한을 하사받았는데, 그 권한은 왕실을 상대로 상연하는 오페라는 물론이고 일반 대중을 위한 오페라까지 적용되는 막강한 것이었다. 륄리는 파리 국립 오페라단의 전신인 왕립 음악 아카데미 극장에서 15년간 거의 1년에 한 편꼴로 오페라를 상연했다. 륄리가 확립한 프랑스 오페라 모델은 18세기까지 그대로 이어졌다. 이탈리아 작곡가들의 음악 양식과 이탈리아 시 양식이 밀접히 연관되듯, 륄리의 레치타티보와 '에르air'*는 프랑스 시 양식과 긴밀히 묶여 있었다. 그는 프랑스인들이 격식을 갖춘 무용을 좋아한다는 점을 적극적으로 활용하여 발레와 합창이 동원되는 '디베르티스망divertissement'**으로 오페라의 모든 막을 마무리했다.

---

* 일반적으로 '선율' 또는 '노래'를 뜻하는 단어로, 이탈리아 오페라의 '아리아'에 대응되는 개념이다.
** '기분 전환' 또는 '심심풀이'라는 뜻으로, 고전 발레에서 본편의 줄거리와 상관없이 유희와 오락을 위해 삽입된 일련의 무용.

CHAPTER 18

극음악의 매력

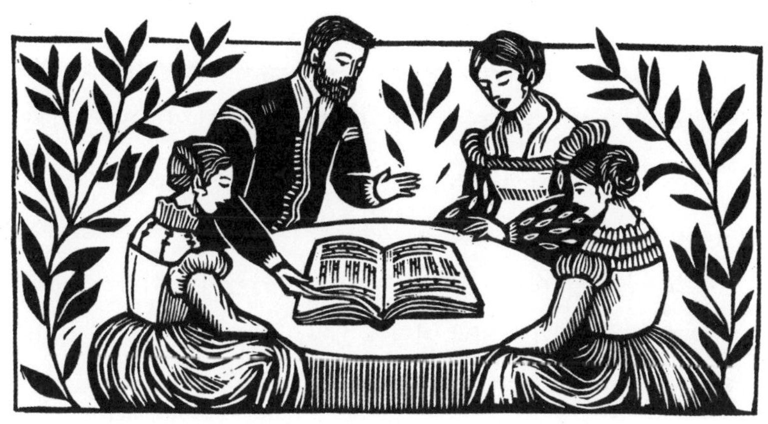

이탈리아에서 시작된 파도는 독일과 영국으로 향했다. 독일에서는 이미 루터의 종교개혁으로 음악이 텍스트에 복무하는 것이 마땅하다는 원칙이 강조된 바 있었고, 그전부터도 마이스터징거들에 의해 단선율 노래의 전통이 오랫동안 유행해오고 있었다. 그러므로 독일은 이미 레치타티보라는 이탈리아산 개념을 쉽게 받아들일 수 있는 처지에 있었던 셈이다. 새로운 양식이 유행에 올라서면서 이탈리아는 17세기의 자석이 되었고, 독일의 젊은 작곡가들은 이탈리아의 명장에게 수학하기 위해 남쪽으로 향했다.

하인리히 쉬츠Heinrich Schütz(1585~1672)가 바로 그랬다. 그는 이탈리아 음악의 흐름을 가장 강력하게 대변하는 두 명의 작곡가를 사사했다. 우선 그는 베네치아의 성 마르코 대성당에서 웅장한 음향 효과의 거장 조반니 가브리엘리에게 배웠고, 이어서 새로운 오페라 스타일의 선두 주자 몬테베르디에게 수학했다. 쉬츠는 이 두 가지의 영향력을 강력히 하나로 통합했다. 그는 이탈리아 최초의 오페라로 기록된 야코포 페리의 「다프네」 대본을 독일어로 옮겨 독일 최초의 오페라를 썼다. 그러나 쉬츠의 「다프네」 역시 페리의 작품과 마찬가지로 유실되는 바람에 현재의 우리로서는 쉬츠가 이 오페라를 썼다는 사실만 알 뿐이다. 그가 이탈리아의 두 가지 양식을 특히 성공적으로 총화한 건 종교음악 분야에서였다. 즉 루터교 찬송가가 남긴 신교적 영향에 몬테베르디의 레치타티보 기반의 음악 형식 및 가브리엘리의 대담한 음향을 전폭적으로 결합한 것이다.

쉬츠는 '수난곡Passion'을 여럿 남겼다. 수난곡이란 십자가형에 이르기까지 그리스도의 마지막 며칠을 음악으로 표현한 작품을 가리킨다. 그리스도의 삶을 극적으로 각색하는 전통은 14세기의 기적극과 그 이전의 신비극까지 거슬러 올라간다. 쉬츠는 이러한 옛 전통에 새로운 이탈리아 양식을 도입했다. 그가 새로운 교회극을 쓰게 된 방식은 어느 정도 그가 처한 여건에 따라 결정되었다. 그가 오랫동안 봉직한 드레스덴 궁정은 성주간聖週間, 즉 부활절 전의 1주일 동안은 그 어떤 악기 연주도 허락하지 않았다. 쉬츠가 작곡한 수난곡은 성주간에 공연되는 것이 목적이었으므로 악기 반주 없이 오로지 노래로만 이루어진 아카펠라 형식을 취했다. 독창자들은 그리스도를 비롯한 주요 인물을 담당했고, 전체 줄거리 전달과 군중 장면은 합창단이 맡았다. 악기가 빠져 전체적인 효과는 소박하고 엄숙했다. 이와 대조적으로 쉬츠의 「성탄절 이야기Weihnachtshistorie」(1660년)는 몬테베르디에 가깝다. 두 대의 바이올린이 천사를 반주하고 리코더는 세 목동을, 트럼펫은 헤롯 왕을 거든다. 이야기는 테너가 노래하는 이탈리아풍의 레치타티보로 전달된다.

음악의 역사

영국은 독일과 다른 경로로 이탈리아의 영향을 받아들였고, 그 결과 또한 사뭇 달랐다. 엘리자베스 1세의 오랜 재위 기간(1558~1603년)에 종교음악은 영국 국교회의 요구 - 신교처럼 엄격하진 않았지만, 그래도 로마 가톨릭의 낌새가 조금이라도 보이는 건 깡그리 거부한 - 에 순응해야 했다. 하지만 영국 왕실은 작곡가들이 남몰래 가톨릭교회를 위해 음악을 쓰는 일을 눈감아주었다. 토머스 탈리스와 그의 제자 윌리엄 버드William Byrd(1540?~1623)는 둘 다 가톨릭교도였음에도 공적으로는 여왕 직속 왕실 예배당에서 일하며 영국 국교회 예배를 위해 앤섬을 비롯해 다양한 음악을 썼다. 그러나 한편으로는 가톨릭 전통에 따라 틈틈이 라틴어 기도문에 음악을 붙였는데, 앞에서도 언급한 탈리스의 압도적인 40성부 모테트 「주님만이 나의 희망」이 그 좋은 예다. 버드는 국가가 공인한 성공회 기도서에서 뽑은 영어 노랫말에 곡을 붙여 자신의 『대전례집Great Service』에 실으면서도 라틴어 미사곡을 작곡하여 동료 가톨릭교도들과 사사로이 사용했다. 탈리스와 버드는 가톨릭교도였음에도 자그마치 21년간 자신들의 작품을 출판할 독점적 권한을 누렸는데, 이는 여왕이 두 사람을 얼마나 높이 평가했는지를 보여주는 하나의 방증이다.

이탈리아에서 불어온 바람은 행동 규범의 문제에도 영향을 미쳤다. 1561년 영국에는 궁정 내에서의 예법과 행동 요령을 다룬 발다사레 카스틸리오네Baldassare Castiglione(1478~1529)의 『궁정론Il cortigiano』이 영어로 번역되어 소개되었다. 향후 수십 년간 영국 상류층에서 널리 읽힌 이 책은 남성 신하들이 가져야 할 덕목으로 춤, 류트 연주하며 노래하기, 비올 연주 등을 꼽는다. 또한 카스틸리오네는 궁정에 살거나 출입하는 여성들 역시 춤과 노래를 할 줄 알아야 한다고 썼다. 다만 여성은 남들이 권할 때만 마지못한 듯 춤추고 노래해야 하며 절대 빼기는 티를 내서는 안 된다고 첨언했다.

1588년에는 이탈리아 마드리갈 모음집이 영국에서 출판되었다. 책 제목은 '무지카 트란살피나 Musica Transalpina', 즉 '알프스 건너편의 음악'이라는 뜻이었다. 루카 마렌치오와 당시 영국에 거주한 이탈리아 작곡가 알폰소 페라보스코 Alfonso Ferrabosco(1543~1588)가 쓴 4·5·6성부 마드리갈에 영어 노랫말을 붙인 노래집이었다. 여러 해 동안 엘리자베스 1세의 궁정에서 일한 페라보스코의 노래집을 통해 영국 사람들은 비로소 마드리갈이라는 장르를 접했다. 『무지카 트란살피나』는 영국 내 식자층 사이에서 대유행했고, 이어지는 40년 동안 영국 작곡가들은 자신만의 마드리갈을 씀으로써 이탈리아에서 시작된 물결에 맞섰다. 영국 마드리갈은 몹시 다양했고 수준 또한 높았다. 토머스 몰리 Thomas Morley(1557~1602)와 윌리엄 베넷 William Bennet은 이탈리아 무용용 노래와 흡사하고 '파 라 라' 하는 후렴구를 가진 '발레곡'으로 이름을 알렸고, 존 윌비 John Wilbye(1574~1638)와 올랜도 기번스 Orlando Gibbons(1583~1625), 존 다울랜드 John Dowland(1563~1626)는 마렌치오가 대중화한 비틀리고 충돌하는 화음의 영국 버전으로 가득한 좌절된 사랑과 죽음을 소재로 한 노래를 썼다. 그런가 하면 방금 언급한 기번스와 토머스 윌크스 Thomas Weelkes(1576~1623)는 지적인 노랫말에 복잡하게 서로 갈마드는 성부를 붙인 길이가 긴 음악을 작곡했다.

이들 마드리갈 모음집은 말끔한 인쇄와 아름다운 장정을 곁들여 고가에 판매되었다. 4성부 혹은 5성부 파트는 흔히 양면에 펼침 인쇄되어 여러 가수가 하나의 악보를 가운데에 두고 공유하기 쉽도록 제작되었다. 류트의 인기가 높아지면서, 이제는 주선율을 담당하는 파트가 된 최상성부 아래에 류트 반주 파트가 더해지기도 했다. 여러 성부를 위한 마드리갈 곡이라고 해도 중역과 저역 성부를 빼고 간단히 류트

음악의 역사

반주를 곁들인 독창곡으로 부를 수도 있었다.

류트 반주가 붙은 가곡은 독립된 장르로 발전하게 된다. 특히 류트 가곡 분야에서는 비르투오소 류트 연주자이기도 했던 존 다울랜드를 따라올 사람이 없었다. 다울랜드는 엘리자베스 시대의 음악적 특징을 축약해서 보여준 작곡가였을 뿐만 아니라 당시의 음악가가 어떠한 국제적·정치적·종교적 도전을 마주했는지 예증한 인물이다. 영국 국교회를 믿는 가정에서 태어나 성장한 그는 열일곱 살이 된 1580년에 음악적 재능을 인정받아 프랑스 궁정으로 파견되는 외교관을 수행했고 그 김에 로마 가톨릭으로 개종했다. 그렇게 임무를 마치고 귀국했지만 다울랜드는 국교를 버렸다는 이유로 궁정 내에 자리를 얻지 못한다. 전해지는 바에 따르면 엘리자베스 1세는 다울랜드를 두고 '그 어느 왕자를 보좌하기에도 모자라지 않지만 도무지 고집 센 가톨릭교도'라고 했다. 그러나 이건 앞뒤가 맞지 않는데, 엘리자베스 1세가 용인한 가톨릭 음악가가 이미 궁정 내에 몇 명이 있었기 때문이다. 다울랜드는 몇 년간 덴마크 국왕이 있는 코펜하겐 궁정에서 류트 연주자로 일했다. 이 또한 기이한 게, 당시 덴마크는 확실히 신교 쪽으로 기울어 있었고 덴마크의 기존 가톨릭교도에게는 그 어떠한 중요 직위도 주어지지 않았기 때문이다. 다울랜드가 마침내 다시 영국 왕실의 부름을 받은 건 1612년이었다. 이때는 엘리자베스 1세에 이어 제임스 1세James I(1566~1625) ─그 역시 영국 국교회 교도였다─의 치세였고, 다울랜드는 궁정 음악가로 여생을 마감한다.

다울랜드의 음악을 들으면 그를 음악가로서 거부하기가 얼마나 힘들었을지 상상된다. 류트 반주 노래를 비롯해 그가 쓴 작품은 영국산 마드리갈과 마찬가지로 발랄하고 쾌활한 곡부터 슬픈 곡까지 다양한 감정적 진폭을 오간다. 다울랜드 특유의 음악은 비틀린 화성과 서

로 섞여드는 내성부의 움직임 – 류트로 연주하기가 매우 까다롭다 –
을 통해 진한 멜랑콜리를 지닌다. 그의 가장 유명한 작품은 류트 노래
「흘러라, 나의 눈물이여Flow, my teares」로, 원곡은 류트 독주곡「라크리메
파반 Lachrimae Pavan」이다('라크리메'는 라틴어로 '눈물'을 의미하며, '파반'은 느린 춤곡의
한 종류다). 다울랜드는 이 작품을 다시 확장하여 변주곡으로 발전시켰는
데, 이는 '라크리메, 혹은 일곱 방울의 눈물 Lachrimae, or Seven Tears'로 불린
다. 변주곡은 류트를 위해 쓰인 것이지만, 출판 악보 표지에 '비올 혹은
바이올린'이라고 기입한 데서 짐작할 수 있듯 다섯 개의 악기를 위한
단선 파트 악보도 포함되어 있다. 당시 영국에서는 여럿이 모여 노래
하거나 연주하는 것이 유행했다. 이른바 '합주consort 음악'인 셈인데,
당시 작곡가들은 마드리갈집을 '노래로 해도 좋고 비올로 연주하기에
도 적당하다'고 여기곤 했다.

개인적으로 즐기는 마드리갈과 류트 노래의 반대편 극단에는 왕
실 음악이 있었다. 제임스 1세와 그의 왕비인 덴마크의 앤Anne of Denmark
(1574~1619)은 '마스크 masque'라는 이름으로 알려진 음악 여흥의 열혈팬
이었다. 장대한 스케일의 마스크, 즉 '가면극'은 이탈리아 궁정의 인
테르메디오 같은 여흥과 유사했다. 왕과 왕비는 웨스트민스터 화이트
홀 궁 Palace of Whitehall 옆자리에 1619년부터 1622년 사이에 건축가 이니
고 존스 Inigo Jones(1573~1652)가 지은 뱅퀴팅 하우스 Banqueting House에 관심
을 가졌다. 존스는 이탈리아 각지를 여행하면서 르네상스의 건축 양식
을 흡수하듯 받아들였고, 특히 고대 로마 시대의 고전적 건축 양식에
크게 감화되었다. 그의 뱅퀴팅 하우스 역시 꼼꼼한 비율 배분과 기둥
배치가 특징인 고대 로마의 건축 원칙을 준용한 결과물이었다. 존스
는 왕실 가면극 공연에 사용될 무대 배경 그림과 의상에도 공을 들였
는데, 여기서도 이탈리아의 영향이 여실히 드러났다. 그는 당대에 가

    음악의 역사

장 훌륭한 극작가로 손꼽힌 벤 존슨Ben Jonson(1572~1637)과 자주 함께 일했다. 가면극은 왕실 일상의 중요한 일부였다. 가면극은 노랫말과 춤, 음악과 화려한 무대 및 의상을 통해 새로 하나 된 잉글랜드와 스코틀랜드의 지도자들을 찬양했다. 가면극이 특히 강조한 건 첫째는 볼거리요, 둘째는 노랫말이요, 그다음이 음악이었다. 때로는 음악가가 직접 무대에 등장했다. 「브리튼의 천국Caelum Britannicum」 마지막 장면에는 하늘에서 두 개의 구름이 내려오는 대목이 있는데, 그 구름 속에는 종교와 진실, 지혜를 비롯한 덕목을 상징하는 가수들이 미리 배치되어 노래를 했다.

가면극은 세 시간 이상 이어지기도 했다. 이탈리아와 프랑스의 궁정 여흥과 마찬가지로 가면극 역시 중요한 손님이 방문할 때 궁정의 위용을 뽐내는 기회가 되었다. 왕과 왕비는 왕가의 원로들과 함께 이따금 가면극에 직접 참가해 위엄 있는 모습을 보이기도 했다. 때로 무대 배경과 의상을 포함한 전체 프로덕션이 런던 시내의 거리를 행진하며 공연했고, 한번은 길드홀 대강당에 무대를 세우기도 했다.

연기를 전문으로 하는 극단은 궁정에서, 또 새로 생겨난 대중 극장에서 윌리엄 셰익스피어William Shakespeare(1564~1616)나 벤 존슨 같은 이들의 희곡을 공연했다. 그러나 이러한 연극 무대는 가면극과 달리 음악의 기여도가 미미했고 기껏해야 간혹 노래와 춤이 등장하는 정도였다. 본격적으로 노래를 통해 극을 풀어가는 이탈리아 오페라는 17세기 후반에야 비로소 등장했다. 이 무렵은 다년간의 정치·사회적 격변이 한창인 시기였다. 잉글랜드 내전은 1649년에 찰스 1세Charles I(1600~1649)가 뱅퀴팅 하우스 앞에서 참수형을 당하면서 그 정점을 찍었다. 올리버 크롬웰Oliver Cromwell(1599~1658)이 이끄는 청교도(엄격한 신교의 일파)의 지배가 11년간 이어졌다. 이 시기를 '코먼웰스Commonwealth', 즉 '모두가 잘 사는 사회'로 일컫는데, 엄정한 금욕을 내세우는 일파의 치세 동안 극장은 문을 닫아야 했다. 그러는 중에 당대의 유명한 시인 윌리엄 대버넌트 경Sir William Davenant(1606~1668)이 한 가지 묘안을 내놓았다. 연극에 음악을 붙임으로써 희곡 상연 금지 규정을 비껴간 것이다. 대버넌트 경은 호국경 크롬웰로부터 '레치타티보 음악recitative musick 형식'의 작품 「로드 섬 포위전The Siege of Rhodes」 상연 허락을 받아내고, 자택의 방 하나를 작은 극장으로 용도 변경했다. 무엇보다 중요해진 음악은 당대 최고의 작곡가로 여겨진 헨리 로스Henry Lawes(1596~1662)와 매튜 로크Matthew Locke(1621?~1677)가 나누어 썼고, 다른 작곡가들도 춤곡과 기악곡으로 거들었다.

영국의 극음악은 '레치타티보 음악' 수준에 머물렀을 뿐 본격적인 오페라는 아직 등장하지 않았다. 한편 1660년에 왕정복고가 이루어지고 찰스 2세Charles II(1630~1685)가 좀 더 유화적인 태도를 취하면서 극장들이 문을 열기 시작했고 예술계에도 다시 활기가 돌았다. 그럼에도 여전히 오페라는 사람들에게 인기를 끄는 음악극의 위치에 올라서지 못했다. 매튜 로크는 훗날 '세미 오페라', 즉 '반半오페라'로 알려지게 되는 작품을 처음으로 썼다. 세미 오페라는 사실상 프랑스에서 륄리와 몰리에르가 시도했던 것과 다를 바 없는 부수음악이 잔뜩 붙은 연극 무대였다. 그중 가장 성공적인 무대는 셰익스피어의 희곡 「템페스트」를 시인 윌리엄 대버넌트와 존 드라이든John Dryden(1631~1700)이 각색하고 로크를 비롯한 여러 작곡가가 음악을 입힌 작품이었다. 런던의 링컨스 인 필즈에서 열린 초연을 관람한 일기 작가 새뮤얼 피프스Samuel Pepys(1633~1703)는 찰스 2세를 비롯한 궁정 인사를 포함하여 '수많은 고관대작으로 공연장이 꽉꽉 들어찼다'고 기록했다.

이 시기의 진정한 영국 오페라로 부를 만한 작품은 두 편이 있다.

　　　　음악의 역사

존 블로John Blow(1649~1708)의 「비너스와 아도니스Venus and Adonis」와 헨리 퍼셀Henry Purcell(1659?~1695)의 「디도와 아이네아스Dido and Aeneas」로, 둘 다 1680년대의 작품이다. 「비너스와 아도니스」는 매력적인 오페라이며, 「디도와 아이네아스」는 매력적인 것은 물론이고 극적인 설득력도 높은 작품이다. 퍼셀은 이탈리아식 레치타티보를 구사했다(그건 블로도 마찬가지였다). 합창과 이중창, 독창 아리아가 이어지고 그 절정에는 오페라의 전체 역사를 통틀어 가장 잊히지 않는 순간인 디도 여왕의 비극적 애가가 등장한다. 퍼셀은 「디도와 아이네아스」 이후 또 다른 오페라를 쓰지 않고 대신 세미 오페라를 썼다. 이를테면 드라이든의 글에 붙인 「아서 왕」이나 셰익스피어의 「한여름 밤의 꿈」을 각색한(대본을 쓴 이는 미상이다) 작품이 대표적이다. 퍼셀은 연극 부수음악도 상당수 썼다. 그의 무대용 음악 양식은 – 매튜 로크와 마찬가지로 – 이탈리아보다 프랑스의 영향이 강한 편이었으며, 특히 춤곡에서는 륄리의 메아리가 뚜렷이 들려온다.

연극을 향한 영국인들의 사랑은 대단해서 이탈리아 오페라를 전폭적으로 들여오려는 욕망은 상대적으로 크게 두드러지지 않았다. 하지만 안타까운 사건 하나가 일어나지 않았다면 상황이 크게 달라졌을지도 모른다. 당대 영국 최고의 작곡가였던 퍼셀이 서른여섯이라는 젊은 나이에 비극적인 죽음을 맞이하고 만 것이다. 퍼셀은 종교음악과 무대음악의 거장이었고, 그가 이룬 성취만도 충분히 인상적이었다. 그러나 만약 그가 좀 더 살았다면 「디도와 아이네아스」를 발판 삼아 영국 오페라의 발전을 이끌었을지도 모른다. 애석하게도 그럴 운명이 되지 못했지만.

궁정 무대에 올린 가면극과 오페라, 세미 오페라의 대상은 물론 사회 최상류층이었다. 그러나 영국에서도 대중 극장이 늘어나면서 사회 계급이 낮은 이들에게도 그와 같은 음악을 즐길 기회가 열렸고, 작곡가와 연주자도 기존의 고위층 후원자 외에 따로 돈을 벌 방도가 생기게 된다. 런던은 극장을 찾는 대중이 많은 도시였다. 그리고 런던의 대중은 그저 극장에 가는 것으로 만족하지 않았다. 그들은 극장에서 들은 음악을 직접 노래하고 연주하는 쪽에도 취미를 붙였다. 퍼셀을 위시한 작곡가들이 쓴 극장용 음악은 그러한 새로운 시장에서도 먹힌 셈이다. 유명 가수들이 부른 노래는 인기를 끌면서 대중화되었다. 출판업자들은 새로운 유행을 재빨리 간파했고, 극음악 선율과 다른 인기곡을 묶은 악보집이 대규모로 제작 및 판매되었다.

음악의 역사

CHAPTER 19

악기와 오케스트라의 대두

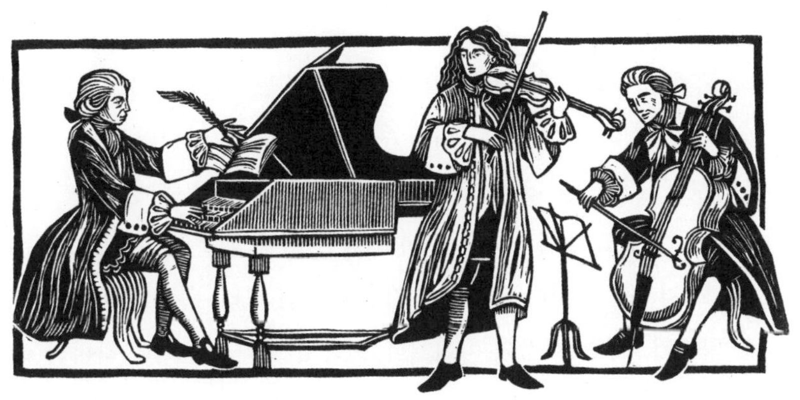

음악의 역사에서 악기는 수천 년간 중요한 위치를 차지해왔다. 오랜 세월에 걸쳐 여러 다른 문화권에서 저마다의 방식으로 악기를 만들고 사용해왔다. 17세기 유럽 대륙에서 악기라는 물건은 특히 중요한 위치로 올라선다. 근대 유럽이 악기를 사용한 방식은 유럽 음악과 세계 여타 지역의 음악 전통 사이에 존재하는 차이를 활짝 열어 보여준다.

17세기가 되면 유럽의 음악 작품—가령 춤곡 같은—은 건반악기로도 류트로도 연주할 수 있는 것이 보통이었다. 혹은 여러 악기를 동원해 연주할 수도 있었는데, 그런 경우 각각 한 가닥씩의 음악을 책임지는 악기가 모여 내는 소리는 건반악기로 연주하는 음의 조합—화음—과 같은 연쇄를 자아냈다. 여기서 중요한 단어는 '화음'이다. 화음이란 건 대부분의 음악 문화권에 좀처럼 존재하지 않는 개념이다. 만약 여러 음악가가 함께 연주(혹은 노래)한다면 그들은 같은 선율의 이형異形

을 연주하거나, 혹은 해당 문화권의 관행에 따라 기존 선율에 어울리는 또 다른 선율을 연주하는 게 일반적이었다. 앞에서 본 것처럼 무엇이 조화를 이루고 무엇이 조화를 이루지 못하는가는 여러 전통에 따라 서로 다른 기준이 있고, 일부 음악 문화권은 유독 불협화음을 장려했다. 하지만 우리가 생각하는 화음이라는 건 여러 다른 성부 간 상호작용의 결과로서 발생했다.

17세기 유럽은 화음을 음악 창조 과정에 필수적인 요소로 여겼다. 화음은 이제 더 이상 폴리포니의 우연한 부산물이 아니라 작품의 '구조' 혹은 '여정'을 빚어내는 단계에서 핵심적인 역할을 담당하는 그 무엇이 되었다. 그리고 날이 갈수록 화음은 작품의 분위기를 결정하는 데에도 영향을 미쳤다 ― 이 점이 가장 확연히 드러나는 것이 바로 '장조' 화음과 '단조' 화음의 차이였다. 화음의 연쇄는 음악이 하나의 정지점('마침꼴cadence')에서 또 하나의 정지점으로 이동하는 동안 이어졌고, 이는 한 작품을 통해 선율과 폴리포니가 서로 얽혀드는 방식을 결정하는 데도 일정 부분 영향을 미쳤다. 이처럼 지속적으로 변화하는 화음과 화성은 유럽의 음악이 세계의 다른 음악과 뚜렷이 구별되는 변별점이 되었다. 민중의 '민속'음악과 유럽 이외의 문화권에서 화성은 크게 변화하지 않는 게 보통이다. 물론 아랍의 마캄에는 하나의 선법에서 또 다른 선법으로 이동하는 방식이 있긴 하나, 여기서조차도 17세기 유럽 음악의 필수적 요소로 자리 잡은 쉼 없는 화성의 탐구는 존재하지 않는다.

끊임없이 변화하는 화성이 중요해지면서 화음을 연주하기 적합한 악기 ― 이를테면 건반악기나 류트, 하프 같은 ― 가 작품 전체에 걸쳐 저음 및 저음과 연관된 화음을 연주하는 관행이 생겼다. 때로는 첼로나 비올, 바순 같은 또 다른 저음 악기가 여기에 가세했다. 이를 '바소 콘티누오basso continuo(통주저음)', 혹은 그저 간단히 '콘티누오'라고 일컬었다. 관행은 변천하고 발전하여 콘티누오 연주자에게 간단히 최저음의 가닥만 제공하고 이따금 거기에 숫자를 붙여 수반되어야 할 화음을 알려주는 방식으로 진화했다('숫자 저음figured bass'). 정확한 화음이 악보에 낱낱이 기록되지 않았으므로 연주자 입장에서는 화음을 적당히 채워 넣어야 했는데, 이는 곧 어느 정도의 즉흥 연주가 행해졌다는 의미가 된다. 이러한 숫자 저음은 합창곡부터 마드리갈, 비올 합주곡, 또한 바소 콘티누오를 동반한 독창곡(혹은 독주곡)이나 이중창곡(혹은 이중주곡)까지 모든 종류의 앙상블 음악에서 발견된다. 복잡한 오페라와 대규모 종교곡의 경우 콘티누오 연주자는 화음의 가닥을 유지하면서 이따금 레치타티보를 반주하거나 앙상블의 여백을 메우는 역할을 동시에 수행했다.

악기를 다루는 전문가급 기교 또한 그 자체로 진지한 목적이 되어가고 있었다. 건반악기를 위한 독주곡의 인기가 상승세였지만, 건반악기용 음악 인쇄는 여전히 복잡하고 비용이 많이 들어서 연주자들은 대개 필사본 악보를 구해 사용했다. 17세기 초반 영국에서 음악이 어떤 형식으로 사람들의 손에 오갔는지를 보여주는 사례 중 하나가 바로 『피츠윌리엄 버지널 북Fitzwilliam Virginal Book』이다. 이 필사 악보 모음집은 1614년경에 제작된 것으로 여겨지며, 제목의 '피츠윌리엄'은 이 악보집을 소장한 귀족의 이름이다. 버지널은 하프시코드의 작은 직사각형 버전인데, 다만 버지널용 악보가 따로 있었던 건 아니고 여기에 실린 곡들은 그 어떤 건반악기로 연주해도 무방했다. 『피츠윌리엄 버지널 북』에 수록된 약 300편의 작품 대부분은 춤곡과 성악곡을 건반용으로 편곡한 것이며, 그중에는 우리가 이미 만난 작곡가들(버드, 다울랜드, 몰리 등)의 작품이 다수 포함되어 있다. 짧은 곡도 있지만, 복잡한 장식적 악구로 가득한 변주곡 세트 같은 길이가 긴 작품도 일부 등장한다. 이는 사람들이 기교 그 자체를 목적으로 한 음악을 즐겼음을 보여주는 초기의 사례이기도 하다. 비슷한 시기에 출판된 『파르테니아 Parthenia』라는 얇은 악보집은 버드와 올랜도 기번스, 그리고 당대에 가장 뛰어난 건반악기 연주자로 알려진 존 불 John Bull(1562?~1628)의 음악에 오롯이 할애되어 있다. 『파르테니아』의 표지에는 '버지널을 위한 최초의 인쇄 악보집'이라는 문구가 자랑스레 찍혀 있다.

우리는 15세기 무렵의 이야기를 하면서 최초의 유명 오르가니스트였던 콘라트 파우만을 만난 바 있다. 그 이후로 200년이 흐르는 동안 악보 출판이 확산되고 오르간 제작 기술이 발전함에 따라 오르간 작품의 숫자도 대폭 늘어났다. 오르간 제작과 연주, 그리고 작곡에 관한 특정 '악파'도 두각을 드러냈다. 17세기 초에 오르간 음악을 개척한 인물로 두 명을 꼽을 수 있는데 한 사람은 이탈리아 출신, 또 다른 사람은 네덜란드 출신이었다.

지롤라모 프레스코발디 Girolamo Frescobaldi(1583~1643)는 30년 이상 로마의 성 베드로 대성당에서 오르가니스트로 봉직하며 오르간 악보집을 여러 권 펴냈다. 그의 음악을 보면 17세기 초에 미사 전과 미사 중, 그리고 미사 후에 연주된 음악의 진폭을 소상히 알 수 있다. 즉흥 연주가 가미되었을 것으로 추정되는 토카타와 전주곡이 두드러지고, 좀 더 엄격한 대위법적 작품은 당시 이탈리아를 휩쓴 레치타티보와 극음악 열풍에도 불구하고 다수의 성부를 씨줄과 날줄처럼 엮는 옛 시대의 예술이 완전히 찬밥 신세가 되진 않았음을 짐작케 한다.

프레스코발디의 영향력은 북쪽으로 건너가 독일에 닿았다. 그의 악보집이 출판된 덕분이기도 했지만, 또한 독일 오르가니스트들이 이탈리아로 내려와 최신 주법과 유행을 배워갔기 때문이기도 했다. 반드시 타국을 여행해야만 외부의 영향을 흡수할 수 있는 건 아

    음악의 역사

니었다. 네덜란드 작곡가 얀 피터르스존 스베일링크 Jan Pieterszoon Sweelinck(1562~1621)는 일생의 대부분을 암스테르담에서 보냈는데, 거주지를 떠난 건 오르간을 연주하고 새 악기를 시연하기 위해 이웃 마을을 방문한 게 전부였다. 그런데도 스베일링크의 음악은 그가 프랑스와 잉글랜드, 독일, 이탈리아 등 타국의 최신 경향을 잘 알고 있었음을 보여준다. 프레스코발디와 마찬가지로 스베일링크는 전주곡풍의 악절과 복잡한 대위법을 구사한 부분이 서로 들고나는 곡을 썼다. 게다가 그는 '푸가', 즉 하나 혹은 두 개의 선율 파편을 주제로 하여 여러 성부가 복잡하게 얽히며 전체 악곡을 구성하는 대위법적 작품을 쓴 최초의 작곡가 중 한 명이었다. 그는 손으로 연주하는 건반은 물론이고 페달 보드(발건반)도 자유자재로 사용했다. 스베일링크의 음악은 그의 제자들을 통해 이른바 '북독일 오르간 악파'로 발전했고, 이 전통은 한 세기 후 요한 제바스티안 바흐에 의해 절정에 이른다.

오르간 음악의 융성과 발맞추어 악기 제작 기술도 개선되고 발달했다. 이 시기 독일과 네덜란드의 오르간은 지금까지도 '고전적' 오르간 제작 기술의 정점으로서 감탄의 대상이 되고 있으며, 아르프 슈니트거 Arp Schnitger(1648~1719)와 고트프리트 질베르만 Gottfried Silbermann (1683~1753)을 포함한 주요 제작자의 이름이 아직도 흔히 거론되고 있을 정도다. 이들은 복잡한 대위법 연주에 적합한 선명하고 또렷한 음색을 내는 스톱(열상列狀으로 배치된 파이프들) 장치를 전문적으로 제작했다. 이는 음색의 강한 대조에 방점을 찍었던 프랑스에서 발전된 오르간 제작 방식과 사뭇 달랐다. 이러한 차별점은 이후로도 계속 이어진다.

기악곡의 인기가 높아지면서 열혈 아마추어들을 위한 교습 책자 출판도 덩달아 급증했다. 1659년 영국에서 발간되어 유럽 대륙에서 대량으로 유통된 크리스토퍼 심슨 Christopher Simpson(1602?~1669)의 『디비

전 비올 The Division Viol』은 반복되는 저음 선율선 위로 한 대 혹은 두 대의
비올을 사용해 '디비전(변주)'을 즉흥 연주하는 방법을 소개했는데, 덕
분에 우리는 인쇄 악보의 가용성이 높아진 뒤에도 즉흥 연주 기법이
여전히 높은 대접을 받았음을 짐작할 수 있다.

17세기 이후로 음악사의 발전 과정에서 가장 큰 족적을 남긴 악기
는 바이올린, 그리고 바이올린의 덩치 큰 친척이라 할 수 있는 비올라
와 첼로였다(다만 이들 악기의 크기는 오랫동안 표준화되지 못하고 제각각이었다). 바이
올린이라는 악기가 하루아침에 번쩍 등장한 건 아니었다. 바이올린 이
전에도 활로 그어 소리를 내는 악기가 많았고 – 그중 다수는 아랍권에
서 비롯되었다 – 거기서 조금씩 진화한 결과가 바로 바이올린이다. 무
슬림이 다스린 스페인의 경우 숙련도가 높은 악기 제작자 중에 유대인
이 많았다. 1490년대에 스페인에서 추방된 유대인 제작자들은 이탈리
아로 도망갔고, 바이올린 제작 가문 중에서 처음으로 국제적 지명도를
얻은 안드레아 아마티Andrea Amati(1505?~1577)를 비롯한 기존의 악기 공
예가들이 이들에게 일터를 제공해주었다. 기술적으로 개선된 바이올
린은 이전의 현악기에 비해 음색이 또렷하고 넉넉한 힘을 받아낼 수
있는 악기가 되었다. 머지않아 유럽에서 가장 각광받는 현악기의 위치
에 올라선 바이올린은 기존의 비올족 악기와 협력 및 경쟁하다가 결국
비올을 몰아내고 제1의 현악기로 우뚝 서게 된다.

1560년 안드레아 아마티는 바이올린과 비올라, 첼로 일습을 제작
해 프랑스 궁정에 진상했는데, 이를 바탕으로 비로소 오케스트라라고
부름직한 최초의 앙상블이 구성된다. 물론 전 세계 곳곳에는 다양한
종류의 대규모 앙상블이 오랫동안 존재해왔다. 당장 유럽만 해도 궁정
이나 지역에 큰 행사가 있으면 현악기와 관악기로 구성된 밴드가 동
원되었다. 그러나 프랑스 궁정의 시도는 크기는 다르되 성질은 비슷한

악기를 상당한 규모로 한데 모았다는 점이 새로웠다. 그로써 서로 상충하는 제각각의 소리 조합이 아닌 동질적인 사운드의 조합이라는 참신한 효과가 빚어졌다.

장 바티스트 륄리가 루이 14세 궁정의 음악감독으로 임명된 1661년 무렵은 이미 국왕의 직속 현악 오케스트라인 '왕의 스물네 대의 바이올린 Les Vingt-quatre Violons du Roi'이 창단되고 한참이 지난 뒤였다. 악단을 물려받은 륄리는 그 기량과 기강을 이전에 없었던 수준으로 끌어올렸다. 이 악단은 독자적으로 활동했을 뿐만 아니라 왕궁의 기마 훈련소 소속 관악기 연주자들과 함께 호흡을 맞추면서 궁정 내의 행사나 오페라 및 발레 공연에 동원되곤 했다. 륄리의 후임으로 임명된 미셸 리샤르드 랄랑드 Michel Richard de Lalande(1657~1726)는 수백 편의 춤곡과 위풍당당한 서곡을 모음곡 형식으로 묶어『국왕의 만찬을 위한 심포니 Simphonies pour le souper du Roi』로 펴내기도 했다.

유럽 전역의 궁전이 베르사유 궁전을 모방하고 참고한 것과 마찬가지로 프랑스 왕궁 직속 오케스트라는 유럽의 모든 궁정이 부러워하는 대상이 되었다. 잉글랜드의 찰스 2세 ─ 파리에서 망명 생활을 하는 동안 분명 루이 14세 궁정 악단의 연주를 들었을 것이다 ─ 는 영국의 왕실 바이올린 앙상블을 스물네 명으로 증편했고, 역시 프랑스의 선례를 따라 음악극 무대나 왕실의 명령으로 공연되는 무대에는 관악기들과 함께 힘을 모으도록 했다. 헨리 퍼셀이 찰스 2세에게 바친「생신 송가 Birthday Ode」는 프랑스 양식을 따라 서곡과 춤곡을 조합한 구성을 띤다.

독주 악기와 오케스트라 악기로서 바이올린의 중요한 도약은 바이올린이라는 악기가 완벽의 경지에 이른 이탈리아에서 일어났다. 아르칸젤로 코렐리 Arcangelo Corelli(1653~1713)는 1670년대에 로마에서 바이올리니스트 겸 작곡가로 명성을 다졌다. 그가 쓴 소나타와 협주곡은 엄청난 성공을 거두면서 18세기 초반까지 유럽 각지로 펴져나갔다. 여러 개의 서로 대조되는 악장으로 구성된 이들 작품은 이탈리아의 비발디, 독일의 바흐, 영국의 헨델 같은 다음 세대의 작곡가들에게 귀감이 되었다.

코렐리의 작품 중에는 미사 도중에 연주할 의도로 쓰인 것도 있었다. 이들 작품은 아무래도 음색이 좀 더 묵직한 편이었고, 여러 성부가 대위법적으로 서로를 감싸고도는 움직임을 보이곤 했다. 그런가 하면 가정용으로 작곡된 작품도 여럿 있었다. 사실상 춤곡 악장들의 모음곡이라 할 이들 작품은 프랑스의 전범典範을 본뜬 산물이었다. 코렐리는 바이올린 실력이 수준급이었고, 륄리처럼 정확성과 규율을 금쪽같이 여겼다. 그는 로마에서 여남은 명 규모의 악단을 거느렸고, 특별한 행사가 있을 때는 50명이 넘는 악단을 통솔했으며, 심지어 타국 대사를 위해 마련된 환영 연주회에서는 자그마치 150명의 음악가를 진두지휘한 적도 있다. 이 시기는 '무릇 오케스트라라면 이 정도의 규모는 되어야 한다'는 뚜렷한 관념이 아직 정착되기 전이었다. 코렐리의 협주곡 작품은 두 개의 그룹을 위해 쓰였다. 바이올린 두 대와 첼로, 콘티누오 악기(주로 하프시코드나 오르간)로 이뤄지는 솔로 그룹과 메인 오케스트라 역할을 하는 현악기 그룹이다. 이 두 그룹은 때로 함께 합을 맞추고 때로 번갈아 등장하는 식으로 곡을 앞으로 끌고 나가는데, 이러한 양식은 (베네치아의 성 마르코 대성당에서처럼) 두 개의 합창단이 교창하는 이탈리아의 교회음악에서 파생된 것이다. 코렐리는 기악 협주곡의 시작을 알렸고, 이는 훗날 독주 악기와 오케스트라를 위한 음악 형식으로 진화해갔다.

지금까지 이야기한 발전상은 모두 신묘한 음색과 힘, 그리고 날렵한 기교의 과시 가능성을 품은 바이올린이라는 악기의 개량이 있었기에 가능한 일이었다. 코렐리는 바이올린의 개성을 만끽했다. 그의 음악, 그리고 그의 양식을 모방한 작곡가들의 음악은 소나타의 느린 악장 선율에 붙는 정교하고 복잡한 장식음이라는 한 가지의 공통된 특성을 가진다. 어떤 장식음은 악보에 기록되었지만, 대부분은 연주자가 알아서 채워 넣을 몫으로 내버려두었다. 코렐리의 마지막 독주 바이올린 소나타집인『열두 개의 소나타, 작품 5』에 특히 놀라운 사례가 등장한다. 당시 출판업자의 말에 따르면 느린 악장의 악보들은 '코렐리가 연주한 그대로' 채보하여 수록했다는데, 그의 말이 얼마나 진실에 부합하는지는 지금의 우리로서는 알 길이 없다. 코렐리가 이들 악장을 늘 똑같은 방식으로 연주했을 리는 만무하다. 악보에 인쇄된 음악 작품이 보편화되는 시기에도 즉흥 연주의 예술은 건재했다.

그렇다면 그 무엇보다 보편적인 악기, 즉 인간의 목소리는 어떻게 되었을까? 바이올리니스트들이 저마다 초인적인 악기 장악력으로 이름을 알리기 시작하던 무렵, 목소리의 스타들 역시 교회에서, 또 해를 거듭할수록 늘어나는 오페라하우스 무대에서 수많은 청중에게 다가가고 있었다. 그러나 그들의 이야기를 하려면 따로 장을 할애해야 한다.

CHAPTER 20

스타 가수들과 오페라 시장

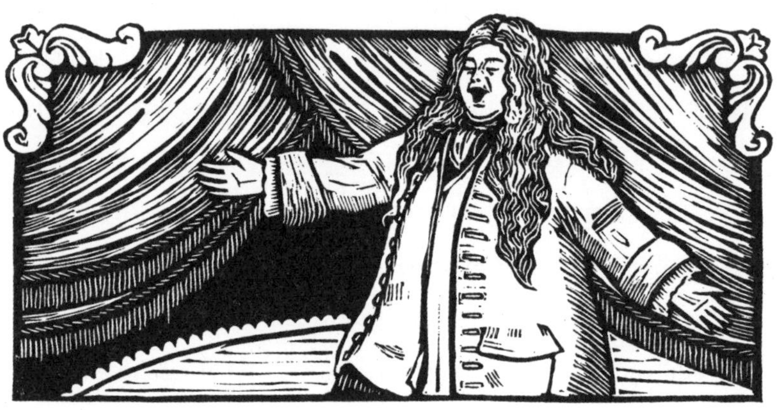

17세기부터 18세기 초반까지는 음악가와 관객의 관계에, 그리고 음악에 자금을 대는 방식에 커다란 변화가 찾아온 시기였다. 인본주의와 르네상스의 바람이 시작된 이후 사회에 찾아온 굵직한 변화에 대해서는 이미 앞에서도 다룬 바 있다. 이를테면 교회의 권력이 약화되었고, 음악가들은 귀족 궁정을 비롯해 교회 담장 바깥의 후원자를 물색하게 되었다. 또한 상인 계급과 전문 직업인 계층의 사회적 위상이 높아지면서 일반 대중을 상대로 한 극장과 연주회장이 늘어났다. 이러한 변화와 이행은 간단한 직선 형태를 취하지 않았다. 교회와 귀족 계층의 권력은 여전히 막강했고, 음악가들은 그런 물주들 사이에서 눈치를 보며 이리 갔다 저리 옮겼다를 반복했기 때문이다.

한 가지 중요한 변화는 스타 성악가의 수와 영향력이 늘어났다는 점이다. 17세기에 접어들어 오페라계는 스타 성악가를 중심으로 돌아가게 된다. 그리고 바로 이 지점에서 21세기의 관점으로는 지극히 기괴하다고밖에 볼 수 없는 음악사적 현상과 마주하게 된다. 당시 오페라의 여성 배역은 소프라노와 알토 음역대를 부르는 남성 성악가들의 차지였다. 이들 남성 소프라노를 사람들은 '카스트라토castrato'라고 불렀다. 카스트라토가 되는 과정은 잔인했다. 변성기가 찾아오는 사춘기 전에 거세를 해야 했던 것이다. 거세당한 소년은 어린아이의 고음역 목소리를 간직한 채로 성인이 되었고, 어른이 됨에 따라 목소리에는 힘이 붙었다. 그렇게 해서 형성된 카스트라토의 목소리는 여성의 목소리와 사뭇 달랐다.

비잔틴 제국은 이미 몇백 년 동안 카스트라토의 음성을 매우 높이 평가하고 있었다. 서유럽에서 이들 카스트라토가 출세하게 된 건 16세기 스페인에서부터였고, 이 관행은 곧 이탈리아로 전파되었다. 카스트라토 성악가는 교회 소속의 소년 합창단에서 선발되는 경우가 일반적이었다. 남다른 노래 솜씨를 가진 아이가 거세 수술을 받고 나면 부유한 귀족이 후원자로 붙어 정식 카스트라토 데뷔를 주선하곤 했다. 1607년 만토바에서의 몬테베르디 오페라 「오르페오」 초연에서도 오르페오의 아내 에우리디케를 비롯한 여성 배역을 남성 카스트라토가 노래했던 것으로 기록되어 있다. 50년 뒤에도 이탈리아 오페라의 주요 여성 배역은 대부분 카스트라토가 차지했으며, 이들 남성 거세 성악가는 높은 출연료를 지불해야 모셔올 수 있는 국제적 스타가 되었다. 한마디로 극장의 이윤과 성공이 그들의 손에 달렸다고 해도 과언이 아니었다.

카스트라토가 얼마나 높은 위치까지 올라갔는지를 잘 보여주는 일화가 있다. 1719년 독일 태생의 영국 작곡가 게오르크 프리드리히 헨델Georg Friedrich Händel(1685~1759)은 당시 음악 활동의 중심지 중 하나인 드레스덴 궁정을 방문 중이었다. 왕가의 결혼식을 축하하기 위해 마련된 화려한 여흥 무대가 이어졌고, 아예 전용 오페라하우스까지 신축된 참이었다. 헨델은 런던의 오페라단으로부터 다음 시즌을 위해 정상급 가수들을 미리 섭외해달라는 부탁을 받고 드레스덴에 와 있었다. 과연 드레스덴에는 당대 최고의 이탈리아 가수들이 포진해 있었는데, 그중에는 카스트라토 세네시노 Senesino(1686~1758) – 본명은 프란체스코 베르나르디 Francesco Bernardi 이고, '세네시노'는 '시에나 출신'이라는 뜻의 예명이었다 – 와 마테오 베르셀리 Matteo Berselli(1708~1721년 활동)도 있었다. 현장에서는 드레스덴 궁정 작곡가 요한 다비트 하이니헨 Johann David Heinichen(1683~1729)이 쓴 오페라 리허설이 한창이었다. 이탈리아어로 된 작품이었지만, 두 카스트라토는 작곡가가 이탈리아어 대본에 음악을 붙이는 요령이 부족하다며 불평했다. 말다툼이 고조되고, 급기야 카스트라토 중 한 명이 아리아 악보를 갈기갈기 찢어 하이니헨의 발치에 패대기치는 사태까지 일어났다. 오페라 공연은 취소되었고, 세네시노와 베르셀리는 헨델이 제안한 런던 공연 건을 흔쾌히 수락했다.

그런데 헨델은 왜 런던에서 활동하고 있었을까? 그건 런던이 이탈리아 오페라 공연의 중심지가 되었기 때문이다. 런던은 대영제국의 수도이고 엄청나게 풍요로운 도시였다. 게다가 오페라하우스는 부자들이 흔쾌히 밀어줄 만한 위엄과 위세가 있는 사업이었다. 이탈리아의 본격 오페라보다 자기들만의 '세미 오페라'를 선호한 영국이 갑자기 오페라에 열광하게 된 것이 쉽게 믿기지 않을 수도 있다. 그러나 상업 극장이 성장한 영국은 어느 한 작품의 벼락 성공으로 대중의 취향도 와락 바뀔 수 있는 조건을 가지고 있었다. 많은 독일 작곡가가 그래 왔듯 헨델 역시 이탈리아에 오래 머물면서 그곳의 양식을 빨아들였고, 1709년 베네치아에서 오페라 「아그리피나 Agrippina」로 달콤한 성공의 열매를 맛보았다. 헨델에 관한 소식은 입에서 입으로 빠르게 퍼져 나갔고, 그의 몸값도 덩달아 올라갔다. 킹스 시어터의 부름으로 런던에 온 헨델이 1711년에 쓴 오페라 「리날도 Rinaldo」는 사상 최초로 런던 무대에 오른 이탈리아 오페라였다. 이 작품은 대중적으로 성공했고, 그 뒤로도 여러 차례 리바이벌 공연이 이어졌다. 「리날도」의 주역을 맡아 작품을 성공으로 이끄는 데 공헌한 알토 카스트라토 니콜로 그리말디 Nicolò Grimaldi(1673~1732)는 이듬해 헨델에게 아예 런던에 눌러앉을 것을 권유했고, 헨델 자신도 런던의 시장 크기와 미래를 보고 정착하기로 결심한다. 이로써 런던이 헨델의 평생 거점이 된 것이다.

작가 조지프 애디슨 Joseph Addison(1672~1719)은 영국 관객이 알아듣지도 못하는 외국어로 행해지는 공연에 저녁나절을 몽땅 허비하는 꼴이 우습다면서 '우리는 이제 우리의 무대 언어조차 제대로 이해하지 못하게 되었다'고 비꼬기도 했다. 이러한 시각은 헨델 앞에 놓인 역경의 징조였지만, 그럼에도 그는 귀족층의 지원에 힘입어 처음 몇 년간 흥행 성공의 파도에 올라탔다. 1719년에는 일군의 귀족이 뜻을 모아 지금의 화폐 가치로 200만 파운드에 달하는 기금을 조성해 새로운 오페라 극단 '로열 아카데미 오브 뮤직'을 창단했다. 헨델은 이 극단을 이끌 작곡가로 선임되었고, 작곡 외에도 오케스트라 통솔 및 (앞서 언급한 드레스덴의 카스트라토 같은) 일류 가수를 섭외하는 책임을 맡았다.

오페라가 카스트라토들의 독무대였던 건 아니다. 헨델이 활동하는 시기에도 여성 오페라 스타들이 있었다. 남성이 독점한 교회와 국가 권력이 지배하는 세상에서 자기 목소리를 내기 위해 안간힘을 쓴 여성들의 투쟁 역사의 일부였다. 교회 합창단 입단 자격은 남성에게만 주어졌다. 가톨릭을 믿는 국가에서는 교회의 권력 남용을 청산한답시고 수녀원 소속 수녀들에게 단선율 성가 외에 그 어떤 것도 노래하면 안 된다는 지침까지 만들어 내렸다. 그러나 실제로 이탈리아와 프랑스에는 다성음악 노래 솜씨로 이름을 얻은 수녀원이 여럿 있었다. 베네치아에서는 고아원의 여자아이들에게 노래와 악기 연주를 수준급으로 가르친 곳이 몇몇 있었다 – 작곡가 안토니오 비발디Antonio Vivaldi(1678~1741)가 1703년부터 30년간 봉직한 오스페달레 델라 피에타 Ospedale della Pietà가 그중 하나다. 페라라의 콘체르토 델레 돈네나 바르바라 스트로치가 거둔 성공은 마드리갈 및 '실내'음악 가수로서 여성이라는 존재에 관해 사람들의 흥미를 끌어올렸다. 그리고 1637년 베네치아에서 상업용 대중 오페라하우스가 처음으로 개관하며 무대 위에서 활동하는 여성들이 본격적으로 주목받기 시작했다.

영국에서는 찰스 2세의 즉위와 함께 왕정이 복권된 1661년에야 비로소 여성이 무대에 올라 대중 앞에 설 수 있었지만, 50년간 상황이 크게 바뀌어서 헨델이 활동한 시기에는 여성 성악가의 인기가 대단했다. 헨델이 드레스덴 궁정에서 '픽업'한 가수들 중에는 두 명의 카스트라토 외에 이탈리아 출신으로 인기의 양대 산맥인 파우스티나 보르도니 Faustina Bordoni(1697~1781)와 프란체스카 쿠초니 Francesca Cuzzoni(1696~1778)가 있었다. 한 무대에 나란히 서기도 한 두 여성 가수를 향한 팬덤은 대단했다. 이들의 추종자들은 서로를 앙숙으로 여기며 반목했는데, 심지어 1727년에는 공연 도중에 육탄전을 벌이는 불미스러운 사태까지 발생했다. 보르도니와 쿠초니, 그리고 카스트라토 세네시노는 오페라 공연을 통해 헨델이 얻은 수익보다 더 많은 출연료를 챙겼다.

이러한 스타들을 위해 헨델이 쓴 음악을 보면 레치타티보에 방점을 찍은 이탈리아의 초기 양식과 거리를 두는 변화가 관찰된다. 애디슨이 정확히 지적했듯이, 영국의 관객은 대부분 이탈리아어에 음악을 붙이는 방식의 절묘하고 미묘한 묘미를 제대로 인식할 능력을 갖추고 있지 못했다. 그러므로 끝도 없이 이어지는 레치타티보는 그들에게 쇠귀에 경 읽기나 진배없었다. 헨델이 자신의 장기로 여기는 노래풍 양식에 집중하며 극적 상황에 따른 다양한 감정 – 애처로운 감정, 호전적인 감정, 기쁜 감정 등 – 을 포착하는 방향으로 선회한 이유 중 일부도 그 때문이었다. 레치타티보가 완전히 사라진 건 아니어서 어느 정도는 극의 행위를 전달하는 용도로 사용되었지만, 감정을 전달하는 역할은 이제 '다 카포da capo 아리아'의 몫이 되었다. '다 카포'는 '처음부터'라는 의미인데, 그러니까 다 카포 아리아는 노래가 절반 정도 지난 지점에서 다시 처음으로 돌아가 전반부를 되풀이하는 구조를 취했고, 그럼으로써 가수는 선율 표현에 장식을 더할 기회를 얻게 되는 셈이었다. 사람들의 인기를 한 몸에 모은 스타들은 다 카포 아리아를 처리하는 솜씨로 이름을 얻었다.

헨델은 몇 년 동안 런던의 오페라 바닥을 지배했다. 하지만 경쟁은 무대 위에서만큼이나 무대 바깥에서도 치열했다. 1733년 세네시노는 헨델과 결별하고 경쟁 극단인 '귀족의 오페라The Opera of the Nobility'에 합류했다. '귀족의 오페라'는 극단 대변인의 말을 그대로 빌리자면, '헨델 씨의 통치에 반대하는 정신'으로 뭉친 또 다른 귀족 그룹에 의해 발족된 신흥 단체였다. 그러나 사실을 있는 그대로 말하자면, 런던의 관객층은 스타급 성악가들에게 과도한 출연료를 지급하는 두 개의 일급 오페라 극단을 먹여 살릴 만한 규모가 되지 못했다. 머지않아 양쪽 극단은 모두 파산하게 된다.

이러한 위기 국면에 기여한 또 한 가지의 압박이 있었으니, 바로 대중의 취향 변화였다. 1728년 「거지의 오페라The Beggar's Opera」라는 작품이 초연 이후 자그마치 62회 공연이라는 전대미문의 기록을 세웠다. 「거지의 오페라」는 이른바 최초의 '발라드 오페라'이자 이 장르의 최대 흥행작이었는데, 정치가를 풍자하고 극심한 빈부 격차로 불평등해진 사회를 비꼬면서 아울러 이탈리아 오페라의 열풍을 조롱하는 작품이었다. 등장인물은 도둑이나 창녀 같은 가난한 계층이었고, 주인공 맥히스는 노상강도였다. 대본은 모두 영어였고, 등장인물 간의 대화는 레치타티보 형식이 아니라 일반적인 낭독 형식으로 처리되었다. 음악은 짧은 노래의 연속으로 이루어졌다. 존 게이John Gay(1685~1732)가 쓴 대본에 당시 유행하는 선율을 붙였는데, 이를테면 민요 가락이나 성가라던가 헨델, 퍼셀 같은 작곡가들이 쓴 인기 아리아가 동원되었다. 이런 음악을 극에 어울리게 매만진 인물은 독일 출신으로 역시 영국에 정착해 활동한 작곡가 요한 크리스토프 페푸슈Johann Christoph Pepusch(1667~1752)였다. 비록 「거지의 오페라」를 비롯한 풍자적 발라드 오페라는 기득권층의 비판을 받으면서 심지어 고발과 검열의 위협에도 맞닥뜨렸지만, 흥행 면에서는 엄청난 성공을 거두면서 대중의 사랑을 받았다. 「거지의 오페라」에서 여주인공 역을 맡은 가수 라비니아 펜턴Lavinia Fenton(1708~1760)은 인기 스타가 되었을 뿐만 아니라 유부남 애인인 볼턴 공작 찰스 포울레트Charles Powlett, Duke of Bolton(1685~1754)와 사랑의 도피 행각을 벌이고 나중에는 정식으로 결혼까지 했다.

귀에 착착 감기는 선율을 빌려 쓴 발라드 오페라의 도전에 맞선 이탈리아 오페라는 고전을 면치 못했다. 그렇다면 헨델은 어디에서 돌파구를 찾았을까? 다행히 그는 이미 오페라뿐만 아니라 교회음악으로도 유명했다. 그중에 1727년 조지 2세George II(1683~1760)의 대관식을 위해 쓴 앤섬 「사제 사독Zadok the Priest」이 있었다(이 작품은 그 이후로 영국의 모든 대관식에서 연주되고 있다). 「사제 사독」의 육중한 합창 도입부는 헨델이 그의 극적 감각을 종교음악에까지 끌어들였음을 생생히 예증한다. 오페라 무대 마련이 갈수록 부담스러운 골칫거리가 되어가는 여건에서 그가 연기와 무대가 필요 없는 극적 음악 장르 '오라토리오Oratorio'에 천착한 것은 당연한 수순이었다. 오라토리오는 흔히 성서 속 이야기를 바탕으로 한 종교적 텍스트를 대본으로 삼았다.

중세의 기적극에서부터 하인리히 쉬츠의 수난곡과 「성탄절 이야기」에 이르기까지 종교적 음악극은 오랜 세월 다양한 형태를 취하면서 그 명맥을 이어왔다. 오라토리오는 17세기 이탈리아에서 처음 대두된 장르로, 헨델 자신도 런던에 정착하기 전에 이미 이탈리아에서 오라토리오를 작곡한 바 있었다. 이제 그는 이 장르를 영국으로 가져와 영어 노랫말에 음악을 붙이기 시작했다. 그리고 헨델의 오라토리오는 커다란 성공을 기록하게 된다.

헨델은 오페라와 교회음악 분야에서 쌓은 경험을 솜씨 좋게 하나로 접목했다. 오라토리오는 양쪽의 여러 요소를 그때그때 상황에 걸맞게 효과적으로 사용하는 선택의 기술이 결정적이었다. 콘티누오 악기가 반주하는 레치타티보에 관현악 반주를 붙였고, 오페라에 사용된 다 카포 아리아는 '다 카포' 부분을 덜어내고 간단히 원용했다. 그 밖에도 합창곡, 관현악 효과 음악과 간주곡 등이 자유자재로 오라토리오의 공간을 메웠다. 헨델이 남긴 오페라 중 가장 꾸준히 인기를 누리는 작품은 더블린에서 초연된(당시 아일랜드는 영국의 통치 아래에 있었다) 「메시아Messiah」다. 헨델은 오라토리오 사이사이의 중간 휴식 시간에 자신이 쓴 협주곡을 연주하곤 했다. 처음에는 간단히 오르간 협주곡으로 시작했으나, 그 음악이 큰 인기를 끌면서 헨델은 현악 오케스트라를 위한 협주곡으로 편성을 확장했다. 열두 곡 구성의 「합주 협주곡, 작품 6」은 코렐리가 근간近刊한 작품집을 모델 삼아 쓴 것이다.

오페라와 오라토리오, 협주곡을 불문하고 헨델은 자신이 과거에 쓴 음악뿐만 아니라 다른 작곡가의 음악까지 거리낌 없이 재활용했다. 재창조의 달인이었던 그는 아리아를 기악곡으로 탈바꿈시키고 사랑의 이중창에 교회 텍스트를 붙여 종교음악으로 바꾸었으며, 다른 작곡가의 작품에서 푸가 주제를 길어 올리기도 했다. 요즘이라면 게으른 창작자의 표절 행위라고 여길 테지만, 헨델이 살던 18세기에는 자연스러운 관행이었다. 당시 사람들은 창작자에게 우리가 당연한 것으로 여기는 '독창성'을 기대하지 않았고, 게다가 저작권법도 없는 시절이었다. 모두가 같은 음악 언어를 공유하고 이해했으며, 음악적 재료는 무척 자유롭게 사람들의 손을 오갔다.

헨델의 인기는 오페라하우스와 교회 바깥으로도 퍼져나갔다. 이 시기에 런던은 비로소 유원지의 시대를 맞고 있었다. 그중 가장 뚜렷한 존재감을 자랑한 곳이 바로 복스홀 가든Vauxhall Gardens으로, 그 중심부에는 연주회를 비롯한 행사를 치르기에 적당한 품격을 갖춘 원형 건물이 자리하고 있었다. 노老작곡가 헨델은 1748년에 조지 2세로부터 작품 청탁을 받았다. 오스트리아 왕위 계승 전쟁의 종전을 기념하는 작품으로, 국왕은 관악기를 대거 동원한 대작이 되면 좋겠다는 희망을 전했다. 공연에는 성대한 불꽃놀이까지 곁들여질 예정이었다. 그러나 공연 당일에 비가 내려 불꽃놀이는 기대한 성과를 거두지 못했는데, 다만 복스홀 가든에서 열린 리허설만큼은 대단한 성공을 거두었다. 추산컨대 1만 2,000명이 은화 반 크라운을 내고 리허설을 구경하러 모여들었고, 갑자기 늘어난 마차들 때문에 런던 브리지에는 세 시간 동안 교통체증이 생길 정도였다. 방문객들의 '옷차림이 근사했다'는 신문 보도도 있는데, 당시의 은화 반 크라운은 지금의 화폐 가치로 50파운드 정도 되는 만만치 않은 금액이었으므로 그럴 만도 했겠다 싶다. 헨델의 「왕궁의 불꽃놀이」는 드 랄랑드가 프랑스 국왕에게 지어 바친 심포니들처럼 웅장한 양식을 취한다. 동원되는 관악기 숫자도 어마어마한데, 악보에는 오보에만 자그마치 스물네 대가 필요하다고 명기되어 있다.

그렇다면 카스트라토는 모두 어떻게 되었을까? 이 시기를 정점으로 카스트라토의 유행은 차츰 내리막길을 걸었지만, 19세기에도 활동한 카스트라토가 일부 있었다. 이탈리아가 노래 잘하는 소년을 거세하는 풍습을 공식적으로 금지한 것은 1861년이 되어서였다. 바티칸 합창단에 남아 간신히 명맥을 유지한 카스트라토가 일부 있었고, 그중 한 명인 알레산드로 모레스키Alessandro Moreschi(1858~1922)는 20세기 초까지 살아남아 독창 녹음을 몇 점 남겼다. 아주 으스스한 목소리를 들을 수 있는 기괴한 자료다.

CHAPTER 21

궁정과 교회에서의 작곡가의 삶

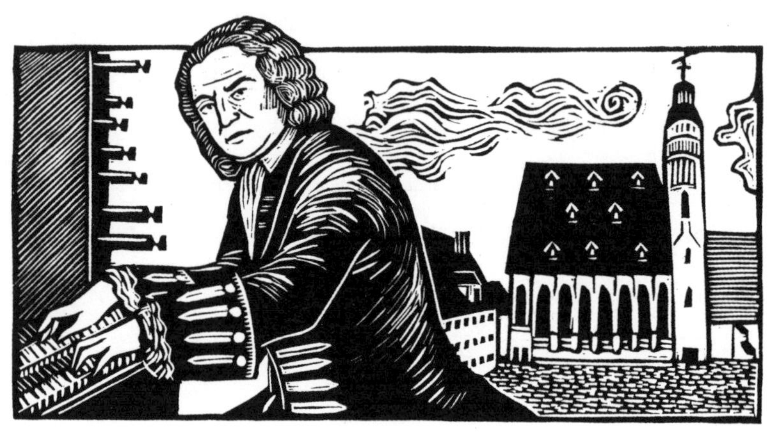

헨델과 같은 해인 1685년에 태어난 유명 작곡가가 두 명이 더 있다. 이탈리아 태생의 도메니코 스카를라티Domenico Scarlatti(1685~1757)와 독일 태생의 요한 제바스티안 바흐Johann Sebastian Bach(1685~1750)다. 헨델과 스카를라티, 바흐의 일대기는 전통적인 후견인 체계와 새로운 시장이 혼재한 18세기 초반의 변화무쌍한 음악계에서 음악가의 삶이 서로 얼마나 다를 수 있었는지를 잘 보여준다.

새로운 관객층과 시장의 가능성을 최대한 활용한 헨델은 스펙트럼의 한쪽 끝에 있었다. 반면 당대의 시장과 거의 접촉하지 못한 채 극소수의 관객만 상대한 스카를라티는 같은 스펙트럼의 반대편에 있었다고 할 수 있다. 바흐는 거의 평생을 독일 루터파 교회의 피고용인으로 살았다. 바흐는 교회와 무관한 기악곡을 쓰는 데에도 심혈을 기울였지만, 아무래도 그의 본령은 오르가니스트이자 작곡가로서 교회음악에 주력하는 쪽이었다.

　　도메니코 스카를라티는 이탈리아의 성공한 오페라 작곡가 알레산드로 스카를라티Alessandro Scarlatti(1660~1725)의 아들로 태어났다. 도메니코는 아버지의 뒤를 이어 오페라 작곡에 투신했으나 부친이 거둔 성공과는 거리가 멀었다. 대신 그가 출중한 기량을 발휘한 분야는 하프시코드 연주였다. 어느 영국인이 '마치 1,000명의 ㅇㅁㄷ[악마들]이 건반에 붙어 연주하는 것 같았다'고 감상 소회를 남긴 것으로 보아 과연 대단한 솜씨였던 모양이다. 헨델과 스카를라티가 20대 시절 로마에서 만나 오르간과 하프시코드로 '연주 기량을 겨루었다'는 기록도 존재하는데, 하프시코드 부문에서는 스카를라티가 헨델보다 앞서는 '절륜한' 음악가이며 오르간 부문에서는 헨델이 더욱 인상적이라는 것이 대련을 참관한 좌중의 공통된 의견이었다. 몇 년 뒤 스카를라티는 포르투갈 국왕의 부름을 받고 음악에 남다른 재능을 보인 국왕의 열 살짜리 딸 마리아 바르바라Maria Bárbara(1711~1758)의 음악 교사가 되었다. 1729년 스페인 왕세자와 혼례를 올린 왕녀를 따라 스카를라티는 이웃 나라로 건너갔다. 마리아 바르바라의 남편은 1749년 즉위식과 함께 페르디난트 6세Ferdinand VI(1713~1759)가 되었고, 따라서 마리아 바르바라는 스페인 왕비가 되었다. 스카를라티는 1757년 숨을 거둘 때까지 스페인 왕가를 위해 일했다.

　　스카를라티는 35년이 넘는 세월 동안 포르투갈 왕가와 스페인 왕가를 위해 복무하면서 500편이 넘는 하프시코드용 소나타를 썼다. 이들 작품은 코렐리의 다악장제 소나타와 달리 모두 단악장 곡이었다. 그중 생전에 출판된 작품은 극소수에 불과했는데, 가장 중요한 작품집은 1738년 런던에서 출판된 (스카를라티 자신이 명명한) 30편의 『쳄발로 연습곡집Essercizi per Gravicembalo』이었다. 이들 작품은 스카를라티의 전매특허인 왼손과 오른손이 서로를 넘나드는 교차 연주 기법을 비롯해 그때까지 흔히 접할 수 없었던 기교를 필요로 하는 대목이 많아 높이 평가되었다. 그러나 이들 소나타가 내세우는 목적은 소박했다. 스카를라티는 이 작품집의 서문에 '딜레탕트건 교수건 간에 독자들이여, 여기 수록된 작품에서 그 어떤 심오한 의도를 발견할 수 있을 거라 기대하지 말지어다. 다만 여기에는 엄격한 하프시코드 연주 기법을 연습할 수 있게 하는 기발한 재담이 있을 뿐이니'라고 적었다.

『쳄발로 연습곡집』은 스카를라티가 이룬 성취 중 작은 부분일 뿐이었다. 작품집의 서문을 작성한 당시 스카를라티는 한껏 무르익은 나이인 53세였는데, 이후로도 그는 20년 가까이 성장과 발전을 이어나갔다. 500편이 넘는 소나타의 대부분은 스카를라티의 생애 마지막 몇 년 동안 쓰였으며, 그런 만큼 이들 작품에는 화려함뿐만 아니라 깊이도 녹아 있다. 스카를라티는 스페인에서 경험한 풍광과 음향을 자신의 작품 속에 생생히 되살려놓았다. 무엇보다 그의 소나타에는 플라멩코 음악의 손뼉 치고 발을 구르는 리듬과 거칠고 구슬픈 선율이 남긴 영향이 나타난다. 때로 스카를라티는 플라멩코 기타리스트들이 애용한 불협화음이 양념처럼 뿌려진 음악을 썼다. 다시 말해 스페인에서 가장 높은 계급을 위한 소나타에 가난한 이들의 음악이 동원된 셈이다. 스카를라티는 당대의 작곡가들에게 커다란 영향을 미칠 수도 있었던 작곡가다. 그러나 그가 만년에 쓴 소나타는 궁정에 출입하는 극소수 계층에만 알려졌을 뿐 사실상 대외적 인지도를 전혀 쌓지 못했다. 그의 소나타 전집이 악보로 간행된 것은 20세기에 접어든 뒤다.

이러한 모든 점을 고려할 때 스카를라티는 음악 역사의 관점에서 상당히 흥미로운 위치를 차지하는 인물이다. 우리는 당대와 후대의 음악가에게 커다란 영향을 미친 작곡가에 중점을 두는 경향이 있다. 그렇다면 스카를라티처럼 고립된 상태에서 활동한 인물에게는 어떠한 음악사적 위치를 부여해야 마땅할까? 역사적인 관점에서 그가 중요한 족적을 남기지 못했다고 말할 수도 있다. 하지만 그는 놀라우리만치 독창적인 작품을 썼다. 일단 세상에 알려진 그의 작품은 지금까지 연주자와 관객에게 높이 평가받고 있다.

요한 제바스티안 바흐는 또 다른 의미에서 헨델과 현저히 다른 음악가였다. 헨델도 이곳저곳의 교회와 직업적 인연을 맺은 적이 있지만, 그에게는 대중을 상대로 한 활동이 훨씬 중요했다. 한편 바흐에게는 무엇보다 교회가 중요했다. 교회는 그가 음악가로 활동한 기간을 거의 통틀어 굳건한 중심 역할을 했기 때문이다(이는 구교와 신교 국가를 불문하고 당시에 활동한 많은 작곡가에게 공통적으로 적용할 수 있는 사실이다). 바흐는 6년간(1717~1723년) 안할트 쾨텐의 레오폴트 공 Leopold, Prince of Anhalt-Köthen(1694~1728)의 궁정 음악가로 일한 적도 있다. 이 시절 바흐는 그의 작품 중 가장 널리 알려진 기악곡을 여럿 작곡했다. 이를테면 브란덴부르크 후작 크리스티안 루트비히 Margrave Christian Ludwig of Brandenburg(1677~1734)에게 헌정한 『브란덴부르크 협주곡집』을 꼽을 수 있다. 모두 여섯 곡으로 구성된 이 협주곡집은 바흐가 코렐리에 의해 대중화된 이탈리아 양식에 정통했음은 물론이고 합주 협주곡이라는 장르에 독창적인 통찰을 더했음을 보여준다. 악기의 구성도 독특하다. 「브란덴부르크 협주곡 1번」의 독주 악기군에는 두 대의 호른과 세 대의 오보에, 그리고 바이올린 한 대가 포진하고 있으며, 「2번」은 아찔하리만치 음역이 높은 트럼펫이 독주를 담당한다(과연 바흐 주변에 그렇게 고난도 연주가 가능한 트럼펫 연주자가 있었는지는 알 수 없다). 「3번」과 「6번」은 현악기만으로 구성된 작품이고, 「4번」은 리코더 한 쌍과 비르투오소 바이올린 독주자가, 그리고 「5번」은 독주 하프시코드를 위한 길고 화려한 카덴차가 포함된 곡이다(하프시코드는 아마 바흐가 직접 연주했을 공산이 크다). 이처럼 다양한 편성은 바흐가 선배들로부터 물려받은 양식에 내재된 가능성을 확장하려는 노력을 게을리하지 않았음을 암시한다.

또한 바흐는 당대에 가장 위대한 오르가니스트였고, 특히 즉흥 연주 실력으로 이름이 높았다. 그가 쓴 오르간 작품은 18세기 독일과 네덜란드에서 제작된 우람한 오르간의 음향을 남김없이 활용했다. 전주곡은 즉흥 연주처럼 극적인 박력이 넘쳤고, 전주곡을 뒤따르는 푸가는 조금씩 복잡성을 더해가며 곡의 긴장을 끌어올렸다. 그리고 온화한 '코랄 전주곡chorale prelude'은 당대 교회음악의 핵심인 루터교 찬송가에 관한 묵상이었다.

바흐는 안할트 쾨텐을 떠난 후 라이프치히 성 토마스 교회의 음악 감독직을 맡았다. 여기서 그는 성 토마스 교회뿐만 아니라 다른 세 곳*의 교회음악까지 책임지며 분주한 나날을 보냈다. 바흐는 23년간 라이프치히를 위해 일하면서 「마태 수난곡Matthäus-Passion, BWV244」과 「요한 수난곡Johannes-Passion, BWV245」, 「마니피캇Magnificat, BWV243」, 「크리스마스 오라토리오Weihnachtsoratorium, BWV248」, 「B단조 미사Mass in B minor, BWV232」 등 자신의 명성에 단단한 반석이 될 걸작 합창곡을 썼다. 이들 주요 작품 외에도 바흐는 매주 일요일과 교회력에 따른 축일에 연주할 칸타타cantata를 꾸준히 써냈다. 칸타타는 수난곡이나 미사곡과 비교할 때 길이가 짧은 편이지만, 바흐가 쓴 칸타타는 300편이 넘는 것으로 짐작되는 만큼(그중 약 200편이 현전한다) 그의 작품 세계에서 중요한 부분을 점한다.

루터교의 예배에서 음악은 신도들의 종교적 명상을 돕는 수단이었고, 칸타타는 바로 그러한 표현으로서 중요한 위치를 차지한다. 칸

---

* 성 니콜라스 교회, 신新교회, 성 페터스 교회.

　　　음악의 역사

타타는 18세기 초반 (이탈리아 오페라의 영향인) 레치타티보와 아리아에 루터교 찬송가(코랄)를 접목하는 방식으로 발전하여 극적이면서도 경건한 장르로 자리 잡았다. 바흐는 칸타타 장르의 거장이었다. 그의 「크리스마스 오라토리오」 또한 여섯 편의 칸타타로 이루어진 작품이다. 하인리히 쉬츠의 선구적 전례를 이어받은 수난곡은 그리스도의 십자가형에 이르는 마지막 순간들을 이야기로 꾸민 음악이다. 칸타타를 대폭 확장한 수난곡은 군중 합창이 포함되어 흡사 고대 그리스의 비극 공연과도 같은 형태를 취한다.

여러 교회의 음악을 도맡아 책임지는 자리에 있었으니 바흐가 이런 작품을 몹시도 서둘러 썼을 거라고 어림짐작할 수도 있다. 그러나 바흐는 음악적 재료를 철두철미하게 다루는 사람이었다. 철두철미하다는 것이 반드시 단조롭다거나 따분하다는 의미는 아니다. 뚜렷한 감정적 지향점과 세부에 주의를 기울이는 꼼꼼함이 결합된 예로 바흐 이외의 작곡가를 떠올리기란 쉽지 않다. 그의 대작, 특히 수난곡은 극적 요소가 대단히 두드러져, 심지어 이 곡을 접한 당대의 누군가는 '오페라처럼' 들린다고 퉁을 놓기까지 했다. 바흐의 칸타타는 씨줄과 날줄처럼 지극히 절묘하게 엮이는 선율 가닥들이 전달하는 놀라운 기쁨의 순간과 슬픈 사색의 순간이 공존한다. 그가 쓴 가장 아름다운 칸타타 중 하나로 손꼽음직한 작품이 칸타타 82번 「나는 만족하나이다 Ich habe genug」이다. 이 곡은 신약성서 누가복음 2장에 나오는 시메온 Simeon 의 독백 '주님, 이제야 말씀하신 대로 당신 종을 평화로이 떠나게 해주셨습니다 Nunc dimittis '에 관한 묵상이다. 유대 노인 시메온은 예수 그리스도의 어머니 마리아가 아기의 축복을 위해 성전으로 들어오는 걸 본 순간 하느님께서 인류를 구원하기 위해 선택하신 자를 보았다는 걸 깨닫고 이제 죽어도 여한이 없다고 말한다. 바흐의 독창자에게는 오보에 반주가 곁들여지는데, 점차 진화하는 오보에의 선율은 평화롭고 고요한 인종忍從의 느낌을 절묘하게 표현한다.

바흐는 라이프치히의 교회들을 중심으로 하루하루 일과를 꾸려가면서도 콜레기움 무지쿰Collegium Musicum과 음악 활동을 병행했다. 콜레기움 무지쿰이란 독일 전역에 퍼져 있던 음악 동호회로, 여기에 소속된 음악가들은 함께 모여 실내악과 소편성 오케스트라 음악을 연주하곤 했다. 라이프치히의 콜레기움 무지쿰은 대학생부터 전문 음악가까지 약 40명의 연주자와 성악가로 구성되어 있었다. 이들은 매주 커피하우스에서 만나 무료 연주회를 열었고 여름에는 야외 콘서트도 기획했다. 바흐가 라이프치히의 콜레기움 무지쿰을 위해 쓴 작품 중에는 바이올린 협주곡 두 편과 이중 협주곡(바이올린 두 대를 위한) 한 편이 남아 있으며, 그 밖에도 유실된 곡이 많으리라 추정된다. 바흐는 또한 하프시코드 협주곡의 선구자였다. 비록 바흐 생전에 큰 인기를 얻진 못했지만 후대의 피아노 협주곡의 초석이 된 작품으로서 가치가 크다.

이처럼 뚜렷한 목적을 갖고 쓴 작품만 있는 게 아니다. 바흐는 장르의 모든 가능성을 파헤치려는 것처럼 보이는 악곡집을 습관처럼 썼다(교습용으로 사용하기 위한 목적도 있지 않았을까 짐작된다). 그는 1750년 숨을 거두는 무렵에도 「푸가의 기법Die Kunst der Fuge」을 쓰고 있었다. 스무 곡 남짓의 푸가로 구성된 「푸가의 기법」은 구조가 무척 복잡한 프로젝트로, 이 작품에서 바흐는 단 하나의 주제를 다양한 방식으로 조합하고 발전시키는 가능성을 탐구했다. 이 대위법의 대작은 18세기의 인본주의적 관심보다 음악을 하느님의 세상이 가진 복잡성을 표현하는 방식으로 간주한 르네상스 이전 시대 시각과의 공통점이 더욱 뚜렷해 보인다. 하지만 바흐에게 대위법의 원리는 단지 두뇌 운동 차원의 문제만은 아니었다. 그의 가장 훌륭한 푸가 작품은 당대에 그 어떤 기악곡만큼이나 강력한 인간적 드라마를 내포하고 있으며, 그렇기에 곡이 마무리되고 나면 도달감과 성취감도 크다.

두 편의 기념비적 작품에 대해서도 같은 말을 할 수 있다. 하프시코드를 위한 「골드베르크 변주곡 Goldberg Variations, BWV988」은 하나의 주제와 그것에서 파생된 변주곡의 모음으로, 바흐가 특히 즐겁게 받아들인 도전이었던 카논(돌림노래) 양식을 포함하여 당시 가용 범위의 모든 양식을 포함한 역작이다. 「평균율 클라비어곡집 The Well-Tempered Clavier, BWV846~893」('평균율'은 건반악기가 모든 조성의 음악을 연주할 수 있게 하는 조율법을 의미한다)은 장단조의 모든 조성별로 스물네 곡씩 총 마흔여덟 곡의 전주곡과 푸가로 이루어진 작품이다. 만약 바흐가 살아 돌아와 현재 자신의 「평균율 클라비어곡집」이 연주회장에서 하나의 전체로 공연되고 있다는 사실을 알게 되면 무척 놀랄 것이다. 그는 이 작품을 다양한 양식과 기교를 파헤치는 수단으로 인식했을 것이 틀림없고, 따라서 한 번에 한 곡씩 들여다보는 공부 도구로 여겼을 것이다.

후대의 음악가들은 바흐와 헨델을 위대한 독일 음악 계보―글루크와 하이든, 모차르트가 이어받아, 베토벤과 슈베르트, 슈만, 멘델스존을 거쳐, 마침내 브람스와 바그너에 이른―의 창시자로 여겼다. 바흐와 헨델은 정녕 남다른 창의력을 가진 작곡가였다. 당시 음악 언어의 영역을 독창적인 방식으로 확장한 이들의 음악은 지금까지도 귀중한 대접을 받고 있다. 내가 이 두 사람의 이야기에 많은 지면을 할애한 것도 바로 그래서이다. 그러나 바흐와 헨델의 음악은 독일의 선배 음악가들에게 빚지고 있는 것만큼이나 이탈리아와 프랑스의 음악으로부터도 큰 영향을 받았다. 그들을 '독일 계보'의 창시자로 간주하는 세상의 시각은 강력한 독일 민족주의를 표방한 후대의 문필가와 연구가들이 치열한 로비를 벌인 결과이기도 했다.

CHAPTER 22

계몽과 혁명

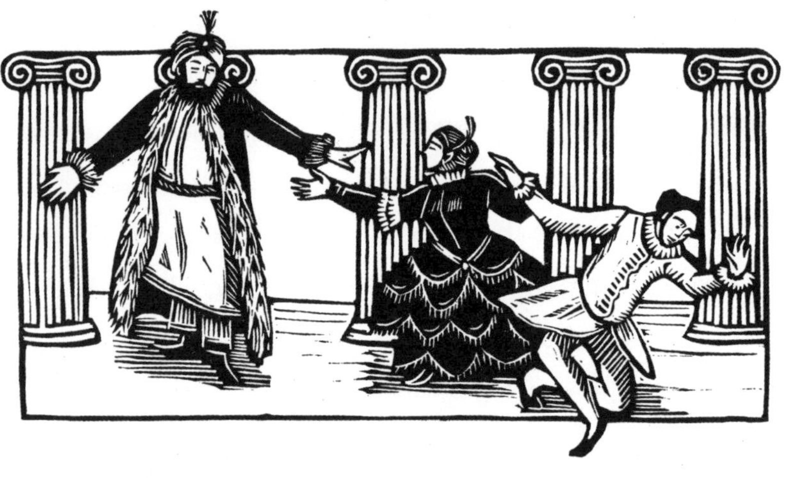

18세기 들어 신선한 사상과 새로운 격변의 기운이 감돌았다. 사회의 근간으로 인간 이성을 강조하는 관점은 계몽주의라는 철학 사조를 낳았다. 계몽주의의 발원지이자 중심지는 프랑스였지만, 곧 독일과 잉글랜드, 스코틀랜드, 북미, 러시아의 사상가들을 끌어들이며 국제적인 흐름으로 발전했다. 계몽주의의 핵심 사업은 모든 '과학과 예술, 기술'의 체계적 포괄을 기치로 내건, 여러 권으로 이루어진 『백과사전 L'Encyclopédie』의 편찬이었다. 하지만 『백과사전』이 다루는 항목은 단순히 '과학과 예술, 기술'에 국한되지 않고 신앙, 정치, 인류학, 철학 등 인간 지식의 전 방향으로 뻗어나가며 당시에 벌어진 대논쟁의 논점을 제공했다. 주요 집필진에는 교회 중심적 시각을 극렬히 비판하는 작가가 다수 포진해 있었다. 그들은 미신을 사용함으로써 권력과 통제력을 행사하는 교회의 행각을 개탄했고, 독재적 통치자와 정부에 의한 자유의 침해 역시 비판했다. 권위에 도전하는 지식인들의 태도는 18세기 말 혁명으로 폭발하게 된다. 영국의 북아메리카 식민지에서 일어난 혁명이 그 첫 번째요, 전 유럽에 거대한 파문을 던진 프랑스 대혁명이 그 두 번째였다.

이런 모든 사건이 대체 음악과 무슨 관계란 말인가? 우리는 지금껏 음악과 음악가들이 권력과 사회의 흐름에 어떻게 반응해왔는지 살펴보았다. 18세기 중반의 새로운 논쟁과 격동 역시 음악가들에게 영향을 미쳤다. 이는 세련성 대 단순성에 관한 논쟁을 통한 음악의 학문적 토론부터 오페라 대본의 소재와 내용상 무엇이 허용되고 무엇이 허용되지 않는지를 놓고 당국과 충돌하는 사례 등으로 표출되었다.

학문으로서의 음악과 음악의 세련성에 관한 논쟁이 가장 뜨겁게 달아오른 곳은 프랑스였다. 최초의 착화점은 1722년 프랑스 작곡가 장 필리프 라모 Jean-Philippe Rameau(1683~1764)가 펴낸 음악 이론서 『자연 원칙으로 정리한 화성론 Traité de l'harmonie réduite à ses principes naturels』이었다. 이 책은 유럽에서 발전된 화성 원칙을 설명하고, 이를 배음렬이라는 기본적인 자연현상 및 서로 다른 음들 간의 수학적 관계와 연결 지으려 한 최초의 주요한 시도였다. 라모는 수학적이고 과학적 이성에 입각한 저술이라는 정신을 표방했고, 이 책은 이후에 나온 음악 이론서들의 토대가 되었다.

『화성론』은 아주 딱딱하고 건조한 내용을 담은 책으로 보일 수도 있지만, 이 책이 나오고 얼마 지나지 않아 라모는 프랑스 음악이 나아가야 할 방향과 관련된 갑론을박의 핵심에 내던져진다. 『화성론』 출간 당시 라모는 하프시코드 곡과 교회음악 작곡가로 알려져 있었다. 그러나 그는 (도메니코 스카를라티처럼) 대기만성형의 음악가였다. 1733년 쉰 살이 된 라모는 첫 번째 오페라 「이폴리트와 아리시 Hippolyte et Aricie」를 파리 무대에 올렸다. 표면적으로 륄리의 모델을 따른 「이폴리트와 아리시」에는 루이 14세 시절의 프랑스 궁정풍 전통에 입각한 춤곡이 여럿 등장한다. 그러나 화성과 관현악법은 초창기 프랑스 오페라보다 훨씬 복잡했고, 륄리의 음악에는 절대 등장하지 않았던 귀를 긁는 불협화음이 자주 사용되었다. 「이폴리트와 아리시」를 접한 관객과 평론가들의 반응은 날카롭게 양분되었다. 어떤 이들은 신선하고 독창적이라는 평가와 함께 음악이 앞으로 나아가야 할 길을 보여주었다고 지지했고, 다른 이들은 륄리가 확립한 우아한 프랑스 전통을 배신한 작품이라고 열을 냈다. 이와 같은 논쟁은 시간이 지날수록 더욱 격화되었다. 심지어 라모가 이후 몇 편의 오페라를 발표하면서 자신의 명성을 안정권에 올린 뒤에도 한 차례의 커다란 논쟁이 폭발했다.

불똥은 1752년 파리를 방문한 이탈리아 극단이 던졌다. 이 극단은 자신들의 동포 작곡가인 조반니 바티스타 페르골레시Giovanni Battista Pergolesi(1710~1736)의 단막 희극 「마님이 된 하녀La Serva Padrona」를 파리에서 가장 성대한 오페라하우스 무대에 올렸다. 사람들은 이 자그마한 오페라의 매혹적인 단순함에 매료되었고, 영향력 있는 작가들은 「마님이 된 하녀」를 동시대 프랑스 오페라 ─ 특히 라모의 작품 ─ 의 공들인 복잡성과 비교하기 시작했다. 공격의 선봉에 선 인물은 철학자 장 자크 루소Jean-Jacques Rousseau(1712~1778)였다. 루소는 페르골레시가 쓴 단막극의 선율미와 단순성을 찬양하면서 프랑스 음악은 '짖어대는' 목소리와 '잔혹한' 화음을 가진 음악이라고 깎아내렸다. 그 자신이 음악가이기도 했던 루소는 간단하고 조촐한 단막 오페라 「마을의 점쟁이Le Devin du Village」를 직접 썼다. 대본과 음악 모두 루소의 솜씨인 이 작품은 「마님이 된 하녀」의 공연 두 달 후 파리에서 상연되어 프랑스 국왕의 칭찬을 받았다. 프랑스 음악의 추함과 복잡성을 향한 루소의 비난이

음악의 역사

심했다고 볼 수도 있지만, 사실 그에게는 단순함을 찬미하고 복잡함을 불신한 깊은 이유가 있었다.

루소의 가장 중요한 저술은 인간 본성과 인간 사회를 다루고 있다. 그는 인간 사회가 형성되고 발전된 양상을 고찰하며 그 과정에서 무엇을 잃어버리고 무엇을 얻었는지를 분석한다. 루소는 현대의 인간이 타고난 본성과의 접점을 잃었다는 시각을 견지했다. 그의 견해에 따르면 '원시적' 인간은 단순하고 소박하게 사는데, 우리가 '문명'이라 부르는 세련과 복잡성의 파괴적 물결이 사회로 밀고 들어오면서 단순하고 소박한 삶이라는 인간의 본질적 특징이 유실되었다는 것이다. 단순성을 되찾고자 하는 루소의 열망은 '고결한 야만인 noble savage'이라는 개념으로 이어졌다. '고결한 야만인'은 원시적 삶의 순수성을 잃지 않은, 따라서 존경해야 마땅한 비문명화된 인간이었다.

이러한 주장과 생각은 당시 유럽의 사상가들 사이에서 점차 확산된 다른 문화권에 대한 논의의 일부이기도 했다. 역설적이게도 음악 작품에서 다른 문화권을 최초로 환기한 작곡가는 '세련미가 지나치다'고 여겨진 라모였다. 1735년 파리에서 상연된 라모의 오페라 발레극 「우아한 인도의 나라들 Les Indes galantes」은 아리아, 합창, 발레가 풍성하게 혼합된 통상적인 프랑스 극작품의 틀을 따르면서도 총 네 개의 막이 서로 다른 이국적 지역 ─ 튀르키예, 페루, 페르시아, 북아메리카 ─ 을 배경으로 하고, 또 각각의 막이 지역 원주민과 유럽인 간의 육체적 사랑과 대립 관계를 다룬다는 공통점으로 묶여 있다. 라모와 대본 작가는 이국을 탐방하고 돌아온 여행자들이 앞다투어 발간한 기행문을 참고했지만, 딱 한 장면만은 보다 직접적인 만남에서 영감을 얻었다.

1725년 (당시 프랑스의 식민지였던) 일리노이 출신인 북미 원주민 부족의 추장 여섯 명이 대서양을 건너 프랑스 국왕 루이 15세를 알현했다. 국왕을 만난 자리에서 그들은 프랑스 왕관에 충성을 맹세하는 서약문을 읽었다. 이후 추장들은 파리의 어느 극장에서 세 편의 북미 원주민 전통무용을 선보였다. 파리에서는 그 누구도 본 적이 없는 춤사위였다. 라모가 춤곡 「야만인들 Les Sauvages」을 쓴 건 바로 이 북미 추장들의 무용 공연을 보고 느낀 바가 있어서였다. 원래 하프시코드 곡으로 썼다가 나중에 「우아한 인도의 나라들」의 최종 막으로 전용된 「야만인들」은 '이국적 존재'를 오페라의 흥취를 돋우기 위한 양념처럼 사용한 최초의 사례였다. 인종차별적 요소가 다분하여 지금의 우리로서는 마음 편하게 받아들이기 어렵지만, 18세기의 관객에게 21세기의 의식을 기대할 순 없는 노릇이다. 이러한 관례는 19세기까지 공공연히 이어졌다.

유럽인들이 이국적 양념이라는 표피적인 용도를 넘어 다른 문화권의 음악에 진지한 관심을 기울였음을 짐작케 하는 징후가 있었을까? 내가 지금까지 개략적으로 서술한 역사에 따르면 유럽인들은 유럽 대륙 이외 지역의 음악에 거의 예외 없이 등을 돌려왔으며, 그 과정에서 발전된 새로운 화성 언어는 유럽의 음악을 지구적 뿌리로부터 점점 더 멀어지게 했다. 식민 지배와 여행자의 기록 등을 통해 다른 문화권의 음악과 다시 만나기 시작하면서 유럽인들 사이에서도 제한적이나마 관심의 징후가 나타나긴 했다. 그러나 대체적인 태도는 무관심 혹은 적개심에 가까웠다.

1765년 영국은 동인도회사와 군대를 통해 인도에서 가장 부유한 지역인 벵골 주를 지배하고 있었다. 벵골의 초대 총독인 로버트 클라이브 Robert Clive(1725~1774)는 인정사정없이 잔혹한 지배자였다. 반면 클라이브의 후임자 워런 헤이스팅스 Warren Hastings(1732~1818)는 인도와 인도의 문화를 사랑하는 쪽으로 바뀌어간 인물이었다. 그는 인도의 여러 언어를 구사할 줄 알았고, 인도 노래를 배워 불렀으며, 성스러운 인도 문헌의 번역 사업을 장려했다. 그러나 영국인은 노동력과 물자를 수탈해 돈을 벌기 위해 인도에 온 이들이었고, 인도 문화를 향한 헤이스팅스의 감식안은 유례가 드문 예외적 사항일 뿐이었다. 벵골 지역에서 권력을 잡기 위해 헤이스팅스에 맞선 필립 프랜시스Philip Francis(1740~1818)는 벵골 사람들을 '무지하고 미개하다'고 여겼는데, 이는 온 세계의 식민지 개척자들이 자신들의 우월성을 못 박으며 취한 자세를 아주 간명히 요약하는 표현이라고 하겠다.

식민지를 경영하는 정치 지도자들은 자신의 통치 대상인 사람들의 문화가 지닌 가치를 알아보는 안목이 없는 경우가 많았지만 선교사, 작가, 철학자 같은 이들은 피식민 계층의 문화에 동조하고 지지를 보내곤 했다. 1768년에 루소가 출판한 『음악사전』의 '음악' 항목은 다양한 내용을 포함하고 있는데, 그중에는 '중국 노래', '페르시아 노래', '캐나다 야만인들의 노래'가 (유럽식 기보법으로) 소개되어 있다. 루소는 사람들이 예술을 가꿔온 유구한 세월 동안 '지구상 모든 이들이 음악과 선율을 향유해왔다. (그러나) ……오로지 유럽인만이 조화를 이루는 화음을 가지고 있다'고 선언한다. 유럽에만 화음이 존재한다는 사실은 놀라운 결론으로 루소를 몰고 간다. '(동방 민족과 그리스인들의 음악은) 화음 없이도 굉장한 효과를 발휘하는 것으로 보아, 우리의 모든 화음은 그저 고딕적이고 야만적인 창의에 불과하지 않나 의심하지 않을 수 없다. 그리고 만약 우리가 진정 자연스러운 예술과 음악의 참다운 아름다움에 민감하게 반응했다면 절대 추구하지 말았어야 할 창의가 아니었나 생각하게 된다.' 지금까지 보았듯 세계 여러 문화권의 음악은 저마다의 방식으로 폴리포니를 발전시켜왔지만, 화음과 화성 체계가 유럽 고유의 자산이라는 루소의 진단은 정확하다. 그는 자신의 진단을 활용해 프랑스 화성의 복잡성을 공격하고 대신 이탈리아 음악의 단순성을 찬양했다. 그러나 그런 루소조차도 유럽의 화성을 사용하지 않고 음악을 지을 만큼의 과단성은 없었다. 그의 「마을의 점쟁이」는 마치 간소화된 륄리의 음악처럼 철저히 현대적이다.

다른 문화권의 음악에 관한 이 시기의 가장 상세한 정보의 출처는 선교사들의 행적과 그들이 남긴 기록이다. 프랑스의 예수회 신부 장 조제프 마리 아미오 Jean Joseph Marie Amiot(1718~1793)는 1751년부터 40년 넘게 중국에서 거주하며 선교 활동을 펼쳤다. 아미오 신부는 중국 문화에 관한 광범위한 연구의 일환으로 『고대와 현대 중국 음악에 관한 회고록』을 집필했다. 책에서 그는 중국 음악과 그 법칙 및 이론을 깊이 이해하려는 욕구, 그리고 중국인의 삶과 제의에서 음악이 가지는 중요성과 중국 음악의 오랜 역사를 알고자 하는 욕구를 형성하게 된 계기를 설명한다. 신부는 또한 소리의 자연현상을 향한 중국인만의 접근법과 중국의 음계, 악기를 고찰한다. 한편 루소의 『음악사전』에 인용된 중국 가락은 또 다른 예수회 신부 장 바티스트 뒤알드 Jean-Baptiste du Halde(1674~1743)가 1735년에 남긴 기록을 그 출처로 한다.

인도 주재 영국 법관 윌리엄 존스 경 Sir William Jones(1746~1794)은 1792년에 저술한 에세이 「힌두인들의 음악 선법」에 '힌두스탄 사람들의 노래'를 모아 수록했다. 당시 총독이었던 워런 헤이스팅스는 존스 경이 수집한 노래가 모두 진짜임을 보증했다. 그러나 거기에는 해결할 수 없는 문제 하나가 있었다. 유럽의 기보법으로는 유럽의 관습에 부합하지 않는 인도나 중국 등 외부 문화권의 음악에 내재된 미묘한 조율법과 리듬을 정확히 표현할 수 없었다. 그러므로 이러한 기록은 제 아무리 의도가 좋을지언정 엄격한 의미에서는 '진짜'가 될 수 없었다.

　　　　음악의 역사

이러한 출판물이 유럽 작곡가들에게 미친 영향은 미미했다. 호기심 많은 이들에게는 인도와 중국 음악이 흥미로울 수 있었을지 몰라도, 보통의 작곡가들은 '동양적인' 흥취가 필요할 때만 그러한 정보를 이용하는 수준에 그쳤다. 동양적인 것은 미술과 건축 분야에서도 유행했다. 프리드리히 대왕 Friedrich der Große(1712~1786)은 포츠담 궁전 부지에 중국식 다실茶室을 짓고 건물 바깥으로는 중국풍 의복과 모자 차림의 동상을 빙 둘러 배치했다(그러나 동상의 얼굴 생김새는 중국인보다 유럽인에 가까웠다). 런던의 복스홀 가든에 세운 튀르키예식 텐트도 마찬가지였다. 현대를 사는 우리는 그러한 종류의 '오리엔탈리즘'에 상당한 문제가 있음을 인식한다. 다른 형태의 '이국성'과 마찬가지로 오리엔탈리즘 역시 외국 문화의 기묘함에 방점을 찍어 서양인의 가벼운 호기심 풀이 대상으로 전락시키는 경향이 있기 때문이다. 그러나 18세기 유럽인들은 그러한 태도에 의문을 제기하는 버릇을 들이지 못한 상태였다.

타지의 문화에 진지한 관심을 보이기 시작한 건 시인들이었다. 독일 작가 요한 볼프강 폰 괴테 Johann Wolfgang von Goethe(1749~1832)는 중국 문학과 페르시아 문학에 천착했다. 괴테는 독일어 번역본으로 접한 『시집 Diwan』(짧은 시 모음집)을 통해 14세기 페르시아 시인 하피즈 Hafez(1325?~1390)의 시에 매료되었다. 괴테는 하피즈의 시가 다룬 주제 ─ 사랑의 고통과 황홀경, 새벽녘의 아름다움, 정원, 넘치는 술잔 등 우리가 제4장에서 만났던 아랍 및 페르시아 시의 전통적 소재들 ─ 에 관한 자신만의 응답인 『서동시집 West-östlicher Divan』을 출판했다.

그러나 반드시 멀리 떨어진 곳, 자신과 동떨어진 삶과 문화를 영위하는 이들에게 시선을 돌리지 않고도 '타자他者'를 찾은 시인들도 있었다. 괴테가 동쪽을 바라보던 그때, 영국 시인 윌리엄 워즈워스 William Wordsworth(1770~1850)는 잉글랜드의 레이크 디스트릭트에 거주하는 평범한 노동자들의 삶에 시선을 고정하고 있었다. 그때껏 특권층의 예술이 무시해온 계층을 바라보기 시작한 것이다. 그는 양치기와 촌부들에 관한 시를 발표했고 그들의 고단한 삶, 그들의 자연과의 관계를 이례적으로 단순한 시어를 사용해 표현했다. 워즈워스의 '반反엘리트주의적' 감성은 지배층의 압제적 속박으로부터 일반 민중을 해방시킬 것을 약속한 프랑스 대혁명을 향한 그의 열망과 상통했다. 대혁명 시기에 프랑스에서 혁명의 불길을 직접 체험한 그는 훗날 '동이 트던 그때 살아있음이 지복이라, / 하지만 젊다는 것은 천국 그 자체였도다!'라고 썼다. 혁명이 폭력 사태로 물들고 워즈워스도 나이가 들어가면서 그 역시 급진적 정서와 거리를 두는 쪽으로 바뀌어갔다. 그러나 평범한 사람에게 가치를 두는 시각은 새로 등장한 문학적 요소로서 강력한 힘을 발휘했고 그 영향력 또한 광범위했다. 심지어 (귀족 태생인) 괴테조차 민요로 오인된 단순한 시를 쓰기도 했으니 말이다. 스코틀랜드 시인 로버트 번스Robert Burns(1759~1796)는 스코틀랜드 방언을 사용한 시에서 가난한 사람들의 삶을 환기함으로써 국제적 명성을 얻었다.

이 모든 변화가 음악에는 어떤 영향을 미쳤을까? 우리는 이미 인기 민요 선율을 다수 포함한 「거지의 오페라」가 1728년 런던에서 큰 성공을 거두었다는 사실을 살펴보았다. 독일 철학자 요한 고트프리트 헤르더Johann Gottfried Herder(1744~1803)가 선구적 저작인 『민요집』을 출판한 것이 그로부터 50년 뒤인 1778년이었다 – '민요Volkslied'라는 용어를 처음 사용한 인물 역시 헤르더였다. 이후 민요가 유행하면서 민요집 출판 또한 장사가 되는 사업이 되었다. 민요집 중에서도 영국 민요와 스코틀랜드 민요를 묶은 책이 특히 잘 팔려나갔다. 에든버러의 조지 톰슨George Thomson(1757~1851)은 스코틀랜드 민요 대전집 출판 프로젝트를 주도하면서 당대에 가장 유명한 작곡가인 요제프 하이든에게 바이올린과 첼로 파트가 옵션으로 붙은 피아노 반주 악보를 제공해달라고 부탁했다. '진짜배기' 민요 선율은 그 수효가 제한적이었기 때문에 톰슨은 시장의 수요를 충족하기 위해 다수의 신곡을 포함시켰다(특히 로버트 번스의 시를 가사로 한 신곡이 많았다). 1809년 하이든이 사망하자 톰슨은 베토벤을 설득해 선배 작곡가의 뒤를 잇게 했다.

이러한 흐름이 오로지 사회 하층민을 향한 관심 때문만은 아니었다. 그보다는 늘어나는 중산층 사이에서 토착적이면서도 부담스럽지 않은 만큼만 '이국적'인 것을 향한 인기가 높아졌기 때문이라고 보는 편이 타당하다. 하이든과 베토벤의 음악에 거친 구석은 전혀 없었다. 마치 하인에게 새로운 제복을 입히고 올바른 행동 요령을 가르치듯, 민요도 새로운 환경에 부합하도록 길들인 것이다. 「거지의 오페라」에서처럼 민요도 공개된 무대를 통해 대중과 만났지만, 출판업자들의 주요 표적은 사회적으로 어느 정도 체통을 차리는 가정이었다. 그러한 가정에서는 여성이 피아노를 연주하고 노래를 부르는 것이 점점 더 흔한 광경이 되어가고 있었다.

CHAPTER 23

아프리카의 노예들과 유럽의 상류사회

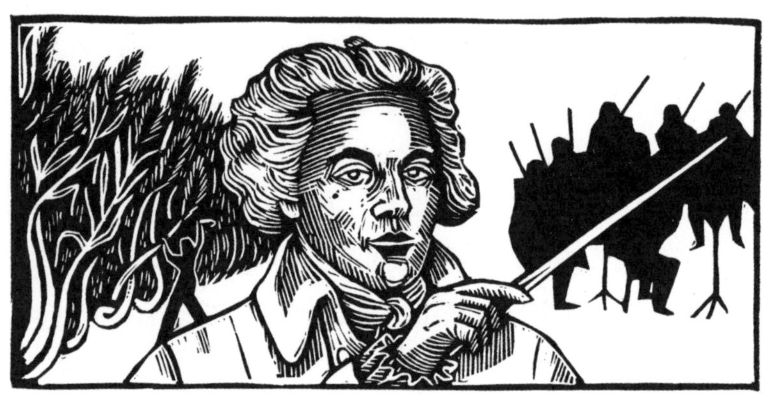

지금까지 나는 유럽과 여타 문화권의 교류에서 중요한 점 하나를 언급하지 않은 채로 서술해왔다. 그것은 바로 노예제다(이전 장에서 노예제도는 전쟁과 식민 지배라는 문맥 속에서만 가끔 언급했을 뿐이다). 노예를 부리는 행위는 고대 이래로 세계 곳곳에서 인간 사회의 일부로 존재해왔다. 그리고 이 글을 쓰고 있는 지금 이 순간만 해도 서양 세계에서는 서양이 누린 부귀영화의 한 축이 된 아프리카 노예무역에 관한 인식이 크게 확산하고 있다. 18세기에 최고조에 달한 노예무역은 가히 하나의 '산업'이라 부르기에 손색이 없는 규모였다. 나와 다름없는 인간을 그처럼 잔인하게 다룬 관행이 편견과 미신을 혁파하고 과학적 지식과 '계몽'에 초점을 맞춘 18세기의 사상적 흐름과 어떻게 병립했는지 좀처럼 가늠되지 않는다. 하지만 지금 우리가 '과학'이라 부르는 것도 우리 속에 깊이 뿌리내린 태도와 따로 떼어내어 생각하기 힘들지 않은가.

18세기는 유형화와 범주화의 시대였다. 학자들은 식물과 동물, 그리고 – 물론 – 인간의 여러 유형 아래에 깔린 보편적 진리를 찾아내고자 했다. 인간의 신체 구조에 대한 연구는 여러 인간 유형, 특히 유럽인과 아프리카인의 차이를 밝혀냈다. 이러한 연구 결과는 아프리카인이 유럽인에 비해 '열등'하다는 지배적 관점을 강화하고 재확인하는 데 너무나 쉽게 사용되었다. 계몽시대의 가장 급진적인 사상가들조차도 이러한 견해의 오류를 인식하지 못했다. 다른 수많은 문제에 관해 명확하고 뚜렷한 사고를 견지한 철학자 볼테르Voltaire(1694~1778)와 데이비드 흄David Hume(1711~1776)조차도 이러한 관점을 그대로 받아들였다. 늘 과학을 윤색하곤 하는 종교도 여기에 한몫했다. 하느님에 의해 완벽한 형태로 창조뒤, 인간을 비롯한 모든 종이 세월이 흐름에 따라 타락하고 퇴보한다는 믿음은 지금의 우리 기준으로는 인종차별에 해당하는 주장을 부채질했다. 이러한 차별적 시각에 반대하는 이들이 없지는 않았고, 19세기에도 노예제도 철폐를 주장하는 이들이 있었다. 그러나 그건 아주 지난한 싸움이 될 운명이었다 – 그리고 그 싸움은 아직도 끝나지 않았다.

포르투갈인들은 이미 15세기부터 아프리카 사람들을 유럽으로 끌고 와 노예로 팔아넘기고 있었다. 교황은 포르투갈인들로부터 비기독교도 노예를 사들이는 일을 승인했고, 곧 이탈리아와 스페인에는 흑인 노예가 크게 늘어난다. 영국과 독일에서는 한때 노예 신분이었던 사람들이 귀족층의 하인으로 고용되었다. 음악가들 중에도 노예 신분을 벗은 흑인이 많았는데, 주로 북과 나팔을 담당하는 음악가들이 그러했다(이미 제15장에서 헨리 8세의 트럼페터 존 블랭크를 만난 바 있다). 영국은 17세기 무렵 바베이도스 섬에 사탕수수 플랜테이션을 경영하며 노예 노동력을 투입했다. 18세기 내내 영국은 약 300만 명의 아프리카인을 카리브 해 지역과 북미 대륙으로 끌고 와 노역을 시켰다. 영국의 뒤를 이은 건 프랑스로, 그들의 손에 의해 약 100만 명의 아프리카인이 노예가 되었다. 노예제는 잔인했다. 대서양을 건너는 배 위에서 죽은 이의 숫자를 헤아릴 수 없었고, 목적지인 농장에 도착한 뒤에도 끔찍한 취급을 받다가 숨지는 이가 부지기수였다. 이러한 잔인함이 아프리카 사회에 미친 심대한 영향은 말할 것도 없다.

노예무역과 노예 노동력을 이용한 농장 경영은 이윤이 엄청난 장사였다. 런던은 18세기 초에 여러 극장과 오페라하우스를 거느릴 정도로 부유한 도시가 되었다고 앞에서 말한 바 있는데, 그 부의 상당 부분이 바로 노예무역에서 온 것이었다. 헨델이 일한 로열 아카데미 오브 뮤직의 주요 투자자 중 여럿이 로열 아프리칸 컴퍼니Royal African Company와 사우스 시 컴퍼니South Sea Company의 주주였다(두 회사 모두 노예무역이 주요 사업이었다). 헨델 자신도 이들 회사로부터 주식과 연금 수익을 받았다.

노예무역으로 수많은 아프리카인이 유럽 땅에 발을 디뎠다. 1770년대에는 잉글랜드에만 1만 5,000명의 아프리카인이 거주하고 있었던 것으로 추산된다. 그들 중 다수는 사회 최하층에서 가난하게 살았다. 영국과 독일에서는 노예상으로부터 돈을 주고 산 흑인을 하인으로 부리는 것이 유행처럼 여겨졌다. 사람들은 마치 이국적인 동물이나 식물 따위의 진귀한 물건을 모으듯 흑인을 수집했다. 18세기의 가족 초상화는 아프리카인 노예가 - 흡사 가족이 기르는 개의 표정과 비슷하게 - 자신의 주인과 마님을 숭배하듯 올려다보는 구도로 그려지곤 했다. 노예제를 반대하는 운동이 힘을 얻으면서 극소수의 흑인 노예가 유명세를 타기도 했다. 노예 신분을 벗고 책을 집필한 사례도 있었다. 물론 거기에 소개된 그들의 끔찍한 경험은 노예제를 반대하는 이들에게 강력한 무기가 되었다.

그렇게 유명해진 흑인 중 한 명이 바로 이그나티우스 산초Ignatius Sancho(1729?~1780)로, 그의 사후 2년 뒤인 1782년에 발간된 서간집으로 그의 삶이 상세히 알려졌다. 두 살 때 노예 수송선에 실려 런던에 온 산초는 몬태규 공작부인 Duchess of Montagu(1689~1751)의 집사로 고용되었고, 당대 최고의 초상화가 토머스 게인즈버러Thomas Gainsborough (1727~1788)의 초상화 모델이 되었으며, 소설『신사 트리스트럼 샌디의 생애와 견해』의 저자 로렌스 스턴 Laurence Sterne(1713~1768)과 교분을 맺었다. 산초는 스턴에게 쓴 편지에서 노예제 반대 운동에 동참하길 촉구했고, 스턴 역시 동의하며 노예제를 다음과 같이 간명히 요약했다. '나의 선량한 산초여, 세계의 절반이 다른 절반을 짐승처럼 부리는 것이, 그러고는 그들을 짐승처럼 만들려고 애쓰는 것이 그다지 드문 일은 아니라네.'

산초가 남긴 여러 업적 중에 음악이 있었다. 산초는 당시 유행하는 음악에서 실력을 발휘했다. 1770년을 전후해 미뉴에트를 비롯한 춤곡 모음집을 세 권 펴냈는데, 기본적으로는 하프시코드 작품집이면서 추가적으로 호른, 플루트, 만돌린, 바이올린을 사용할 수 있도록 했다. 이들 악보집은 산초의 고용주인 공작부인의 부군 몬태규 공작John Montagu, 2nd Duke of Montagu(1690~1749)에게 헌정되었는데, 그 정도로 지체 높은 귀족 집안이면 춤곡 연주에 필요한 음악가쯤은 상시적으로 두고 있었을 가능성이 높다. 악보집 표지에는 작곡가의 이름이 '산초'로 정확히 표기되어 있지 않고 단지 '어느 아프리카인'으로만 되어 있다. 그러나 이후에 발간된 간단한 하프시코드용 작품집『1779년을 위한 열두 편의 시골 춤곡』에는 '이그나티우스 산초'라는 이름이 당당히 인쇄되어 있다. 1779년이면 산초가 이미 몬태규 집안을 떠나 웨스트민스터에서 식료품점을 운영하고 있을 때였다. 산초의 이름은 어느 정도 알려져 있어서 그의 이름을 명확히 하는 편이 식료품 판매에도 도움이 되었을 것이다. 산초의 음악 작품은 '레이디 메리 몬태규의 실감개', '딸기와 크림', '모두가 한마음'처럼 시류를 따른 제목이 붙곤 했고, 하프시코드 실력이 어지간한 사람이라면 충분히 소화할 정도로 간단한 스타일로 되어 있었다. 『1779년을 위한 열두 편의 시골 춤곡』 악보 표지의 '올바르고 고결한 노스 양'이라는 피헌정자 문구를 통해 우리는 당시 대개의 가정에서 여인이 하프시코드 연주를 담당했을 것으로 짐작해볼 수 있다. 각각의 춤곡 하단에는 음악에 어울리는 댄스 스텝이 제시되어 있는데, 이 곡들이 연주회용이 아니라 잉글랜드의 가정 응접실을 위한 음악이라는 점이 여기서도 다시 한 번 드러난다.

산초에게 가정용 음악 작곡은 일종의 부업이었다. 반면 조제프 드 불로뉴, 슈발리에 드 생 조르주 Joseph de Bologne, Chevalier de Saint-Georges (1745~1799)는 음악을 전업으로 하는 본격 작곡가였다. 생 조르주의 어머니는 아프리카에서 카리브 해로 끌려온 노예였고 아버지는 프랑스 태생의 백인 농장주였다(당시에는 남성 농장주와 여성 노예 사이에서 태어난 혼혈아가 무척 많았다). 생 조르주는 일곱 살 때 양친을 따라 프랑스로 건너갔다. 사회적 위치가 무척 높았던 생 조르주의 아버지는 아들이 훌륭한 교육을 받을 수 있도록 지원했다. 산초와 마찬가지로 생 조르주도 일취월장했고, 마침내 두 개의 분야에서 큰 성공을 거두었다. 펜싱에 남다른 재능을 보인 생 조르주는 이미 10대 시절에 프랑스 최고 수준의 펜싱 마스터를 꺾는 기염을 토했다. 그리고 그는 – 어떤 음악 교육을 받았는지는 전혀 알려지지 않았지만 – 뛰어난 기량을 갖춘 바이올리니스트였다.

생 조르주가 스무 살이 된 해에 프랑스의 선두급 작곡가 중 한 명인 프랑수아 조제프 고세크 François-Joseph Gossec (1734~1829)가 바이올린과 비올라, 첼로를 위한 3중주집을 그에게 헌정했다. 3년 뒤인 1769년 생 조르주는 고세크가 이끄는 오케스트라 '르 콩세르 드 라 로지 올림피크Le Concert de la Loge Olympique' – 프리메이슨 지부의 명칭에서 온 단체명이다 – 에 입단했다(당시는 지금처럼 봉을 든 지휘자라는 존재가 등장하기 전으로, 보통 바이올리니스트가 연주를 통솔했다). 그로부터 4년 후, 고세크는 경쟁 악단으로 자리를 옮기면서 자신의 후임자로 생 조르주를 지목했다. 생 조르주의 리더십 덕분에 '르 콩세르 드 라 로지 올림피크'는 유럽에서 가장 기강이 잘 잡혀 있고 존경받는 악단으로 올라섰다. 하이든이 이들을 위해 여섯 곡의 교향곡*을 작곡했다는 사실만으로도 이 악단의 위상을 가늠할 수 있다.

1776년 파리 오페라단 감독직이 공석이 되면서 생 조르주가 유력한 후임자로 거론되기 시작했다. 그러나 오페라단 지도부의 귀부인 네 명이 왕비 마리 앙투아네트Marie Antoinette(1755~1793)에게 청원을 올리면서 제동을 걸었다. 혼혈인의 명령을 받는 입장이 되는 수모를 견딜 수 없다는 탄원이었다. 생 조르주는 왕비의 입장이 더 이상 난처해지지 않도록 스스로 물러나는 쪽을 택했다. 그는 바이올리니스트로뿐만 아니라 작곡가로도 높은 평가를 받았다. 모두 여섯 편의 오페라를 썼다고 알려져 있지만, 지금까지 전하는 것은 「이름 없는 연인L'Amant anonyme」뿐이다. 그는 또한 실내악, 다수의 바이올린 협주곡과 협주적 교향곡Symphonie concertante – 하나 이상의 독주자가 동원되는 대편성 협주곡으로, 프랑스 작곡가들의 장기인 장르 – 을 썼다. 1778년에 작곡한 「바이올린과 비올라를 위한 협주적 교향곡」에는 지명도가 훨씬 높은 모차르트의 「바이올린과 비올라를 위한 신포니아 콘체르탄테」의 악절과 무척 흡사한 악절이 여럿 등장한다. 이는 우연이라기 힘든 것

---

* 이른바 '파리 교향곡 세트'로 알려진 「교향곡 82번」부터 「교향곡 87번」까지의 작품.

이, 모차르트가 1778년 파리에서 석 달을 머무는 동안 생 조르주의 곡을 직접 들었거나 악보를 통해 접했을 가능성이 높기 때문이다(모차르트 이야기는 다음 장에서 본격적으로 할 예정이다).

산초와 생 조르주가 음악가로 성공할 수 있었던 건 두말할 필요도 없이 그들이 유럽의 음악 양식에 정통했기 때문이다. 산초는 주로 매력적인 소품을 썼고, 생 조르주는 당대 유럽의 국제적 양식에 능한 솜씨를 바탕으로 제법 덩치가 큰 작품을 썼다. 두 사람이 쓴 음악에 작자를 아프리카인으로 특정할 만한 구석은 전혀 보이지 않는다. 18세기의 유럽인들 중 아프리카 음악에 관심을 가진 사람 – 반대로 유럽 음악에 달통한 아프리카인이 아니라 – 이 있었는지 그 자취를 더듬어도 손에 걸리는 건 거의 없다. 그나마 건져지는 것이라곤 노예들의 음악을 직접 관찰하고 체험한 사례라기보다 아프리카를 방문한 이들이 남긴 기록이 고작이다. 17세기 후반에 선교사들이 보고 경험한 아프리카 악기에 관한 기록이 있고, 18세기 초에는 독일의 탐험가 페터 콜베Peter Kolbe(1675~1726)가 서남아프리카의 코이코이인Khoekhoe(이 지역을 식민 지배한 네덜란드인은 이들을 '호텐토트Hottentot'라는 멸칭으로 불렀다) 사회를 상세히 묘사한 기록이 존재한다. 천문학자이기도 했던 콜베는 경도經度를 계산하는 방법을 발견하기 위한 노력의 일환으로 아프리카의 밤하늘 관측 임무를 띠고 남아프리카에서 8년을 머무는 동안 아프리카인들의 춤, 폴리포니 노래, 그리고 고라 – 제7장에서 설명한 구궁의 일종 – 를 비롯한 악기 연주에 관한 기록을 남겼다.

유럽인은 19세기에 접어든 이후로도 한참 동안 아프리카 노예들의 음악을 무시하는 입장을 고수했다. 현대의 우리가 듣는 음악이 아프리카인들에게 빚진 바가 얼마나 많은지를 생각할 때(여기에 대해서는 제34장에서 다룰 예정이다), 그러한 무시와 무지는 다소 충격적으로 다가올 수도 있다. 하지만 노예제도라는 왜곡된 유리창이 한 겹 끼는 바람에 사람들은 아프리카인을 온전히 관찰하고 평가할 수 없었다. 유럽인의 호기심을 자극한 건 노예가 되는 굴레를 뒤집어써야 했던 아프리카인의 음악보다 노예가 되는 운명을 피해 간 인도인과 중국인, 북미 원주민의 음악이었다(그럼에도 그들의 음악과 진지하게 대화하려 한 이는 극히 드물었다). 이미 유럽 사회는 노예제도를 정당화하기 위해 아프리카인을 자신들보다 열등한 부류로 '분류'해둔 뒤였다. 심지어 아프리카 출신의 노예로 넘쳐난 북아메리카와 카리브 해 지역에서도 그들의 음악에 주목하고 기록을 남긴 사람이 거의 없었다. 플랜테이션 농장을 감독하는 백인들은 아프리카의 노래와 춤에 늘 노출되어 있었을 게 분명하다. 그러나 무엇보다 우선시된 건 노예들을 통제 아래에 두는 것이었고, 따라서 완강한 리듬이 두드러지는 그들의 음악은 일종의 위협으로 인식되었을 가능성이 있다. 아프리카인들이 가진 음악적 밑천을 유럽인과 미국의 백인들이 비로소 듣기 시작한 건 그로부터 한 세기가 넘게 흐른 뒤였다.

　유럽의 흑인 음악가가 스스로 이름을 알리기엔 엄청난 장애물이 존재했다. 산초와 생 조르주는 그들이 이루고자 하는 바를 지지한 고위층 인맥의 도움을 받은 행운아들이었다. 하지만 두 사람에게는 그것 말고도 커다란 이점이 있었다. 둘 다 남성으로 태어났다는 사실이다. 18세기 파리에서는 여성이 ─ 설령 백인 여성이라도 ─ 공개 연주회에서 오케스트라를 리드한다는 건 상상조차 할 수 없었다. 이 책에서 지금까지 언급된 여성 작곡가가 얼마나 드물었는지 이미 눈치를 챈 독자도 적지 않을 것이며, 이름을 드러낸 이들은 모두 지극히 예외적인 사례였다. 19세기로 접어들면서 몇 명의 여성 음악가를 또 만나게 될 테지만, 아무튼 여성으로서 대중 앞에서 이름을 알리기란 여전히 무척이나 힘든 일이었다. 아무리 재능이 출중하더라도 말이다. 그리고 당대에 이름을 알린 이들도 후대의 역사학자들에 의해 간과되는 경향이 있다. 이 논쟁적인 주제에 대해서는 이후에 또 제대로 이야기할 기회가 있을 것이다.

CHAPTER 24

무대 위의 폭풍, 마음속의 폭풍

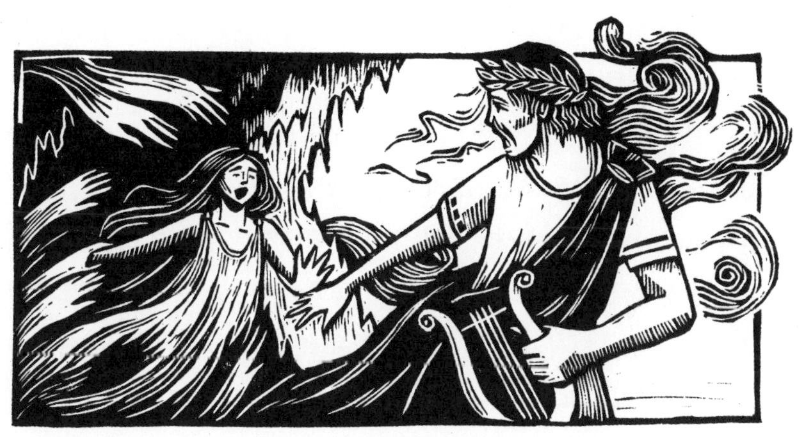

새로운 악기의 등장과 발전, 그리고 기악 레퍼토리의 증가는 연주회 및 가정 음악의 성장과 함께 18세기 후반을 거쳐 19세기까지 이어졌다. 공공 행사용 관현악곡의 수요가 꾸준했고, 사사로운 목적을 위한 '실내악' ― 현악 3중주나 4중주, 현악 및 관악 앙상블을 위한 작품, 하나 혹은 둘 정도의 악기와 건반악기가 어울리는 곡 등 ― 이 필요한 경우도 많았다. 하프시코드나 클라비코드, 그리고 나중에는 피아노를 위한 독주 건반 레퍼토리도 늘어났다. 이런 작품들 중에는 아마추어가 가정에서 연주하기 위한 곡도 있었고, 날이 갈수록 늘어나는 수준급 연주자를 위한 곡도 있었다.

음악 자체의 성격도 변화하고 있었다. 악장 간의 분위기가 대조되는 극적인 성향이 짙어졌고, 종착점을 향해 음악을 전진시키는 '서사성' 짙은 작품이 증가하는 추세였다. 16세기 초 조스캥 데프레 시절 이래로 지속적으로 늘어난 음악의 서사성은 여러 출처에서 비롯된 흐름이 하나로 만나며 이제 새로운 극적 치열성을 띠게 되었다.

기악곡에 찾아온 변화라는 바람의 중요한 근원지 중 하나는 오페라였다. 1750년대를 전후해 스타 성악가의 기교 과시를 중시하는 관행이 도를 넘으면서 오페라의 드라마가 희생된다는 공감대가 널리 형성되었다. 페르골레시의 「마님이 된 하녀」에서 보았듯 희가극(코믹 오페라) 장르는 단순함이 강조된 극작품의 매력을 보여주었다. 앙상블이 절정의 순간에 방점을 찍는, 그리고 등장인물 간의 극적 소통에 집중한 희극을 쓰는 작곡가가 생겨났다. 고대 비극에서 플롯을 취하는 경우가 잦았던 정가극(정극 오페라) 장르에서도 극의 자연스러운 흐름을 중시하고 음악을 통해 대사가 품은 감정적 힘을 표현해야 마땅하다는 요구가 고개를 들었다. 고대 그리스 드라마의 사상에 뿌리를 둔 한 세기 반 전 오페라 초창기의 원칙으로 돌아가자는 외침이나 다름없었다.

이러한 개혁 운동의 지도자로 추대된 작곡가는 이탈리아인이 아니라 독일인 크리스토프 빌리발트 글루크Christoph Willibald Gluck(1714~1787)였다. 이탈리아에서 수학한 뒤 작곡가로서 거의 평생을 빈과 파리에서 보낸 글루크의 첫 번째 성공작은 1762년 빈에서 초연되어 지금까지도 공연되는 「오르페오와 에우리디체Orfeo ed Euridice」였다(몬테베르디의 오페라를 비롯한 여러 작품과 마찬가지로 이번에도 고대 그리스의 '오르페우스 이야기'가 원작으로 사용되었다). 극의 절정부에서 오르페오가 노래하는 아리아 '에우리디체 없이 나는 이제 어이해야 하나Che farò senza Euridice'는 간결하고 단순한 비극성으로 오랫동안 찬탄의 대상이 되어왔다. 글루크는 '음악이 쓸모없이 과도한 장식음을 사용함으로써 극의 흐름을 끊거나 억누르는 법 없이 이야기의 상황에 이바지하게 하겠다'는 목적을 천명했다. 그는 레치타티보와 아리아가 서로 뚜렷이 구별되면 '연기의 힘과 열기가 저해된다'고 여기고 양자 사이의 구분선을 흐릿하게 하고자 했다. 글루크는 또한 오페라 서곡이 '관객으로 하여금 앞으로 전개될 극의 본질을 미리 가늠할 수 있게 하고, 이른바 극에 관한 논의를 형성하게 하는 역할을 해야 한다'고 생각했다. 글루크가 주장한 바의 일부는 프랑스 오페라, 특히 프랑스인들의 발레 사랑과 관계되어 있었다. 그는 발레 역시 극의 흐름과 무관한데도 억지로 갖다 붙일 게 아니라 오페라의 다른 모든 요소와 마찬가지로 극에 이바지하는 방향으로 개혁해야 한다고 주장했다. 무엇보다 글루크는 '아름다운 단순성을 찾는 일'에 전심전력했다.

그가 내세운 개혁 정신은 제자들과 이후 세대의 추종자들에게로 이어졌다. 독일어권 작곡가와 작가들은 글루크를 온갖 부조리로부터 이탈리아 오페라를 '구해낸' 개혁가로 여겼다. 이 같은 시각은 당시 커지고 있었던 독일이라는 국가적 정체성 – 앞으로의 역사에 지대한 영향을 미칠 화두였다 – 과도 잘 맞아떨어졌다. 그러나 당시 사람들이 글루크의 음악에 열광한 건 독일이라는 정체성 때문이라기보다 그의 오페라가 가진 극적 효과 때문이었다. 이를 잘 보여주는 사례가 글루크의 1761년작 발레곡「동 쥐앙Don Juan」에서 주인공이 지옥으로 끌려 들어가는 클라이맥스 장면에 등장하는 '복수의 세 여신의 춤'이다. 이 곡이 거둔 성공은 대단해서, 글루크는 1774년 파리 공연을 위해「오르페오와 에우리디체」를 개작할 때 요정들이 명계로 내려가려 하는 오르페우스를 막아서는 장면에서 그대로 재활용했다. 마침내 오르페우스의 명계 입장이 허락되는 순간 음악은 평화로운 플루트 솔로를 동반한 '축복받은 정령들의 춤'으로 바뀐다.

오페라 속 강력한 기악 패시지는 글루크 이전에도 있긴 했다. 글루크가 활동하기 몇십 년 전, 프랑스 작곡가들은 오페라 무대 위에 폭풍우(템페스트)를 청각적으로 구현하는 데 특화된 솜씨를 보여주었다. 당시 유행한 풍경화 속 정경의 음악판인 셈이었다. 헨델과 비발디의 오페라에는 가수가 실제나 상상 속의 폭풍우와 대거리하며 부르는 '템페스트 아리아'가 자주 등장한다. 비발디는 유명한 바이올린 협주곡집 『사계Le quattro stagioni』 속으로 폭풍우를 끌고 들어왔다. 악기만으로 꾸민 이러한 새로운 종류의 드라마는 관현악곡 작곡가들 사이에서 들불처럼 번져나갔다. 이미 일반 연주회에서 오페라 서곡을 따로 떼어내어 공연하는 관행이 자리 잡고 있었다. 서곡은 여러 악장으로 구성된 미니어처 교향곡 같은 짜임새를 취하는 경우가 잦았기에 더더욱 적격이었다. 이제 드라마적 요소는 관현악곡 작법에 근본적인 변화의 물결을 몰고 오기 시작한다.

작곡가들이 새로운 극적 표현에 집중할 수 있었던 건 신생 오케스트라의 막강한 연주력이 받쳐주었기 때문이다. 우리는 이미 생 조르주 덕분에 파리의 '르 콩세르 드 라 로지 올림피크'라는 오케스트라를 만난 적이 있다. 이 악단의 강점은 모든 현악기의 활놀림이 정확하게 같은 방향으로 움직이게 한 과감하고 공격적인 오프닝이었다. 작곡가들은 올림피크 악단이 이러한 강점을 과시할 수 있도록 배려한 작품을 썼다. 하이든의 '교향곡 82번'과 모차르트의 '교향곡 31번'이 대표적인 사례다.

관현악단의 기량으로 유명한 명소가 또 하나 있었으니, 바로 독일의 만하임 궁정이었다. 만하임 오케스트라는 연주 기강이 몹시 높을 뿐더러 비장의 무기도 가지고 있었다. 악절을 아주 조용하게 연주하기 시작해 점차 음량을 끌어올려 절정에 이르게 하는 주법으로, 이른바 '만하임 크레셴도'로 알려진 기법이었다. 이러한 효과를 처음으로 도입한 이는 악단의 리더인 작곡가 요한 슈타미츠Johann Stamitz(1717~1757)

였다. 파리와 만하임 사이에 아이디어 교환은 꾸준히 이루어졌던 것 같다(슈타미츠는 1년간 파리에서 지내기도 했다). 두 도시를 중심으로 일어난 극적 가능성의 개발은 다음 세대의 작곡가들에게 영향을 미쳤다. 모차르트 역시 파리를 방문한 직후 「바이올린과 비올라를 위한 신포니아 콘체르탄테」를 썼는데, 두 독주자가 처음 등장하기 전에 나타나는 떨림음trill에 의한 만하임 크레셴도가 일품인 작품이다.

극적 양식은 규모가 작은 음악으로도 스며들었다. 바흐의 아들 중 한 명인 카를 필리프 에마누엘 바흐Carl Philipp Emanuel Bach(1714~1788)는 교회음악과 교향곡, 실내악도 썼지만, 그의 작품 중에서 비중과 중요도가 가장 높은 건 건반악기를 위한 소나타다. 여기에는 비교적 간단한 작품도 포함되어 있고 일부는 아예 '숙녀분들을 위한 작품'이라고 구체적으로 그 대상이 명기되어 있다(부잣집의 요조숙녀들은 기본 교육 중 하나로 건반악기 다루는 법을 배웠다). 고단수를 위한 곡도 많이 지었다. 반드시 기교상의 고단수뿐만 아니라 온갖 종류의 극적 변화와 분위기 변화를 도모해야 하는 작품들이다. 그의 아버지인 요한 제바스티안의 음악 중에서 일부 전주곡과 환상곡에는 엄청난 수준의 극성劇性이 존재하며, 어떤 선율은 비범할 정도의 표현적 자유를 담고 있다. 아들 에마누엘은 아버지로부터 물려받은 유산을 새로운 방향으로 돌렸다. 흡사 오페라적인 양식이 접목된 그의 기악곡은 뜻하지 못한 뒤틀림과 놀라움으로 가득하다.

현재의 우리는 극적인 건반 음악을 생각할 때 음역과 음색의 폭이 넓은 현대식 그랜드피아노를 연상하기 쉽다. 그러나 바흐가 살았던 시대는 피아노라는 악기가 막 걸음마를 뗀 참이라 지금의 피아노에 비해 악기의 크기나 음량이 훨씬 작았다. 당시는 건반악기라고 하면 으레 클라비코드를 의미했다. 음량이 아주 작은 이 악기는 주로 가정용으로 사용되었고, 설령 사람들 앞에서 연주해도 악기에 바짝 붙어 앉은 몇 명의 관객에게나 들릴 정도였다. 클라비코드는 특유의 작동 원리 덕분에 비록 음량이 작을지언정 폭넓은 표현이 가능했다. 건반을 누르면 악기 안쪽으로 건반과 이어진 자그마한 놋쇠 날tangent이 상승하며 현을 치는 구조였다. 건반을 세게 누르면 누를수록 음량도 커졌다. 건반에서 손가락을 뗄 때까지 놋쇠 날은 현에 접촉한 상태를 유지하는데, 덕분에 건반을 누른 채 손가락을 위아래로 움직이면 약간의 '비브라토' 효과를 얻을 수 있었다. 클라비코드는 비록 스케일이 작아도 표정이 몹시 풍부한 연주가 가능했다. 에마누엘 바흐의 음악은 바로 이러한 은근한 표현력에 안성맞춤인 음악이었다.

에마누엘 바흐는 건반악기 연주 방식을 저술한 책 『진정한 건반악기 연주 예술에 관한 에세이』를 펴내기도 했다. 다양한 음악적 기법을 다룬 이 책에서 그는 음악을 통해 감정을 느끼는 것의 중요성을 특히 강조했다. '음악가는 먼저 자신이 감동받지 않으면 다른 이들을 감동시킬 수 없는 법이다. 음악가는 자신의 청자에게 불러일으키고자 하는 모든 정념을 느껴야 한다.' 모차르트는 함부르크를 찾은 길에 에마누엘 바흐를 만났다(함부르크는 에마누엘 바흐가 생애 마지막 20년간 카펠마이스터로 봉직한 곳이었다). 바흐는 70대의 노구로 질베르만 피아노 앞에 앉아 젊은 손님을 위해 수차례 즉흥 연주를 선보였다. 이후 열린 어느 파티에서 모차르트는 에마누엘 바흐의 연주에 대해 어떻게 생각하느냐는 질문을 받았다. 위대한 모차르트는 빈 사람답게 허심탄회하게 대답했다. "그는 아버지요, 우리 모두는 아이들입니다. 우리 중에 뭔가 좀 안다고 설치는 사람들은 모두 그에게서 배운 겁니다. 이 점을 인정하지 않는 자는 누구 할 것 없이 ……입니다."(그가 어떤 표현을 사용했는지는 그저 상상에 맡길 뿐이다) 이 일화는 여전히 즉흥 연주가 음악의 중요한 요소였음을 다시

음악의 역사

한 번 상기시킨다. 영국의 음악사학자 찰스 버니Charles Burney(1726~1814)는 에마누엘 바흐에 대해 더욱 상세한 기록을 남겼다. 에마누엘 바흐를 '지금껏 존재한 건반 음악 작곡가 중 가장 위대한 인물일 뿐만 아니라 표현 면에서 그 누구도 따라올 수 없는 최고의 연주자'로 상찬한 버니는 독일에서 그의 즉흥 연주를 몇 시간 동안 듣는 행운을 누렸다. '연주 도중 에마누엘 바흐는 점차 활기를 띠어가더니 급기야는 어딘가에 홀린 듯한 상태가 되었다. 그는 단순히 피아노를 연주하고 있다기보다 영감을 내려받은 사람처럼 보였다. 그의 눈은 한곳을 응시했고, 그의 아랫입술은 툭 떨어지듯 열렸다. 그런 그의 모습에서는 감격의 기운이 방울방울 떨어졌다.' 에마누엘 바흐의 『진정한 건반악기 연주 예술에 관한 에세이』는 오랜 세월 널리 읽히며 존경받았다. 하이든은 이 책을 '학교 중의 학교'로 여겼고, 베토벤은 피아노 제자들에게 반드시 이 책을 구해서 읽으라고 강권했다.

이러한 새로운 '감성'은 여러 방향으로 뻗어나갔다. 폭풍우가 풍경화의 소재로 유행처럼 번졌고, 내밀한 가정 속 광경을 화폭에 담은 그림도 유행했다. 시인들은 새롭고 좀 더 직접적인 표현 수단을 찾고 있었다. 에마누엘 바흐와 교분을 나눈 시인 프리드리히 고틀리프 클롭슈토크Friedrich Gottlieb Klopstock(1724~1803)는 음악가 친구가 시도한 것과 같은 표현의 자유와 의외성을 시 분야에서 찾으려 했다.

문학에서 감정이라는 '인간 내면의 폭풍'이 최고조에 달한 것은 1770년대였다. 앞에서 괴테 이야기를 하며 그가 페르시아 시와 민요에 흥미를 보였다는 점을 언급한 바 있다. 괴테는 19세기를 지배한 작가 중 한 명이었다. 1774년 청년 괴테는 젊은 시인이 유부녀와 사랑에 빠져 고통받다가 결국 자살로 생을 마감한다는 줄거리의 소설 『젊은 베르테르의 슬픔 Die Leiden des jungen Werthers』을 발표하여 일약 선풍을 일으켰다. 괴테가 자신의 실연 경험에서 일부 소재를 취한 이 소설이 어마어마한 대중적 성공을 거두면서 너도나도 보통 사람들의 삶 속에 존재하는 비극적 인물을 주인공으로 한 이야기를 쓰기 시작했다. 『젊은 베르테르의 슬픔』은 향후 '낭만주의'로 알려지는 문화 예술 운동의 결정적 촉발점이기도 했다.

괴테가 쓴 글의 핵심에는 불안이 본질처럼 깔려 있었다. 그는 인생의 비밀은 끊임없는 변화에 있다면서 '변화의 원칙은 대자연이 보여주는 모든 조짐의 실마리가 된다'고 선언했다. 괴테는 1832년 여든둘의 나이로 숨을 거둘 때까지 평생 작품 활동을 하면서 물질과 정신, 영혼이 모두 끊임없이 변화하는 흐름 속에 처해 있다는 철학을 갈파했다. 그의 작품 스펙트럼의 한쪽 끝에는 찰나의 순간을 표현한 작은 시들이 있었고(이후 수많은 작곡가가 괴테의 시에 음악을 붙였다), 반대쪽 끝에는 완전무결한 지식을 얻는 대가로 악마에게 영혼을 파는 파우스트 박사의 유구한 전설을 소재로 한 거대한 희곡이 있었다. 괴테는 이성을 고찰한 계몽주의 철학과, 영혼의 세계 및 미지의 세계로 통하는 문을 연 낭만주의를 연결한 인물이었다.

음악은 문학이 아니며, 음악과 정확히 대응되는 등가물을 찾으려는 것은 순진한 시도일 뿐이다. 하지만 지금까지 이야기한 표현적 자유 및 '인간 내면의 폭풍'과 유사한 음악적 사건의 전개를 찾고자 한다면 시선을 돌려야 하는 곳은 18세기 말과 19세기 초 무렵의 빈이어야 하리라. 이곳에서 세 명의 음악 거인이 앞서거니 뒤서거니 살면서 새로운 것을 창조해냈다. 그 세 사람은 바로 요제프 하이든, 볼프강 아마데우스 모차르트, 그리고 루트비히 판 베토벤이다.

CHAPTER 25

'고전적'이 된다는 것

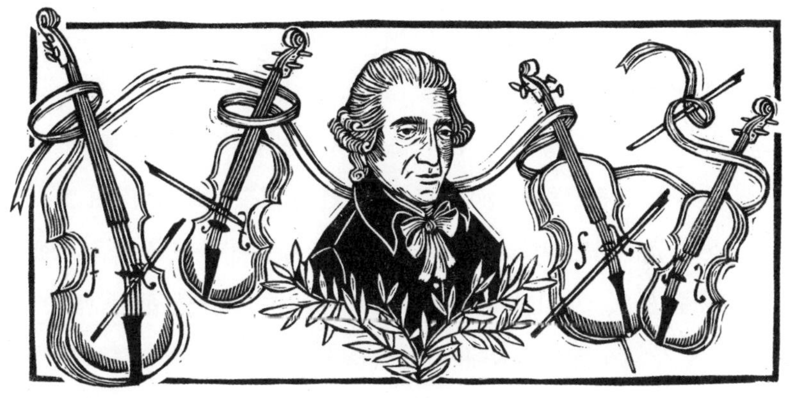

18세기 빈은 독일어를 사용하는 합스부르크 가문이 통치하는 신성 로마 제국의 수도였다. 제국의 땅은 동쪽으로 보헤미아(오늘날 체코 공화국의 일부), 서쪽으로 벨기에, 북쪽으로 발트 해, 남쪽으로 지중해까지 뻗어 있었다. 빈은 어마어마하게 부유한 도시였고, 저마다 자기 분야에서 최고에 오르고자 하는 예술가와 음악가를 끌어당기는 독일 문화의 중심지였다.

18세기 말부터 19세기 초까지 워낙 다수의 중요한 음악 작품이 빈을 중심으로 소개되어 후대의 역사학자들은 이 시기를 '빈 고전파' 시대로 명명하기 시작했다. 그중에서도 중심은 모두가 위대한 작곡가로 인정하는 세 사람, 즉 요제프 하이든, 볼프강 아마데우스 모차르트, 그리고 루트비히 판 베토벤이었다. 그러나 '고전적'이라는 용어는 이 세 사람의 활력 넘치는 사상가에게 붙이기엔 어딘가 건조한 꼬리표다. 굳이 꼬리표가 필요하다면, 이들이 당대 음악의 표현적 경계를 확장했음에 방점을 찍어 차라리 초기 '낭만파'로 보는 편이 타당하다. 세 사람은 만하임 및 파리의 관현악 작곡가들과 건반 음악의 카를 필리프 에마누엘 바흐가 발전시킨 새로운 극적 양식의 계승자였다. 그리고 이들은 서로에게서 배운 바도 엄청났다. 하지만 세 사람이 당시 문화와 사회를 각자 다르게 경험한 양상은 세상이 빠르게 바뀌고 있었음을 보여준다.

소년 시절 요제프 하이든 Joseph Haydn(1732~1809)은 동생 미하엘 Michael Haydn(1737~1806)과 함께 빈의 성 슈테판 대성당 합창단에 소속되어 활동했다. 품행 불량으로 합창단에서 쫓겨난 요제프는 몇 년간 여러 귀족 가문을 전전하며 떠돌이 생활을 하다가 마침내 종신 직장을 구했다. 고용주는 오스트리아에서 가장 부유한 귀족 가문 중 하나인 에스테르하치 가의 수장으로, 빈과 아이젠슈타트에 궁전을 소유하고 있었다. 에스테르하치 가문은 1760년대 들어 헝가리의 습지에 오페라 공연이 가능한 극장을 갖춘 새로운 별궁을 건축하기 시작했다. 하이든은 에스테르하치 가문의 카펠마이스터(음악감독)로 30년간 머물렀다. 그는 바이올린 데스크에서, 혹은 건반악기 앞에 앉아 궁정 오케스트라를 통솔했고, 1년 단위 시즌제로 운영되는 오페라 무대를 감독하며 도합 열두 편 이상의 자작 오페라를 포함해 다양한 작품의 제작 총책임을 맡았다. 하이든은 또한 소편성 실내악과 장대한 미사곡을 포함한 교회음악도 썼다(오스트리아는 대부분의 독일어권 지역과 달리 로마 가톨릭 국가로 남았다). 열렬한 음악 애호가이자 아마추어 음악가였던 니콜라우스 에스테르하치 Nikolaus Esterházy(1714~1790) 공은 하이든이 원하는 곡을 마음껏 쓸 수 있도록 완전한 자유를 부여했다.

하이든이 쓴 작품의 소유권과 처분 권한은 에스테르하치 공에게 있었지만, 그럼에도 그의 음악은 필사본 형태로 널리 퍼져나갔고 간간이 출판되었다. 에스테르하치 공은 오랜 세월 수고한 작곡가에게 외부의 작품 위촉에 응하고 완성품을 출판할 수 있는 기회를 열어주었다. 그 결과 하이든은 에스테르하치 궁에 고립되어 있으면서도 유럽에서 가장 유명한 작곡가가 되었다. 하이든은 '세상과 단절된' 것에도 나름의 이점이 있다고 인정했다. 공의 넉넉한 지원에 힘입어 자신의 양식과 기법을 실험하고 담금질할 자유가 있었고, '나를 혼란케 하거나 고통스럽게 하는 사람 하나 없는 상황에서 독창적이 되지 않을 수 없었다'면서 말이다. 작곡가로서 그의 정점은 니콜라우스 공이 사망한 이후인 1790년대에 찾아왔다. 에스테르하치 가문의 허락을 받고 방문한 런던에서 최고의 유명 인사급 환대를 받은 것이다.

하이든은 오랜 생애 동안 엄청난 양의 음악을 썼다. 그런데 그에게 명성을 안겨준 장르는 소규모 장르 하나, 대규모 장르 하나로 정리할 수 있다. 소규모 장르는 현악 4중주(바이올린 둘, 비올라, 첼로)였다. 하이든은 흔히 '현악 4중주의 아버지'로 일컬어지는데, 엄밀히 말해 이는 사실이라고 할 수 없다. 그가 현악 4중주 장르를 창시한 건 아니기 때문이다. 오랜 세월 동안 사람들은 그때그때 당장 사용할 수 있는 악기를 가지고 다양한 조합으로 음악을 연주해왔다. 특히 인기가 높은 건 현악기였다. 하이든이 자신의 첫 현악 4중주를 쓴 것도 바로 그런 경우로, 1750년대에 급조된 아마추어 연주자들을 위해 쓴 작품이 최초였다. 실험적으로 쓴 작품의 성공에 고무된 하이든은 이후로 네 대의 현악기 앙상블이 가진 잠재력을 최대한으로 끌어내는 것이 가능함을 보여주었다.

현악 4중주라는 단출한 구성은 온갖 종류의 가능성을 품은 조합이었다. 현악기 네 대가 있으니 건반악기의 도움 없이도 완전한 화음 연주가 가능했다. 첼로는 단단한 베이스라인을 제공했고, 제1바이올린은 솔로 선율을 연주했으며, 바이올린 두 대의 이중주도 가능했다. 비올라는 때로 화음의 구성음을 채워 넣고 때로는 바이올린 선율을 메아리처럼 따르는 등 유동적인 역할을 담당했다. 비올라와 첼로가 이중주 팀을 이뤄 바이올린 음역 아래에서 대위법적으로 운신하는 것도 가능한 선택지였다. 첼로 역시 때로는 주선율을 담당했다(이 시기는 첼로가 비르투오소 악기로서 비로소 그 가능성을 조금씩 인정받기 시작하는 때였다). 이 시기의 현악 4중주가 지닌 매력을 한 단어로 요약하자면 '대화'라는 표현이 적절하지 싶다. 1764년 파리에서 출판된 하이든의 4중주 악보 표지에는 '4중주의 대화quatuors dialogués'라는 문구가 찍혀 있었다. 빈 사람들은 하이든의 현악 4중주에 열광했고, 머지않아 전 유럽의 음악 애호가들이 그 대열에 동참했다.

하이든은 전통적 대위법과 에마누엘 바흐의 다가가기 쉽고 극적인 작품을 면밀히 연구했다. 그는 또한 엄청난 재치와 상상력을 지닌 작곡가였다. 따라서 그의 4중주가 학식과 극적 면모, 위트가 공존하는 작품이 된 것도 어찌 보면 당연했다. 심지어 푸가조차도 극적인 음악이 될 수 있었다. 푸가의 작동 원리를 이야기 전개 방식처럼 사용함으로써 긴장을 자아낼 수 있음을 보여주었기 때문이다. 찰스 버니는 1772년 오스트리아 주재 영국 대사의 관사에서 '하이든이 쓴 매우 아름다운 4중주를 극도로 완벽한 연주로' 접했다. 아마 이날 연주된 작품들 중에 하이든이 그해 작곡한 '여섯 편의 4중주, 작품 20'의 일부가 있지 않았을까 짐작된다. 이 4중주집은 하이든이 현악 4중주를 통해 극적 대화의 예술을 최고조로 끌어올린 모범으로 평가받는다.

하이든에게는 '교향곡의 아버지'라는 칭호도 따라붙는다. 그러나 ― 이번에도 마찬가지로 ― 하이든이 교향곡의 창시자인 건 아니다. 앞에서도 잠시 언급한 것처럼 교향곡은 오페라 서곡을 별도의 작품처럼 연주하는 관행에서 비롯되었다. 만하임 궁정 오케스트라의 감독 요한 슈타미츠는 1750년대에 이미 4악장제 교향곡을 쓰기 시작했다. 슈타미츠의 전례에 착안한 하이든은 교향곡을 음악 역사상 가장 중요하고 생명력이 끈질긴 장르로 발전시켰고, 그 결과 오늘날까지도 우리는 대규모 오케스트라를 '교향악단'이라고 부른다. 하이든은 100곡이 넘는 교향곡을 썼다. 그중에는 10분 안팎의 길이로 오페라 서곡처럼 짧은 작품도 있고, 연주 시간이 30분에 달하는 본격적인 규모의 작품도 있다.

교향곡의 규모와 길이가 제각각인 것 역시 오로지 하이든의 상상력에 의한 것이라기보다는 그가 곡을 쓸 때 염두에 둔 악단과 관객이라는 변수에 따른 선택의 결과이기도 했다. 하이든의 고용주가 거느린 사설 오케스트라는 애초에 여남은 명에서 출발해 1780년대에는 스물다섯 명으로 그 몸집이 커졌다. 그러는 중에 하이든에게 이미 자신의 음악이 인기를 끌고 있는 파리의 어느 오케스트라를 위해 여섯 편의 교향곡을 써달라는 의뢰가 들어온다. 그 '어느 오케스트라'는 바로 생 조르주가 이끄는, 바이올린만 마흔 대이고 더블베이스는 열 대나 되는 대규모 악단 '르 콩세르 드 라 로지 올림피크'였다. 이들 교향곡('교향곡 82~87번')은 어마어마한 대중적 성공을 거두었고, 하이든은 세 곡('교향곡 90~92번')을 더 의뢰받게 된다. 파리의 어느 평론가는 '이 위대한 천재는…… 오직 하나의 주제에서도 지극히 풍성하고 다양한 전개를 끌어내고 엄청난 음악으로 바뀌게 하는 재주를 가지고 있다'며 놀라움을 드러냈다. 평론가가 알아본 능력은 하이든이 보여준 새로운 양식적 특징 중 하나였다. 그는 아주 사소한 음악적 재료만 가지고도 하나의 악장 전체를 지어 올리곤 했다. 그 과정에서 탄생한 빈틈없는 논리적 구조는 효과 면에서도 몹시 극적이었다. 하이든의 이와 같은 방법론은 젊은 베토벤에게 큰 영향을 미치게 된다(베토벤에 대해서는 다음 장에서 다루도록 하겠다).

하이든의 교향곡 행렬은 1790년대에 두 번의 런던 방문과 함께 거대한 종착점에 이르렀다. 런던에서 의미 있는 대중 연주회 시리즈를 기획 중이던 독일 태생의 바이올리니스트 요한 페터 잘로몬Johann Peter Salomon(1745~1815)은 하이든 앞으로 초대장과 함께 고수익을 보장하는 계약서를 보냈다. 하이든이 해야 할 일은 여섯 편의 새로운 교향곡을 쓰는 것이었다. 하이든의 음악은 파리에서와 마찬가지로 영국에서도 이미 유명한 상태였다. 영국인들의 하이든 환대는 엄청났다. 찰스 버니에 따르면 잘로몬이 앞자리에 앉아 바이올린을 연주하며 오케스트라를 이끄는 동안 하이든은 '피아노포르테에 앉아 전체를 주재했다. 저명한 작곡가의 모습은 관객을 전율케 했다. 내가 알기로 지금까지 잉글랜드에서 기악 연주자가 이만큼 대중의 주목을 받으면서 기쁨을 준 적은 없었다'. 버니는 '기악'이라는 말에 특별히 힘을 주었다. 그때껏 런던에서 그 같은 열광을 격동시킨 건 오페라뿐이었는데, 이제 하이든이라는 걸출한 거장이 나타나 기악이 오페라에 버금가는 관객의 사랑을 받을 수 있게 된 것이다. 하이든은 총 두 차례 영국을 방문했다. 두 번째 방문을 마치고 오스트리아로 돌아가는 그의 호주머니에는 2만 4,000플로린이 들어 있었다. 지금의 화폐 가치로 약 50만 파운드에 해당하는 거금이었다.

볼프강 아마데우스 모차르트Wolfgang Amadeus Mozart(1756~1791)는 하이든보다 23년 연하였다. 이러한 나이 차이에도 두 작곡가는 가까이 교제하며 서로의 음악에 영향을 미쳤다. 하이든의 음악은 충만한 기쁨부터 어두운 비극까지 다양한 진폭을 오갔다. 모차르트 역시 마찬가지였으나, 표면 아래에 다른 감정을 암시하는 분위기가 가미되어 있다는 점에서 하이든의 음악과 달랐다.

인간 모차르트의 성격과 성품이 어떠했는지 정확히 알기란 무척 까다롭다. 그가 가족에게 보낸 편지는 '방귀'와 '똥' 따위의 단어가 난무하는 천박한 농담으로 가득하다. 영화 「아마데우스」의 원작 희곡을 쓴 피터 셰퍼Peter Shaffer(1926~2016)는 그러한 편지를 근거로 모차르트를 재창조했고 음악적 천재성을 타고났지만 성품 면에서 유치하기 짝이 없는 어릿광대 모차르트와, 그런 모차르트를 바라보며 좌절감을 느끼는 저명한 궁정 작곡가 안토니오 살리에리Antonio Salieri(1750~1825)의 대립 구도를 만들어냈다. 하지만 그렇듯 천박하고 내밀한 농담은 당시 독일 아이들이 부르는 노래와 일상처럼 사용하는 언어에 흔히 등장하는 수준의 표현이었으며, 모차르트의 고향 잘츠부르크는 그 정도가 특히 심했다. 역시 잘츠부르크 지역에서 태어나 성장한 모차르트의 어머니 안나 마리아 모차르트Anna Maria Mozart(1720~1778)가 편지에 구사한 언어의 수준은 아들에 맞먹을 정도로 다채로웠다. 물론 사용한 언어가 저급했다고 모차르트의 행동도 천박했을 거라고 단정할 수는 없다. 모차르트의 처형에 따르면 '(제부는) 기분이 가장 좋을 때조차 깊은 생각에 잠긴 듯했다. 늘 상대방의 눈동자를 면밀히 바라보았고, 어떤 질문을 받더라도 깊이 숙고한 뒤에 대답하곤 했다. 그러면서도 언제나 깊은 생각에 사로잡힌 듯해 뭔가 전혀 다른 궁리를 하는 것처럼 보였다'고 한다. 때로 모차르트의 음악은 창작자의 성격을 그대로 따라가는 것처럼 보였다. 그의 음악은 인간의 감정적 풍경에 담긴 모든 미묘함을 이해하는 자만이 쓸 수 있는 음악이라는 인상을 준다.

볼프강의 아버지 레오폴트 모차르트Leopold Mozart(1719~1787)는 잘츠부르크 주교후 궁정에 소속된 음악가였으며, 저명한 바이올리니스트이자 바이올린 주법에 관한 책의 저자로도 유명했다. 두 자녀가 음악에 남다른 재능을 보이자 레오폴트는 이를 이용해 돈벌이에 나섰다. 볼프강은 고작 일곱 살 때 네 살 많은 누나 마리아 안나(가족끼리는 '난네를'이라는 애칭으로 불렀다)와 함께 아버지를 따라 유럽 각국의 수도를 돌며 연주하는 대장정에 나섰다. 모차르트 남매는 어디를 가나 일대 선풍을 불러일으켰다. 볼프강은 연주뿐 아니라 직접 곡을 썼으며, 순회 도중 만난 음악가와 작곡가에게 한 수씩 배우며 점차 솜씨를 연마하고 키워갔다. 볼프강의 재능이 그의 누나에 비해 얼마나 뛰어났는지는 쉽게 말하기 어려운 문제다. 레오폴트는 여자라면 대중 앞에 서는 음악가로서의 삶은 운명을 거스르는 것이라는 당시로서는 관례적인 생각을 벗지 못했다. 간단히 말해 난네를의 재능은 - 그것의 크기와 무관하게 - 너무나 뛰어난 동생의 재능에 앞자리를 내주고 물러나야 했다. 난네를이 남긴 음악은 음표 하나 전해오지 않는다.

　몇 년간 모차르트는 아버지 레오폴트가 그랬듯 잘츠부르크 주교 후 궁정의 고용 음악가로 일했지만, 자신에게 주어진 역할이 너무 적은 점이 늘 불만이었다. 결국 그는 잘츠부르크를 떠나 고정된 수입이나 직장이 보장되지 않은 빈으로 향했다. 일자리를 받을 수 있을까 싶어 유럽의 주요 궁정과 접촉하기도 했다. 그러나 그의 음악을 칭송하는 사람이 많음에도 불구하고 구직 시도는 모두 무위로 돌아가고 말았다. 어쩌면 격식이 필수인 궁정 예법 속으로 편입되기에는 그의 성격 어딘가에 부적합한 측면이 있었던 건 아닐까 하는 의심도 간다. 모차르트는 개별 후원자의 지원과 연주회, 교습, 악보 출판 방면의 수입에 기대어 생활할 수밖에 없었다.

　모차르트는 특히 피아니스트로 유명했다. 그의 연주를 직접 들은 누군가는 '곧장 심금을 건드리는 감성' 어린 연주라고 평하기도 했다. 한 세대 앞선 카를 필리프 에마누엘 바흐의 선례를 따라 모차르트는 퍽 새로운 이 악기의 표현적 가능성을 완전히 이해한 최초의 연주자 중 한 명이었다. 그는 스물일곱 곡의 피아노 협주곡을 썼고, 그중 대다수를 콘서트에서 직접 연주했다. 모차르트가 작곡한 마흔한 곡의 교향곡 역시 피아노 협주곡과 마찬가지로 엄청난 폭의 표현을 아우르고 있다. 그는 후기 작품에서 유일무이한 절묘함과 강력한 양식을 창조했다. 그러나 이들 '후기' 작품은 여전히 젊은 작곡가의 작품이었다. 그는 서른다섯 살의 나이에 유명을 달리했다. 만약 그가 하이든만큼 장수했다면 얼마나 많은 성취를 이루었을까 생각만 해도 가슴이 아려온다.

모차르트가 기악 작곡가로서 거둔 성공의 비결 중 하나는 그가 오페라 작곡가이기도 했다는 점에 있다(이 점에서는 하이든도 마찬가지였다). 「돈 조반니Don Giovanni」와 「코시 판 투테Così fan tutte」, 「피가로의 결혼Le nozze di Figaro」, 「마술피리Die Zauberflöte」 같은 모차르트의 위대한 오페라는 엄청난 감정의 깊이를 아우르는 걸작이다. 비극적인 이야기를 다룬 오페라이니 당연하지 않은가 생각할 수도 있지만, 특히 놀라운 작품은 희극 오페라인 「피가로의 결혼」이다. 이 작품은, 욕정으로 가득 찬 주인을 하인이 꾀와 기지로 압도한다는 내용의 프랑스 극작가 피에르 보마르셰Pierre Beaumarchais(1732~1799)의 체제 전복적 코미디를 원작으로 한다. 원작은 모차르트와 대본 작가의 손을 거쳐 인간에 관한 더욱 깊은 드라마가 되었다. 등장인물들은 분노부터 절망, 기쁨, 성취감까지 폭넓은 감정을 경험한다. 모차르트는 바로 이러한 오페라의 팔레트를 기악곡에 접목했다. 그로써 그의 기악곡은 마치 살아 숨 쉬는 인물들이 등장했다가 퇴장하며 저마다의 성취와 낙망을 표현하는 듯 생동감을 띠게 되었다.

모차르트는 하이든으로부터 현악 4중주의 대화술을 배웠다. 그는 여기서 한발 더 나아가 비올라 한 대를 추가한 현악 5중주 장르를 시도

했고, 그럼으로써 기존의 대화에 또 한 겹의 풍성함을 더했다. 1790년 하이든은 런던으로 떠나기 전에 마지막으로 모차르트를 만나 각자 비올라를 들고 그의 5중주를 함께 연주했다. 이듬해 하이든은 런던 체류 중에 모차르트의 부음을 접했다. 모차르트는 아내 콘스탄체Constanze Mozart(1762~1842)에게 큰 빚을 남긴 채 숨을 거두었다. 장례 절차는 최소한으로 간단했고, 그의 시신은 이름 없는 묘지에 다른 시신들과 섞여 공동 매장되었다. 이 무렵 하이든은 유럽에서 가장 유명한 작곡가가 되어 있었고, 또한 빠른 속도로 가장 부유한 작곡가가 되어가는 중이었다. 그랬던 그가 모차르트와도 알고 지낸 어느 친구에게 쓴 편지를 읽어보면 감동을 받지 않을 수 없다. '그가 죽었다는 소식을 접하고 나는 한동안 제정신을 차리지 못했네. 모차르트 같은 둘도 없는 천재를 그토록 황급히 데려가신 신의 섭리를 이해할 수가 없었지. (……) 친구들은 내게 천재성이 있다고 종종 추켜올리기도 하네만, 모차르트는 나보다 훨씬 위에 있는 천재였어. (……) 세상은 100년이 흘러도 그와 같은 재능을 보지 못할 걸세.'

CHAPTER 26

사제, 그리고 선지자로서의 예술가

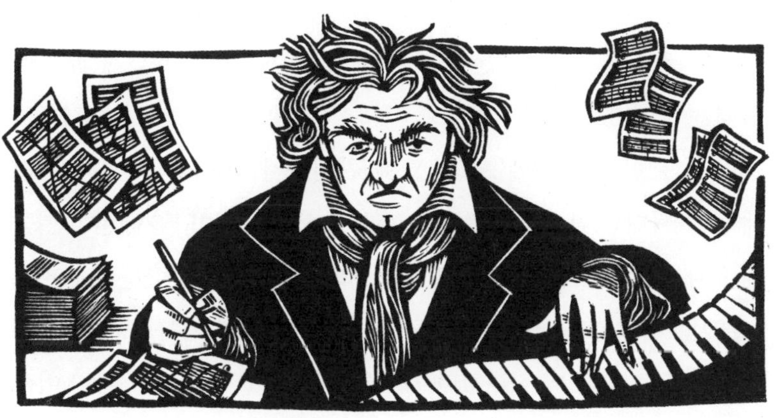

모차르트의 짧은 삶이 한 편의 가슴 아픈 이야기라면, 루트비히 판 베토벤Ludwig van Beethoven(1770~1827)의 인생은 투쟁과 비극의 연속이었다. 베토벤은 1770년생으로 모차르트보다 14년 연하였으며, 모차르트처럼 피아노 비르투오소였다. 신생 악기인 피아노가 기술적으로 빠르게 발달하는 시기에 유명세의 물길에 오른 그는 어떤 면에서는 행운아였다. 런던의 존 브로드우드John Broadwood(1732~1812)가 제작한 강력한 피아노를 이미 경험한 하이든은 만년에 들어 작곡한 피아노 소나타를 통해 새로이 허락된 피아노의 음향을 활용한 바 있었다. 베토벤은 즉흥 연주 솜씨가 특출했고, 당대에 제작된 피아노의 한계를 시험하는 곡을 썼다. 그의 피아노 소나타는 피아노라는 악기의 가능성을 훌쩍 뛰어넘는 생각과 감정을 담고 있다. 베토벤과 가까운 이들은 그가 즉흥 연주를 할 때 가장 뛰어나다고 입을 모았다. 귀족 후원자로 빽빽한 방 안에서도 그는 자신의 기분이 내키지 않으면 절대 피아노 앞에 앉지 않았다. 마음이 내켜 연주를 하다가도 자신의 연주를 듣고 눈물을 흘리는 이들에게 그렇게 약해빠져서 어디에 쓰겠냐며 호쾌하게 웃으면서 면전에서 악을 올린 적도 있었다.

그는 까다로운 사람이었다. 그러나 '까다롭다'는 말로는 그의 전성기를 짓누른 질곡과 불운을 티끌만큼도 설명하지 못한다. 베토벤이 청력을 잃어가고 있다는 끔찍한 사실을 자각한 건 그의 나이 서른두 살 때였다. 아직 두 번째 교향곡도 채 완성하지 못한 시점이었다. 당대에 가장 위대한 연주자로 손꼽힌 예술가가 마흔 살이 되자 더 이상 공개 무대에서 연주할 수 없는 지경에 이르렀다. 삶은 갈수록 고달파졌고, 그렇지 않아도 공격적인 성격은 친구들과 후원자들이 견뎌낼 수 없을 정도로 점점 더 심해졌다. 이러한 비극에도 불구하고, 아니 어쩌면 어느 정도는 그러한 비극 덕분에 베토벤은 역경에 맞서 강력하고 고도로 독창적인 작품을 연달아 생산해냈다.

베토벤의 작곡 노트와 악보 초고는 재고再考와 삼고三考의 흔적, 북북 그어 지운 자국, 여러 작품에 소용될 악상이 여기저기 난무하는 아수라장과도 같다. 그는 스승인 하이든으로부터 아주 하찮은 조각과 다름없는 음악적 소재를 바탕으로 작품을 지어 올리는 기법을 배웠다. 씨앗이 되는 소재가 작기 때문에 전체 구조의 논리적 응집력과 극적 성격은 오히려 더 두드러졌다. 이러한 특징이 단연코 두드러지는 작품이 바로 「교향곡 5번 C단조」다. 제1악장은 네 음표로 구성된 동기 겸 주제로 포문을 열고, 그 뒤로 전 악장에 걸쳐 같은 동기의 메아리가 들려온다. 시종여일 한 치의 물러섬도 없이 하나의 동기에만 집중하는 음악이다. 「교향곡 7번 A장조」 역시 작은 악상에 집중하는 양상이 두드러진다. 그러나 「교향곡 5번」과 달리 기쁜 분위기가 지배하며, 춤추는 듯한 제1악장에서부터 회오리바람처럼 몰아치는 피날레 악장까지 집중의 에너지는 거부할 수 없는 힘으로 다가온다. 합창 피날레를 동반하고 이례적으로 길이도 긴 웅장한 「교향곡 9번 D단조」는 분위기와 소재의 폭이 한층 확대되어 그 날개를 더욱 넓게 편 작품처럼 보인다. 그러나 이 곡에서도 모든 주제가 서로 연결되어 있다. 삐죽삐죽, 울퉁불퉁한 주제와 고요한 주제가 다투듯 번갈아가며 등장하다가 마침내 '환희의 송가'에서는 고요함이 승리를 거둔다.

스물두 살의 젊은 나이에 고향을 떠나 빈으로 이주한 베토벤은 금세 프리랜서 음악가로 자리 잡는 행운을 누렸다. 그러나 '프리랜서'라는 말의 의미는 지금과 사뭇 달랐다. 당시의 프리랜서는 고정 수입과 연주 기회를 제공하는 부유한 후원자 없이는 생존할 수 없었다. 후원자는 전통적인 궁정 직위에 따르게 마련인 의무 사항에 신경 쓸 필요 없이 마음껏 작곡할 수 있도록 음악가에게 정신적·물질적 지원을 해주었다. 게다가 베토벤의 후원자는 고집 센 음악가의 까다로운 성미를 견딜 수 있는 하인까지 붙여줘야 했다. 프리랜서 음악가는 모차르트도 원했지만 끝내 성공하지 못한 목표였다. 그러나 베토벤은 후원자를 무례하고 건방지게 대한 적이 많았는데도 모차르트보다 성공적이었다.

베토벤은 반항적이기도 했지만 무척 고매한 이상주의자이기도 했다. 프랑스 대혁명 이후 나폴레옹 보나파르트 Napoléon Bonaparte(1769~1821)는 프랑스 공화국의 통령이 되며 권력을 잡았다. 그는 유럽 전역에서 압제와 독재에 맞선 싸움을 이끌겠다고 약속했으나, 그 결과는 10년에 걸친 전쟁이었다. 베토벤은 원래부터 나폴레옹의 열렬한 지지자였고, 보통 사람들을 자유롭게 하리라는 그의 약속을 믿었다. 베토벤은 자신의 「교향곡 3번 '영웅 Eroica'」을 나폴레옹에게 헌정하려 했다. 그러나 나폴레옹이 프랑스 황제 자리에 올랐다는 소식을 듣고는 격분하여 헌정 문구가 담긴 표지를 찢어버렸다.

베토벤의 유일한 오페라 「피델리오 Fidelio」는 정치범으로 가득한 감옥이 무대인 작품으로, 압제에 맞선 승리라는 서사 구조를 취한다. 참으로 베토벤답다고 해야 할지, 이 작품은 흥행 실패와 기나긴 수정 작업을 거쳐 최종 형태에 도달하는 데 자그마치 10년 세월이 걸렸다. 그는 자신의 작품이 마음에 들지 않으면 누가 뭐라고 하건 고집을 피우며 몇 번이고 개작하고 수정했다. 하지만 그렇게 할 수 있었던 것도 어찌 보면 사치였다. 궁정이나 교회에 소속된 작곡가는 꾸준히 음악을 써야 할 의무가 있었고, 따라서 수정 가필 작업에 시간을 양껏 할애할 수 없는 처지였다. 만약 바흐나 하이든이 곡을 쓰는 속도가 베토벤만큼 느렸다면 일자리를 보전하지 못하고 쫓겨났을 게 분명하다.

음악도 음악이고 또 그의 성격과 인생 이야기 때문이기도 하겠지만, 베토벤은 후대인들에게 상징적 인물이 되었다. 롤 모델로서 그의 영향력은 이중적이었다. 한편으로 베토벤 같은 음악가가 높은 이상과 지향점을 가지고 있다는 건 누가 뭐래도 좋은 일이었다. 그러나 자신의 예술을 맹신하다 보면 누구의 말도 듣지 않는 오만한 신념에 빠지기 쉽다. 베토벤 이후 세대의 음악가와 시인, 화가 집단 - 이른바 19세기 초반의 '낭만주의자들' - 은 예술가의 역할이 종교 사제의 역할과 비슷하다고 여기기 시작했다. 전통적 종교의 역할이었던 창조와 정신세계, 그리고 곧 무의식이라고 알려지는 영역을 이해하는 것은 이제 예술가들이 맡아도 좋은 문제가 되었다. 작곡가 무리 중에서 처음으로 예술가로서 자신의 입지를 당당히 주장하고 음악을 통해 그 과업의 중요성을 선포한 이가 바로 베토벤이었다. 이러한 선언은 세대를 거듭하면서 메아리처럼 퍼져나가 후배들을 독려했다. 작곡가들은 더욱더 원대한 사상을 표현하기 위해 분투했고, 설령 관객이 그들을 이해할 준비가

 음악의 역사

되어 있지 못할지라도 꾸준히 새로운 영역을 개척해나갔다.

하이든과 모차르트, 베토벤이 오로지 미래만 바라보고 전진한 것만은 아니다. 그들에게는 과거 역시 지극히 중요한 화두였다. 유행에서 떨어져 나간 두 작곡가의 존재감이 특히 두드러졌다. 바흐와 헨델이 그들이다. 모차르트는 1782년의 편지에서 매주 일요일이면 음악가 친구들과 함께 빈 궁정 도서관장 고트프리트 판 슈비텐 남작Baron Gottfried van Swieten(1733~1803)의 집을 방문해 남작이 소장한 바흐와 헨델의 악보를 열심히 연주했다고 썼다. 이는 모차르트의 음악 양식에 커다란 영향을 미쳤다. 바흐와 헨델의 음악을 접하고 난 뒤 그의 음악은 모든 성부가 대위법적으로 움직이는 양상으로 한 꺼풀의 풍요로움을 더했다. 베토벤은 어린 시절 마흔여덟 곡이나 되는 바흐의 「평균율 클라비어곡집」을 배웠다. 베토벤 역시 판 슈비텐 남작이 소장한 악보 컬렉션을 알게 되었고, 평생토록 바흐와 헨델의 악보를 연구했다.

베토벤의 대작 「장엄미사Missa Solemnis D장조」는 헨델의 오라토리오와 바흐의 「B단조 미사」의 웅장함에서 받은 영향이 두드러진다. 물론 「장엄미사」는 합창곡이니 그럴 만도 하다. 그러나 귀가 거의 들리지 않는 상태에서도 숭고미를 지키려 애쓴 자취인 후기 피아노 소나타와 후기 현악 4중주에도 바흐와 헨델의 정신은 깊이 스며들어 있다. 베토벤은 「장엄미사」를 쓴 바로 그 시기에 「피아노 소나타 31번 A플랫장조, 작품 110」을 작곡했다. 이 곡의 느린 악장에서 그는 바흐의 「요한 수난곡」 중에서 예수가 숨을 거두는 순간에 노래되는 구슬픈 아리아를 인용한다. 소나타는 두 차례의 푸가로 마무리되는데, 그중 첫 번째 푸가는 바흐 아리아의 어두움으로 침잠하고 두 번째 푸가는 마치 사후 세계를 믿는다는 선언처럼 빛나는 자신감으로 정점을 찍는다. 베토벤의 후기 현악 4중주 역시 단호한 투쟁에 의해 담금질되고 획득된 바흐풍의 정신적 평화가 어려 있다.

베토벤은 흡사 신과 비슷한 존재가 되어버린 나머지 때로는 그의 음악을 비평하는 것이 가당치도 않게 느껴진다. 하지만 그와 동시대를 산 이들도 인정한 것처럼, 숭고한 음악이라 할지라도 이따금 시대와 엇박자를 내는 걸 피하지 못했다. 이제는 유명한 베토벤의 「교향곡 3번 '영웅'」은 1805년 초연 직후 대부분의 관객으로부터 '너무 무겁고 너무 길다'는 평가를 받았다. 어느 비평가는 '눈에 밟힐 정도로 괴상한 것이 너무 많다'고까지 썼다. 다음 세대의 작곡가인 열아홉 살의 프란츠 슈베르트Franz Schubert(1797~1828)는 1816년 일기장에 이렇게 썼다. '요즘 대부분의 작곡가에게 흔히 나타나는 기괴함은…… 거의 전적으로 한 사람의 순수한 독일 예술가로부터 기인한다. 그 기괴함이란 비극적인 것과 희극적인 것을 혼동하고 듣기 순한 것과 듣기 추한 것을 뒤섞는 것이다.' 슈베르트가 지목한 '순수한 독일 예술가'란 물론 베토벤이었다.

정녕 의미심장한 사실은, 슈베르트 역시 작곡가로 성숙해감에 따라 베토벤이 제기한 도전을 거부할 수 없게 되었다는 점이다. 일명 '대교향곡'이라 불리는 「교향곡 9번」이나 「현악 5중주 C장조」 같은 슈베르트의 후기작은 거대하게 확장된 음악적 여정을 창조하겠다는 베토벤의 결의에 찬 집념이 없었다면 생각할 수 없는 곡들이다. 그러나 슈베르트는 이를 지극히 슈베르트다운 방식으로 해나간다. 그렇기에 우리는 슈베르트를 베토벤의 메아리로서가 아니라 슈베르트 그 자체로 귀히 여기는 것이리라. 이것이 가능했던 비결은, 베토벤의 광대무변한 진폭과 모차르트의 친숙하고 다층적인 멜랑콜리를 결합함으로써 슈베르트가 자신만의 유일무이한 서정적 양식을 빚어내는 방법을 발견했기 때문이다.

　슈베르트는 마치 본능처럼 가곡을 작곡했다. 그가 쓴 가곡은 두 편의 연가곡집 ―「아름다운 물방앗간 아가씨 Die schöne Müllerin」와 「겨울 나그네 Winterreise」― 을 포함해 600편이 넘는다. 괴테의 「파우스트」에서 소재와 노랫말을 취해 음악을 붙인 걸작 「실 잣는 그레트헨 Gretchen am Spinnrade」이 나온 것이 그의 나이 고작 열일곱 살 때였다. 이 가곡의 서정적인 힘은 숨이 멎을 정도로 강렬한데, 이것이 10대 소년의 솜씨임을 생각하면 그 놀라움은 배가된다. 「실 잣는 그레트헨」에서는 파우스트의 마법에 매혹되었다가 결국에는 그로부터 버림받게 될 어린 소녀의 모습이 생생하게 다가온다. 가곡이라는 장르가 지닌 힘은 작곡가 슈베르트의 생애 전체에 영향을 미쳤고, 이는 그의 기악곡에서도 뚜렷한 존재감을 발휘한다. 안타깝게도 그는 모차르트보다도 이른 나이인 서른한 살에 요절하고 말았다. 만약 그가 노년까지 활동했다면 19세기 후반의 음악 역사는 우리가 아는 것과 사뭇 달랐을지도 모른다.

　펠릭스 멘델스존 Felix Mendelssohn(1809~1847)과 로베르트 슈만 Robert Schumann(1810~1856)은 하이든, 모차르트, 베토벤의 '고전파' 불꽃을 보존하여 후대에 건네준 음악가로 여겨지는 게 보통이다. 슈베르트와 마찬가지로 두 사람 모두 가곡 분야에서 장기를 발휘했다. 멘델스존의 가곡은 교양 있는 중류층과 상류층의 응접실 문화에 어울리는 친숙하고 편안한 선율미 쪽으로 기울었다. 슈만 역시 선율을 짓는 솜씨가 뛰어났으며, 특히 그에게 내재한 어두운 일면은 가곡에 심리적 깊이를 부여했다. 그들의 기악 역시 비슷한 면으로 갈라진다. 10대 시절에 쓴 수작秀作 「현악 8중주 E플랫장조」부터 원숙기에 쓴 교향곡과 「바이올린 협주곡 E단조」에 이르기까지 멘델스존의 훌륭한 기악곡은 간간이 구름이 지나가긴 해도 눈부신 햇살의 정신이 지배하는 작품이다. 슈만이 쓴 교향곡과 협주곡은 멘델스존의 작품에 비해 우여곡절의 느낌이 강하다. 슈만이 가장 복합적이면서도 매혹적인 모습을 뽐낸 건 피아노 독주곡에서였다. 그의 피아노 음색은 원기 왕성하게 폭발할 듯하다가 돌연 사색적으로 침잠하거나 고통에 번민하다가 돌연 평화로워지는 등 수시로 그 모습을 바꾼다. 그는 괴짜 낭만파 작가 E. T. A. 호프만 Ernst Theodor Amadeus Hoffmann(1776~1822)과 장 파울 Jean Paul(1763~1825)의 영향을 많이 받았고, 자신의 두 갈래 충동에 ─ 마치 그들이 소설의 주인공이기라도 한 양 ─ 따로 이름을 붙였다. 즉 내향적 자아는 에우제비우스 Eusebius로, 자신감 넘치는 외향적 자아는 플로레스탄 Florestan으로 칭한 것이다.

멘델스존과 슈만의 음악은 자신의 성격을 반영하는 면이 강하다. 멘델스존은 활기차고 외향적인 성품의 소유자였다. 라이프치히에 새로운 음악학교를 설립한 공로도 있다. 또한 그는 갈수록 복잡해지는 악보를 소화하기 위해 지휘봉을 사용한, 당시 최초로 등장한 새로운 부류의 오케스트라 지휘자군群에 속한 음악가였다. 슈만 역시 지휘자로 입신하려 했으나 지나치게 내성적이고 대인 관계에서 요령이 부족한 성정 탓에 별 재미를 보지 못했다. 지휘봉을 내려놓고 얼마 지나지 않아 정신 건강이 무너지기 시작한 슈만은 정신병원에서 숨을 거두었다. 그의 아내 클라라는 남편을 여읜 뒤에도 피아니스트로 활약하며 성공적인 경력을 쌓았다. 클라라 슈만은 제28장에서 다시 만나기로 하자.

CHAPTER 27

장엄하고 가볍게, 숭고하고 재치 있게

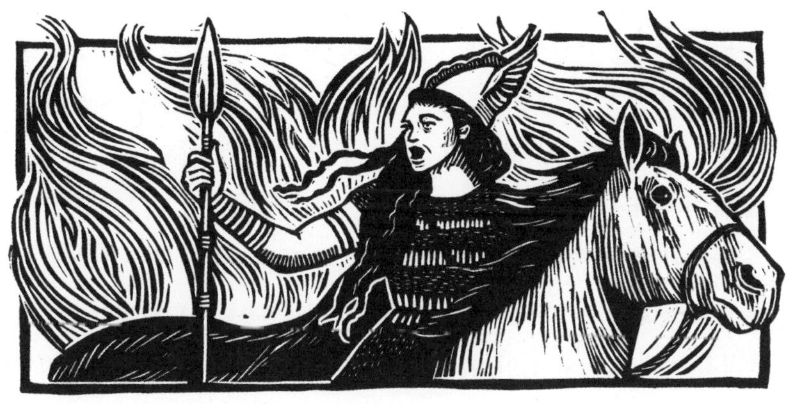

슈베르트가 세상을 떠나기 전에 쓴 가곡 중에 하인리히 하이네 Heinrich Heine(1797~1856)의 시에 붙인 「도플갱어 Der Doppelgänger」라는 곡이 있다. 청년이 한밤중에 옛 연인의 집을 찾는다. 그곳에서 그는 고통스러운 표정으로 연인의 방 창문을 올려다보고 있는 자신의 도플갱어와 마주한다. 어두운 화음이 느리게, 그러나 가차 없이 이어지는 섬뜩할 정도로 단출한 가곡이다. 1800년을 전후해 독일에서는 유령 이야기가 큰 인기를 끌었고, 그중 여러 편이 프랑스어와 영어로 번역 소개되었다. 메리 셸리 Mary Shelley(1797~1851)는 1816년 소설 『프랑켄슈타인 Frankenstein』을 집필하기 시작했다. 프랑켄슈타인 박사가 시체의 조각을 모아 전기 충격으로 살려낸 거인에 관한 이야기인 이 소설은 창조자가 피조물에 대해 가져야 할 책임감을 말하는 섬뜩한 도덕적 이야기이다.

바야흐로 초자연적 현상은 이 시기를 관통하는 주제가 되었다.

그 여파는 오페라 쪽으로도 미쳤다. 카를 마리아 폰 베버Carl Maria von Weber(1786~1826)의 「마탄의 사수Der Freischütz」(1821년)가 바로 그랬다. 헨델의 「알치나Alcina」와 퍼셀의 「디도와 아이네아스」 같은 사례도 있었거니와, 마녀와 마법사는 오페라 소재로서 반드시 새로운 것만은 아니었다. 모차르트는 오페라 「돈 조반니」에서 기사장騎士將 석상이 자신의 목숨을 앗아간 살인자(돈 조반니)를 지옥으로 끌고 들어가는 모습을 무대 위에 구현한 바 있다. 베버는 악마의 도움으로 마탄魔彈을 벼리는 장면에서 전례 없이 섬뜩한 긴장감을 표현했다. '늑대 협곡'에서 벌어지는 이 유명한 장면은 급작스러운 전개 속도의 변화, 찌르는 듯한 강세와 몸서리쳐지는 화음 등을 사용함으로써 오페라에서 폭풍우나 공포감 따위를 묘사한 이전까지의 기법에서 한발 더 내디딘다. 이 장면은 우리의 이해 범위를 넘어서는 힘과 맞선 것만 같은 느낌을 전달한다. 독일의 철학자 이마누엘 칸트Immanuel Kant(1724~1804)는 이를 '숭고함'의 감각이라고 정의했다. 이는 오페라 작곡가뿐 아니라 기악곡 작곡가에게도 어마어마한 영향을 끼쳤다. 새로운 가능성을 움켜쥔 이들 중에 비르투오소 피아니스트 프란츠 리스트Franz Liszt(1811~1886)가 있었다. 리스트는 베버가 「마탄의 사수」에서 사용한 것과 같은 음악적 요소를 사용해 지극히 극적인 피아노곡을 썼다.

독일을 중심으로 여러 음악적 사건이 분주하게 일어나는 와중에도 이탈리아 오페라의 계보는 승승장구하고 있었다. 모차르트의 짧은 인생에 가장 큰 성공을 안겨준 작품은 이탈리아어로 된 오페라 「피가로의 결혼」이었다. 「피가로의 결혼」은 모차르트가 어린 시절 이탈리아를 순회하며 만났던 희가극 전통에 깊이 뿌리박은 작품이었다. 하이든 역시 이탈리아식 희가극을 썼다. 그러나 베토벤만은 예외였다. 하찮은 것은 모조리 업신여겼던 고매한 정신의 소유자였던 그는 이탈리아 오페라 전통에 등을 돌렸다.

19세기 초에 흥행과 인기 면에서 가장 큰 성공을 거머쥔 오페라 작곡가는 이탈리아 출신의 희가극 작곡가 조아키노 로시니Gioachino Rossini(1792~1868)였다. 재치꾼에 실용주의자요 성공적인 수완가였던 로시니는 어떤 면에서는 이탈리아판 헨델이라 할 만한 인물이었다. 로시니는 사람들이 좋아하는 것을 귀신같이 포착해내는 눈과 귀를 가지고 있었고, 사람들에게 그것을 제공하는 방법을 알고 있었다. 그는 경쟁자들을 효과적으로 따돌렸고, 헨델과 마찬가지로 자신의 음악을 여기저기 가져다 쓰고 차용하기를 서슴지 않았다. 심지어는 원래 비극을 위해 작곡한 서곡을 적당히 매만져 희가극용 서곡으로 전용하기까지 했다.

로시니는 정가극도 쓰긴 했으나 세상을 매료시킨 건 그의 희가극 작품이었다. 「세비야의 이발사Il barbiere di Siviglia」는 보마르셰의 희곡을 원작으로 한 오페라로, 극중 사건의 시간 순으로 모차르트의 「피가로의 결혼」보다 이전의 이야기를 다루고 있으며, 이탈리아의 희가극 전통을 일신하고 신선한 바람을 불어넣은 작품이다. 로시니의 천재성은 이탈리아의 벨칸토bel canto – '아름다운 노래'라는 뜻으로, 기품과 정교한 장식이 결합된 가창 양식 – 전통을 코미디에 접목했다는 점에서 드러난다. 로시니가 남긴 재치와 벨칸토 전통의 메아리는 도니체티의 「돈 파스콸레Don Pasquale」(1843년)부터 푸치니의 「잔니 스키키Gianni Schicchi」(1918년)까지 이후에 배태된 모든 희가극에서 생생히 들려온다. 로시니는 정가극 작곡가로서는 그다지 무겁게 받아들여지지 않았을지도 모른다. 그러나 그는 1829년 엄청난 스케일의 프랑스어 오페라 「기욤 텔Guillaume Tell」을 파리 무대에 올림으로써 자신의 경력을 마감하여 모두를 놀라게 했다. 「기욤 텔」은 오스트리아의 폭정에 맞선 스위스

농민 반란의 지도자 빌헬름 텔에 관한 진지한 드라마다. 공연 시간이 네 시간에 달하는 이 대작은 이탈리아 오페라만큼이나 베버의 「마탄의 사수」와 프랑스 오페라에 빚진 바가 많다.

「기욤 텔」은 '그랜드 오페라' 유행을 선도한 작품이었다. 그랜드 오페라 분야에서 활약상이 가장 두드러진 작곡가는 독일 출신으로 파리에서 이름을 날린 자코모 마이어베어 Giacomo Meyerbeer(1791~1864)*다. 마이어베어의 오페라는 현재 좀처럼 상연 기회를 잡지 못하는 찬밥 신세가 되어버렸지만, 그의 작품이 생전에 거둔 성공은 엄청났고 선풍적인 효과 면에서는 베버의 오페라를 능가했다. 「악마 로베르 Robert le Diable」(1831년)에서는 무덤 밖으로 나온 수녀들이 뭔가에 홀린 듯 악마적이고 에로틱한 발레를 춘다. 「위그노 교도 Les Huguenots」(1836년)에는 먹을 감는 여인들의 합창이 등장하고, 「예언자 Le prophète」(1849년)는 궁전이 화염에 휩싸이는 장면으로 막을 내린다.

그랜드 오페라를 열망한 또 다른 음악가로는 프랑스 작곡가 엑토르 베를리오즈 Hector Berlioz(1803~1869)가 있다. 마이어베어와 달리 베를리오즈는 생전에 오페라로 큰 재미를 못 보았다. 그의 가장 야심 찬 프로젝트였던 「트로이 사람들 Les Troyens」은 작곡가 사후 한참의 세월이 흐른 뒤에야 비로소 온전한 형태로 초연되었다. 그가 집필한 생생한 회고록에는 재치 넘치며 격정적이고 야망으로 가득한, 그리고 일 처리에 관해 정통파적 방식에 묶이길 거부한 입심 좋은 사내의 모습이 나타나 있다. 가장 베를리오즈다운 음악은 그의 관현악곡이었다. 섬세한 색채의 혼합이 듣는 이를 매료하다가도 언제 그랬냐는 듯 대담하고 삭막한 음향으로 변신하길 무시로 하는 음악이다.

＊ 마이어베어가 출생과 함께 얻은 독일식 이름은 '야코프 리프만 마이어 베어 Jakob Liebmann Meyer Beer'다.

이탈리아 오페라는 본고장 이탈리아와 파리에서 여전히 승승장 구했다. 그 주축은 빈첸초 벨리니Vincenzo Bellini(1801~1835)와 가에타노 도니체티Gaetano Donizetti(1797~1848)였다. 이들의 오페라에서는 이탈리아의 벨칸토 전통에 긴박한 드라마를 선호하는 프랑스의 취향이 더해졌다. 복잡한 선율을 헤쳐 나가면서도 우아한 품격을 잃지 않고 표현력까지 겸비해야 하니 어지간한 민첩성과 수완을 갖춘 가수가 아니고서는 언감생심 바라볼 수도 없는 경지였다. 쉽게 말해 발레 무용수처럼 노래해야 했던 것이다. 벨리니와 도니체티의 오페라는 특히 여주인공의 존재감이 두드러진다. 벨리니가 쓴 「노르마Norma」(1831년)의 주역 노르마는 로마 총독의 지배를 받는 드루이드교의 여사제장이다. 이 시기의 수많은 오페라와 마찬가지로 「노르마」 역시 역사적 신화와 개인의 비극을 엮은 작품으로, 가수들은 우아한 장식과 깊은 감정 사이의 아슬아슬한 줄타기를 노래로 표현해야 한다. 도니체티의 「람메르모르의 루치아Lucia di Lammermoor」(1835년)는 비련의 여주인공을 내세운 월터 스콧Walter Scott(1771~1832)의 역사소설 『래머무어의 신부The Bride of Lammermoor』를 원작으로 한다. 사랑하는 남자 대신 원치 않는 사내와 결혼해야 하는 루치아는 혼례를 올린 날 밤에 남편을 살해한다. 유명한 광란의 장면에서 루치아는 피로 흠뻑 물든 나이트가운 차림으로 결혼식 하객들 앞에 모습을 나타낸다. 도니체티는 루치아가 노래하는 품격 있는 노래 – 벨칸토 오페라의 단골 장치인 플루트 독주와 노래의 장식적 이중주에서 그 절정에 이른다 – 와 끔찍한 상황의 대조를 통해 잊지 못할 효과를 달성한다.

1840년대 들어 하늘에 새로운 별이 떠올라 향후 50년간 이탈리아 오페라를 지배하게 된다. 주세페 베르디Giuseppe Verdi(1813~1901)는 성서와 역사에서 소재를 길어온 일련의 오페라로 명성을 다졌다. 그 신호

탄은 1842년작 「나부코Nabucco」였다. 플롯은 바빌로니아의 왕 네부카 드네자르의 침공에 굴복한 유대인들과 그들의 자유를 향한 염원, 그리 고 서로 정치적으로 반목하는 세력에 속한 연인의 사랑 이야기를 따라 흘러간다. 「나부코」의 이야기와 음악은 당시 이탈리아 사람들이 처한 상황 – 북부 이탈리아는 오스트리아의 지배를 받고 있었다 – 과도 공 명했다. 이 작품 덕에 베르디는 이탈리아 해방 및 통일 운동의 상징적 존재로 격상되었다. 이후 그는 오랜 세월 작곡가로 활동하며 벨칸토 오페라의 요소와 그랜드 오페라의 요소를 세련되게 다듬어 힘 있고 절 묘한 드라마를 만들어냈다. 베르디는 1850년대에 발표한 세 편의 오 페라 「리골레토Rigoletto」와 「일 트로바토레Il trovatore」, 「라 트라비아타La traviata」로 국제적 명성을 공고히 다졌다.

벨리니와 도니체티의 오페라는 목소리로 시작해 목소리로 끝난 다. 오케스트라는 고작해야 반주 역할에 그친다. 베르디는 목소리는 물론이거니와 오케스트라의 장인이었지만, 여전히 그의 목표는 이탈 리아 가창의 위대한 전통을 통해 드라마를 표현하는 것이었다. 베르디 와 같은 해에 태어난 리하르트 바그너Richard Wagner(1813~1883)는 전혀 다 른 방식으로 오페라에 접근했다. 바그너는 한 세기 전의 독일인 글루 크처럼 개혁가 역할을 자임했고, 그가 보기에 이탈리아인과 프랑스인 이 망쳐놓은 오페라를 수렁에서 구하는 임무를 스스로 떠안았다. 그는 베토벤에 이어 후대가 독일 음악의 위대한 계보상의 정점이자 전환점 으로 여긴 또 한 명의 인물이었다. 바그너는 경쟁자의 평판을 깎아내 리는 데 혈안이 되었으며, 마이어베어의 오페라를 '극적 잡탕찌개'나 다름없는 '괴작怪作'이라고 맹렬히 비판했다. 그런 그도 마이어베어로 부터 배운 트릭이 몇 가지 있었다. 네 개의 오페라가 하나의 사이클을 이루는 바그너의 대작 「니벨룽의 반지」는 라인 강에서 멱을 감는 세

처녀의 노래로 시작하고 신들의 궁전이 화염에 휩싸이는 장면으로 대단원의 막을 내리는데, 이 두 장면 모두 마이어베어가 일약 히트시킨 장면과 무척 닮아 있다.

바그너는 – 베토벤 역시 그러했듯 – 예술가의 역할을 지극히 엄중하게 받아들였다. 그는 예술의 목적이 '종교의 영혼을 구원하는 것'이라고 선언했다. 이는 그와 나란히 분탕질의 전선에 선 예술가였던 피아니스트이자 작곡가 프란츠 리스트의 주장 – "제대祭臺에 금이 가고 무너질 때…… 예술은 사원의 잔해를 뚫고 일어나 '빛이 있으라!' 하고 외쳐야 한다" – 과 일맥상통한다. 리스트와 바그너는 베토벤(특히 그의 걸작 「교향곡 9번」)이 이룬 획기적인 달성을 토대로 표현할 수 없는 것을 표현하는 낭만주의의 염원을 달성할 '미래의 음악'을 추구하자고 주창했다.

이와 같은 목표를 달성하기 위해 바그너와 리스트는 낡은 형식적 절차를 느슨히 하여 한층 '즉흥적'이고 유동적인 음악을 쓰는 방법을 창안해냈다. 그래도 구조감은 있어야 하기에 리스트 같은 경우는 '주제의 변형' 기법을 취했다. '주제의 변형' 기법에 따르면 앞에 나온 주제가 재등장하는 것만으로는 충분치 않고, 주제에 일정한 변화를 주는 것이 필수적이다. 이를테면 주제의 템포를 떨어뜨리거나 끌어올리고, 주제에 앞서와는 다른 화성이나 리듬을 부여하는 식이다. 이러한 기법이 완전히 새로운 것은 아니었다. 리스트는 슈베르트의 선례에 착안했던 것이다. 바그너는 장년기 이후에 쓴 오페라에서 이러한 방법론을 그 논리적 극단까지 밀어붙여 극에 등장하는 모든 인물과 개념 등에 고유의 라이트모티프Leitmotif, 즉 유도동기를 붙였다. 말하자면 지크프리트를 표상하는 동기, 칼을 나타내는 동기, 죽음을 의미하는 동기가 모두 따로 있었던 것이다. 이러한 동기들은 감상자에게 항상 식별 가능한 기준점을 제공해주는 편의성이 있고, 아울러 음악의 지속 시간이 아무리 길더라도 일관성의 느낌을 부여한다는 이점이 있다. 1876년 나흘 밤에 걸쳐 초연된 「니벨룽의 반지 Der Ring des Nibelungen」는 「라인의 황금 Das Rheingold」, 「발퀴레 Die Walküre」, 「지크프리트 Siegfried」, 「신들의 황혼 Götterdämmerung」이 모여 전체를 이루는 대작 중의 대작이다. 「신들의 황혼」만도 연주 시간이 네 시간 반에 이르며, 4부작 전체의 공연 시간은 열네 시간이 넘는다. 바그너가 지향한 지평은 자신이 고안한 '총체 예술 작품 Gesamtkunstwerk'이라는 거창한 용어에 집약되어 있다. 이 개념을 통해 그는 애초에 오페라라는 장르의 영감이 된 원천인 시와 음악, 무용의 유일무이한 혼융인 고대 그리스 비극으로 돌아가고자 했다.

바그너의 의도는 말의 의미를 흐리는 모든 요소의 개입을 억제하고 말의 온전한 힘을 부각하는 것이었다. 그러므로 성악가들은 이중창이나 앙상블 대신 거의 언제나라고 해도 될 정도로 한 번에 한 사람씩 노래한다. 그래야 그들의 노랫말이 명료하게 전달되기 때문이다. 합창도 극히 제한적으로 사용된다(다만 극의 전개상 뉘른베르크 시민이 주요한 역할을 담당하는 오페라 「뉘른베르크의 명가수 Die Meistersinger von Nürnberg」는 예외다). 이로써 일종의 위엄 있는 레치타티보가 지배적인 양식으로 사용되는데, 자칫 지루하게 흐를 수도 있는 레치타티보의 연속이 지루하지 않은 건 바그너의 오케스트라 운용 능력이 탁월했기 때문이다. 라이트모티프를 제시하는 건 거의 언제나 오케스트라의 몫이며(라이트모티프가 노래로 불리는 경우는 극히 드물다), 오케스트라의 음악은 잠시도 쉬지 않고 변화하는 태피스트리의 무늬가 된다. 바그너 역시 젊은 시절에 쓴 오페라에서는 똑떨어지는 아름다운 아리아를 썼다. 「탄호이저 Tannhäuser」 중 샛별에 바치는 볼프람의 찬가가 그 좋은 예다. 그러나 「반지」 4부작이나 「파르지팔 Parsifal」 같은 후기 오페라에서는 형식적인 구획 나눔에 들어맞는 부분이 조금도 보이지 않는다. 그는 정말로 '노래다운' 음악은 아주 드물게 찾아오는 절정의 순간을 위해 아껴둔다. 따라서 노래다운 부분은 가뭄의 단비처럼 그 효과가 극대화된다. 「발퀴레」 제1막에서 지그문트와 지글린데가 서로를 향해 사랑을 고백하는 장면이나, 같은 오페라 제3막에서 주신主神 보탄이 딸 브륀힐데에게 작별을 고하는 장면이 대표적이다.

바그너가 음악사에 남긴 발자취에서 그 여파가 특히 뚜렷한 것이 바로 광범위한 화성 운용 능력이다. 「라인의 황금」 도입부에서 라인 강의 깊은 수심을 그려내기 위해 단순하고 변화도 없는 거대한 펼침화음을 쌓아올린다. 이와 대조적으로 그의 또 다른 오페라 「트리스탄과 이졸데Tristan und Isolde」는 해결점을 발견하지 못한 채 끝없이 비틀리고 낙망하는 화음을 지닌 전주곡을 통해 두 연인이 겪는 괴로움을 강력하게 암시한다. 그의 화성 양식이 보여준 광폭의 발자취는 후대 작곡가들을 크게 자극했다. 단순히 말해, 바그너가 보여준 방법론을 받아들이고 거기서 한발 더 나아갈지 말지를 결정해야 했던 것이다. 구스타프 말러 - 바그너가 오페라 장르를 확장했다면, 말러는 교향곡 장르를 확장한 음악가였다 - 역시 운용 화성의 폭이 무척 넓어서, 흡사 민요처럼 단순한 「교향곡 4번」에서부터 지극히 어두운 고통에 몸부림치는 「교향곡 9번」이나 「대지의 노래」까지 다양한 지평에서 움직였다. 리하르트 슈트라우스는 「살로메」와 「엘렉트라」 같은 오페라 - 두 작품 모두 뜨거운 정념과 폭력의 분위기를 풍긴다 - 에서 바그너적 불협화음을 극한까지 확장했다. 아르놀트 쇤베르크는 거기서 한발 더 나아가 기존의 전통적 화성관을 모조리 부정하기에 이른다. 그것이 그가 생각하는 화성 발전의 논리적 종착점이라고 믿었기 때문이다.

바그너는 자신의 견해에 전적으로 동조한 이들을 지지했다. 그런 이들 중 안톤 브루크너Anton Bruckner(1824~1896)가 있었다. 바그너를 향한 브루크너의 순박하고 천진한 숭배는 거대한 교향곡이라는 열매를 맺었다. 반면 바그너는 자신과 리스트가 함께 주창한 '새로운 음악'에 반대하는 이들을 적으로 간주했다. 1860년 요하네스 브람스Johannes Brahms(1833~1897)는 신新독일악파의 주장에 반대하는 '성명서'를 발표했다. 이 현명하지 못한 결정 때문에 브람스는 바그너의 주요 표적이 되었다. 바그너는 브람스의 「교향곡 1번」을 두고 '마른 풀때기와 퀴퀴한 찻잎으로 우려낸 하찮은 선율 조각들'이라고 깎아내렸다. 브람스는 교향곡과 협주곡, 소나타, 현악 4중주, 가곡 등 기존의 전통적 장르에서 가장 중요한 성취를 이룬 독일 작곡가였다. 그는 바그너를 어느 정도 존경했지만, 바그너가 품은 적대감 때문에 음악 대중은 두 사람을 독일 음악의 미래라는 패권을 두고 한판 붙은 적수로 여겼다.

프랑스에도 바그너 추종자가 있었다. 가령 세자르 프랑크César Franck(1822~1890)와 그의 제자들은 밀도 높고 풍성한 바그너풍의 화음을 애호했다. 그러나 바그너주의와 일정한 거리를 두고 옆길을 모색한 프랑스 작곡가들도 있었다. 오페라 「파우스트」로 잘 알려진 샤를 구노Charles Gounod(1818~1893)는 전통적인 화성의 명료함을 포기하지 않은 음악을 썼고, 서정적 선율을 만들어내는 솜씨로 높이 평가받았다. 조르주 비제Georges Bizet(1838~1875)의 오페라 「카르멘Carmen」은 불같은 성격의 집시 여인과 청년 병사가 나누는 비운의 사랑 이야기다. 비제는 거의 바그너에 필적할 만큼 폭넓은 화성 운용 솜씨를 보인다. 그럼에도 호소력 짙은 직접성과 단순함 덕분에 「카르멘」은 그 어느 오페라보다도 생명력이 긴 인기작으로 자리매김했다.

바그너의 유도동기와 리스트의 주제 변형 기법은 수많은 후대 작곡가들에 의해 계승되었다. 19세기 말엽에 이르면 거의 모든 주요 작곡가가 저마다 바그너의 사상에서 발견한 쓸모를 자기 것으로 흡수한 뒤였다. 그와 동시에 이들은 각자의 개인적·민족적 특징을 유지했다. 바그너와 안전거리를 둔 채로 그 영향을 흡수한 작곡가로는 베르디, 차이콥스키, 스메타나, 드보르자크, 무소륵스키, 림스키 코르사코프, 푸치니, 드뷔시를 꼽을 수 있다. 모두 곧 만나게 될 이들이다.

한편 격식에 얽매일 필요가 없는 무대에서 공연되는 '가벼운' 음악을 향한 수요도 뜨거웠다. 대중적인 가락과 춤곡 선율, 유명 오페라의 패러디 장면 등을 뒤섞어 보통 사람들의 구미에 맞춘 음악 여흥 보드빌Vaudeville은 18세기 이래로 인기를 끌었다. 1850년대 들어 보드빌은 대화체 대사를 동반한 가벼운 오페라인 '오페레타operetta'로 진화했다. 자크 오펜바흐Jacques Offenbach(1819~1880)는 1855년 파리에 코믹 단막극 전용 극장을 세웠고, 1858년 첫 번째 본격 오페레타「지옥의 오르페우스Orphée aux enfers」로 공전의 히트를 기록했다. 오페레타 열풍은 국제적 왈츠 열풍의 중심지였던 빈으로 번졌다. '왈츠' 하면 떠오르는 작곡가 요한 슈트라우스 2세Johann Strauss II(1825~1899)는 오펜바흐가 오페레타로 거둔 성공을 이용해 댄스 뮤직의 잠재력을 현실화했다. 요한 슈트라우스 2세의「박쥐Die Fledermaus」(1874년)는 세계에서 가장 자주 공연되는 오페레타로 자리매김했다.

CHAPTER 28

가정에서, 해외에서 연주하는 여인들

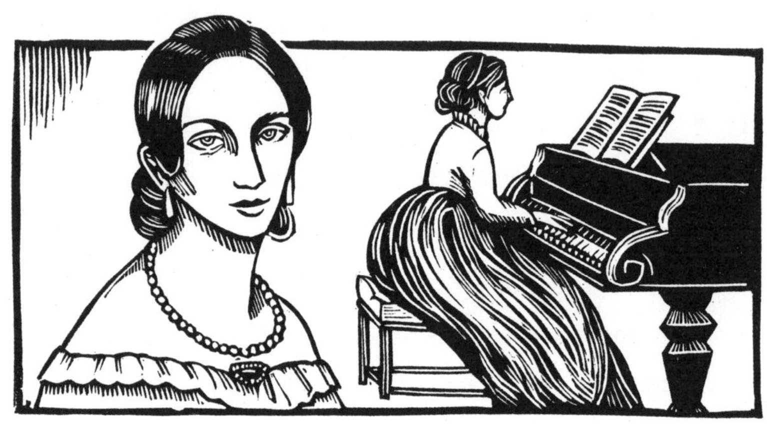

　서양 음악의 역사 서술은 대부분 '위대하다'고 여겨지는 작곡가들의 삶과 작품에 의해 지배되다시피 한다. 하지만 대중에게 노출된 이들 엘리트 음악가 계층 아래의 세상에서도 음악은 늘 생산되고 연주되어왔고, 나는 지금까지 이 책에서 그러한 부분에도 주의를 기울이려 애썼다. 그러나 해당 자료가 워낙 여기저기에 흩어져 있는 까닭에 하부 층위의 역사를 파악하기가 무척 어려운 편이다. 다만 학자들의 노력 덕분에 지금까지 사라진 것으로 여겨진 자료들이 조금씩 드러나고 있으며, 특히 19세기라면 당시의 사건과 상황을 제법 상세하게 파악할 수 있게 되었다.

　19세기는 녹음과 방송이 생기기 직전의 시기다. 사람들은 음악가가 있는 곳을 찾아가거나 스스로 연주해야만 음악을 들을 수 있었다. 그러므로 사람들 사이에는 스스로 음악을 생산하거나 음악을 만드는 이들을 찾고자 하는 거의 보편적인 요구가 존재했다.

　사회 계층을 불문하고 음악가를 향한 수요는 엄청났다. 하층민에게는 거리의 악사와 대중 여흥꾼들이 있었다. 18세기와 19세기에 걸쳐 중산층과 전문 직업군의 인구가 증가하면서 가정에서 노래하고 연주할 음악을 향한 수요, 그리고 악기를 향한 수요가 폭증했다. 제작 초기에 상당한 고가품이었던 피아노는 점차 가격이 내려가 일반 가정에서도 거실에 자그마한 피아노 한 대쯤 놓아두고 싶은 바람을 가져봄직했다. 서양 세계 곳곳에서 피아노 제작사의 즐거운 비명이 들렸다. 빈과 영국 피아노가 최상품으로 대우받았고, 그 밖에도 여러 나라의 군소 제작사가 지역의 수요를 책임졌다. 러시아의 예카테리나 여제Empress Catherine the Great(1729~1796)는 1774년 런던 제작사에 주문한 피아노를 받아 사용했다. 1860년의 자료에 따르면 인구 상승 곡선이 가파른 모스크바와 상트페테르부르크에 거점을 둔 피아노 제작사가 서른 곳을 헤아렸다고 한다. 바다 건너 미국도 사정이 크게 다르지 않아 19세기 후반에는 피아노가 가장 인기 있는 악기의 위치에 올라섰다.

　피아노 시장은 독립적으로 존재하지 않았다. 악기가 쓸모 있으려면 악보가 필수였다. 출판업자들은 최신 유행가와 춤곡부터 교향곡, 오페라 아리아 피아노 편곡판까지 가리지 않고 악보로 찍어 시장에 내보냈다. 세상이 하나 되어 존경하는 작곡가들도 이러한 아마추어 시장에 시간을 할애했다. 하이든은 가정용 음악 시장을 노리고 피아노 4중주를 썼고, 모차르트와 베토벤은 비교적 연주하기 쉬운 피아노곡을 지었다. 로베르트 슈만은 비르투오소 피아니스트를 위한 작품뿐만 아니라 「어린이를 위한 앨범Album für die Jugend」이라는 소곡집을 펴냈다. 멘델스존의 「무언가Lieder ohne Worte」와 쇼팽의 짤막한 피아노곡 중에는 그만저만한 기교만으로도 연주할 수 있는 곡이 꽤 된다. 피아노 음악은 월

간지를 통해서 음악 대중과 만나기도 했다. 차이콥스키의 피아노 모음 곡「사계」가 그 예로, 러시아의 어느 월간지에 한 달에 한 곡씩 소개해 1년분을 만들었다. 브람스는 자신의 왈츠곡을 출판하면서 실력을 장담할 수 없는 아마추어용으로 축약한 판본을 따로 펴내는 성의를 보였다. 에드바르 그리그 Edvard Grieg(1843~1907)는 사람들이 집에서 편안히 즐길 수 있도록 『서정 소곡집 Lyriske stykker』이라는 피아노곡을 썼다. 관현악곡은 피아노 연탄連彈*용 악보로 편곡되곤 했다. 오케스트라 연주를 들을 기회가 지극히 드문 시절에 최신 교향곡은 피아노의 도움으로 음악 대중에게 다가갔다.

사람들의 연주 및 노래 실력은 천차만별이었다. 가다 서다를 반복하는 초심자부터 사실상 전문 연주자라고 불러도 무방한 수준의 실력자까지 그야말로 다양했다. 아마추어 음악가들은 악보 수집에도 열성적이어서, 인쇄 악보와 손으로 베낀 악보를 가리지 않고 한 더미로 편철해 보관하곤 했다. 소설가 제인 오스틴 Jane Austen(1775~1817)의 가족은 피아노곡과 하프곡, 성악곡 악보를 여러 권 소장했다고 하는데, 그래서인지 오스틴의 소설에는 가정에서 음악을 연주하는 광경이 자주 묘사된다. 미국에서도 형편이 넉넉한 백인 가정을 중심으로 이와 유사한 악보집이 인기를 끌었다. 노예 신분을 벗고 자유를 얻은 흑인 여성 중에도 경제적 여력과 시간적 여유가 있는 경우에는 악보집을 곁에 둔 이들이 일부 있었다.

물론 음악은 사람들이 가정에서 습관처럼 즐기는 여러 오락거리 중 하나일 뿐이었다. 음악 외에 중요한 즐길 거리로 독서가 있었다. 19세기에는 큰 소리로 책을 읽는 낭독이 여전히 흔한 관례였다. 가족들 앞에서

---

* 한 대의 피아노를 두 사람이 함께 치며 연주함. 또는 그러한 연주법. 하나의 곡을 높은 음부와 낮은 음부 또는 가락부와 반주부로 나누어 연주한다.

  음악의 역사

책을 읽는 모습을 담은 회화 작품도 많다. 여인이 다른 여인들 앞에서 낭독하는 경우가 많았지만, 가장이 온 가족에게 책을 읽어주기도 했으며 그런 경우에는 주로 성서를 낭독했다. 하인들, 병사들, 공장 노동자들에게 책을 읽어주는 사람을 따로 고용하기도 했다. 수백 년 동안 수도원과 수녀원에서는 식사 시간마다 성서를 읽는 일이 관습처럼 정착되었다. 낭독 습관은 기억해둠직한 의미가 있는 맥락이다. 오늘날 가정에서 접하는 음악이란 십중팔구 스피커나 헤드폰을 통해 접하는 녹음 음악을 말한다. 독서도 마찬가지로, 열이면 열 묵독默讀이다. 그러나 서로를 위해 노래하고 연주하는 유구한 습관은 서로에게 책을 읽어주는 관습과 손을 맞잡고 걸어온 셈이다.

피아노는 어린 소녀나 젊은 여성에게 적합한 악기로 널리 받아들여졌고, 혼기가 찬 여인이 피아노 연주 실력을 갖추면 좋은 남편감을 얻는 데 유리하다는 시각도 있었다. 내키지 않는 연습을 몇 시간씩 하느라 고생한 여성들도 있었지만, 음악이 좋아 높은 수준의 연주 실력에 이른 이들도 있었다. 몸이 비틀리고 팔놀림이 흉한 바이올린과 달리 피아노는 얌전한 자세로 연주할 수 있다는 점도 여성들에게 이 악기가 더 어울린다는 시각을 거들었다. 어린 음악가들을 지도하기 위한 교재가 대량으로 판매 및 유통되었고, 전문적으로 피아노 교습을 하는 이들도 생겨났다. 피아노 교사들은 오로지 음악만 다룬다기보다 젊은 여인에게 범절과 몸가짐을 가르치는 이들이기도 했다. 300년 전 카스틸리오네의 『궁정론』 이후로 꾸준히 연관되어온 음악과 범절이 19세기 들어 '존경받을 만한' 위치에 올라선 중산층에게까지 퍼진 것이다.

그럼에도 유럽과 북아메리카 사회는 여전히 연주자로 대중 앞에 나서고자 하는 재능 있는 여성의 앞길을 막아섰다. 게다가 여성들의 연주는 개인적 친분과 인맥 내에서 이루어졌기 때문에 최고 수준의 음악 교습을 받을 기회 역시 극히 제한되었다. 신설 음악원이 일부 여학생들을 받아들였으나 음악원생이 된다고 하더라도 훈련 수준은 대체로 남학생들에 미치지 못했다. 기껏해야 음악 교사나 아마추어 음악가로서의 미래를 꿈꿀 수 있을 뿐, 전문 연주자로 무대 위에서 대중과 마주하는 여성은 극소수였다. 하지만 그런 19세기에도 피아니스트로서 특출한 성취를 거머쥔 여인들, 그리고 남성들의 전유물로 여겨진 무대 위 공간으로의 진입장벽을 깨부순 여인들이 있었다.

이미 18세기 말엽부터 하이든과 모차르트는 여성 피아니스트들을 위해 고난도의 피아노 음악을 쓴 바 있다. 하이든의 피아노 소나타 중 가장 난곡으로 꼽히는 작품은 런던에서 만난 피아니스트 테레제 얀센Therese Jansen(1770?~1843)을 위해 쓴 것이다. 얀센은 저명한 피아니스트 겸 작곡가이자 피아노 제작자였던 무치오 클레멘티Muzio Clementi(1752~1832) 문하 출신 중에서 가장 뛰어난 피아니스트였다. 다만 얀센은 연주자로서의 인생을 추구한 적이 없고 대신 피아노 교사로서 평판이 높았다. 프랑스에는 귀족 가문 출신의 피아니스트 엘렌 드 몽즈루Hélène de Montgeroult(1764~1836)가 있었다. 프랑스 대혁명에서 간신히 살아남은 드 몽즈루는 1795년에 설립된 파리 음악원 최초의 여성 교수로 임명되었다. 피아니스트와 교사로서 이름을 알린 드 몽즈루는 1816년 세계 최초로 교습 수준별 피아노 교재를 발간했다. 이 교재는 이후 오랫동안 유럽 전역에서 재출판되며 유통되었다. 다음 세대의 작곡가들 중 피아노 음악으로 명성이 높았던 프레데리크 쇼팽은 드 몽즈루의 교재를 익히 알고 있었던 것으로 짐작된다. 쇼팽의 가장 유명한 연습곡인 일명 「혁명」은 드 몽즈루의 연습곡을 꼭 빼닮아 있다. 마리아 시마노프스카Maria Szymanowska(1789~1831)는 쇼팽에게 영향을 준 또 한 명의 여성 피아니스트이자 작곡가였다. 쇼팽과 같은 폴란드인이었던 시마노프스카는 연습곡, 마주르카, 왈츠, 전주곡 등을 썼는데 20여 년 후 쇼팽이 쓴 작품의 소박한 원형原型이라고 불러도 될 만한 곡들이다.

　19세기의 가장 유명한 여성 피아니스트는 작곡가 로베르트 슈만의 아내 클라라 슈만Clara Schumann(1819~1896)이었다. 유명한 피아노 교사였던 클라라의 아버지 프리드리히 비크Friedrich Wieck(1785~1873)가 어린 딸의 재능을 알아보지 못할 리 없었다. 그는 레오폴트 모차르트가 볼프강과 난네를에게 했던 것처럼 클라라를 정식으로 데뷔시키려 했다. 그런데 끝내 음악가로서의 미래가 허락되지 않은 난네를과 달리 클라라 슈만은 아홉 살 때 라이프치히 게반트하우스 오케스트라와의 협연 무대로 데뷔한 후 60년 넘게 공인으로 활동했다. 그녀는 19세기 당대의 남성 비르투오소들과 어깨를 겨룰 만한 유일한 여성 피아니스트였다. 결혼 후에는 화려한 기교가 돋보이는 레퍼토리를 내려놓고 감정적 깊이를 가진 곡 ─ 바흐와 베토벤부터 남편 로베르트 슈만 등의 작품 ─ 에 집중했다. 나이가 들어서는 그에 걸맞은 기품 있는 행동으로 높이 존경받았고 교사로서도 평판이 높았다. 리스트를 비롯한 동료 음악가들은 그러한 클라라 슈만을 음악의 '여사제'라 부르며 존경했다. 젊은 시절 그녀는 아름다운 피아노곡과 실내악을 썼지만, 결혼 이후 가정과 가족을 제1의무로 여기라는 남편 로베르트의 당부에(두 사람은 슬하에 여덟 자녀를 두었다) 점차 작곡에 자신감을 잃어버렸다. 그러나 클라라 슈만은 아이를 낳고 가정을 돌보면서도 피아노 연주 여행을 그만두지 않았고, 남편이 정신병의 나락으로 떨어지고 난 뒤에는 혼자서 생계를 책임졌다.

　클라라 슈만과 마리아 시마노프스카, 엘렌 드 몽즈루에게는 공통된 중요한 요소 하나가 있었는데, 바로 '살롱'이었다. 음악가와 시인, 화가, 후원자의 집합소였던 살롱은 18세기 중반부터 20세기 초반까지 음악가들에게 없어서는 안 되는 지원 체제였다. 요즘은 젊은 피아니스트가 데뷔하여 경력을 쌓으려 작정하면 전 세계적으로 연결된 콘서트홀과 페스티벌, 연주 기획사와 홍보사의 네트워크가 작동하여 연주와 투어를 도와주고, 또 젊은 음악가가 주목받을 기회를 얻을 수 있는 국제 콩쿠르도 많다. 그러나 19세기의 연주자 지원 체제는 입에서 입으로 전하는 소문, 감식안을 갖춘 전문가와 후원자 간의 인맥, 그리고 체계화와는 거리가 먼 '연줄'이 전부였다. 그러한 비공식적 지원 체제가 지금도 완전히 사라진 건 아니지만, 당시에는 그런 사람들이 어울리는 모임 속으로 진입하는 방법을 찾을 수 있느냐의 여부가 예술가의 성패를 좌우했고, 그렇게 할 수 있는 주요한 창구 중 하나가 바로 살롱이었다. 살롱은 흔히 신분이 높고 부유한 여성이 꾸려가는 경우가 많았고, 그중에는 음악에 해박한 지식을 가진 전문가급 여성도 있었다. 연주를 겸업하는 살롱 운영자도 있었다. 드 몽즈루는 파리에서 알아주는 살롱을 꾸렸다. 살롱 운영자는 저마다 가장 좋아하는 연주자의 활동을 지원하는 데 제 주머니를 털기도 했는데, 시마노프스카와 클라라 슈만은 바로 그러한 살롱의 네트워크 덕분에 순회 연주회 일정을 짤 수 있었다.

독일과 오스트리아에서는 현악기 연주자끼리 ─ 대다수가 남자였다 ─ 무리를 지어 연주하는 일이 취미로 각광받았다. 이들은 하이든에서 베토벤, 슈베르트를 거쳐 19세기의 멘델스존, 슈만, 브람스 등으로 이어지는 독일의 현악 4중주 유산에 대해 누구보다 잘 알고 있었다. 베토벤이 생존해 있을 때만 해도 현악 4중주는 이따금 이런저런 다양한 형태의 레퍼토리를 섞은 연주회에 등장하긴 했어도 사실상 개인적인 차원에서 즐기는 경우가 많았다. 베토벤은 1810년「현악 4중주 11번 F단조, 작품 95」를 쓰면서 악보에 이런 메모를 덧붙였다. '주의. 이 4중주곡은 전문가와 감식가의 자그마한 동아리를 위해 쓰인 것으로 절대 공개적으로 연주하지 말 것.' 현악 4중주만으로 이루어진 연주회가 처음으로 마련된 건 1823년으로, 베토벤의 친구인 바이올리니스트 이그나츠 슈판치히Ignaz Schuppanzigh(1776~1830)의 주도로 성사된 일련의 연주회가 그것이다. 현악 4중주가 본격적으로 가정의 담장을 넘은 사건이자 베토벤의 난해한 후기 4중주가 처음으로 대중 앞에서 목소리를 낸 순간이었다.

이와 비슷한 시기에 작곡가 프란츠 슈베르트를 중심으로 모인 이들이 가끔씩 음악을 곁들인 저녁 모임을 가졌다는 기록이 있다. 슈베르트는 베토벤보다 지명도가 현격히 낮았고, 따라서 그의 피아노 연주를 접할 기회는 개인적인 친교 모임이 전부이다시피 했다. 그는 친구들 앞에서 직접 피아노 반주를 곁들여 자신의 가곡을 노래했다. 약식 연주회가 끝나면 음식과 술이 돈 뒤 무도회가 이어졌다. 춤을 추기에 적당한 음악 연주는 역시 슈베르트의 몫이었다(성격이 불같은 베토벤이 무도회에서 반주하는 광경은 좀처럼 머릿속에 그려지지 않는다). 19세기는 춤의 인기가 대단했는데, 슈베르트의 주변 무리처럼 친구들끼리 즐기는 격의 없는 자리부터 온갖 예법과 범절을 따지는 자리까지 춤을 즐기는 방식의 스펙트럼이 무척 넓었다. 사회 상류층은 – 수백 년 동안 그래온 것처럼 – 춤 선생을 고용해 최신 댄스가 유행할 때마다 따라 배웠다. 최신 댄스의 진원지는 프랑스인 경우가 잦았는데, 일단 춤이 유행하면 전 유럽은 물론 대서양을 건너 아메리카 대륙까지 퍼졌다. 일반 가정에서는 피아노를 배운 부인네와 숙녀들이 가족 무도회의 반주를 맡았고, 지체가 높은 집안이나 공식 행사에서는 몇 명의 연주자를 불러 음악을 맡기거나, 심지어 작은 오케스트라를 고용하기도 했다.

19세기 댄스 열풍의 핵심은 왈츠였다. 왈츠는 살림살이가 비교적 괜찮은 집부터 사회 최상류층까지 삽시간에 퍼져나갔다. 앞에서 이미 언급한 것처럼 빈은 왈츠 열풍의 중심지로 유명했고, 빈에서 활동하는 작곡가들은 왈츠를 비롯한 인기 춤곡 형식을 바탕으로 어마어마한 국제적 성공을 거두었다. 이 분야에서 단연코 두각을 드러낸 건 슈트라우스 일가였다. 아버지 요한 슈트라우스 Johann Strauss(1804~1849)는 1825년 직접 오케스트라를 결성한 뒤 매년 빈에서 왈츠 축제를 이끌어 이름을 알렸다. 곧 그는 자신의 오케스트라를 대동하고 다른 나라로 순회 연주 여행을 떠났다. 가업을 이어받은 요한 슈트라우스 2세는 오케스트라의 해외 연주로 아버지보다 더 유명해졌다. 슈트라우스 일가의 이야기를 하다 보니 완전히 새로운 화두가 떠오른다. 기계 동력을 이용한 이동과, 이를 가능케 한 산업혁명 이야기다.

     음악의 역사

CHAPTER 29

청중 찾기

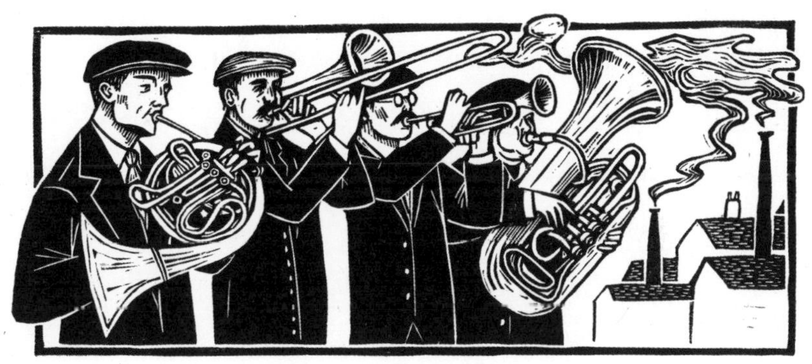

　18세기 말과 19세기 초, 기계의 발달 덕분에 인류는 공장 노동력을 활용해 상품을 빠른 속도로 대량 생산해낼 수 있게 되었다. 가난한 이들은 일자리를 찾아 도시로 모여들었다. 이렇게 형성된 '노동자 계급'의 삶은 기존의 농촌 빈자들의 삶과 사뭇 달랐다. 공장 노동자는 수입이 꾸준할지는 몰라도 살인적인 노동 시간을 견뎌야 했다. 산업 활동으로 얻은 막대한 이윤은 공장주를 살찌웠고, 정작 노동자의 몫은 보잘것없었다. 새로운 산업을 지원할 관리자와 법률가 등 새로운 직군의 필요성이 늘어나면서 도시 중산층이 서서히 성장했고, 사람들이 거주하는 마을과 도시의 크기도 몰라보게 커졌다. 음악이 중산층의 수요에 부응하여 오페라와 연주회, 가정 음악 등을 공급한 과정은 이미 살펴본 바와 같다. 19세기에 접어들면서 '음악 산업'은 단단한 반석에 올라 그 크기를 키워가기 시작한다. 상설 오페라 극장과 오케스트라, 음악대학교(음악원)가 생겨났고 음악 출판업의 규모도 전례 없이 커졌다.

전문 음악인을 양성하는 음악원도 급증했다. 늘어나는 기악 레퍼토리의 반영으로 음악원은 오케스트라 단원 훈련에 집중했다. 파리와 만하임에 선구적 악단이 있었음은 앞에서도 쓴 바 있다. 대부분의 유럽 도시에서 오케스트라 단원을 가장 많이 고용하는 건 오페라하우스였다. 19세기가 지나는 동안 오페라 오케스트라는 조금씩 일반 연주회를 개최하기 시작했고, 아울러 '심포니 오케스트라'가 별도의 단체로 생겨났다. 라이프치히 게반트하우스 오케스트라는 1780년대부터 일반 콘서트 오케스트라로 활동한 특이한 사례였는데, 1835년 펠릭스 멘델스존이 지휘봉을 넘겨받으면서 그 명성 또한 올라갔다. 유럽과 북미의 유명 오케스트라 중 상당수는 19세기에 발족되었다. 빈 필하모닉, 베를린 필하모닉, 암스테르담 콘세르트헤바우, 뉴욕 필하모닉, 보스턴 심포니, 시카고 심포니 오케스트라가 바로 그러했다.

오케스트라 연주회를 찾는 관객은 대체로 중산층이나 상류층이었다. 그러나 우리가 이른바 '클래식' 콘서트라고 부르는 형태의 연주회만이 전부는 아니었다. 19세기까지 유럽에는 가벼운 관현악곡으로만 프로그램을 꾸민 연주회가 다양한 계층의 관객을 끌어모았다. 작곡가 필리프 뮈자르 Philippe Musard(1792~1859)는 1830년대 파리에서 이와 같은 인기 연주회로 막대한 성공을 거두었다. 관객은 공연장 내부를 자유롭게 거닐 수 있었고 음식과 음료를 먹을 수 있었으며, 심지어 카드리유 quadrille* 음악 같은 춤곡이 연주되면 자리에서 일어나 춤을 추기도 했다. 런던은 파리의 성공을 그대로 들여왔다. 런던은 이미 야외 유원지에서 연주회를 여는 전통이 길었는데, 사실상 그러한 연주회를 실내

---

* 프랑스 사교댄스의 일종. 주로 네 쌍의 남녀가 사각 대형을 이루어 추는 춤으로, 18세기 후반부터 19세기까지 유행했다.

로 끌고 들어온 셈이었다. 이는 오늘날 훨씬 확대된 규모로 이뤄지는 '프라머나드 콘서트 Promenade Concert'의 시초가 되었다. 베를린에도 저렴한 입장료를 내고 들어갈 수 있는 이와 비슷한 인기곡 위주의 연주회가 있었다.

오케스트라 연주회는 보통 가을에 시작해 이듬해 봄까지 이어지는 시즌제로 조직되었다. 오케스트라 단원들은 비수기인 여름에는 유럽 곳곳의 온천 마을, 호텔, 바닷가와 호숫가 휴양지에서 관광객을 위한 무대에 섰다. 음악 축제도 있었다. 영국에서는 헨델의 오라토리오가 성공한 이후로 아마추어 합창 협회가 융성했다. 연중 가장 큰 음악 행사는 리즈, 셰필드, 버밍엄에서 며칠씩 이어지는 합창 축제와 런던의 수정궁에서 열리는 헨델 페스티벌이었다. 이러한 축제 무대에서는 당대의 내로라하는 작곡가들이 쓴 주요 신작이 초연되었다. 축제에서 가장 눈에 띄는 부분은 합창단의 고음역대가 여성으로 채워진 점이었다(그때까지만 해도 교회 합창단은 모두 남성으로 구성되어 있었다). 합창 협회는 여성들에게 대중 앞에서 노래할 수 있는 새로운 기회를 제공했다. 그러나 전문 오케스트라가 여성을 받아들이기 시작한 건 20세기가 된 뒤였다.

페스티벌 시상식이라는 게 있다면 '가장 원대한 야심' 부문의 트로피는 단연코 바그너의 몫이어야 한다. 바그너는 오로지 자신의 오페라만 공연할 목적으로 바이로이트 페스티벌을 기획했다. 그러나 그에 앞서 바이로이트에 새로운 오페라하우스를 건축하기 위해 엄청난 거금을 마련해야 했다. 때는 마침 여러 독일 제후국이 모여 통일 독일을 완성한 1871년 무렵이었다. 바그너는 자신의 프로젝트를 위대한 독일을 위한 사업으로 포장했고, 독일의 주요 도시에 바그너 협회를 세워 오페라하우스 건축 기금을 모금했다. 오랜 세월 바그너의 열혈팬이었던 바이에른 왕국의 국왕 루트비히 2세 Ludwig II(1845~1886)는 자신의 우상에게 거금을 대출해주어 사업이 진행되도록 했다. 바이로이트의 신축 극장 개관 기념 페스티벌은 1876년 8월에 열렸는데, 예술적으로 성공하고 사회적으로 큰 파장을 일으켰는데도 엄청난 적자를 기록했다. 두 번째 페스티벌은 6년간의 휴지기 이후에야 「파르지팔」을 개막작으로 하여 개최되었다. 바그너는 제2회 페스티벌이 열리고 몇 달 뒤 숨을 거두었다.

이처럼 분주한 음악계의 분위기는 작곡가들에게 기회가 되는 무대와 조직이 늘어났음을 뜻했다. 이제 작곡가들은 어느 때보다 확신을 가지고 본격적인 작품을 구상하고 계획할 수 있게 되었다. 장대한 오케스트라 프로젝트는 구스타프 말러가 쓴 대규모 교향곡에서 정점에 도달했다. 바그너와 마찬가지로 훌륭한 지휘자였던 말러는 빈 오페라의 음악감독을 지내면서 연주 수준을 몰라볼 정도로 끌어올렸다. 그는 직접 지휘봉을 잡고 오스트리아와 독일의 여러 곳에서 자신의 작품을 지휘해 각광을 받았다. 1902년부터는 말러 음악의 열혈 사도를 자처한 빌럼 멩엘베르흐Willem Mengelberg(1871~1951)가 상임 지휘자로 있던 암스테르담 콘세르트헤바우 오케스트라를 정기적으로 지휘했다.

산업혁명은 악기 제작 기술의 개선을 가져왔다. 1850년경이 되면 대부분의 오케스트라에서 트럼펫과 프렌치호른이 관의 길이가 더해진 밸브형 모델로 교체된다. 이는 곧 연주자가 배음렬에 속한 음표에 갇히지 않고 모든 음표를 자유자재로 연주할 수 있음을 의미했다. 금관악기의 연주가 한결 쉬워지면서 군대와 마을, 공장과 제분소 등을 주축으로 브라스밴드가 크게 늘어났다. 플루트, 클라리넷, 오보에, 바순 역시 손가락으로 누르는 키가 개량되었다. 현악기도 몸체와 활의 성능이 개선되면서 더욱 강력한 소리를 낼 수 있게 바뀌었다. 사실상 오케스트라가 전체적으로 더욱 강력한 힘 쪽으로 기울고 있었던 셈이다.

음악의 역사

한편 오르간 제작 과정의 기계화 덕분에 파이프의 소재 선택 및 그에 따른 음량과 음색을 원하는 대로 바꿀 수 있는 개량된 악기가 탄생했다. 새로운 제작술의 선두 주자는 프랑스의 아리스티드 카바예콜 Aristide Cavaillé-Coll(1811~1899)과 영국의 헨리 윌리스 Henry Willis(1821~1901)였다. 이들이 내놓은 근사한 오르간은 지금도 영국과 프랑스의 주요 교회와 대성당에서 찾을 수 있다.

유럽과 북미 대륙에 철도가 놓이면서 지휘하고 연주하고 노래하기 위해 다른 도시로 이동하기가 훨씬 수월해졌고, 음악가가 증기선을 타고 대서양을 건너는 일 또한 점점 더 흔해졌다. 이전까지는 오케스트라가 자신들이 활동하는 도시를 벗어나 연주하는 경우가 아주 드물었지만, 기차 여행이 가능해지면서 전체 오케스트라가 투어에 나서기도 했다. 마이닝겐 궁정 오케스트라는 정기적으로 순회 연주한 최초의 교향악단이었다. 그들은 기차를 타고 독일을 누볐고, 배편으로 런던과 코펜하겐 무대를 밟았다. 때로는 오페라 프로덕션 전체가 세트까지 대동하고 기차로 이동했다.

'왈츠의 왕' 요한 슈트라우스 2세도 운송 수단을 적극적으로 활용했다. 1847년에서 1848년 사이 그와 그가 이끄는 오케스트라는 헝가리와 루마니아에서 6개월을 보냈고, 1856년 여름에는 상트페테르부르크에 신설된 철도 회사의 초청으로 러시아를 방문했다. 그들의 러시아 방문은 대히트를 기록하여 향후 9년간 이들은 매년 여름을 러시아에서 보냈다. 한편 슈트라우스 2세는 자신의 가장 유명한 왈츠곡 「아름답고 푸른 도나우」를 1867년 파리 만국박람회에서 초연했다.

여러 유명 연주자가 철도망을 이용했는데, 그중에서도 특히 큰 혜택을 입은 건 비르투오소 피아니스트라는 새로운 유형의 연주자들이었다. 따지고 보면 피아니스트들은 여러 겹으로 산업혁명의 은전을 입었다. 기차는 국경을 넘을 수 있게 했고, 도시의 몸집이 커지면서 덩달아 커진 관객 규모는 공연 수익의 증가를 의미했다. 피아니스트가 사용하는 악기도 산업혁명 덕분에 개선되었다. 1850년대 이후로 무쇠 프레임을 단 그랜드피아노가 제작되기 시작했고, 이는 곧 악기가 조율 상태를 더욱 오랫동안 유지할 수 있음을 의미했다. 매달린 현의 굵기가 두꺼워지고 더욱 팽팽히 조여지면서 피아노의 음량도 더욱 커졌다. 현이 끊어질까 전전긍긍했던 과거와 달리 이제는 그런 걱정 없이 대형 연주회장의 무대에 올릴 수 있는 악기가 된 것이다. 모든 피아노 비르투오소 중에서 가장 유명한 피아니스트이자 대중 리사이틀의 선구자였던 프란츠 리스트는 이러한 혁신이 도래하기 전에 활동했다. 그가 사용한 악기는 목제 프레임 피아노였고, 리스트의 강력한 연주에 피아노 줄이 끊어지는 사태를 대비해 공연 주최 측은 한두 대의 피아노를 여벌로 준비해두는 걸 관례처럼 받아들였다. 화려한 기교가 전면에 배치된 리스트의 작품 – 협주곡, 헝가리 광시곡, 그리고 경이로우리만치 까다로운 연습곡 – 을 들어보면 그 광경을 어렵잖게 상상할 수 있다.

리스트보다 한 해 먼저 태어난 프레데리크 쇼팽Frédéric Chopin(1810~1849)도 기차 여행을 많이 했다. 그는 인간으로서나 연주자로서나 리스트와 무척 다른 인물이었다. 쇼팽 역시 목제 프레임 피아노를 사용했지만, 그의 연주 스타일은 훨씬 섬세했고 외부적인 과시라곤 찾아볼 수 없었다. 기질 면으로는 내성적이고 차가운 편이었고, 몸은 무척 병약했다. 따라서 쇼팽은 연주회장보다 살롱을 비롯한 작은 무대에 서는 쪽을 선호했다. 그의 연주는 서정적이고 예리했으며, 그가 쓴 음악은 그러한 점을 반영했다. 쇼팽은 피아노 음향의 가능성을 누구보다 깊이 이해하고 있었다. 섬세한 마주르카와 왈츠, 야상곡부터 격렬한 드라마로 점철된 발라드까지 그의 음악이 잘 보여주듯이 말이다.

순회 음악가의 절대다수는 남성이었다. 하지만 여성 중에도 여러 지역을 순회하며 이름을 알린 이들이 소수나마 있었다. 그중 특히 두드러진 인물이 폴란드의 피아니스트 겸 작곡가로 쇼팽에게 영향을 준 사례로 이미 언급한 마리아 시마노프스카다. 시마노프스카는 공개 연주라는 자신의 꿈을 지지하는 부유하고 예술적인 가족이 있었다는 점에서 행운아였다. 가족의 지원이 없었다면 순회 연주자로서의 삶은 언감생심이었을 것이다. 그러나 결혼 후 남편이 아내가 대중 앞에 서는 것을 반대하고 나서자 시마노프스카는 주저 없이 이혼을 선택했다. 시마노프스카는 부모에게 자식들을 맡기고 국제무대로 발돋움하여 놀라운 활약을 펼쳤다. 그동안 활동하며 관계를 다져온 음악가와 귀족들을 활용했고, 그들이 운영하는 살롱을 관문 삼아 유럽 전역의 음악 중심지로 발을 들였다. 그녀가 활동한 시기는 유럽에 철도가 놓이기 전인 1820년대였으므로 시마노프스카는 어디를 가나 마차를 이용해야 했다. 시마노프스카는 여동생과 남동생을 한 명씩 데리고 다니면서 모든 실제적 문제와 사교적 필요에 대처하도록 했다. 그녀는 4년간 이어진 첫 번째 투어 기간 동안 독일과 프랑스, 영국, 이탈리아 땅을 밟았고, 마침내 러시아에 정착했다.

클라라 슈만은 피아노 교사였던 아버지 프리드리히 비크의 손에 이끌려 1831년 생애 첫 투어에 올랐다. 그녀의 나이 고작 열두 살 때로, 역시 철도망이 도래하기 이전이었다. 로베르트와 결혼하고는 남편을 따라 이곳저곳을 다녔고, 그러면서도 여덟 자녀를 낳아 길렀다. 1856년 남편이 사망한 뒤에는 자기 이름을 걸고 다시 투어에 올랐다. 유럽 각지에 퍼져 있는 친구와 팬들의 존재가 큰 도움이 되었다. 기차 편으로 닿을 수 있는 도시가 늘어나면서 예전에는 연주회와 연주회의 간격이 몇 주나 되었던 것이 며칠 정도로 줄어들었다. 클라라 슈만은

70대가 될 때까지 연주 여행과 교습을 병행했다.

성악가들과 지휘자들도 기차와 대서양 횡단 증기선에 몸을 실었다. 그중 가장 유명한 인물이 '스웨덴의 나이팅게일'로 알려진 스톡홀름 태생의 소프라노 제니 린드 Jenny Lind(1820~1887)다. 1850년 린드는 대서양을 건너 북쪽으로는 캐나다, 남쪽으로는 뉴올리언스와 쿠바 땅까지 밟았다. 린드 일행을 위한 전세 기차 편이 마련되었고 목도리부터 손수건, 심지어 소시지까지 '제니 린드'라는 이름을 단 제품이 판매될 정도로 엄청난 열풍을 불러일으켰다.

1850년대에 북미 대륙을 투어한 성악가 중에는 노예 신분을 벗은 엘리자베스 테일러 그린필드 Elizabeth Taylor Greenfield(1817?~1876)도 있었다. 사람들은 린드를 '스웨덴의 나이팅게일'이라고 부른 것에 빗대어 그린필드는 '검은 백조'로 칭했다. 그린필드는 대서양 양쪽에서 모두 이름을 얻은 최초의 아프리카계 미국인 가수로 여겨진다. 영국에서는 버킹엄 궁전에서 빅토리아 여왕을 위해 노래하기도 했다. 그린필드의 레퍼토리에는 오페라 아리아도 포함되었지만, 스티븐 포스터 Stephen Foster(1826~1864)의 「스와니 강 Swanee River」*처럼 미국에서 유행한 편히 부를 수 있는 노래도 있었다.

19세기 중반이 되면 북아메리카 대륙에서도 자생적인 경음악을 향한 수요가 폭증한다. 특별히 '미국 음악'이라고 부를 수 있는 음악은 일반 가정을 중심으로 발달했다. 스티븐 포스터를 비롯한 민요 작곡가들이 쓴 노래가 그러했고, 그들 중 다수는 아프리카계 미국인의 '흑인 영가'에서 감화를 받은 바가 컸다. 그러나 격식을 갖춘 연주회에서는 미국 작곡가가 유럽, 그중에서도 특히 독일 취향의 우세를 뚫고 지분

---

* 원제는 '고향 사람들 Old Folks at Home'이다.

을 주장하기가 쉽지 않았다. 미국의 오케스트라가 미국 작곡가의 작품을 정례적으로 연주하기 시작한 건 20세기 들어서였다.

이런 저간의 사정은 에이미 비치Amy Beach(1867~1944)가 달성한 바를 더욱더 돋보이게 한다. 비치는 열여섯 살인 1883년 보스턴에서 피아니스트로 이름을 알리기 시작했다. 그러나 2년 뒤 결혼하면서 남편의 뜻에 따라 1년에 두 차례 자선 연주회에 출연하는 것으로 음악가로서의 활동 범위를 제한했다. 그렇게 원하는 만큼 무대에 오르지 못했음에도 꾸준히 곡을 썼고, 그녀가 남긴 다량의 음악은 이제야 비로소 조금씩 널리 알려지는 중이다. 그녀의 경력에서 특히 획기적인 작품은 1896년 보스턴 심포니 오케스트라에 의해 초연되어 큰 찬사를 받은 「게일 교향곡Gaelic Symphony」이었다. 「게일 교향곡」은 여성 작곡가가 쓴 대규모 작품 중 미국의 주요 교향악단이 연주한 최초의 작품으로 기록되었다. 비치는 조지 채드윅George Chadwick(1854~1931), 호레이쇼 파커 Horatio Parker(1863~1919), 에드워드 맥도웰Edward MacDowell(1860~1908) 같은 보스턴 출신의 동료 작곡가들에게 환영받았고, 사람들은 이들을 '보스턴 6인조Boston Six'라고 불렀다.* 이들의 이름이 기대만큼 널리 알려지지 않은 이유는 이들 모두 전통적 유럽 양식에 따른 음악을 썼기 때문이다. 20세기 들어 작곡과 연주에서 새롭고 급진적인 방식이 대세로 자리 잡으면서 보스턴 6인조가 남긴 음악은 퇴물 취급을 받았던 것이다.

---

* 다른 두 사람은 존 노울스 페인John Knowles Paine(1839~1906)과 아서 풋Arthur Foote(1853~1937)이다.

CHAPTER 30

조국을 찾고픈 갈망

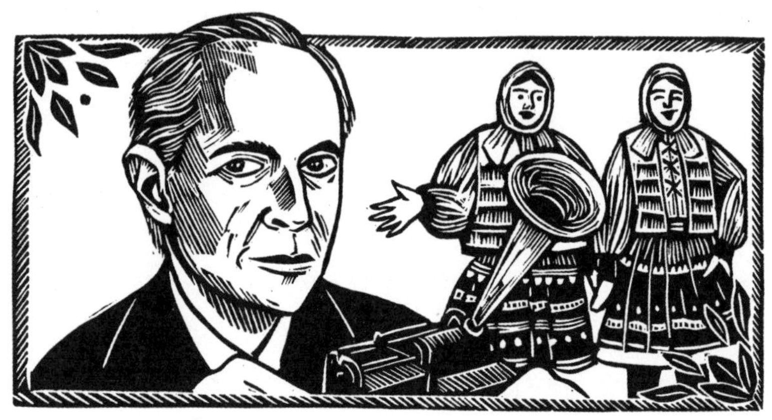

　‘민속’음악을 정식 음악 작품 속으로 끌어들이는 발상은 그 역사가 유구하다. 그러나 음악이 민족적 특징을 띨 수 있다는 관념은 19세기 들어 정치적 민족주의와 나란히 퍼져나갔다. 19세기가 지나면서 작곡가들은 자신의 조국에 특화된 양식을 찾아나섰다. 이를 위해 그들은 영원히 존재했을 것만 같은 음악 쪽으로 눈을 돌렸다. 시골 공동체의 음악과, 교회를 통해 전래된 태곳적 음악이 그것이다.

　폴란드 출신의 작곡가이자 피아니스트로, 바로 앞 장에서도 만났던 프레데리크 쇼팽은 폴란드의 민족 정서가 물씬한 음악으로 처음 이름을 알렸다. 1831년 그는 파리에서 러시아 제국이 폴란드의 11월 봉기를 진압했다는 소식을 접하고 영영 조국으로 돌아갈 수 없는 신세가 되었음을 깨달았다. 그는 짧은 여생을 나라 잃은 망명객 신분으로 살면서 향수로 가득한 음악을 짓고 연주했다. 때로 그의 음악은 강한 애국심을 표현한다. 폴로네즈 같은 작품이 좋은 예다. 그러나 쇼팽의 작품은 조국으로 돌아갈 수 없는 자의 그리움을 표현하는 일이 더욱 잦다. 그는 자신이 기억하고 있는 조국의 노래와 춤을 활용해 지극히 사랑하는 대상을 향한 기쁨과 잃어버린 대상을 향한 슬픔을 동시에 표현했다. 폴란드 전통 춤을 바탕으로 하는 그의 마주르카는 이 두 극단을 멋지게 오가는 것은 물론이고, 때로는 하나의 곡에서 두 가지의 감정을 동시에 표현한다.

그러나 쇼팽은 뭐든 폴란드식이어야 직성이 풀리는 사람은 아니었다. 그는 이탈리아 오페라를 좋아하며 자랐고, 위대한 이탈리아 가수들이 로시니, 벨리니, 도니체티의 작품을 자유롭게 표현한 노래를 사랑했다. 또한 그는 이탈리아의 바이올린 명수 니콜로 파가니니Niccolò Paganini(1782~1840)의 힘에 매료되었다. 쇼팽의 피아노 음악은 이탈리아식 표현 및 기법과 폴란드의 전통적 요소가 유일무이한 방식으로 결합된 사례다.

한편 어느 젊은 러시아 작곡가는 훨씬 급진적인 방향으로 나아가고 있었다. 미하일 글린카Mikhail Glinka(1804~1857)는 당시 러시아 사람들이 흔히 그러하듯 독일과 이탈리아의 고전을 공부하며 성장했다. 1830년대 초반 그는 이탈리아에서 3년간 지냈다. 그런데 이탈리아 양식을 따른 작곡 시도는 그에게 부자연스럽고 어색하기만 했다. 글린카는 이렇게 썼다. '우리 북쪽의 거주자들은 다르게 느낀다. 우리에게는 미친 듯한 기쁨이거나 쓰라린 눈물이거나 둘 중 하나뿐이다. (……) 조국을 향한 그리움은 점차 러시아 양식에 입각한 음악을 쓰도록 나를 추동했다.' 글린카는 러시아 민요의 특징 – 반복, 간결한 악절, 집요한 리듬, 아시아 음계의 징후 – 을 취해 자신이 생각하는 러시아식 음악적 표현을 빚어냈다. 글린카의 대표작인 두 편의 오페라 「차르에게 바친 목숨 A Life for the Tsar」과 「루슬란과 류드밀라 Ruslan and Lyudmila」는 생생한 효과와 담대한 대조로 후배 러시아 오페라 작곡가들에게 귀감이 되었다. 그러나 글린카의 다음 세대 작곡가인 표트르 일리치 차이콥스키 Pyotr Ilyich Tchaikovsky(1840~1893)는 만약 글린카의 중요성을 이해하고 싶다면 그가 쓴 자그마한 관현악곡 「카마린스카야 Kamarinskaya」만 들어도 충분하다고 했다. 빠른 템포의 러시아 민요를 주제로 한 변주곡 모음인 「카마린스카야」에서 글린카가 하는 것이라곤 악기 운용의 색채, 화성과 대위법 등을 바꾸어가며 몇 번이고 주제 선율을 반복하는 것뿐이다. 이러한 기법은 결혼식 같은 자리에서 흔히 볼 수 있는 러시아 전통 악단의 기법에서 착안한 것이다.

글린카 이후 세대의 작곡가 밀리 발라키레프 Mily Balakirev(1837~1910)는 모데스트 무소륵스키 Modest Mussorgsky(1839~1881), 알렉산드르 보로딘 Alexander Borodin(1833~1887), 니콜라이 림스키 코르사코프 Nikolai Rimsky-Korsakov(1844~1908) 등으로 구성된 젊은 작곡가 그룹을 규합했다. 글린카에게 영감을 받은 발라키레프는 이들에게 민속적(혹은 유사類似 민속적) 재료를 사용해 대규모 작품을 작곡할 것을 권장했다. 민속적 재료에 다가가는 방식은 제각각이었다. 가장 담대한 노선을 취한 무소륵스키는 삭막하고 거친 효과의 사용을 주저하지 않았다. 그는 또한 러시아어의 리듬을 살린 음악을 쓰는 자신만의 방식을 개발했는데, 이는 무소륵스키의 기념비적인 오페라 「보리스 고두노프 Boris Godunov」에 잘 나타난다. 무소륵스키의 반대편 극단에는 차이콥스키가 있었다. 차이콥스키는 발라키레프 무리와 거리를 유지했다. 그는 '러시아에서 태어났지만 우리는 동시에 더욱 유럽인이기도 하다'는 말로 자신의 노선을 명확히 했다. 차이콥스키는 모차르트와 멘델스존을 특히 존경했고, 우아하고 민첩한 발레 작품 「백조의 호수 Swan Lake」, 「잠자는 숲속의 미녀The

Sleeping Beauty」, 「호두까기 인형The Nutcracker」에서는 그들의 영향이 귀로 확인된다. 그러나 그런 차이콥스키의 음악에도 러시아적으로 들리는 민속음악의 흥취가 뚜렷하다.

러시아 음악에서 민속적 요소의 활용은 20세기까지 그대로 이어졌다. 갈 데까지 가보자는 듯 황막한 극단에는 1913년 파리에서 초연되어 커다란 소동을 일으킨 스트라빈스키의 문제작 「봄의 제전」이 있다. 이 작품은 거의 유사 민속적 요소(와 실제 민속적 요소)만 끊임없이 쌓아올리고 있다. 이와 반대되는 극단의 '친서구적' 진영에는 교향곡과 피아노 협주곡으로 유명한 세르게이 라흐마니노프가 있었다. 라흐마니노프의 침울한 선율은 러시아 민속음악만큼이나 러시아 정교회 성가에 큰 빚을 지고 있다. 스트라빈스키와 라흐마니노프로 대표되는 양극단 사이에 존재한 프로코피예프와 쇼스타코비치는 서구의 교향곡 작법에 전폭적으로 기대면서도 러시아 특유의 날카로운 테두리를 잃지 않았다.

민족과 국가의 선명한 목소리를 향한 의지는 신성 로마 제국의 후신인 오스트리아 제국의 지배를 받은 지역이 특히 강했다. 1860년 오스트리아 제국은 보헤미아를 비롯한 일부 지역에 제한적으로나마 정치적 독립을 허용했고, 이러한 조치는 음악을 포함한 지역 문화에 대한 사람들의 관심을 촉진했다. 러시아에 글린카가 있었다면, 보헤미아에는 베드르지흐 스메타나Bedřich Smetana(1824~1884)가 있었다. 그는 프라하에 세워진 임시 극장*의 음악감독으로 임명되었고, 여기서 1866년 자신의 가장 유명한 작품이 된 「팔려간 신부Prodaná nevěsta」를 초연했다. 「팔려간 신부」는 체코어로 된 오페라였고, 일반적인 시골 사람들의 이야

---

* 프라하 국립극장이 건립되는 기간에 임시로 국립극장 노릇을 한 기관으로, 1862년에 건립되었다. 1881년에 정식 국립극장이 개관할 때까지 근 20년간 5,000회의 공연을 치렀다.

기를 다루었다. 당시 배웠다는 체코 사람들이 모두 그러했듯, 스메타나 역시 독일어를 사용하며 성장했다. 모국어인 체코어는 교육 혜택을 받지 못한 가난한 계층의 언어였고, 스메타나는 익숙하지 않은 언어에 음악을 붙이기 위해 체코어를 따로 배워야 했다.

스메타나가 지휘한 프라하의 오페라하우스 오케스트라 단원들 중에 젊은 비올라 연주자 안토닌 드보르자크Antonín Dvořák(1841~1904)가 있었다. 드보르자크는 스메타나의 뒤를 이어 보헤미아 출신의 정상급 작곡가가 되었다. 자그마한 마을의 여인숙 겸 푸줏간 집 아들로 태어난 드보르자크는 스메타나와 달리 체코어를 쓰며 성장했다. 그는 체코의 민족적 요소와, 리스트 및 바그너로 대표되는 '신독일 음악'의 자유, 그리고 베토벤과 멘델스존 부류의 오래된 '고전' 양식 사이의 조화를 도모했다. 빈 음악계에서 커다란 영향력을 행사한 브람스는 드보르자크가 오스트리아 국비 장학금을 받을 수 있도록 도와주었고, 덕분에 드보르자크는 안정된 수입을 바탕으로 창작에 전념할 수 있었다. 드보르자크는 자신의 뿌리를 간직하고 싶어 했지만, 빈의 음악평론가들은 보헤미아의 민속적 요소가 나타나는 그의 음악에 적대적 태도를 보이기도 했다. 그럼에도 그는 놀라운 솜씨로 지뢰밭을 헤쳐 나갔다. 드보르자크의 원숙기 작품들―「교향곡 6번」부터 「교향곡 9번」까지의 작품, 그리고 오페라 「루살카Rusalka」 같은―은 목가적이고 보헤미아적인 느낌이 물씬하면서도(「교향곡 9번」에는 흑인 영가의 요소까지 더해졌다) 브람스의 음악만큼이나 엄격한 구조미를 가지고 있다.

드보르자크의 다음 세대를 대표하는 체코 작곡가는 레오시 야나체크Leoš Janáček(1854~1928)였다. 요즘 우리는 드보르자크와 야나체크를 나란히 '체코인'으로 여기지만, 야나체크는 동쪽의 모라비아 출신이고 드보르자크는 서쪽의 보헤미아 출신으로 다소 차이가 있었다. 야나체크는 고유한 방언과 발화 리듬을 가진 모라비아 민요를 깊이 탐구했고, 모라비아 민요의 특징은 야나체크 음악 양식의 근본이 되었다. 그의 음악은 인성人聲이 쓰이지 않은 작품일지라도 '말로 하는 것 같은' 소리가 뚜렷하다. 야나체크의 급진적 방법론은 그가 쓴 오페라 「예누파 Jenůfa」, 「카탸 카바노바 Káťa Kabanová」, 「영리한 새끼 암여우 Příhody lišky Bystroušky」에서 남김없이 확인할 수 있다. 가수들은 바그너가 발전시킨 준準레치타티보의 새로운 버전을 노래한다. 노래는 체코어의 리듬과 긴밀히 조응하고, 그 아래로는 적나라하고 생생한 색채로 시종여일 듣는 이를 놀라게 하는 관현악 팔레트가 깔린다.

비르투오소 피아니스트 프란츠 리스트는 1840년대부터 일련의 「헝가리 광시곡」을 쓰고 연주하기 시작했다. 헝가리인으로 태어난 리스트는 비애와 활력이 교차하는 헝가리 롬인 집시들의 음악 양식을 빌려와 강력한 효과를 지닌 연주회용 작품을 창조해냈다. 리스트를 비롯한 선례의 영향으로 집시 스타일은 정식 음악 작품의 인기 요소가 되었다. 막스 브루흐 Max Bruch(1838~1920)와 브람스의 바이올린 협주곡 마지막 부분과 요한 슈트라우스 2세의 「집시 남작 Der Zigeunerbaron」을 비롯한 빈의 오페레타가 그 좋은 예다.

20세기의 동이 틀 무렵, 또 다른 헝가리인 버르토크 벨러 Bartók Béla (1881~1945)는 부다페스트 음악원에서 리스트의 제자에게 가르침을 받으며 리스트의 「헝가리 광시곡」을 배우고 있었다. 그러는 중인 1904년의 어느 날, 그는 헝가리의 시골 마을에서 상경한 하녀가 물에 빠진 사과에 관한 민요를 아기에게 불러주는 소리를 우연히 엿들었다. 그건 계시였다. 버르토크는 길거리에서, 또 카페에서 집시 음악가들의 연주를 듣는 데 익숙해져 있었으나 하녀의 노랫소리가 곧 진정한 민중의 음악이라는 벼락같은 깨달음을 얻었다.

버르토크는 동료 작곡가 코다이 졸탄Kodály Zoltán(1882~1967)과 의기투합해 두 사람 인생의 30년을 바칠 프로젝트를 시작했다. 그들은 축음기를 들고 헝가리와 인접 국가의 시골 지역을 돌아다니며 왁스 실린더에 촌민의 노래와 춤곡을 기록했다. 이후로 버르토크의 음악은 환골탈태했다. 그는 복잡한 리듬과 집요한 반복, 때로 아랍 음계의 느낌을 풍기는 자유로운 선율을 원재료 삼아 새로운 음악을 썼다. '원시적'인 것과 세련된 것을 조합했으며, 서양과 동양을 혼합했고, 현대와 고대를 멋지게 아울렀다. 버르토크의 음악은 신랄한 화음으로 거친 느낌을 자아내기도 한다. 그의 현악 4중주곡이나 신비롭고 폭력적인 발레곡「중국의 이상한 관리A csodálatos mandarin」가 바로 그런 경우다. 하지만 쉽게 다가감직한 작품도 있다. 「현과 타악기, 첼레스타를 위한 음악Music for Strings, Percussion and Celesta」이나 「오케스트라를 위한 협주곡Concerto for Orchestra」이 그 좋은 예다.

영국과 스페인, 핀란드에서도 비슷한 일이 벌어지고 있었다. 버르토크가 떨어진 사과에 관한 노래를 만난 것과 같은 해인 1904년, 영국 작곡가 레이프 본 윌리엄스Ralph Vaughan Williams(1872~1958)는 영국민요협회에 가입했다. 그는 이미 30대였지만 버르토크와 마찬가지로 아직 작곡가로서 변변히 입신하지 못한 상태였다. 독일 거장들의 작품은 잘 알고 있었지만, 그보다 더 중요한 것은 본 윌리엄스가 영국 교회음악을 사랑했고 영국 민요의 자질을 발견했다는 점이었다. 그는 이들 요소를 결합해 자신만의 양식을 구축했다. 처음으로 큰 성공의 단맛을 본 작품은 「토머스 탈리스 주제에 의한 환상곡Fantasia on a Theme by Thomas Tallis」이었다. 탈리스의 성가 선율은 대성당의 웅대함을 느끼게 하지만, 동시에 본 윌리엄스가 끌어들인 민속적 요소는 이 작품에 목가적인 성격을 부여한다.

스페인에서는 작곡가 이사크 알베니스 Isaac Albéniz(1860~1909)와 그의 계승자 마누엘 데 파야 Manuel de Falla(1876~1946)가 그들의 음악에 강력한 '스페인다움'을 더했다. 두 사람은 강렬한 가창 스타일, 가슴을 저미는 선율과 화성, 복잡한 댄스 리듬이라는 플라멩코 음악의 특징을 활용했다. 기량이 뛰어난 피아니스트이기도 했던 알베니스의 가장 중요한 작품은 고도의 기교가 요구되는 육중한 피아노 모음곡 「이베리아 Iberia」다. 파야는 발레 음악에서 장기를 발휘했는데, 특히 화려한 「삼각모자 El sombrero de tres picos」가 유명하다.

핀란드 작곡가 잔 시벨리우스 Jean Sibelius(1865~1957)는 브루크너의 웅대한 교향곡을 사모했다. 학창 시절에 접한 핀란드의 전통 서사시 모음집 『칼레발라 Kalevala』에 매료되어 조국의 시골 마을을 여행하며 핀란드 서사시를 노래하는 민초들과 가수들을 만났다. 시벨리우스는 브루크너와 핀란드 서사시라는 영향을 밑거름 삼아 장대하면서도 소박한, 그리고 무뚝뚝한 것 같으면서도 동경으로 가득한 자신만의 양식을 발전시켰다.

본 윌리엄스와 버르토크, 알베니스, 시벨리우스는 서로 수천 킬로미터 떨어진 각자의 조국에서 살았다. 그럼에도 이들은 마치 약속이라도 한 듯 대략 같은 시기에 민중의 전통음악이 끌어당기는 힘을 느꼈다. 왜 그랬을까? 어느 정도는 당시의 정치 상황에서 그 이유를 찾을 수 있다. 헝가리는 보헤미아나 모라비아 지방과 마찬가지로 내키지 않는데도 오스트리아 제국의 일부로 편입된 처지였다. 버르토크 같은 작곡가에게 '진정한' 헝가리 양식을 찾는 일은 어느 정도는 정치적 행동이었다. 제1차 세계대전이 끝나고 헝가리가 공산주의 독재 체제 및 군부 지배를 겪은 시기의 관점에서는 저항 행위처럼 보이기도 했을 것이다.

시벨리우스가 장대한 합창 교향곡「쿨레르보Kullervo」로 첫 번째 대중적 성공을 거둔 시점에 핀란드는 여전히 러시아의 지배 아래 있었다. 그는 이어지는 일곱 편의 교향곡과『칼레발라』에서 영감을 얻어 지은 곡들을 통해 핀란드의 민족성을 강조했고, 그로써 국민적 영웅이 되었다.

영국은 또 다른 상황에 직면해 있었다. 대영제국은 100년간 세계를 이끄는 힘이었지만, 과거의 패권이 무너지고 있다는 징후가 하나둘씩 나타나고 있었다. 그들의 제국이 행사하는 힘을 자애로운 패권으로 여기며 성장한 영국인들은 위협의 대상이 되어 사라질 위기에 처한 '영국성性'을 향한 강한 그리움을 느끼게 되었다. 영국의 전통음악을 사랑한 본 윌리엄스는 이러한 사회 분위기의 파도에 제대로 올라탄 것이다. 스페인에서도 비슷한 힘이 작동하고 있었다. 20세기 들어 스페인은 한때 막강했던 해상의 패권을 모두 잃어버렸고, 알베니스와 파야 같은 작곡가들은 – 영국 음악가들이 그랬던 것처럼 – 음악을 통해 '스페인성'을 표현하려 했다.

이러한 흐름이 남긴 효과는 제각각이었다. 우선 여러 나라의 민속음악이 지극히 제각각이었던 탓이 없지 않았다. 그리고 여기에 교회음악 등 여타의 영향력을 부어 넣으면 그림은 더욱더 복잡해진다.

리스트는 순진하게도 집시 음악을 헝가리의 순수한 민속음악과 등치했다는 이유로 비판을 받았다. 그가 원료로 삼은 집시 음악 중 상당수가 비교적 근래에 작곡되고, 심지어 출판까지 된 것으로 알려졌기 때문이다. 하지만 '순수성'이라는 것은 언제 어느 방향으로 변화할지 모르는 유동적 개념이다. 버르토크 역시 농민 문화가 현대 도시 문명에 영향을 받지 않았을 것으로 으레 짐작하는 실수를 범했다. 그리고 만약 농민들이 흥얼대는 가락이 100년 전 혹은 1,000년 전에 이름모를 음악가가 지은 것이라면, 최근에 작곡된 집시 음악이 그보다 가치가 낮을 – 그리고 여기에는 '불순한'이라는 함의가 따라붙는다 – 까닭은 또 무엇인가? 20세기 역사는 문화의 순수성이라는 개념이 풀기 어려운 문제임을 가르쳐주었다. 특히 정치가 결부될 때는 더더욱 말할 필요조차 없다.

만일 내가 독자 여러분에게 '스페인 음악을 머릿속에 떠올려보시오' 하고 주문한다면 많은 이들이 플라멩코부터 떠올릴 것이다. 하지만 플라멩코는 수 세기 전 인도에서 스페인으로 이주한 집시들의 음악이 그 뿌리이며, 이후로도 아랍 음악과 아프리카 노예들의 춤곡 등으로부터 영향을 받았다. 흥미롭게도, 음악을 통해 가장 성공적으로 스페인의 전통을 일깨운 건 스페인 작곡가들이라기보다는 프랑스 태생의 작곡가들이었다. 조르주 비제는 1875년에 발표한 오페라 「카르멘」으로 스페인 유행을 선도했다. 이후에 클로드 드뷔시와 모리스 라벨 Maurice Ravel(1875~1937)이 스페인으로부터 영감을 받아 지은 음악은 스페인 특유의 느낌이 설득력 있게 표현되어 마누엘 데 파야마저 칭찬을 아끼지 않았다.

한 작곡가가 자신이 속하지 않은 민족 문화의 요소를 가져다 쓰는 경우 사람들은 대개 그것을 경의의 표현으로 받아들인다. 특히 그 결과물이 비제나 드뷔시, 라벨, 버르토크의 음악처럼 만족스럽다면 더더욱 그러하다. 그러나 원곡 음악가와 그들의 음악에서 소재를 취하는 작곡가의 관계는 그렇게 간단하지만은 않다. 다른 문화권의 작품 '도용'을 둘러싼 문제에 관한 오늘날 우리의 인식 수준은 과거에 비해 부쩍 높아진 상태다. 이를테면 유럽과 북아메리카의 박물관에 전시된 물품에서 이러한 문제가 자주 논의된다. 물론 음악은 '물건'이 아니므로, 어느 작곡가가 슬쩍 가져다가 전혀 다른 환경에서 사용하더라도 오리지닐은 손상되지 않은 상태로 존재한다. 그럼에도 전통 문화권에 속한 음악가들의 권리를 인정해줘야 한다는 견해가 갈수록 힘을 얻고 있다. 버르토크가 만났던 농민들은 자신들의 음악에 '권리'가 있고 이를 행사해야 마땅하다는 이야기를 어디서도 들은 적이 없었을 것이고, 최근까지도 그렇게 생각하는 쪽이 오히려 터무니없다는 핀잔을 듣기 십상이었다. 그러나 현대 세계에서 도용과 관련된 이슈는 끊임없이 고개를 들고 있다. 작곡가들은 자신이 사용하거나 인용한 문화 집단으로부터 도용 혐의 제기를 당하거나 법률 공방을 해야 하는 상황을 피하기 위해 신중해지지 않을 수 없다.

CHAPTER 31

서구화와 현대화

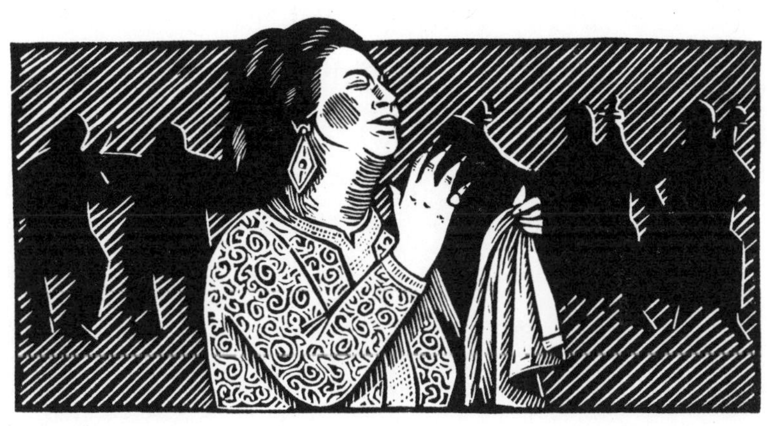

클로드 드뷔시Claude Debussy(1862~1918)는 스페인 분위기가 나는 음악을 쓰는 데 소질이 있었다. 그런데 그는 스페인보다 훨씬 먼 곳의 음악에서 심대한 영향을 받았다. 1889년 개최된 파리 만국박람회에 아프리카, 인도, 인도네시아 등 세계 각지에서 온 음악가들이 모였다. 이들 중에서 프랑스 음악가들에게 가장 큰 충격을 준 것은 자바 섬의 가믈란 앙상블이었다(징과 철금으로 이루어진 오케스트라인 가믈란에 대해서는 제6장에서 설명한 바 있다). 한참 동안 이들의 연주를 들은 드뷔시는 이렇게 썼다. '이들의 음악학교는 바다의 영속적인 리듬이요, 나뭇잎을 어루만지며 부는 바람이요, 이래도 흥이요 저래도 흥인 논문 따위는 읽지 않아도 이해할 수 있는 자연의 수천 가지 소리다.'

드뷔시는 신비로운 것과 아련한 것에 끌렸다. 그는 가믈란 연주자들을 신비롭게 여겼음이 틀림없다. 그들의 연주 패턴은 지극히 복잡했고, 악기 조율법은 서양의 화음과 거의 접점이 없는 듯했다. 자바 섬에서 온 연주자들에 관한 드뷔시의 묘사에는 '고결한 야만인'을 바라보는 시각, '오리엔탈리즘'이 덧씌워진 시선이 뚜렷이 느껴진다. 그러나 그들을 향한 매료가 드뷔시의 음악에 현저한 영향을 미친 것만은 사실이다. 그는 떠다니는 듯한 다층적 대위법과 색다른 음계를 통해 자신의 작품에 가믈란 음악과 비슷한 신비감을 불어넣었다. 특히 조성 감각을 배제한 온음음계를 사용해 놀라운 효과를 거두었다. 온음음계는 서양의 조율체계라는 제약 내에서 가믈란 음계와 가장 근접한 효과를 거둘 수 있는 음계다.

이참에 19세기 말부터 20세기 초에 걸쳐 새로운 절정 국면을 맞이한 서양과 여타 세계의 관계에 대해 다시 생각해보자. 드뷔시가 파리 만국박람회에서 인도 음악이나 아프리카 음악에 흥미를 보였다는 기록은 어디에도 없다. 당시 대다수 유럽인에게 인도와 아프리카는 숭배의 대상이라기보다 침탈과 착취의 대상이었다. 인도는 이미 대영제국의 일부로 편입된 뒤였다. 아프리카도 사정이 다르지 않았다. 대륙 남반부를 지배하려는 여러 유럽 열강의 어지러운 흑심은 다이아몬드와 황금의 발견으로 더욱 노골화되었다. 1914년까지 아프리카는 대륙의 90퍼센트를 유럽에 내주게 된다. 수백 년간 대서양을 오가는 노예무역의 세월을 견딘 아프리카가 이제는 도매금 점령과 무자비한 자원 약탈이라는 또 하나의 수치를 견뎌야 하는 처지가 되었다.

17세기부터 이미 남아프리카의 대토지 소유주들은 아프리카 노예들에게 유럽 음악과 악기를 훈련시킨 오케스트라를 가지고 있었는데, 19세기가 되면 그러한 경향이 아프리카 전역으로 확대되기에 이른다. 서쪽의 가나부터 동쪽의 케냐까지 대륙 곳곳에서 아프리카 브라스밴드가 활동했다. 선교사들은 기독교 성가 가창을 장려했다. 아프리카

 음악의 역사

전통음악을 연주하는 이들 역시 그러한 수입품에 조금씩 영향을 받아, 복잡한 토착 리듬을 단순화하고 유럽 성가의 화음과 유럽식 악기를 사용하기 시작했다.

한편 그와 반대 방향으로 아프리카 음악의 리듬 요소가 유럽 음악으로 스며들기도 했다. 19세기 들어 유럽과 미국의 노동자들이 아프리카 남반부의 다이아몬드 광산과 금광으로 유입되면서 노동자 계층의 음악이 서로 풍성하게 뒤섞인 문화가 만들어졌고, 이는 춤곡의 새로운 양식상 진화로 이어졌다. 대서양 반대편의 북미 대륙 플랜테이션 농장에서도 비슷한 일이 일어났는데, 이는 음악의 미래에 중대한 영향을 미친다.

북아프리카는 고대 이래 무역과 종교를 매개로 유럽 및 아시아와 연결되어 있었다. 다시 말해 유럽 음악과 북아프리카 음악은 이미 서로 교류할 토대가 있었던 셈이다. 1683년 유럽은 빈에서 오스만 제국의 군대를 물리쳐 내쫓은 뒤로 이슬람권 세계보다 '더 진보된' 세계로 받아들여지기 시작했고, 그러한 경향은 19세기 들어 산업혁명이 본격화되면서 더욱 가속되었다. 유럽인들은 아시아와 북아프리카의 철도 사업에 투자했고, 유럽의 기술이 퍼져나감에 따라 유럽산 음악도 그 길에 동행했다.

이집트에서는 1869년 프랑스인들이 건설한 수에즈 운하가 개통되었다. 이로써 유럽의 배들이 아프리카 대륙을 빙 두르지 않고도 인도와 극동 지방까지 갈 수 있는 항로가 마련되었다. 성대한 개통식에 맞춰 건립된 카이로 오페라하우스에서는 베르디의 신작 오페라 「아이다Aida」가 초연되었다. 수에즈 운하 개통을 기념해 쓰인 이 오페라는 고대 이집트를 배경으로 한 장관을 감상할 수 있는 작품이었다. 수에즈 운하 개통과 「아이다」 초연은 1798년 나폴레옹의 침공과 함께 시작된 유럽의 이집트 지배의 정점과도 같은 사건이었다.

프랑스는 1830년 알제리를 지배하면서 아프리카 북서부에 유럽 문화를 유입시켰고, 정부가 돈을 댄 유럽 음악 연주회가 알제리인의 삶에서 낯설지 않은 광경이 되었다. 북아프리카 음악 문화를 향한 관심도 있긴 했다. 1850년대에 프랑스 작곡가 프란시스코 살바도 다니엘Francisco Salvador-Daniel(1831~1871)은 알제리에서 출발해 4년간 북아프리카 곳곳을 돌아다니며 민요를 수집했다. 그는 아랍 음악과 카빌리Kabylie* 음악을 모아 출판했다. 하지만 여기에 실린 선율은 고유의 지역색을 완전히 잃어버리고 유럽화되어 있을 뿐만 아니라 프랑스인들의 귀에 낯설지 않도록 정교한 피아노 반주까지 덧붙여져 있다.

한편 이슬람권은 서양 음악을 훨씬 더 폭넓게 받아들였다. 튀르키예의 술탄은 1797년 이스탄불에 오페라하우스를 건립했다. 주세페 도니체티Giuseppe Donizetti(1788~1856) – 작곡가 가에타노 도니체티의 형이다 – 는 1828년 튀르키예 궁정의 음악감독으로 임명되었다. 튀르키예는 서양 악기를 사용하고 새로운 음계와 기보법도 받아들였다. 1923년 새로운 공화국의 대통령 자리에 오른 케말 아타튀르크Kemal Atatürk(1881?~1938)는 국영 라디오 방송이 튀르키예의 전통음악을 송출하는 것을 금지하고 자국 내에 서양 음악을 배우고 활용하는 이들이 늘어나는 정책을 시행하는 등 튀르키예의 전면적 서구화를 꾀했다. 쇼팽의 「장송 행진곡」**을 국가의 공식 장례 음악으로 지정하고 유럽식 브라스밴드로 하여금 연주케 하기도 했다.

이란의 황제도 1860년대에 서구식 군악대를 창설했다. 아울러 프랑스 음악가를 초빙해 군악대를 훈련하고 서양 음악의 기본 원칙을 지

---

* 알제리의 산지 지역에 거주하는 베르베르인Berber의 한 갈래.
** 「피아노 소나타 2번 B플랫단조」의 제3악장을 가리킨다.

음악의 역사

도하게 했다. 1920년대에는 두 개의 음악원이 나란히 운영되었는데 하나는 서양 음악을, 다른 하나는 이란 전통음악을 가르쳤다. 이란 최초의 교향악단이 창설된 것도 이즈음이다.

이와 같은 서구화 물결에서 획기적 순간으로 기록된 사건은 1932년 카이로에서 열린 아랍 음악 총회였다. 총회의 목적은 현대 세계에서 경쟁할 수 있도록 아랍 음악의 '개화' 방안을 논의하고 '과학적인 것으로 인정받는 원칙에 따라 아랍 음악을 재건'하는 것이었다. 총회의 주요 참석 대상은 아랍권 음악가였지만 유럽의 선도적 음악학자뿐만 아니라 작곡가 파울 힌데미트Paul Hindemith(1895~1963년)와 버르토크 벨러도 초대 손님 자격으로 와 있었다. 참석자들은 섬세한 조율이 요구되는 전통 아랍 음계의 장점을 논했고, 서양식 음계에 맞춘 피아노의 사용 빈도가 높아지며 아랍 전통음악과 충돌하는 현상에 대한 견해를 나누었다. 버르토크를 포함한 일부 참가자들은 아랍 음악의 위대한 전통을 보존하는 것이 중요하다고 주장했으며, 힌데미트를 비롯한 다른 참석자들은 아랍 음악이 유럽식 다성음악을 흉내 낼 수 있도록 서양식 조율법의 도입을 주장했다.

논의의 승자는 현대파였다. 총회 이후 아랍 세계에서는 서양식 조율법과 서양 악기의 사용, 서구식 기보법이 장려되었다. 이는 결과적으로 아랍 음악의 전반적인 '서구화'를 가져왔다. 마캄 같은 기존의 전통은 가장 필수적인 특징 – 조율, 즉흥 연주(악보의 사용을 장려하는 분위기에 의해 설 자리가 좁아졌다), 전통악기와 가창 양식 – 을 상실할 위기에 처했다. 소규모 앙상블은 서양의 오케스트라를 본뜬답시고 덩치를 키웠고, 공연 장소도 아늑한 공간에서 점차 대형 콘서트홀 쪽으로 이동하는 추세가 생겼다. 유럽 취향에 맞춘 비르투오소 연주 방식이 대우를 받은 것도 특기할 만했다.

　　서양 음악의 도입과 함께 잃어버린 것과 얻은 것에 관한 논쟁이 한 창인 가운데, 기다렸다는 듯 새로운 기회를 잡고 두각을 드러낸 음악가도 있었다. 튀르키예에서는 찰현악기 탐부르tambur의 명수였던 제밀 베이Cemil Bey(1873~1916)가 전통적인 마캄과 조율법을 그대로 따르면서 유럽 양식을 받아들인 절충적 음악을 작곡했다. 아랍 세계의 가수들은 저마다 다른 방식으로 타협안을 찾았다. 그중 가장 큰 성공을 거둔 두 사람이 있는데, 둘 다 이집트 출신이었다. 무함마드 압델 와하브Mohammad Abdel Wahab(1902~1991)는 음반과 음악영화의 스타였고 주로 오케스트라 반주가 붙은 노래를 불렀다. 작곡가이기도 했던 그가 쓴 곡을 받은 이들 중에 이집트 출신의 또 다른 유명 가수 움 쿨숨Umm Kulthum(1904~1975)이 있었다. 쿨숨이 유명해진 과정은 정말로 놀라웠다. 전통적으로 여성의 역할이 제한된 사회에서 성공했기 때문이다. 다른 전통 가수들과 마찬가지로 쿨숨 역시 코란 낭송과 마캄 즉흥 연주로 내공을 쌓았고, 1930년대 이후로 라디오 방송에 고정 출연하면서 아랍 세계의 수백만 청취자에게 다가갔다. 그녀 또한 오케스트라와 함께 하는 무대에 자주 섰고, 이때의 오케스트라는 서양식 조율법과 아랍식 조율법을 절충한 음악을 연주하곤 했다. 사람들은 전통에 입각한 장식적인 즉흥 노래와 '현대적'인 접근법 사이에서 아슬아슬한 줄타기에 성공한 쿨숨을 높이 존경했고 수십 년간 추앙했다.

　　1914년 영국의 교사 A. H. 폭스 스트랭웨이스Arthur Henry Fox Strangways(1859~1948)는 『힌두스탄 음악The Music of Hindustan』을 발간했다. 영어로 된 최초의 본격 인도 음악 연구서였다. 관현악 모음곡「행성The Planets」으로 유명한 작곡가 구스타브 홀스트Gustav Holst(1874~1934)는 인도 문학과 신비주의적 신앙에 깊은 관심을 가지고 있었다. 그러나 이러한 관심을 가진 경우는 이례적이었으며, 대체로 인도인과 유럽인은 서로의 음악에 시큰둥했다. 인도의 지역 유지들은 전통적인 방법으로 노래하고 연주하는 음악가들을 후원했다. 아랍권 세계의 지도자들과 달리 인도의 정치 지도자들은 유럽 음악이 인도 음악보다 우월하다고 여기지 않았고, 인도 음악의 현대화가 필요하다고 여기지도 않았다. 서양 음악을 전파하고 가르치는 오페라하우스나 음악원을 설립하지 않은 것도 물론이다. 그렇게 인도 음악의 전통은 인도의 남부와 북부를 가리지 않고 이어져나갔다.

1930년대에 영화가 유행하면서 인도 음악에 새로운 장르가 생겨났다. 애초에는 가잘ghazal* 같은 전통적인 대중 양식의 음악을 적당히 줄여서 영화음악으로 사용했다. 그러다가 서양 악기가 도입되고 미국의 대중음악이 영향을 미치면서 인도의 영화음악도 바뀌어갔다. 이와 같은 변화는 마침내 '발리우드Bollywood' 장르의 탄생으로 이어졌다. 내가 이 장을 쓰고 있는 지금, 발리우드 가수 중 가장 유명한 라타 망게슈카르Lata Mangeshkar(1929~2022)가 90대의 나이로 숨을 거두었다는 소식이 알려졌다. 인도의 전통음악가인 아버지에게 배워 음악의 길에 들어선 망게슈카르는 가장 유명한 '플레이백 가수'가 되었고, 발리우드 배우들은 그녀가 여러 다른 언어로 노래한 수천 편에 립싱크를 하며 춤을 추었다. 망게슈카르는 폭넓은 장르의 음악을 노래로 부르면서도 우아하고 감정적으로 충일한 인도의 노래 양식을 유지했다. 그녀가 여러 다른 인도어로 부른 노래 중에는 전통적인 노래와 현대적인 노래가 섞여 있었다. 망게슈카르는 사회 계층을 뛰어넘어 수억 인구의 사랑을 받았다.

괴테를 비롯해 18세기 유럽의 계몽사상가들은 중국 문화를 높이

---

* 인도와 튀르키예 지역 등에서 사용되는 연애 서정시, 혹은 거기에 붙인 노래.

우러렀다. 그와 달리 중국의 지도자들은 서양과 거리를 두고 고립 상태를 유지하려 했으나, 19세기 들어 수차례 군사적 수모를 당한 뒤 마지못해 문호를 개방하게 된다. 유럽인들은 중국 문화에 관심을 보이면서도 유독 중국 음악에서만큼은 취향이랄 게 없었다. 한편 중국은 19세기 후반부터 유럽 음악과 음악가들을 받아들이기 시작했다. 1907년 상하이에 교향악단이 조직되었고, 1927년에는 음악원이 들어섰다. 1930년대에는 소련 음악가들이 중국으로 유입되면서 중국 전통 선율에 유럽식 화음이 곁들여진 혼합 양식이 발전했다.

1949년에 집권한 마오쩌둥의 공산당이 이후 27년간 중국 대륙을 잔인하게 지배하면서 모든 음악은 새로운 영광으로 가득한 미래를 표현하는 수단이 되어야 했고, 과거로부터의 모든 퇴폐적인 요소는 제거되어야 했다. 이는 희망을 주는 노래와 행진곡을 생산하기 위해 중국 음악과 유럽 음악의 혼종 형태를 배양한다는 의미였다. 오케스트라는 전통 앙상블을 대체했고, 서양식 조율법이 채택되었다. 이러한 조치의 결과로 초래된 '프로파간다로서의 음악'은 같은 시기에 소비에트 당국이 진작한 음악과 공통점이 많다. 그러나 마오쩌둥 집권기에 유럽 고전 음악의 연주는 엄격히 금지되었다. 중국 교향악단이 유럽산 교향곡을 다시 연주할 수 있게 된 건 마오쩌둥이 사망한 1976년 이후였고, 그동안 남몰래 중국의 전통음악을 보존해온 이들이 본격적으로 활동하기 시작한 것도 그 이후였다.

아시아는 지역별로 서구화의 정도가 각양각색이었다. 자바 섬과 발리 섬에서는 춤과 인형극을 동반한 가믈란 전통이 중요한 위치를 잃지 않았지만, 동시에 서양 재즈와 대중음악의 새로운 혼종이 나란히 발전하기 시작했다. 태국은 19세기 내내 그 어떤 유럽 국가의 식민 지배도 받지 않았다는 점에서 예외적인 경우이지만, 그럼에도 자국의 음악 전통을 보존하면서 19세기 중반부터는 서구화된 음악 쪽으로 기울기 시작했다. 일본은 1860년대 이후 '현대화'를 국가의 공식 기조로 내걸면서 전통음악을 뒷전으로 내던졌다. 20세기가 되면 일본 작곡가들은 자국의 양식과 유럽의 양식을 하나로 섞기 시작하는데, 이러한 혼융은 오늘날까지도 그대로 이어지고 있다. 제2차 세계대전에서 파멸적 패배를 떠안은 일본은 비단 음악뿐 아니라 사회의 모든 부문에 걸쳐 전면적인 서구화를 도모함으로써 재빠르게 회복했다. 일본의 교향악단과 연주자, 작곡가 집단은 금세 세계의 주목과 존경을 받는 위치에 올라섰다. 재건 과정의 일부로서 일본의 전통음악을 향한 관심이 되살아나는 현상도 있었다.

앞서 제16장에서 설명한 것처럼, 남북 아메리카 대륙에서는 수 세기 동안 토착 원주민과 식민지 경영자들의 교류가 이어졌다. 17세기 이후로 선교사들이 가져온 유럽 음악과 악기가 남아메리카 대륙 전역에 전파되었고, 그 결과 '라틴 아메리칸 바로크'로 알려진 매혹적인 음악 장르가 생겨났다. 이후 남아메리카의 주요 도시에는 교향악단이 조직되고 오페라 극장이 건립되었다.

북아메리카에서는 이주자와 식민 지배자들이 원주민과 교류하고 통섭하기보다는 맞대결하는 쪽에 가까웠다. 체코 출신의 작곡가 드보르자크는 1890년대에 뉴욕에서 몇 년간 지내면서 북미 원주민의 음악에 관심을 갖게 되었고, 1900년 무렵 미국 작곡가들은 자신의 음악에 북미 원주민의 음악적 요소를 끌어들이기 시작한다. 그런데 북미 원주민의 요소를 가장 성공적으로 끌어안은 인물은 미국 작곡가가 아니라 백인 어머니와 시에라리온 출신의 흑인 아버지 사이에서 태어난 영국 작곡가 새뮤얼 콜리지 테일러Samuel Coleridge-Taylor(1875~1912)였다. 그의 칸타타 「히아와타의 결혼식 잔치Hiawatha's Wedding Feast」는 헨리 워즈워스 롱펠로 Henry Wadsworth Longfellow(1807~1882)의 시에 영국풍의 장대한 합창 음악을 붙인 작품으로, 1898년 런던에서 초연될 때부터 큰 성공을 거두었다. 콜리지 테일러는 미국을 순회하며 자신이 쓴 합창곡을 지휘했고, 그러면서 '아프리카의 말러'라는 별명까지 얻었다. 때로는 여러 인종으로 구성된 합창단을 지휘할 기회도 있었는데, 인종 분리 정책이 당연시되는 시절이었으므로 특별히 양해된 경우로 짐작할 수 있다.

북미 원주민 음악이 유럽 음악계에 미친 영향은 미미했던 반면 노예와 그들의 후손이 북미 대륙에 남긴 아프리카 음악의 영향은 지대했다. 콜리지 테일러는 '니그로 선율'을 끌어안은 음악을 쓰는 단계까지 나아갔다. 시카고에서 활동한 아프리카계 미국인 작곡가 플로런스 프라이스 Florence Price(1887~1953)는 콜리지 테일러가 한 것과 같은 일을 다음 세대에 한 인물이다. 그녀는 미국 내 유수의 오케스트라가 작품을 연주한 최초의 흑인 여성이었다. 프라이스의 작품 대부분은 대중의 뇌리에서 잊히고 말았다가 2009년에 한때 그녀가 살았던 (폐가가 된) 집에서 육필 악보 뭉치가 발견되면서 다시 세상에 나왔다. 그렇게 그녀가 쓴 음악은 서서히 부활하는 중이다.

드보르자크는 미국 작곡가들에게 아프리카계 미국인의 음악을 진지하게 대하라고 주문한 바 있다. 유럽 작곡가들이 자신들의 민속 전통에 기대듯, 미국인들도 흑인의 음악을 그와 같은 시각으로 바라보라고 촉구한 것이다. 이런 일이 있었던 1890년대는 흑인들의 음악에 대한 유럽 출신 백인들의 언급에 시시껄렁하고 감상적인 음악이라는 모욕적 시각이 덧씌워져 있는 시기였다. 19세기 중반부터 인기를 끈 '블랙페이스 민스트럴 쇼 Blackface minstrel shows'는 플랜테이션 농장의 노래와 춤을 지극히 천박한 방식으로 희화화했다. 흑인의 음악을 감상적으로 모방하는 데 그친 음악은 점잔을 빼고 거들먹대는 미국 백인 가정

음악의 역사

의 고풍스러운 응접실을 목표로 삼았다. 앞에서도 잠시 언급한 스티븐 포스터가 바로 그러한 음악으로 대성공한 작곡가였는데, 이를테면 오늘날까지도 유명한 「스와니 강」이나 「켄터키 옛집My Old Kentucky Home」이 바로 그런 경우다.

스티븐 포스터가 모작한 원본이 되는 흑인 영가를 비롯한 흑인들의 노래에는 이미 아프리카와 유럽의 양식적 영향이 섞여 있었다. 그러나 아프리카와 유럽의 대융합은 이제 막 시작된 참이었다. 아프리카계 미국인의 음악은 미국뿐 아니라 전 세계에 걸쳐 음악의 미래에 엄청난 영향을 끼치게 된다. 우리가 제34장에서 다룰 주제이기도 하다.

CHAPTER 32

어둠 속으로

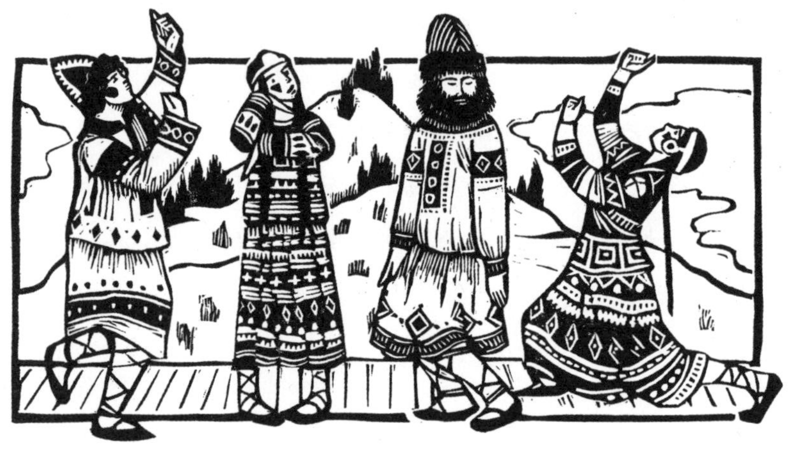

서양의 영향을 받은 여러 나라의 이야기를 하다 보니 20세기 한가운데까지 들어오고 말았다. 그러나 이제는 다시 시계를 거꾸로 돌려 20세기 초반으로 돌아가야 한다. 세계사의 주요 사건과 그 여파를 살피지 않을 수 없기 때문이다.

지금까지도 우리의 역사적 기억을 지배하는 국제적 재앙이었던 제1차 세계대전은 난데없이 시작된 게 아니다. 이 전쟁은 수십 년간 유럽 열강이 세계 지배 야욕으로 맞붙는 과정에서 쌓인 긴장이 최고조에 달한 시점에 발발했다. 거의 조금도 중단되지 않고 이어진 긴장과 분쟁의 패턴은 사회에 깊은 상흔을 남겼고, 일상적인 삶에서 당연히 여겨진 것들이 모조리 무너질 위기에 봉착했다는 감각이 사회 전반으로 퍼졌다. 이러한 감각은 제1차 세계대전의 뒤를 이어 세계를 휩쓸면서 전쟁보다 더 많은 사람의 목숨을 앗아간 유행성 독감 팬데믹으로 더욱

더 심화되었다.

이러한 종류의 위기에 대처하는 인간의 반응은 제각각이며, 우리 역시 2020년에 시작된 코로나바이러스 대유행으로 직접 경험한 바다. 어떤 이들은 늘 두려움에 떨며 지냈고, 어떤 이들은 분별을 발휘하여 지나치게 걱정하지 않으려 애썼으며, 또 어떤 이들은 인생은 최대한도로 즐기지 않으면 의미가 없는 것이라며 조심하는 마음을 아예 팽개치고 행동했다. 인간의 역사를 통틀어 주요 국면에서 사람들이 보인 반응 또한 대저 이와 같았을 것이다.

예술과 음악 속에 표현된 인간의 감정을 놓고 보자면, 제1차 세계대전 직전의 시기는 미증유한 다양성의 시기였다. 작가와 화가, 음악가들 사이에도 과거의 규칙과 관행을 내던진 이들부터 전통을 보존하기 위해 필사적으로 노력한 이들까지 가지각색의 노선이 존재했다. 어떤 이들은 막무가내로 앞만 바라보았고, 다른 이들은 과거를 돌아보며 안심을 구했다. 어떤 이들은 소란을 일으키길 기도했고, 다른 이들은 위안을 주길 목표했다. 어떤 이들에게 이는 전쟁과 불안에 대한 반응임이 자명했지만, 다른 이들은 그보다 훨씬 복잡하고 미묘한 전체상을 생각하지 않을 수 없었다.

어쩌면 이렇게 정리해서 말할 수 있을지도 모르겠다. 그러니까, 갈등과 불안의 시대에는 예술이 표현하는 대중의 정서가 빛과 어둠이라는 상반되는 두 방향을 향해 치닫는 경향이 있다고 말이다. 성적 감정과 무의식의 작용이라는 두 가지의 강력한 힘에 관한 여러 연구와 논문에 힘입어 당시 대기 중에는 이미 인간 정신의 어두운 면을 향한 탐구 분위기가 팽배했다. 빈의 의사 겸 신경학자 지그문트 프로이트 Sigmund Freud (1856~1939)는 정신분석 기법을 창안했고 1899년에 『꿈의 해석 Die Traumdeutung』을 출판했다. 작곡가 구스타프 말러 Gustav

Mahler(1860~1911)는 아내 알마와의 결혼 생활에 위기가 찾아오자 프로이트를 만나 상담했다. 프로이트는 말러가 인간의 심리를 놀랍도록 정확히 이해했으며 정신분석학의 요체를 대번 납득했다고 썼다. 말러의 음악에 상당량의 '정신분석'적 측면이 있다고도 말할 수 있을지 모른다. 분위기와 감정의 진폭이 엄청난 음악이며 동경의 느낌, 기억의 환기, 해소와 해결을 향한 고통스러운 몸부림이 있는 음악인 까닭이다. 그가 죽음을 앞두고 – 제1차 세계대전이 발발하기 몇 년 전이었다 – 쓴 작품에는 마지막 작별을 준비하면서도 인생에서 중요한 것들을 끝내 놓치지 않으려 애쓰는 느낌이 절절하다. 「교향곡 9번」과 미완성 작품으로 남은 「교향곡 10번」도 그렇지만, 그런 느낌이 무엇보다 두드러지는 작품은 「대지의 노래Das Lied von der Erde」(1909년)다. 「대지의 노래」는 중국의 고시古詩를 번역한 텍스트에 독창과 오케스트라 음악을 붙인 작품으로, 지상의 아름다움을 인간사의 슬픔과 고통에 대비시킨 곡이다. 음악의 분위기는 술에 취하여 자포자기한 정념부터 매혹적인 목가적 풍경, 가슴 저미는 체념의 정서를 아우른다. 마지막 악장은 이승에 보내는 잊을 수 없는 기나긴 '작별 인사'로, 말러가 중국 원시原詩에 덧붙인 노랫말 '소중한 대지 어디에서나 봄에 꽃은 피고 푸르러지리, 어디에서나 영원히, 영원히, 영원히'로 마무리된다. 「대지의 노래」는 어둠과 빛, 그리고 그 둘과 함께 사는 인간적 경험에 관한 말러의 가장 강력한 표현이다.

아르놀트 쇤베르크Arnold Schoenberg(1874~1951)는 빛의 가능성을 완전히 내던지고 프로이트적 어둠의 세계 속으로 걸어 들어갔다. 그의 초기작인 대형 칸타타 「구레의 노래Gurre-lieder」(1900~1911년 작곡)는 아낌없이 풍성한 음향이라는 면에서 바그너적인 작품이다. 그러나 1909년에 그는 이미 「기대Erwartung」라는 작품을 통해 어둠의 세계로 깊이 침잠

음악의 역사

한 뒤였다. 「기대」는 제정신을 잃은 여인이 한밤중에 애인을 찾아 숲속을 헤매다가 결국 그의 시신과 마주한다는 내용을 지닌, 악몽과도 같은 오케스트라와의 1인 독백극이다. 「기대」는 선배 말러의 가장 어두운 음악을 극한까지 밀어붙인 음악과도 같으며, 불협화음이 관습에 따라 협화음으로 해결되는 순간은 거의 등장하지 않는다. 1912년 쇤베르크는 이보다 조금 작은 스케일로 된 「달에 홀린 피에로」를 썼다. 벨기에 출신의 시인 알베르 지로 Albert Giraud(1860~1929)가 쓴 기묘하고 폭력적인 이미지가 가득한 시에 쇤베르크가 입힌 카바레풍 음악 역시 지극히 기묘하고 폭력적이다. 독창자는 가창과 연설이 반반씩 섞인 형태로 '노래'함으로써(이를 '슈프레히게장 Sprechgesang', 즉 '연설-노래'라고 한다) 기이한 극적 효과를 빚어낸다. 이 작품 역시 전통적인 화성 규칙에 등을 돌린 '무조 atonal' 음악이었다.

쇤베르크는 이러한 어지러운 음악을 확장된 형태로 작곡하는 일이 불가능함을 절감했다. 악몽에서 벗어나려면 새로운 질서가 필요했다. 그 질서란 바로 1922년 그가 창안한 '12음 기법'이었다. 12음 기법에 의하면 모든 주제는 반음계를 구성하는 열두 음(피아노에서 한 옥타브 내의 백색 건반과 흑색 건반 전체)을 임의의 순서로 배열한 '음렬'로부터 기인한다. 작품마다 고유한 음렬이 있으며 주어진 음렬은 거꾸로 연주하거나, 위아래를 뒤집어 연주하거나, 몇 개의 음을 묶어서 화음으로 연주하거나, 서로 다른 옥타브를 넘나드는 등 다양한 방식으로 조작할 수 있다. 이러한 작곡법은 '음렬주의 serialism'라는 명칭으로 알려졌다. 그 결과로 빚어진 음악은 자체적 논리는 가공할 만하지만, 쇤베르크의 창안 이후로 100년이 넘은 지금까지도 일반 관객에게 다가가지 못하는 실정이다.

쇤베르크는 모든 음을 동등하게 대했고, 이를 '불협화음의 해방'

이라 일컬었다. 다른 작곡가들의 음악에도 이미 다량의 불협화음이 있었으나, 쇤베르크의 '음렬주의' 음악에 이르러 불협화음은 상존常存하는 요소가 되었다. 전통적인 화음은 번잡스레 과거를 떠오르게 하는 요소일 뿐이니 외면해야 마땅한 존재가 되었다. 쇤베르크의 음악은 화음의 근본이 되는 뿌리인 배음렬에 작별을 고한 것으로도 볼 수 있다. 그러나 당사자인 쇤베르크는 이를 혼란에서 탈출하기 위한 불가피한 방법이자 독일 음악의 위대한 미래를 이어갈 수단으로 보았다.

쇤베르크의 문하생 중에서 제일 유명한 인물로 안톤 베베른Anton Webern(1883~1945)과 알반 베르크Alban Berg(1885~1935)를 꼽을 수 있다. 쇤베르크가 12음 기법을 창안하기 한참 전부터 그를 스승으로 모시기 시작한 두 사람은 쇤베르크의 낯설고 새로운 세계를 향한 여정의 동반자이기도 했다. 베베른은 쇤베르크의 초기 음악 양식과 비슷한 후기 낭만파적 음악으로 등단했고, 이후로는 스승의 방법을 엄격히 추종하면서 꼼꼼하게 직조한 날카로운 소리의 풍경을 만들어냈다. 베베른의 작품을 오로지 두뇌만을 위한 차가운 작품으로 이해할 수도 있지만, 정작 베베른은 1906년 어머니를 여읜 뒤에 쓴 자신의 작품 대부분이 어머니와의 추억에서 영감을 얻었다고 말했다.

베르크가 쇤베르크의 문하에 든 건 1904년이다. 베르크를 제자로 받아들인 쇤베르크는 그가 쓸 수 있는 건 가곡뿐이라고 했다. 베르크의 음악에 다가가기 쉬운 건 – 비록 복잡한 음악임에도 – 그가 자신의 가곡적 재능을 성악곡뿐 아니라 기악곡에도 적용했기 때문이다. 베르크의 가장 큰 성취는 1914년부터 1922년까지 8년간 매달린 오페라 「보체크Wozzeck」로, 아내를 살해하고 스스로 호수에 몸을 던져 목숨을 끊는 병사 보체크가 미쳐가는 과정을 그린 작품이다. 쇤베르크의 「기대」처럼 한 편의 악몽 같은 이야기를 담은 「보체크」는 가수들이 쇤베르크의 슈프레히게장식으로 연설과 음악을 반씩 섞어 노래하는 무조주의 오페라다. 그러나 베르크는 전통적인 화음도 아우르고 있는데, 덕분에 청자는 불협화음의 연속 속에서도 최소한의 방향 감각은 가지고 감상할 수 있다. 베르크는 12음 기법을 채택한 이후로도 전통적 화음의 사용을 멈추지 않았다. 그의 「바이올린 협주곡」(1935년)은 복잡한 두뇌 활동을 요구하는 작품이면서도 그 모든 미묘한 세부를 따라가지 않아도 깊은 감동을 얻을 수 있는 곡이다. 이 협주곡은 건축가 발터 그로피우스Walter Gropius(1883~1969)와 알마 말러Alma Mahler(1879~1964)의 딸 마농 그로피우스Manon Gropius(1916~1935)를 추념하는 작품이다.

　　감상자들을 혼란스럽게 하지 않으면서 새로운 화성의 가능성과 음악을 향한 새로운 접근법을 모색한 이들도 있었다. 당대 독일 최고의 작곡가 겸 지휘자였던 리하르트 슈트라우스Richard Strauss(1864~1949)는 보수적인 베를린에서 쇤베르크의 「다섯 개의 관현악곡」(1909년) 지휘를 거부했다. 그러고는 (당시에는 구스타프 말러의 아내였던) 알마 말러에게 보낸 편지에서 '가련한 쇤베르크를 도울 수 있는 사람은 이제 정신과 의사뿐'이라고 썼다. 슈트라우스 역시 자신이 적절하다고 판단한 순간에는 불협화음을 쓰는 일을 주저하지 않았다. 그는 19세기 말에 작곡한 일련의 오케스트라용 '교향시' 작품을 통해 이미 몹시 복잡한 관현악 스타일을 선보였다. 오페라 「살로메Salome」(1905년)와 「엘렉트라Elektra」(1908년)에서는 플롯의 폭력성을 표현하기 위해 흉포한 불협화음과 촘촘하게 짜인 관현악 텍스처를 사용하면서도 관객이 쉽게 이해할 수 있는 극적인 음악으로 바뀌게 했다. 그의 다음번 오페라 「장미의 기사Der Rosenkavalier」(1911년)는 빈의 귀족 사회가 배경인 시대극으로, 여기서는 훨씬 전통적인 화성을 사용하고 빈 왈츠까지 활용했다.

　　민요를 새로운 작곡법의 기초로 사용한 바 있는 버르토크는 때때로 아예 '민속음악 같은' 방식으로 곡을 썼다. 그러나 버르토크의 매서운 화음 덕택에 그러지 않아도 타악기적 성격이 두드러지는 음악의 매무새는 더욱 날카로워졌고, 이런 그의 음악은 민속적 영감보다 20세기의 현대적 경향과 접점이 더 많았다. 또한 버르토크의 타악기적 리듬은 그 어떤 민속춤보다도 광포하고 복잡한 쪽으로 기울곤 했다.

반음계 화성의 풍성함을 집요하게 추구한 작곡가도 여럿 있었다. 「법열의 시Le Poème de l'extase」로 유명한 러시아 작곡가 알렉산드르 스크랴빈Alexander Scriabin(1872~1915)은 풍성한 화음을 사용해 뜨거운 황홀경을 빚어냈다. 프레더릭 딜리어스Frederick Delius(1862~1934)는 잃어버린 영국다움을 향한 강한 그리움을 표현한 음악을 지었다. 또 다른 영국 작곡가 아널드 백스Arnold Bax(1883~1953)는 후기 낭만파의 화음을 이용해 이국적인 풍성함을 환기했다.

만약 20세기 초를 규정한, 그리고 음악의 역사를 새로운 방향으로 돌린 단 하나의 작품을 꼽는다면 이고르 스트라빈스키Igor Stravinsky(1882~1971)의 「봄의 제전Le Sacre du printemps」(1913년)이다. 이 작품은 대지의 신들에게 바치는 고대의 희생 의식을 묘사한 관현악 발레곡이다. 부족의 장로들에 의해 희생 제물로 선택된 젊은 처녀는 숨이 끊어질 때까지 춤을 춘다. 곡의 소재는 고대 부족 문화에 관한 연구에서 착안했고, 스트라빈스키는 소재에 어울리는 음악 양식을 창안했다. 그는 버르토크처럼 민요를 수집하는 대신 리투아니아 지방의 실제 민요를 그대로 악보에 인용했으며, 아울러 리투아니아 민요 특유의 불협화음을 적극 활용했다. 스트라빈스키는 글린카의 선구적 방식을 따라 '민속풍'의 선율과 리듬 세포를 그물망처럼 구축했고, 여기에 오케스트레이션 및 화성의 변주를 가미했다. 스트라빈스키는 이러한 방식을 극한까지 밀어붙였고, 파편화된 조각들의 사정없는 반복은 어마어마한 힘의 덩어리를 구축했다.

스트라빈스키가 참조한 또 한 명의 선구자는 화음과 리듬을 이례적인 방식으로 병치함으로써 대단히 새로운 효과를 거둔 드뷔시였다. 드뷔시는 스트라빈스키에게 보낸 편지에서 「봄의 제전」에 관해 이렇게 적었다. '귀하가 소리의 제국에서 허용되는 바의 경계를 대폭 확장했다는 말씀을 드릴 수 있어 기분이 무척 흡족합니다.' 파리에서 열린 「봄의 제전」 초연 무대는 한바탕 난동의 현장이 되었다. 그러나 관객 소동의 이유는 음악 때문이라기보다 바슬라프 니진스키Vaslav Nijinsky(1889~1950)가 짠 덜컥대고 경련하는 폭력적 안무를 발레 팬들이 견디지 못한 탓이 더 컸다(초연 이후 있었던 연주회 형식의 무대는 성공을 거두었다). 매우 직접적인 힘과 에너지에 관객은 즉시 충격을 받았다. 그리고 지금까지도 「봄의 제전」은 처음 듣는 이들을 충격에 빠뜨리고 있다.

드뷔시와 스트라빈스키가 도모한 혁명의 속성은 쇤베르크와 무척 달랐다. 두 사람의 음악 언어는 여전히 배음렬과, 배음렬에서 비롯된 전통적 음계 및 화음에 뿌리를 두고 있었다. 물론 이를 비틀고, 추가적인 불협화음을 더하고, 놀라운 방식으로 병치하고, 그리고 스트라빈스키의 경우에는 시종일관 불규칙한 리듬까지 곁들였지만 말이다. 그러나 이 같은 이례적인 장치에도 불구하고 일반적인 음악 애호가들은 드뷔시와 스트라빈스키의 음악을 들으며 그래도 부여잡을 만한 익숙한 울림 같은 것을 느낀다. 이러한 접근법 – 말하자면 '익숙한 것을 낯설게 하기' 같은 – 은 전통적인 화성의 근간을 모두 배제하고 기존의 음표로 아예 새로운 언어를 창조하려 한 쇤베르크의 시도보다 훨씬 내구성이 있고, 결국에는 영향력도 더 높은 것으로 판명되었다.

음악이 변화하는 이 시기에 다른 예술도 급진적인 변화를 겪었고, 훗날 우리는 이러한 경향에 '모더니즘'이라는 이름을 붙였다. 화가이기도 했던 쇤베르크는 제1차 세계대전 이전에 베를린과 빈을 주 무대로 활동하며 기성 미술계의 보수적인 사고방식에 도전한 예술가 그룹 '청기사파 Der Blaue Reiter'의 일원이었다. 쇤베르크의 괴기스러운 무조 음악과 구스타프 클림트 Gustav Klimt(1862~1918), 에곤 실레 Egon Schiele(1890~1918), 오스카르 코코슈카 Oskar Kokoschka(1886~1980)의 '표현주의적' 회화 사이의 –물론 쇤베르크 자신이 그린 그림도 마찬가지다– 유사점은 뚜렷하다.

이와 같은 시기에 스페인 화가 파블로 피카소 Pablo Picasso(1881~1973)는 아프리카 가면의 '원시적' 힘에서 영감을 얻고 있었다. 피카소는 프랑스 화가 조르주 브라크 Georges Braque(1882~1963)와 함께 해체되고 쪼개진 조각으로 구성된 회화를 다양한 방식으로 실험했고, 기존의 형태를 파괴하고 서로 다른 시점에서 본 그림의 조각을 모은 것 같은 그림으로 이른바 '큐비즘'을 창안했다. 원시주의와 해체주의는 「봄의 제전」을 이야기할 때 절대 빼놓을 수 없는 근본 화두다. 스트라빈스키와 원시주의의 인연은 「봄의 제전」이 마지막이었다. 그러나 해체주의 –이를 '음악적 큐비즘'이라 부를 수도 있겠다– 는 그의 여생 동안 창작의 근간으로 남았다. 그리고 여러분은 스트라빈스키의 행보가 이후 수십 년간 수많은 후배 작곡가에게 미친 영향을 들을 수 있다.

음악의 역사

CHAPTER 33

빛을 향해 내뻗은 손

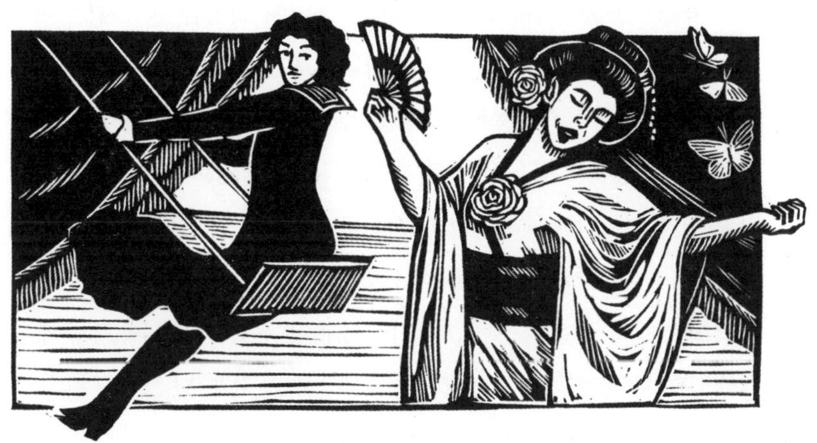

제1차 세계대전을 전후한 시기에 일부 작곡가와 화가들은 어둠과 '원시성'을 탐구한 반면, 또 일부는 일상의 불안을 잊고자 하는 대중의 요구를 충족시키는 쪽으로 기울었다. 오페레타는 대서양의 동쪽과 서쪽에서 나란히 대유행을 탔다. 프랑스 출신인 오펜바흐와 빈 출신인 요한 슈트라우스 2세의 인기는 여전히 이어졌다. 1870~1880년대에 쓰인 '길버트William Schwenck Gilbert(1836~1911)와 설리번Arthur Sullivan(1842~1900)'의 풍자적 오페레타는 영국 사람이라면 모를 수가 없는 작품이 되었고, 영어가 사용되는 지역이라면 어디로든 수출되었다. 미국에서는 빈 오페레타와, 길버트와 설리번의 요소를 접목한 빅터 허버트Victor Herbert(1859~1924)의 오페레타가 인기를 끌었다. 20세기로 전환되는 무렵에는 여러 오페레타의 이종異種과 그 밖의 인기 음악 장르가 경합했다. 그중 일부는 부자 관객이, 또 어떤 것들은 노동자 계층이 대상이었다. 당시에 특히 대히트를 기록한 작품은 요한 슈트라우스 2세가 남긴 전통을 좇은 빈 오페레타였다. 1905년 빈에서 초연된 프란츠 레하르Franz Lehár(1870~1948)의 「유쾌한 미망인 Die lustige Witwe」은 곧장 런던과 뉴욕 무대로 진출할 만큼 큰 성공을 거두었다.

「유쾌한 미망인」의 엄청난 인기도 추임새 역할을 했겠지만, 미국에서는 브로드웨이 뮤지컬이라는 이름으로 알려질 새로운 음악극 장르가 탄생해 발전하기 시작했다. 뉴욕 브로드웨이에서 대대적인 성공을 거둔 첫 번째 팀은 작곡가 제롬 컨 Jerome Kern(1885~1945)과 대본 작가 가이 볼턴 Guy Bolton(1884~1979), 작사가 P. G. 우드하우스 Pelham Grenville Wodehouse(1881~1975)로 구성된 3인조였다(우드하우스는 이후 버티 우스터와 그의 하인 지브스에 관한 익살스러운 이야기책으로 더 큰 유명세를 타게 된다). 이 세 사람이 합심해 만든 가장 성공적인 쇼였던 「오, 보이!」는 1917년 브로드웨이 초연 후 463회의 상연 기록을 세웠다.

같은 해 파리에서는 작가 장 콕토 Jean Cocteau(1889~1963), 안무가 레오니드 마신 Léonide Massine(1896~1979), 화가 파블로 피카소, 그리고 작곡가 에릭 사티 Erik Satie(1866~1925)가 힘을 모아 만든 기묘한 카바레 발레 작품 「파라드 Parade」가 무대에 올랐다. 경쾌한 음악, 의도적으로 서툰 티를 낸 '큐비스트' 의상, 어설픈 댄스 스텝이 어우러진 「파라드」는 장마당 공연자들이 지루해하는 관객을 꼬드기려 하지만 실패하고 만다는 익살스러운 줄거리를 가진 작품이다. 「파라드」는 스트라빈스키의 「봄의 제전」만큼이나 커다란 소동을 촉발했다. 전통과 기성 체제에 반하는 이 작품은 끔찍한 전쟁이 벌어지는 와중에 사람들을 조롱했다는 이유로 더욱더 괘씸하게 여겨졌다.

사티는 파리 카바레의 피아노 연주자로 음악가 인생을 시작했고, 「파라드」는 카바레 음악 장르를 풍자적으로 재해석한 작품이었다. 카바레는 독일에서도 인기를 끌었다. 도입 직후에는 프랑스에 비해 비교적 밋밋한 상승세였으나, 제1차 세계대전이 끝난 이후로는 상황이 반전되었다. 독일 사회는 파괴와 치욕을 경험했고, 독일의 카바레도 그에 맞춰 쓰디쓴 풍자의 낌새가 더해지면서 한층 어두운 쪽으로 방향 전환을 했다. 이는 극작가 베르톨트 브레히트Bertolt Brecht(1898~1956)와 작곡가 쿠르트 바일 Kurt Weill(1900~1950)이 한 팀을 이뤄 만든 「서푼짜리 오페라 Die Dreigroschenoper」(1928년)에서 강렬하게 표현되었다. 18세기 영국에서 범죄자들을 주인공으로 내세워 대성공한 「거지의 오페라」를 새로운 시각으로 비튼 작품이었다.

브로드웨이 뮤지컬과 프랑스 및 독일의 카바레 여흥에 공통되는 요소 하나가 있었으니, 바로 재즈다(이 거대한 주제에 대해서는 다음 장에서 다루기로 하자). 래그타임과 재즈의 리듬은 음악에 활기를 더하는 요소이지만, 이 새로운 음악을 바라보는 사회의 눈길에는 경계심이 서려 있었다. 1910년경부터 런던에서는 나이트클럽 문화가 다시 유행했는데, 당국은 나이트클럽에 사회 질서를 해칠 우려가 있는 위험 인자가 많다고 여겼다. 위험 인자란 춤과 술, 이성 간의 어울림(구식 클럽은 남성 전용이었다), 그리고 미국에서 들어온 새로운 '엇박자' 음악이었다. 전쟁 중에 이 같은 염려가 극한으로 치달아, 군 장교들은 나이트클럽을 출입하다가 발각되면 징계를 각오해야 했다.

제1차 세계대전을 겪은 작가와 음악가 중 일부는 평화를 갈구하고 상상 속의 과거를 희구하는 정서를 강조했다. 본 윌리엄스의 작품 중 평화를 일깨우는 느낌이 가장 큰 두 곡도 전쟁과 각별히 관련되어 있다. 「종달새의 비상 The Lark Ascending」은 바이올린 솔로와 오케스트라를 위한 목가적 명상곡이다. 이 곡은 1914년 본 윌리엄스가 영국 해군이 전쟁 대비 훈련을 실시하던 도버 해협이 내려다보이는 백악 절벽을 따라 걷는 중에 착상했다. 제1차 세계대전 당시 본 윌리엄스는 프랑스에서 위생장교로 복무했는데, 부상병을 안전한 곳으로 이송하는 일과가 끝나면 언덕에 올라가 주변 풍경이 일몰에 물드는 장관을 감상하곤 했다. 그가 「전원 교향곡」(3번)의 아이디어를 얻은 것이 바로 그때였다. 적막함과 고요함 사이의 어딘가에 위치한 이 작품을 본 윌리엄스는 '진정한 전시戰時 음악'이라 일컬었다.

대서양 건너편의 미국이 참전한 건 브로드웨이 무대에 「오, 보이!」가 오른 것과 같은 해인 1917년이었다. 미국이 전쟁을 바라보는 시각은 유럽과 달랐다. 미국인들은 전쟁이라고 하면 1860년대에 국가를 둘로 쪼갠 남북전쟁부터 떠올렸고, 그다음으로는 1776년 영국으로부터 독립을 선언하며 비롯된 미국 독립 전쟁을 생각했다. 유럽과 마찬가지로 20세기 초반의 미국 작곡가들은 작가와 사상가, 그리고 자국의 전승과 역사에서 영향을 받았을 뿐만 아니라 어쩔 수 없이 현재와 과거 사이의 긴장 관계에서도 영향을 받았다. 이를 활용해 음악을 쓴 가장 흥미로운 미국 작곡가는 바로 찰스 아이브스 Charles Ives(1874~1954)다. 생전에 거의 주목받지 못하다가 세상을 떠나고 나서야 비로소 존경을 받은 아이브스는 보험사 운영으로 생계를 꾸린 괴짜였다. 그는 여가 시간에 음악을 썼고, 그 어떤 규칙에도 묶일 필요가 없다고 생각했다. 밴드마스터였던 아이브스의 아버지는 아들의 음악 실험을 지지했다.

아이브스의 음악을 살찌운 영향력은 서로 모순적이었다. 그는 옛 찬송가를 좋아했고, 랠프 월도 에머슨 Ralph Waldo Emerson(1803~1882)을 필두로 한 '초월주의' 문필가들의 저작을 아꼈다. 에머슨은 사상의 자유와 '개인의 무한함 the infinitude of the private man'을 신봉했으며, 자연과 인간의 영혼 사이에 필수적인 연결고리가 있다고 믿었다. 남북전쟁 당시 에머슨은 노예제도를 극렬히 반대했고, 새로운 사회를 건설하려면 전쟁의 파괴적 힘이 필요하다고 역설했다. 아이브스의 음악은 이와 비슷한 대조로 가득하다. 자연을 환기하는 정서, 파괴적인 힘, 평온을 달성하기 위해 불가피하게 이겨내야 하는 혼란 등이 그것이다. 그의 관현악 모음곡 「뉴잉글랜드의 세 장소 Three Places in New England」(1908~1917년)는 아이브스 음악의 다양성을 잘 보여주는 작품이다. 첫 번째 악장은 흑인 병사들로 이루어진 연대와 이들을 이끄는 백인 사령관을 기리는 음악으로, 「자유의 함성 Battle Cry of Freedom」과 「조지아 행진곡 Marching through Georgia」 같은 군가의 파편이 유령처럼 등장한다. 두 번째 악장은 여러 행진곡이 어지러이 뒤섞이며 혁명 병사에 관한 어느 소년의 꿈을 그린다. 세 번째 악장은 저 멀리에 있는 교회에서 들려오는 노랫소리와 함께 깊숙한 자연 속으로 파고든다.

　말할 것도 없이, 음악 역사책에서 가장 두드러지는 페이지는 늘 새롭고 도전적인 생각을 가진 작곡가들의 몫이다. 그런데 20세기 초반의 격동 속에서도 자신만의 길을 가려 한 이들이 있었다. 이들은 세상의 소음을 외면하고 자신의 눈에 올바른 것으로 보이는 바를 고수하려 했다. 러시아 혁명의 혼란기에 여러 중요 작곡가가 조국을 떠났다. 앞에서도 잠깐 언급한 세르게이 라흐마니노프 Sergei Rachmaninoff(1873~1943)가 대표적이다. 1918년 미국으로 이주한 그는 각광받는 피아니스트이기도 했고, 그가 남긴 자작곡 연주 기록은 여전히 높이 평가받고 있다. 라흐마니노프는 떠나온 러시아에 관한 추억에 매달렸고, 차이콥스키를 비롯한 선배 러시아 작곡가들로부터 전수받은, 그 효험이 증명된 방식에 따라 피아노 협주곡과 교향곡을 썼다. 특유의 비애와 우수가 서린 그의 음악은 러시아 정교회 성가의 메아리를 연상케 했다. 그는 자신이 동시대 음악의 발전상을 따라가지 못한다고 여긴 듯, 1939년 인터뷰에서 '나는 낯설어진 세계를 떠돌고 있는 유령이 된 것만 같다. 낡은 작곡 방식을 떨칠 수도 없고, 새로운 작곡 방식을 습득할 수도 없다'며 아쉬움을 나타냈다.

또 다른 러시아 작곡가 세르게이 프로코피예프 Sergei Prokofiev(1891~ 1953)는 파리에서 몇 년간 머물다가 1933년에 고국으로 돌아왔으나 소련 정권 아래서 고단하게 살아야 했다. 프로코피예프 역시 실력이 남다른 피아니스트였다. 그는 스트라빈스키의 판박이 같은 장난꾸러기 선동가처럼 음악가 인생을 시작했다. 그는 자신의 대담한 피아노 협주곡에 담긴 야단스러운 불협화음을 들은 관객의 반응을 즐겼다. 그러나 중년에 접어든 그는 크리스천 사이언스에 경도되어 1941년 '새로운 단순성을 추구해야만 한다'고 선언하기에 이른다. 화려함과 서정성을 결합한 그의 스타일은 발레 작품 「로미오와 줄리엣」에서 특히 강하게 드러난다.

영국 작곡가 에드워드 엘가 Edward Elgar(1857~1934)는 라흐마니노프가 처했던 것과 비슷한 진퇴양난의 처지에 놓인 음악가였다. 엘가에게 처음 성공을 안겨준 작품은 「수수께끼 변주곡」(1899년)이었다. 당시 유럽 여타 지역의 작곡가들은 새로운 길로 나아가기 위해 전전긍긍하고 있었다. 엘가라고 해서 세상이 주목하는 최신 관현악 작품에 전혀 무관심하지는 않았고, 그의 음악에 (당시 독일 작곡가 중 최고로 여겨진) 리하르트 슈트라우스의 화려미와 비슷한 구석이 없는 것도 아니다. 그러나 「살로메」로 관객에게 충격을 안긴 슈트라우스와 달리 그 누구도 놀라게 하고 싶지 않았던 엘가는 최소한 외견상으로는 전통주의자로 남았다. 그는 교향곡과 바이올린 협주곡, 첼로 협주곡, 「위풍당당 행진곡」, 오라토리오를 작곡했고 콧수염을 기르고 모직 재킷을 즐겨 입는 등 에드워드 7세 시대의 전형적인 시골 신사 같은 외모와 차림새를 유지했다. 그러나 그런 표면을 한 꺼풀 벗겨내면 겉보기와 다른 인물의 모습이 드러난다. 엘가의 음악에는 불안한 불확실성이 상당량 숨겨져 있는데, 이러한 측면은 그가 자신의 작품을 지휘한 경우에 특히 두드러진다. 전통적인 표면과 그 이면에 감춰진 불안한 에너지의 조합은 엘가의 음악을 듣는 이들에게 독특한 '영국적'인 느낌을 받게 한다.

결국 라흐마니노프와 엘가는 후대 사람들이 당대에 얼마나 '새로웠는지'가 아니라 작품에 진실하고 개별적인 목소리가 묻어 있는지로 음악을 평가한다는 점을 보여주었다. 시벨리우스에 대해서도 같은 말을 할 수 있다. 시벨리우스가 핀란드 서사시 모음집『칼레발라』에서 영감을 얻어 음악을 지었음은 앞에서도 쓴 바 있다. 교향곡을 비롯한 작품에서 그가 보여준 개성적인 작법은 반드시 그에게 영향을 준 것들 – 핀란드의 음악과 시, 브루크너, 러시아 작곡가들 – 뿐만 아니라 시벨리우스의 고유한 정신 상태에서 비롯된 것이기도 하다. 청자는 그가 내뱉은 바에서 그의 진심으로 통하는 길을 찾아야 한다. 클라이맥스 역시 수많은 걸림돌과 장애물을 헤친 후에야 비로소 찾아온다. 시벨리우스는 20세기 초라는 과열된 시기에 수수께끼처럼 홀로 우뚝했으며, 지금도 그렇게 기억되고 있다.

마지막으로, 20세기 초에 이탈리아 오페라는 어디까지 와 있었을까? 주세페 베르디는 셰익스피어의 희곡이 원작인 두 편의 대조적인 걸작 – 비극 「오텔로 Otello」와 희극 「팔스타프 Falstaff」– 으로 19세기를 마감했다. 베르디가 은퇴한 뒤 이탈리아 오페라에 '베리스모 verismo', 즉 사실주의라는 새로운 경향이 등장했다. 베리스모 운동은 보통 사람들의 삶을 진실하게 그리고자 한 소설가들의 시도에서 비롯되었다. 사람 사는 이야기의 아름다운 면뿐만 아니라 추한 면까지도 눈살 찌푸리지 않고 있는 그대로 그리려 한 것이다. 베리스모 오페라 중에서 처음으로 유명해진 작품은 피에트로 마스카니 Pietro Mascagni (1863~1945)의 「카발레리아 루스티카나Cavalleria Rusticana(시골 기사도)」와, 바로 그 뒤를 이은 루제로 레온카발로Ruggero Leoncavallo(1857~1919)의 「팔리아치Pagliacci(광대들)」다. 두 작품 모두 사랑과 날것 그대로의 질투, 그리고 결국 죽음으로 마무리되는 이야기다. 「팔리아치」는 작곡가 레온카발로가 대본까지 직접 써서 더욱 빛나는 작품이다. 셰익스피어의 원작을 아리고 보이토Arrigo Boito(1842~1918)가 오페라용으로 각색해 베르디에게 건넨 「오텔로」와 「팔스타프」, 그리고 레온카발로의 「팔리아치」는 오페라의 발상기인 1600년경부터 20세기 초까지 이탈리아 작곡가들이 여전히 대본을 중요시했음을 보여준다.

20세기의 벽두인 1900년 1월, 또 다른 베리스모 오페라인 자코모 푸치니Giacomo Puccini(1858~1924)의 「토스카Tosca」가 로마에서 초연되었다. 푸치니는 이미 「라 보엠La Bohème」을 쓴 뒤였고, 「토스카」 이후로도 「나비 부인Madama Butterfly」과 「투란도트Turandot」 같은 걸작을 썼다. 모두가 대중의 사랑을 받는 작품인데, 그 이유는 관객에게 쉽게 다가가는 단순명쾌함 덕분이다. 가수들은 극 속에서 열연을 펼치고, 그들이 노래하는 음악은 극적인 동시에 서정적이다. 아리아의 등장 시점 역시 언제나 극의 흐름에 부합하며, 아리아가 단순히 가수의 기량을 뽐내기 위한 장치로만 소모되는 경우는 전혀 없다. 푸치니는 세심한 주의를 기울여 누구나 쉽게 이해할 수 있는 화음을 구사하면서도 현대적인 불협화음의 터치를 양념처럼 작품 여기저기에 뿌려놓았다. 또한 그는 바그너의 유산이라고 할 관현악 운용법을 최대한 활용해 드라마에 색채와 추진력을 부여했고, 바그너풍의 유도동기도 음악 피륙의 일부로 활용했다. 이처럼 바그너의 영향에서 파생된 요소가 있음에도 푸치니는 '나는 언제나 이탈리아인이었고 지금도 이탈리아 사람이다. 내 음악은 내가 태어난 나라의 특성에 뿌리를 내리고 있다'고 단언했다.

이 시기의 이탈리아 오페라는 다른 지역에서 쉽게 만날 수 없는 특징 한 가지를 지니고 있었다. 바로 사회 계층을 막론하고 광범위한 대중에게 다가가는 진정한 호소력이다. 일류 오페라하우스의 입장권은 이탈리아 역시 다른 국가와 마찬가지로 고가에 거래되었다. 그러나 이탈리아에는 작은 극장이 많은데다 오페라 페스티벌도 자주 개최되어 전 계층의 대중이 부담 없는 가격에 오페라를 즐길 기회가 활짝 열려 있었다.

푸치니는 1924년에 숨을 거두었다. 마지막 오페라 「투란도트」를 미완성으로 남겨둔 채였다. 1924년이면 스트라빈스키의 「봄의 제전」이 초연된 지 10년이 넘었고, 쇤베르크는 이미 12음 기법을 완성한 뒤였다. 동시대에 작곡되고 연주되는 음악 작품의 양식과 접근법이 이처럼 다양했던 적이 서양 역사상 다시 있었을까 싶다. 이 시기에는 또한 많은 모순과 적대적 견해가 가득했다. 그러나 20세기 초반에 배태된 가장 유력하고 지속성이 강한 음악 혁명은 음악원, 오페라하우스, 콘서트홀 바깥에서 태동했다. 이 시점까지는 음악의 공식적 발전사에 거의 조금도 틈입하지 못한 사회 계층이 그 주인공이었다. 지금까지 이 책에서 기회가 있을 때마다 조금씩 언급해왔지만, 이제 비로소 그들에게 시선을 돌릴 때가 되었다.

CHAPTER 34

블루스부터 래그타임과 재즈까지

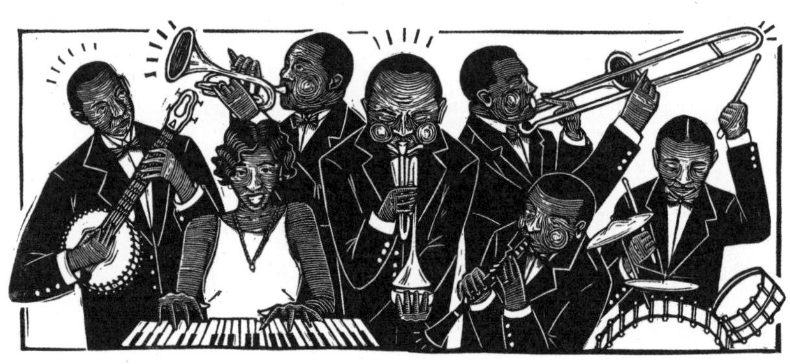

　1860년 에이브러햄 링컨 Abraham Lincoln(1809~1865)이 미국 대통령으로 당선되었다. 링컨은 노예제도를 강력히 반대했다. 대량 노예 노동력에 기대어 면화 밭을 경작하고 플랜테이션 농장을 운영하는 미국 남부 주들은 북부와의 분리를 선언했다. 이어진 남북전쟁에서 승리를 거둔 건 노예제를 반대한 북부였지만, 그렇다고 근본적인 갈등이 해소되지는 않았다. 노예제도는 폐지되었지만, 남부 주들에서는 인종 분리 정책 같은 차별 행위가 용인되는 등 갈등의 불씨는 여전히 남아 있었다. 노예 신분을 벗은 사람들의 삶도 이전과 거의 달라지지 않았다. 1860년 미국 남부의 플랜테이션 농장에서 일한 400만 명의 노예는 일부에 불과했다. 브라질과 카리브 해 지역에 몸이 묶인 노예가 훨씬 더 많았기 때문이다. 음악의 역사에서 노예의 이동에 따른 아프리카 문화의 확산은 중요하게 다루어야 하는 주제다. 그중에서도 미국 남부에서 일어난 음악 혁명은 전 세계를 휩쓸고 오늘날까지 그 영향력을 미치게 된다.

노예 농장에서 노래와 북소리, 손뼉 치며 춤추는 행위는 갈망과 꿈, 종교적 표현의 창구였다. 작업의 리듬에 맞춰 부르는 노동요는 허리가 끊어질 것 같은 노동의 고통을 조금이나마 덜어주었다. 노동요의 노랫말은 표면적으로 간절한 그리움을 표현하거나 심지어는 즐겁기까지 했으나, 해방된 노예 출신의 사상가 프레더릭 더글러스Frederick Douglass(1818~1895)가 쓴 것처럼 '(노래의) 모든 음은 노예제도에 반대하는 성명서였으며, 쇠사슬로부터 풀어달라고 하느님께 바치는 기도였다'. 세월이 흐르면서 점점 더 많은 노예가 기독교를 받아들임에 따라 그들의 노래도 성서 속 이야기를 끌어들여 기독교적 이미지를 띠게 되었다.

남북전쟁이 발발하기 한참 전부터 뉴올리언스는 아프리카계 미국인의 음악 중심지였다. 일요일 오후만 되면 노예와 자유의 몸이 된 흑인이 탁 트인 곳에 모여 함께 노래하고 춤을 추었다. 콩고 광장Congo Square은 바로 그러한 회합의 장소로 유명해졌고, 먼 곳에서 찾아오는 사람도 많았다. 1819년 건축가 벤저민 러트로브Benjamin Latrobe(1764~1820)*도 그런 방문객 중 한 명이었던 모양이다. 북을 치는 사람이 '불끈대는 맥박'을 연주하기 시작하면 곧 다른 이들이 가담했다. '하나의 음성으로 시작된 노래에 다른 음성이 합류했다. (……) 짙은 빛깔의 몸이 추는 춤이 원형의 대오를 이루었다. 아마도 500~600명의 사람들이 음악의 맥동에 맞춰 누구는 부드럽게 몸을 흔들었고 누구는 공격적으로 발을 굴렀다. 여러 명의 여인이 노래를 시작했다.' 원을 이뤄 추는 아프리카 특유의 군무群舞에는 콜 앤드 리스폰스, 대창對唱 형식의 외침이 반주처럼 붙었다. 1934년 루이지애나 주 뉴올리언스 인근

---

* 미국 국회의사당을 설계한 인물이기도 하다.

의 제닝스Jennings라는 마을에서 로맥스 부자*가 채록한 「달려라, 늙은 예레미야야Run Old Jeremiah」에서는 이러한 '링 샤우트ring shout'**를 들을 수 있다. 종교적 노랫말, 반복적이고 최면적인 박자, 그리고 노래꾼들 사이의 열띤 콜 앤드 리스폰스는 듣는 이로 하여금 노예제도가 여전히 살아 있었던 시절로 순간 이동하게 한다.

흑인과 백인 사이에서 태어난 사람은 크리올인Creole이라 불리게 되었다. 크리올인은 음악의 새로운 발전 항로에서 중요한 역할을 했다. 1840년대에 대기근이 닥친 조국을 등진 수많은 아일랜드인은 일거리를 찾아 크리올인이 사는 지역까지 흘러 들어왔다. 그 과정에서 다양한 잡탕식 음악이 생겨났는데, 이를테면 아프리카식 댄스 리듬에 아일랜드식 피들 연주가 곁들여지는 것이었다. 이러한 혼성 음악 중에서 특히 대중의 인기를 끈 것이 민스트럴 쇼였다. 1840년대부터 민스트럴 쇼 극단은 미국을 순회하며 공연하기 시작했는데, 그들 중에는 '얼굴을 검게 칠한' 백인 음악가도 끼어 있었다.

음악에 영향을 미친 또 하나의 중요한 원천은 바로 교회였다. 일상적인 교회 예배는 물론이고 19세기까지 남부에서는 수천 명의 신자가 모여 노래하고 춤을 추는 거대한 '신앙 부흥 운동' 모임이 있었다. 백인을 위한 부흥 모임, 흑인을 위한 부흥 모임이 따로 있었고 때로는 백인들의 모임에 흑인의 참석이 허용되었다. 아프리카의 콜 앤드 리스폰스 전통이 더해지면서 찬송가 가창 방식에도 변화가 찾아왔다. 선창자의 '콜'은 횟수를 거듭하면서 더욱 격정적으로 바뀌어갔고, 여기에 응하는 회중의 '리스폰스'에도 리듬감이 더해졌다. 그렇게 열광된 주고

---

* 미국의 민속학자 겸 음악학자 존 로맥스John Lomax(1867~1947)와 그의 아들인 민족 음악학자 앨런 로맥스Alan Lomax(1915~2002)를 가리킨다.

** 서인도제도와 미국의 아프리카 노예들이 창안한 제의 방식으로, 제의에 참가한 이들이 원형을 이뤄 발을 구르고 손뼉을 치면서 빙빙 돌며 숭배의 절정에 이르는 형태를 말한다.

음악의 역사

받음에 이슬람권의 '기도 부름call to prayer'의 메아리가 녹아 있다는 주장도 있는데, 수많은 노예가 이슬람교도로 성장했음을 생각하면 일리가 있는 주장이다. 노동요와 마찬가지로 아프리카인 가수가 노래하는 찬송가는 '약속된 땅'과 '안식'을 갈구하는 외침, 노예 신분으로서 억압받는 상황에서 마침내 해방되는 미래를 열망하는 메시지를 담고 있다. 흑인 영가와 가스펠 장르는 그러한 찬송가가 뿌리 되어 발전했다. 아프리카계 미국인의 노동요와 영가는 유럽과 아프리카 관습의 절충안 형태를 띤 찬송가 화음에서 영향을 받아 이내 그들만의 고유한 화성 양식을 발전시켰다.

아프리카계 미국인의 음악에서 가장 특징적인 요소는 규칙적인 박자와 리듬적으로 자유로운 선율 – 박자와 따로 노는 것 같기도 하고 아예 박자를 거스르는 것 같기도 한 – 사이의 대조였다. 이러한 '엇박자syncopation(싱커페이션)'는 흑인의 기악 장르에서도 중요한 특징이 되었고 군대 행진곡에도 적용되었다. 미국 역사상 가장 성공적인 군악대장이었던 존 필립 수자John Philip Sousa(1854~1932) 덕분에 행진곡 장르는 이미 엄청난 인기를 끌고 있었다. 수자는 1893년부터 자신의 밴드를 대동하고 미국을 순회하며 자작 행진곡을 연주하여 어마어마한 성공을 거두었다. 「자유의 종The Liberty Bell」, 「성조기여 영원하라Stars and Stripes Forever」를 포함해 수자가 쓴 많은 곡이 아직도 유명하다. 민스트럴 및 기타 아프리카계 미국인의 밴드들도 행진곡을 연주 레퍼토리에 포함하면서 그들 특유의 엇박자를 얹기 시작했는데, 이것이 1900년경 미국과 유럽 전역을 휩쓴 장르인 '래그타임ragtime'의 탄생으로 이어졌다. 래그타임의 등장과 함께 바로 지금 이 순간까지 이어지는 대중음악의 역사가 시작되었다.

래그타임으로 유명한 최초의 작곡가는 스콧 조플린Scott Joplin(1868~

1917)이다. 미주리 주 시데일리아 Sedalia에 있는 메이플 리프 술집의 밴드 소속 피아니스트였던 조플린은 그의 가장 유명한 작품인 「메이플 리프 래그 Maple Leaf Rag」를 비롯한 래그타임 곡을 출판하기 시작했다. 일단 유명세를 얻은 조플린은 본격적인 음악가로 활동할 결심을 하고 대도시 세인트루이스로 거점을 옮겼다. 어린 시절 동네의 독일 출신 피아노 선생으로부터 유럽의 고전 음악을 배운 그는 래그타임보다 더 거대한 무언가를 창조하겠다는 야망을 품었다. 조플린의 「트리모니샤 Treemonisha」는 노예 플랜테이션 농장을 무대로 하여 합창을 동반한 오페라 양식의 장면이 흥겨운 래그타임으로 흘러넘치듯 이어지는 작품이다. 이 오페라는 조플린의 피아노 반주로 약식 공연된 적이 있지만, 정식 무대 형식으로 초연된 건 작곡가가 사망하고 한참 뒤인 1970년대였다. 그러나 그의 래그타임 양식은 광범위하게 모방되었다. 특히 뉴욕에서 활동하는 백인 작곡가들이 래그타임을 선호했는데, 그중 한 명인 어빙 벌린 Irving Berlin(1888~1989)은 음반이 적당한 가격으로 보급되기 시작하던 무렵인 1911년에 「알렉산더스 래그타임 밴드」를 작곡해 히트시키는 행운을 거머쥐었다(조플린은 피아노 롤을 몇 점 남겼으나 음반을 취입하지는 못했다). 그렇게 벌린은 조플린의 성공을 잠식해 들어갔고, 조플린은 1917년 정신병원에서 불귀의 객이 되었다. 조플린이 사망한 시점에 래그타임과 래그타임의 자식 격인 재즈는 이미 대서양 양편에서 커다란 사업이 되어 있었다.

래그타임이 오름세를 탄 것과 같은 시기에 '블루스'라는 또 하나의 장르가 출현했다. 뉴올리언스의 홍등가인 스토리빌 Storyville에서 인기를 끌기 시작한 블루스는 억압받는 아프리카계 미국인의 깊은 그리움을 래그타임보다 더욱 뚜렷이 표현하는 장르였다. 홍등가의 술집과 유곽을 찾은 손님들은 또 다른 종류의 갈망을 표현하는 노골적으로 성적인 가사에 열광했다. 열두 마디 가락이 세 개의 화음과 함께 반복되는 패턴에 음계의 세 번째 음과 일곱 번째 음을 약간 내린 특유의 '블루 노트'가 가미되는 것을 골자로 하는 블루스의 간단한 형식은 반복된 실망에 맞선 끈질긴 저항의 느낌을 효율적으로 전달하는 수단이 되었다.

블루스 장르의 초기 주창자였던 W. C. 핸디William Christopher Handy (1873~1958)는 미시시피 삼각주 지방에 사는 가난한 흑인들의 음악에서 영감을 얻어 1909년에 「멤피스 블루스Memphis Blues」를 발표했다(이 곡은 최초로 출판된 블루스 곡이었다). 핸디는 트럼펫 연주자이자 밴드 리더였으나 노래를 부르지는 않았다. 그러나 블루스는 동경의 감정으로 충만한 교회 노래에 그 뿌리를 두고 있었던 만큼, 라디오와 녹음의 시대에 접어들어 블루스라는 장르에 가장 강력한 표현을 더한 것은 가수들의 몫이었다. 초창기의 선구자 마 레이니Ma Rainey(1886~1939)는 1902년 남자가 애인을 버리고 떠나는 내용의 슬픈 노래를 어느 여자로부터 배웠다고 했다. 이런 줄거리의 노래는 나중에 '블루스'가 된 음악 장르 특유의 것이기도 했다. 레이니는 훗날 '킹' 올리버Joseph Nathan 'King' Oliver(1881~1938), 루이 암스트롱Louis Armstrong(1901~1971), 시드니 베쳇Sidney Bechet(1897~1959) 같은 전설들과 함께 음악 작업을 했다.

10년쯤 뒤, 마 레이니는 자신의 백업 코러스로 노래에 소질을 보인 베시 스미스Bessie Smith(1894~1937)라는 젊은 가수를 만났다. 테네시 태생으로 부모를 일찍 여의고 거리의 악사로 겨우 생계를 이어간 스미스는 1920년대에 최고 개런티를 받는 가수로 도약했다. 그녀의 목소리에는 흑인 교회에서 들을 수 있는 폐부를 찌르는 듯한 감정적 솔직함이 묻어 있었다(베시 스미스의 아버지는 침례교 목사였다). 그와 동시에 스미스는 도저히 찍어 누를 수 없는 억세디억센 노동자 계층의 특징도 잃지 않았다.

1925년 베시 스미스는 루이 암스트롱과 함께 W. C. 핸디의 「세인트루이스 블루스St. Louis Blues」를 녹음했다. 4년 뒤에는 그녀를 주인공으로 한 짧은 영화 ― 노래를 따라 '세인트루이스 블루스'라는 제목이 붙었다 ― 가 제작되었다. 영화에서 스미스는 '베시'라는 여인 역할을 맡아 연기하고 노래를 부른다. 극중에서 베시의 연인은 더 매혹적인 여인을 좇아 베시를 저버렸다가(원작이 된 노래의 가사처럼) 다시 돌아와 베시의 돈을 훔쳐 달아난다. 베시 스미스가 참여한 영화는 이것뿐이기에 그만큼 더 귀중한 기록이지만, 동시에 「세인트루이스 블루스」는 풀리지 않는 문제를 우리에게 제시한다. 우리는 이들 아프리카계 미국인 가수의 음악을 들을 때마다 으레 그것이 생존을 위해 오랜 세월 몸부림친 이력에 뿌리를 두고 있다고 미루어 짐작한다. 그리고 그것이 이 영화가 지닌 힘의 원천이기도 하고 말이다. 하지만 억압받았다고 모두가 위대한 음악가가 되지는 않는다. 음악가가 되려면 재능뿐 아니라 주변의 충고와 끊임없는 훈련, 그리고 단단한 결의가 필요하기 때문이다.

블루스와 초기 재즈 연주자들은 자신이 받은 교육과 훈련에 대해 좀처럼 입을 열지 않았다. 아마도 타고난 음악가라는 인상을 주고 싶은 욕심도 있었을 것이다. 베시 스미스가 그처럼 경이로운 노래 실력을 갖추게 된 경위에 대해서는 ― 본능적인 재능과 교회에서 노래한 경험, 그리고 짐작건대 마 레이니로부터 받았을 도움을 제외하면 ― 거의 알려진 바가 없다. 하지만 초창기 재즈의 역사를 수놓은 흑인 연주자 중에는 가난한 환경임에도 흑인 학교를 다니며 헌신적인 음악 교사로부터 가르침을 받은 경우가 많다. 트럼펫 연주자 루이 암스트롱은 뉴올리언스의 유색 인종 고아들을 위한 남학교에 다니는 동안 그곳 밴드 리더에게 처음으로 음악을 배웠다. W. C. 핸디는 앨라배마 주 플로런스에 있는 흑인 학교를 다녔다. 그 학교에는 피아노도 오르간도 없었지만 음악 선생님은 오로지 피치 파이프(조율관調律管)만 가지고 학생들에게 음계와 여러 다른 조성을 가르쳤고, 심지어 성부를 나누어 노래 부르는 방법까지 지도해 아이들로 하여금 고전 음악 작품을 합창하게 했다. 불우한 환경에서도 헌신적인 선생님으로부터 도움을 받은 여러 음악가의 일화는 누구보다 가진 게 적은 이들이 서로를 돕는 데는 가장 힘을 아끼지 않는다는 인간사의 반복되는 현상을 거듭 확인시켜준다.

블루스와 래그타임은 재빠르게 재즈로 되어가는 음악 현상의 양극단을 표상한다. 기악 재즈가 대중을 위한 인기 장르로 탈바꿈할 수 있었던 결정적인 이유는 모든 사회 계층에 인기 댄스 뮤직으로 다가갔기 때문이다. 이전까지 백인 주류층에 춤이란 유럽에서 건너온 무용 양식이 주류였다. 거기에는 카드리유를 비롯한 집단무가 있었고, 남녀가 쌍을 이뤄 추는 춤으로는 폴카와 마주르카, 갤럽, 그리고 무엇보다 왈츠의 인기가 높았다. 상류층 가정에서는 남녀 춤 선생을 고용해 아이들에게 정확한 댄스 스텝과 몸가짐을 가르쳤고, 음악에 맞춰 적당한 춤을 추는 건 공식적인 자리에서 반드시 필요한 재주 중 하나였다.

이처럼 갑갑한 상황이었던 것이, 미국에서 유행하는 기존의 춤들에 래그타임과 재즈라는 음악이 더해지면서 틈이 생기고 숨이 돌기 시작했다. 이미 1880년대부터 컨트리 뮤직이 곁들여진 아메리칸 반 댄스American Barn Dance는 유럽산 카드리유를 밀어내고 있었다. 래그타임에 맞춰 추는 춤은 거부할 수 없는 활력이 넘쳤고 배우기도 간편했다. 아르헨티나의 탱고와 브라질의 마시스Maxixe뿐만 아니라 원스텝, 투스텝, 터키 트롯, 찰스턴 같은 춤이 대유행했다. 기성세대는 이러한 변화가 마땅찮고 불편했지만 새로운 흐름을 막기는 불가능했다. 제1차 세계 대전이 끝나갈 무렵에는 유럽과 미국 모두에서 재즈 음악에 몸을 맡겼다. 녹음과 라디오는 정권 이양을 부채질했다. 춤을 출 수 있는 술집과 클럽도 인기가 대단했지만, 사실 음악가 없이도 얼마든지 춤을 출 수 있는 시대가 열렸다. 거실에 레코드나 라디오를 틀어놓고 몸을 흔들면 되기 때문이었다.

초창기 재즈 밴드는 미국 남부 주에서 무도회, 결혼식, 장례식 운구 행렬 등에 동원되곤 했다. 이들은 트럼펫과 코넷, 트롬본, 튜바, 클라리넷에 간혹 밴조를 비롯한 악기들이 끼는 식으로 엇박자 폴리포니를 즉흥 연주했다. 이들의 연주는 기교의 '과시'보다는 엇비슷한 사람들의 긴밀한 앙상블을 통해 공동체 의식을 표현하는 쪽에 가까웠다. '오리지널 딕시랜드 재즈 밴드' 같은 초창기 재즈 밴드의 스타일이 바로 그러했다. '오리지널 딕시랜드 재즈 밴드'는 1917년 「타이거 래그Tiger Rag」가 수록된 최초의 재즈 음반을 취입했고, 런던과 파리 등으로 해외 순회공연까지 나갔다. 뉴올리언스 스토리빌의 술집과 유곽에서 음악 인생을 시작한 에드워드 '키드' 오리Edward 'Kid' Ory(1886~1973)와 '킹' 올리버 역시 신생 녹음 산업의 혜택을 입으며 유명세를 탔다.

초기 재즈에서는 개인의 기량 과시보다 전체의 하나된 감각이 더욱 중요하게 취급되었지만, 트럼펫 연주자 루이 암스트롱이 등장하면서 연주 양식의 변화에 힘이 실렸다. 역시 뉴올리언스 출신이었던 암스트롱은 여러 밴드에서 활동하다가 1925년 시카고에서 '루이 암스트롱과 핫 파이브Louis Armstrong and His Hot Five'를 결성했다. 암스트롱은 화려한 트럼펫 독주로 널리 알려졌고, 그가 즉흥 연주에 도입한 경쟁적 요소는 향후에도 꾸준히 명맥을 유지하며 재즈 장르 고유의 특색이 되었다. 재즈가 빅 밴드의 시대로 접어들면서 – 가수와 일부 피아니스트를 제외하면 – 압도적으로 남성 일변도의 세계가 된 것도 어느 정도는 그런 이유가 작용한 결과이다.

CHAPTER 35

빅 밴드부터 비밥까지

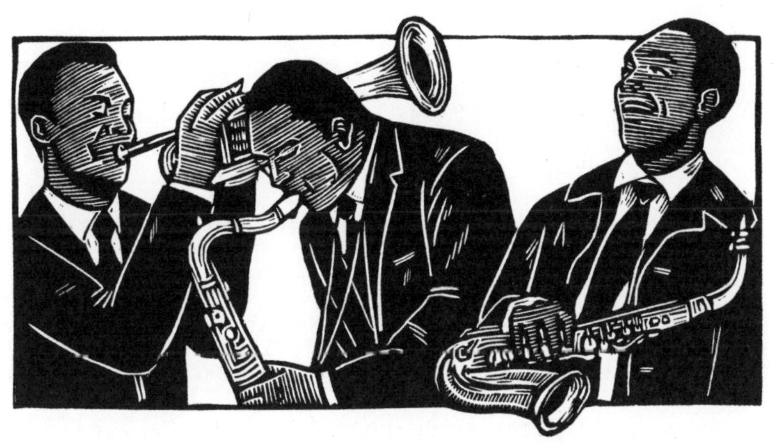

춤추는 공간이 커지면서 덩달아 재즈 밴드의 덩치도 커지기 시작했고, 1920년대에는 '빅 밴드' 사운드가 대세로 자리 잡았다. 빛나는 트럼펫 소리, 묵직하고 든든한 트롬본 소리, 따뜻하고 풍성한 색소폰 소리가 결합한 음향은 특별히 다채롭고 만족스러웠다. 빅 밴드는 누구나 흥을 느낄 수 있는 댄스 뮤직부터 고전 음악의 협주곡과 교향곡만큼이나 복잡한 작품까지 능수능란하게 연주할 수 있었다. 귀로 듣고 익혀서 하는 즉흥 연주에 의존했던 기존의 소규모 그룹과 달리 빅 밴드는 충분한 준비와 연습 과정이 필수였다. 가장 유명한 빅 밴드의 경우에는 연주 실력과 훈련 수준이 지극히 높았다. 이들의 연습 과정에서는 파트 악보가 사용되기도 했고, 아울러 '헤드 어레인지먼트head arrangement' – 연주자가 악보에 의존하지 않고 리허설 과정에서 귀로 듣고 익히는 방식 – 관행이 나타나기도 했다. 헤드 어레인지먼트 방식이 재즈에 도입된 건 폴 화이트먼 Paul Whiteman(1890~1967)과 빅스 바이더 벡 Bix Beiderbecke(1903~1931)이라는 두 명의 백인 뮤지션 덕분이다. 클래식 음악 분야에서 경험을 쌓고 재즈로 건너온 이 두 사람의 연습 방식은 흑인 뮤지션과 백인 뮤지션을 가리지 않고 퍼져나갔다. 그중에 흑인 밴드 리더 플레처 헨더슨 Fletcher Henderson(1897~1952)이 있었다. 헨더슨이 자신의 밴드와 함께 남긴 녹음을 선구로 하여 이른바 클래식 빅 밴드 사운드가 정립되었다. 1930년대 들어 음반과 라디오 방송에 힘입어 여러 밴드가 유명해졌고, 헨더슨도 편곡을 하느라 더욱 바빠졌다. 그 런데 한 가지 문제가 있었다. 악보로 기록해둔 곡이 하나도 없었던 것 이다. 베니 굿먼 Benny Goodman(1909~1986)은 자신이 이끄는 밴드에 고정 라디오 프로그램 출연 제안이 들어오자 헨더슨의 곡을 사고 싶다고 했 다. 그러나 곡을 팔려고 해도 먼저 악보가 있어야 했다. 헨더슨은 자신 의 음반을 들으며 굿먼의 밴드가 사용할 음악을 악보로 기록해 넘겼다 고 한다.

　자연스러운 스윙감과 높은 수준의 훈련도가 조합된 덕분에 1930년 대부터 1940년대에 걸쳐 활동한 빅 밴드들은 엄청난 성공을 거두었다. 빅 밴드는 음악가에게 대중적 성공의 기회가 된 것은 물론이고 클래식 오케스트라에 버금갈 만한 정교함과 복잡성을 인정받을 기회가 되어 주었다. 그중에서도 특히 우뚝한 인물이 바로 듀크 엘링턴 Duke Ellington(1899~1974)이다. 작곡가이자 밴드 리더였던 엘링턴은 당시 시대상이 품 고 있는 부조리를 직접 체험한 음악가였다. 그의 밴드는 1927년부터 뉴욕 할렘의 나이트클럽 '코튼 클럽 Cotton Club' 무대에 출연했다. 클럽 을 찾은 손님은 모두 백인이었고, 간혹 '정글을 테마로 한' 여흥이 제공 되었다 ─ 엘링턴이 남긴 레코드 중에도 '정글 스타일' 양식으로 녹음 된 음반이 있다. 정글 놀음은 인종에 관한 그릇된 고정관념에 아슬아

　　　음악의 역사

슬하게 다가갔다. 하지만 뚜렷이 반어적이고 '모더니스트'적인 터치가 가미된 엘링턴의 독창성은 고정관념 그 자체라기보다는 고정관념을 패러디하는 수준으로 받아들여졌다. 1930년대 들어 엘링턴은 자신의 높은 명성을 앞세워 코튼 클럽의 흑인 출입 금지 방침을 누그러뜨리기도 했다. 엘링턴과 그의 밴드는 유럽을 순회 연주하며 커다란 찬사를 받았고, 일부 음악평론가는 그를 라벨과 스트라빈스키 같은 클래식 작곡가들과 어깨를 나란히 하는 인물로 칭송했다.

음악가로서 엘링턴의 야심은 음반 회사가 요구하는 3분짜리 곡에 만족할 수 없었다. 이미 그는 꽤 긴 곡을 쓰기도 했거니와, 1943년 뉴욕 카네기 홀의 초청으로 무대에 오르기에 앞서 역사의 한 페이지를 장식할 그날의 연주회를 위해 3악장짜리 모음곡 「블랙, 브라운 앤드 베이지Black, Brown and Beige」를 작곡했다. 자신의 뉴욕 활동 20주년을 기념하기 위해 마련된 이날 연주회에서 엘링턴은 유명 재즈 및 클래식 음악가들이 서명한 기념 명판을 선물로 받았다. 「블랙, 브라운 앤드 베이지」는 흑인들의 고난과 염원의 역사에 바탕을 둔, 진중한 의도를 가진 작품이었다. 하지만 초연 당시에는 반응이 좋지 못했다. 클래식 음악평론가들은 이 곡을 '교향악적'이 되고자 했다가 실패한 작품으로 여겼고, 재즈 팬들은 이 곡에 재즈의 뿌리라 할 춤곡으로서의 느낌이 결락되어 있다고 보았다. 그로부터 15년 뒤인 1958년, 엘링턴은 「블랙, 브라운 앤드 베이지」 첫 악장의 색소폰 솔로에 노랫말을 붙여 「일요일이 오면Come Sunday」이라는 곡으로 재발표했다. 이 곡은 여성 가수 마할리아 잭슨Mahalia Jackson(1911~1972)의 목소리를 통해 하느님께 흑인을 돌보아주십사 간원하는 강력한 성가가 되었다.

한편 할렘 코튼 클럽의 경쟁업체인 '사보이 볼룸Savoy Ballroom'은 흑백 비분리 방침에 따라 백인 손님과 흑인 손님을 가리지 않고 받았다. 사보이 볼룸은 ('지르박'이라고도 알려진) '린디 홉 Lindy Hop' 열풍의 중심지였다. 사보이 볼룸 무대에는 클라리넷 연주자 베니 굿먼의 밴드, 드러머 칙 웹 Chick Webb(1905~1939)의 밴드, 피아니스트 '카운트' 베이시 William James 'Count' Basie(1904~1984)의 밴드가 출연해 서로 자웅을 겨루었다. 이들 간의 경합 구도는 아예 '밴드의 전투'라는 이름으로 자리 잡았고, 승자는 대중의 판단에 의해 결정되었다. 재즈 바에서도 음악가들 간의 경쟁이 벌어졌다. 이른바 '커팅 콘테스트 cutting contest'로, 누가 더 빠르고 높은 음을 내는지를 겨룬 것이다. 커팅 콘테스트는 열이면 열 남성으로만 구성된 유명 재즈 밴드의 마초성을 보여주는 한 단면이었다. 한편 밴드와 함께 공연하는 여성 가수들은 '송 버드 song bird'라고 일컬어졌다. 엘라 피츠제럴드 Ella Fitzgerald(1917~1996)는 10대 소녀 시절인 1934년 장기 대회에서 입상한 후 칙 웹의 발탁으로 정식 데뷔했다. 주목할 만한 여성 재즈 피아니스트도 일부 있었다. 그중 특히 두드러진 헤이즐 스콧 Hazel Scott(1920~1981)은 클래식 음악 훈련을 받은 어머니에게 배운 뒤 재즈계에서 이름을 알렸고 1950년에는 아프리카계 출신 음악가로는 최초로 자신의 이름을 내건 텔레비전 쇼를 맡는 영예까지 누렸다.

베니 굿먼은 클래식 음악계와 재즈 음악계 사이에 다리를 놓는 일에도 뜻을 두었다. 작곡을 통해 양쪽을 이으려 한 엘링턴과 달리 굿먼은 클라리넷 연주자로 클래식 음악계의 인정을 받고자 했다. 1938년 굿먼은 버르토크 벨러에게 클라리넷, 바이올린, 피아노를 위한 3중주곡인 「대조 Contrasts」의 작곡을 의뢰했다. 「대조」는 재즈 느낌이 강하다기보다 전적으로 헝가리 음악으로부터 영감을 받은 곡이었다. 또한 굿먼은 1947년 미국 작곡가 에런 코플런드에게 재즈풍의 종악장을 지닌 클라리넷 협주곡 작곡을 위촉했다. 밴드 리더 우디 허먼 Woody

Herman(1913~1987)은 1945년 이고르 스트라빈스키로부터 「흑단 협주곡Ebony Concerto」을 받아냈다. 스트라빈스키는 재즈 리듬을 만지작대며 가지고 놀아본 경험은 있었지만 춤곡에 뿌리를 둔 재즈 특유의 자유에 대해서는 조금도 공감하지 못했다. 허먼의 밴드로서는 「흑단 협주곡」을 지극히 어색한 작품으로 여길 수밖에 없었다. 이 작품은 지금까지도 범작凡作이라는 평가를 벗지 못하고 있다.

듀크 엘링턴의 코튼 클럽 전속이 시작되기 3년 전인 1924년, 밴드 리더 폴 화이트먼은 '현대 음악의 실험'이라는 연주회를 기획했다. 재즈를 일반 연주회장으로 가져옴으로써 백인 관객들로 하여금 재즈를 좀 더 '말쑥하고 근사한' 음악으로 인식시키려는 여러 시도 중 하나였다. '현대 음악의 실험' 기획의 백미는 젊은 송라이터 겸 작곡가 조지 거슈윈George Gershwin(1898~1937)이 쓴 피아노와 오케스트라를 위한 작품 「랩소디 인 블루Rhapsody in Blue」의 초연 무대였다. 화이트먼은 늘 자신이 통솔하는 밴드 – 여기에는 당대 최고의 백인 재즈 연주자가 대거 소속되어 있었다 – 에 클래식 현악기 연주자를 추가로 섭외해 무대를 마련했다. 연주회가 끝나고 거슈윈은 뉴욕 심포니 오케스트라의 지휘자 월터 댐로쉬Walter Damrosch(1862~1950)로부터 피아노 협주곡 작곡을 부탁받았다.

거슈윈은 1919년 히트곡 「스와니 강」으로 가곡 작곡가로서 큰 성공을 거두었다 – 이 곡은 떠오르는 스타 알 졸슨Al Jolson(1886~1950)이 얼굴을 검게 칠하고 노래하기도 했다. 클래식 음악을 공부한 거슈윈은 1935년에 '미국 민속 오페라' 「포기와 베스Porgy and Bess」를 발표함으로써 대작을 쓰겠다는 염원을 이루었다. 전원 흑인 출연진에 의해 초연된 「포기와 베스」는 20년 전에 스콧 조플린이 「트리모니샤」로 도모했으나 달성하지 못한 성공을 거머쥐었다. 그러나 평론가들은 성공한 백인 작곡가가 가난한 흑인의 삶을 다룬 오페라를 썼다는 점이 참으로 아이러니하지 않느냐며 지적하기도 했다. 거슈윈은 작곡가로서 탄탄대로에 올라 있었던 1937년 서른여덟의 나이에 뇌종양으로 숨을 거두었다. 때 이른 죽음이 아니었다면 훨씬 더 많은 업적을 남겼을 안타까운 삶이었다.

폴 화이트먼이 하나로 묶은 클래식 오케스트라의 현악기와 재즈 밴드의 목관 및 금관악기의 조합은 브로드웨이 뮤지컬에서 막강한 힘을 발휘하게 된다. 1917년 「오, 보이!」로 이미 이름을 날린 작곡가 제롬 컨은 10년 후인 1927년 작사가 오스카 해머스타인 2세Oscar Hammerstein II(1895~1960)와 함께 만든 「쇼 보트Show Boat」를 통해 뮤지컬이라는 장르를 완전히 새로운 단계로 도약시켰다. 이전까지의 뮤지컬은 경량급 코미디 수준을 벗어나지 못하고 있었다. 그러나 「쇼 보트」는 서로 다른 인종 간의 러브 스토리를 다룸으로써 인종차별이라는 문제를 정면으로 제기한 진지한 작품이었다. 뮤지컬이 간단한 여흥을 넘어 드라마로 대접받게 된 역사의 시작이 바로 「쇼 보트」였던 셈이다. 인기 코미디 뮤지컬도 여전히 제작되었지만, 뮤지컬의 진지한 가능성을 탐색한 것은 「쇼 보트」의 명맥을 잇는 작품들의 몫이었다. 「오클라호마Oklahoma!」(1943년)에서 리처드 로저스Richard Rodgers(1902~1979)와 해머스타인은 뮤지컬 속의 노래 하나하나가 극의 일부를 이루어 이야기를 전개해나가는 데 기여하도록 신경 썼다. 이러한 노력은 스티븐 손드하임Stephen Sondheim(1930~2021)의 가사에 레너드 번스타인Leonard Bernstein(1918~1990)이 음악을 붙인 뮤지컬 「웨스트 사이드 스토리West Side Story」(1957년)에서 그 정점에 달했다. 셰익스피어의 「로미오와 줄리엣」을 현대로 끌고 와 서로 라이벌 관계의 갱단 소속인 남녀가 인종을 초월한 절망적 사랑에 빠진다는 이야기를 전하는 이 작품은 「쇼 보트」의 후계자라 부를 만했다. 그리고 뛰어난 클래식 작곡가가 솜씨를 발휘한 음악은 그 어느 브로드웨이 뮤지컬보다 복잡하고 절묘했다.

내가 지금까지 언급한 브로드웨이 뮤지컬의 경우 작사가의 이름도 나란히 소개했다. 뮤지컬 장르의 가장 중요한 특징 중 하나는 음악만큼이나 가사에 의해 노래의 성공도가 좌우된다는 점이다. 최고의 작사가는 따분하거나 억지스럽지 않고 지극히 자연스러운 방식으로 단순하면서도 감정을 효과적으로 전달하는 노랫말을 짓는 요령이 탁월하다. 때로는 노래의 제목만 봐도 그런 점이 드러나는데, 아이라 거슈윈Ira Gershwin(1896~1983)의 「내게서 빼앗아갈 수 없어They can't take that away from me」나 오스카 해머스타인의 「사람들은 우리가 사랑에 빠졌다 말할 거야People will say we're in love」 같은 곡이 대표적이다. 평범한 대화 같은 간단한 터치가 가미된 선율은 지극히 절묘한 노래로 고양된다. 「웨스트 사이드 스토리」의 작사가인 스티븐 손드하임은 직접 뮤지컬 작곡에도 손을 댔다. 손드하임은 복잡한 플롯을 갖춘 뮤지컬을 지향했고, 관객의 집중력과 가수 겸 연기자의 높은 기량 및 조직력이 요구되는 앙상블 넘버들이 포진한 뮤지컬을 추구했다. 한마디로, 수준 높은 위트를 갖춘 작품으로 뮤지컬 장르의 물길을 돌린 것이다. 한편 「웨스트 사이드 스토리」 이후로 일부 뮤지컬은 노래하기 쉬운 시원시원한 선율과 화려한 무대 효과를 원하는 대중의 갈증에 맞추는, 복잡하고 섬세한 노선의 뮤지컬과는 반대 노선을 걸었다.

빅 밴드의 전성시대 이후로 재즈 장르는 여러 방향으로 발전해나갔다. 1940년대에는 밴드와 브로드웨이 뮤지컬이 극장뿐 아니라 라디오와 영화를 통해 대중에게 다가갔고, 동시에 소편성 재즈 음악은 재즈라는 장르의 감정적·지적 가능성을 궁구하려는 감상자를 겨냥하는 쪽으로 기울었다. 이들은 빅 밴드라는 맥락에서 운신의 폭이 좁았던 즉흥 연주적 요소를 그대로 유지했고, 동시에 더욱 대담한 화성 언어와 조성을 실험했다. 이러한 경향을 선도한 아프리카계 미국인 뮤지션들은 자신들의 음악 문화를 날름 집어삼킨 뒤 돈벌이에만 혈안이 된 백인들이 쥐락펴락하는 주류 엔터테인먼트 산업과 거리를 두고자 했다. 빅 밴드 음악과 달리 이들의 음악은 본질적으로 무도용이 아니라 감상하기 위한 음악이었다.

색소폰 연주자 찰리 파커Charlie Parker(1920~1955)는 수많은 연주자에게 실험의 영감을 불어넣은 영향력 있는 인물이었다. 파커는 1939년 어느 기타리스트와 함께 즉흥 연주를 하는 도중에 주어진 화음 위의 음을 새 화음의 최저음으로 사용하기 시작하면 사실상 동시에 두 개의 조성으로 된 음악을 연주할 수 있다는 사실을 발견했다(이는 드뷔시 이후로 클래식 음악 작곡가들이 즐겨 쓴 효과이기도 하다). 1940년대에 파커가 할렘의 재즈 클럽에서 트럼펫 연주자 디지 길레스피Dizzy Gillespie(1917~1993), 피아니스트 델로니어스 몽크Thelonious Monk(1917~1982)와 함께 발전시켜나간, 퍽 독특하고 도전적인 새로운 음악적 흐름은 '비밥bebop'이라는 이름의 장르로 알려지게 된다.

찰리 파커를 우상으로 숭배한 음악가들 중에는 트럼펫 연주자 마일스 데이비스Miles Davis(1926~1991)가 있었다. 데이비스는 클래식 음악가를 양성하는 학교에 다녔지만, 그곳에서 배우는 내용이 '지나치게 백인 중심적'이라는 생각을 떨치지 못했다. 그는 파커와 길레스피로부터 새롭고 복잡한 화성 운용 방식을 배웠고, 이 음악 언어의 신선함을 그대로 간직하면서 동시에 단순화할 수 있는 방식을 실험하기 시작했다. 그 결과로 더욱 사색적인 재즈 양식이 시작되었다. 수많은 사람들에게 이와 같은 새로운 '쿨재즈cool jazz'의 존재를 뚜렷이 각인한 획기적 음반이 바로 마일스 데이비스가 색소폰 연주자 존 콜트레인John

Coltrane(1926~1967), 피아니스트 빌 에번스 Bill Evans(1929~1980) 등과 함께 녹음한 「카인드 오브 블루 Kind of Blue」(1959년)였다. 녹음 스튜디오에서 데이비스는 동료 뮤지션들에게 몇 가지의 음계와 선법, 그리고 선율의 조각 정도만 제시했을 뿐 종래에 사용되던 코드 진행표나 곡 전체의 악보 같은 건 주지 않았다. 그 결과로 극소수의 화음을 오가는 정적이면서 최면적인 음악이 탄생했다. 즉흥 연주 역시 단호하고 시끌벅적한 비밥의 즉흥 연주와 전혀 달라서, 인도나 아랍 음악의 즉흥 연주 쪽으로 갈피를 잡은 것처럼 보일 정도였다.

쿨재즈가 미친 영향은 엄청났다. 쿨재즈의 대표적 뮤지션 그룹인 모던 재즈 쿼텟 Modern Jazz Quartet의 멤버 밀트 잭슨 Milt Jackson(1923~1999)의 비브라폰은 슬로 넘버들에 잊을 수 없는 특징을 부여했다. 쿨재즈의 메아리는 오늘날까지도 남아 있다. 키스 자렛 Keith Jarrett(1945~)의 길고 명상적인 즉흥 피아노 솔로가 그 좋은 예다. 자렛을 비롯한 피아니스트들은 시간을 초월한 유영游泳의 느낌을 자아내는 4도 음정의 화음을 개진하는 등 새로운 화성적 시도를 탐구해오고 있다.

이러한 유영에 희미하게나마 영적인 느낌이 감돈다면 그것 역시 한 세대 전의 아프리카계 미국인 음악가들이 새긴 영향이다. 마일스 데이비스는 「카인드 오브 블루」가 어느 정도는 유년 시절 교회를 다녀오는 길에 들은 가스펠 소리를 떠오르게 하는 앨범이라고 말했다. '여섯 살 때 사촌과 함께 아칸소의 어둑한 길을 걷던 그때…… 부엉이의 울음소리를 듣고 받았던 느낌'이라고도 말했다. 아프리카계 미국인의 삶에서 종교는 중요한 토대가 되었고, 이는 대부분의 백인 뮤지션과 이들을 구분하는 하나의 단층선이었다. 색소폰 연주자 존 콜트레인은 음악을 두고 '나의 신앙, 나의 지식, 나의 존재 등 내가 누구인지를 알려주는 정신적 표현'이라고 말하기까지 했다.

　　흑인 뮤지션과 백인 뮤지션, 흑인 관객과 백인 관객의 관계는 20세기 내내 음악적으로나 사회적으로나 무척 복잡했다. 쿨재즈 신에서 흑인 뮤지션과 (빌 에번스 같은) 백인 뮤지션은 함께 어울려 작업한 반면, 빅 밴드는 흑인과 백인이 섞인 극히 일부의 경우를 제외하면 흑인과 백인 밴드의 구분이 엄격했다. 그러나 음악 활동에 따르는 거대한 수익은 백인 매니저들과 백인이 이끄는 단체들에 집중되었다(이러한 사정이 서서히나마 바뀌기 시작한 건 현대에 들어서다).

　　20세기 벽두에 아프리카계 미국인 뮤지션들이 닦은 토대를 고려할 때 피할 수 없는 물음이 몇 가지 있다. 1927년 조지 거슈윈은 이렇게 선언했다. '(재즈는) 미국의 영혼의 목소리이며…… 흑인의 음악이자 백인의 음악이다. 재즈는 모든 색채와 영혼이 세계의 위대한 용광로 안에서 하나로 어우러진 결실이다.' 백인 작곡가가 동료 흑인 음악가들의 공로를 통 크게 인정한 행위로도 볼 수 있겠지만, 어떤 이들은 거슈윈이 원래부터 자기 것이 아닌 것을 유럽에서 건너온 미국인들에게 선심 쓰듯 허락하는 것만 같은 상황에 불쾌감을 느꼈다. 이 문제에 대해 누구보다 강경한 견해를 천명한 건 재즈 베이스 연주자 겸 작곡가인 찰스 밍거스 Charles Mingus(1922~1979)였다. 밍거스는 '재즈－그것은 아메리칸 니그로의 전통이며 아메리칸 니그로의 음악이다. 백인은 재즈를 연주할 권리가 없다'고 못을 박았다. 극단적인 입장이었지만, 밍거스의 말을 끝까지 들어보면 논박하기 힘든 면도 없지 않다. '당신들에게는 당신들의 셰익스피어와 마르크스와 아인슈타인이 있다. (……) 그러나 재즈를 만들어낸 건 우리 흑인임을 잊지 않길 바란다. 그리고 오늘날 세계의 모든 팝 음악은 재즈라는 근본에서부터 비롯된 것이다.' 앞에서 민속음악에 대해 썼던 것과 마찬가지로, 음악은 동상이나 고대 사원의 조각품처럼 훔쳐서 온전히 내 것으로만 할 수 있는 물건이 아니다. 누군가가 가져가서 어떤 쓸모로 사용하건 간에 원본은 원래 자리에 그대로 존재한다. 물론 백인 뮤지션들이 재즈에 기여한 공적도 분명히 존재한다. 그렇지만 그토록 풍성한 보화와도 같은 음악이 애초에 어디에서 비롯되었는지에 대해서는 우리의 눈과 귀를 열어 두는 편이 마땅할 것이다.

CHAPTER 36

탄압을 향한 반응

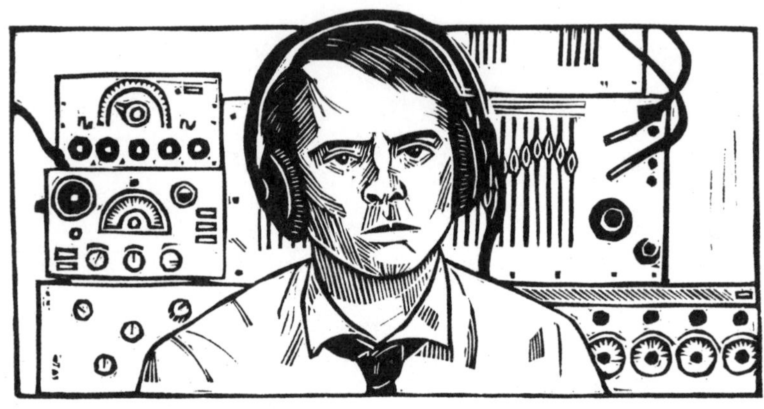

　음악이 전쟁에 동원된 사례는 역사상 그 수를 헤아릴 수 없다. 음악은 적들을 겁주고, 아군 병사들의 결의를 다지고, 후방의 민간인과 고향에 남은 가족들의 기운을 북돋웠다. 사람들은 전쟁을 수행하면서 직접 음악을 짓기도 했고 음악가를 불러 연주케 하기도 했다. 제2차 세계대전이 벌어지는 동안 연합국과 추축국의 음악가들은 군부대를 돌며 무대에 섰다. 또한 당시는 라디오의 전성기이기도 해서 장병 위문 투어에 오른 음악가의 연주를 전 세계의 병사와 민간인이 들을 수 있었다. 독일 조종사들은 특히 미국 재즈를 좋아했는데, 그것이 히틀러의 심기를 건드렸다고도 전한다.

　라디오에서 흘러나오는 음악은 듣는 이에게 위안을 주는 동시에 프로파간다로 이용되었다. 프로파간다로서의 음악을 예시하는 강력한 사례가 바로 병사의 사랑 노래 「릴리 마를렌Lili Marleen」이다. 독일 가

수 랄레 안데르센 Lale Andersen(1905~1972)이 흥겨운 행진곡 템포로 노래한 1939년의 녹음은 독일 병사들 사이에서 어마어마한 인기를 끌었다. 1944년에는 미군의 '사기 진작 작전국'이 독일 출신의 가수 마를레네 디트리히 Marlene Dietrich(1901~1992)에게 「릴리 마를렌」을 녹음케 했다. 비밀 라디오 전파를 타고 독일 전역에 전해진 디트리히의 구슬픈 노래는 독일 병사들이 향수병을 느끼게 하는 데 즉효를 나타냈다.

포로수용소에서도 음악은 연주되고 작곡되었다. 심지어 나치의 유대인 강제 집단 수용소 담장 안에서마저 음악 소리가 들렸고, 유대인 수용자들은 그 끔찍하고 처참한 상황에서도 음악을 썼다. 런던에서는 피아니스트 마이러 헤스 Myra Hess(1890~1965)가 전쟁이 이어지는 6년간 매일 점심시간에 내셔널 갤러리에서 연주회를 열었다. 영국 뮤직홀에서 음악을 곁들인 공연을 하던 코미디언 버드 플래내건 Bud Flanagan(1896~1968)과 체스니 앨런 Chesney Allen(1894~1982)은 점잖은 노래를 통해 히틀러를 조롱하고 보통 사람들의 우애를 기림으로써 유명해졌다.

전쟁이 끝나고 음악에도 놀라운 변화가 몇 가지 있었다. 그중 하나는 특정한 종류의 음악을 금지하고 억압한 히틀러의 정책에서 비롯되었다. 나치는 재즈를 가리켜 '열등한' 인종이 연주하는 음악이라며 규탄했다. 동시에 나치 정권은 불협화음이 강하거나 이해하기 힘든 음악도 싸잡아 핍박했다. 유대계 음악 지식인, 특히 쇤베르크를 향한 우회적 공격이 불협화음에 물든 다른 음악가들에게까지 확장된 것이다. 음악을 향한 손가락질은 현대 미술을 향한 공격과 나란히 이어졌다. 1937년 뮌헨에서는 '퇴폐미술 Entartete Kunst' 전시회가 기획되었고, 이듬해에는 '퇴폐음악 Entartete Musik' 전시회가 열렸다. 퇴폐음악은 재즈부터 현대 클래식 작곡가들의 작품을 망라했다. 미술과 음악 전시회는 모두 크게 흥행했는데, 사람들이 퇴폐성을 배우고 싶어 했기라기보다는 문제가 되는 미술 작품과 음악 작품을 직접 경험하고 싶어 했기 때문이다.

소련의 스탈린 또한 불협화음이 두드러지는 음악을 강제로 찍어 눌렀다. 서방 세계에서는 까다로운 음악을 억압한 히틀러와 스탈린의 정책에 따른 반응적 현상이 촉발되었다. 두 독재자가 억압한 음악이 서방 세계에서는 오히려 자유를 표상하는, 따라서 후원하고 밀어주어야 할 음악으로 간주되기 시작했다. 유럽과 미국의 정부 및 예술 단체들은 가장 '선진적인' 음악을 재정 지원하는 정책을 펼쳤고, 거기에는 그러한 음악이 이해하기 쉬운 음악보다 더 중요하다는 함의가 깔려 있었다. 영국의 BBC는 1927년 출범 이래 새로운 음악으로 이루어진 연주회를 고정 편성하여 방송으로 내보냈다. 제2차 세계대전이 막을 내리고 한 해 뒤인 1946년 BBC는 진지한 예술과 그에 관한 논의를 전담하는 '제3프로그램Third Programme'을 개국했다. '제3프로그램'의 현대 음악 홍보는 1960년대에 그 절정에 이르렀다. 가장 난해한 작품을 쓰는 것으로 알려진 작곡가들에게 신작을 위촉하고 이를 공연 및 방송으로 내보냈던 것이다.

1946년부터 매년 독일 다름슈타트에서 개최된 여름 강좌는 전후戰後 시기의 새로운 음악적 사고의 진원지였다. 그 목적은 나치로 인해 추락한 독일 음악의 위상을 되돌려놓고 독일을 최신 음악 사조와 다시 연결하는 것이었다. 다름슈타트는 쇤베르크와 그의 문하생들이 주창한 12음 기법에 입각한 '음렬주의'를 신봉했고, 특히 베베른의 작품을 모범으로 삼았다. 카를하인츠 슈톡하우젠Karlheinz Stockhausen(1928~2007)과 피에르 불레즈Pierre Boulez(1925~2016)를 포함한 일군의 젊은 작곡가는 쇤베르크와 베베른이 세운 원칙을 토대로 새로이 나아갈 길을 모색했다. 쇤베르크가 그랬듯 이들 또한 음렬주의 원칙이 단지 주관적인 선택의 문제가 아니라 역사의 필연적 귀결이라는 주장을 종교처럼 신봉

음악의 역사

했다. 이들 젊은 작곡가 중 가장 확고한 결의를 보여준 인물은 불레즈로, 그는 음렬주의의 구성 원칙을 오로지 음표의 음고뿐만 아니라 음의 길이, 음색, 음량, 어택 등 음악의 모든 방면으로 확장하여 적용했다. 그 결과 음악의 서로 다른 구성 요소를 그 자체로 독립적인 것으로 간주하여 다양한 결정 원칙에 의해 조직하는, 고도로 복잡하고 섬세한 작곡 방법론이 탄생했다. 슈톡하우젠은 가장 작은 디테일에서부터 곡의 전체적인 구조까지 작곡의 모든 요소가 '초공식超公式, super-formula'에서 파생되는 광범위한 기법을 창안했다. '초공식'에 의한 작곡법은 자그마치 일곱 편의 오페라로 구성된 사이클 「빛 Licht」에서 그 정점에 도달했다. 슈톡하우젠이 1970년대에 착수한 「빛」은 연주 시간이 스물여덟 시간에 이르는 대작으로, 그 야망과 포부에서는 정녕 바그너에 필적하는 작품이다.

음악의 구조에 관한 집착은 새로운 사조의 일면이었을 뿐이다. 기존의 악기와 음성을 넘어 음악가가 사용할 수 있는 음향과 음색을 확장하고자 하는 욕구도 비등했다. 이러한 탐색은 20세기 초 프랑스 작곡가 에드가르 바레즈 Edgard Varèse(1883~1965)로부터 시작되었다. 바레즈가 1915년 미국으로 이주한 뒤 발표한 음악은 스트라빈스키의 「봄의 제전」을 전통적인 작품으로 보이게 만들 정도로 진보적이었다. 바레즈가 1918년에 쓰기 시작해 1921년에 완성한 대편성 교향악 「아메리카 Amériques」는 다수의 타악기 연주자가 동원되는 작품이자 절정부에서 되돌아올 수 없는 파괴의 순간까지 치닫으며 오케스트라의 가능성을 한계점까지 밀어붙인 곡이다. 바레즈는 이미 1916년에 새로운 작곡 방법을 열어젖히기 위해 '지금까지 경험하지 못한 악기가 절실히 필요한 상황'이라고 역설한 바 있다. 그의 비전을 실현할 수 있는 수단이 현실화된 것은 컴퓨터와 테이프 레코더가 등장한 1950년대 들어서였다. 전후 시대는 파시즘의 과거에서 벗어날 수 있는 표상으로서 현대성을 추종했고, 그 추동력의 일환으로 독일과 미국, 프랑스의 단체들은 전자음악의 생산과 편집이 가능한 스튜디오에 거금을 쏟아부었다.

초창기의 전자음악 실험에서 특히 복잡한 것들 중 하나는 슈톡하우젠이 1955년부터 약 한 해 동안 제작에 투자한 「젊은이들의 노래 Gesang der Jünglinge」다. 슈톡하우젠은 어린이 합창단원이 성서의 말씀에 붙인 선율을 노래한 것을 녹음한 뒤, 이를 상상하기조차 힘들 정도로 복잡한 방식으로 겹겹이 중층화했다. 그 결과물을 작곡가 자신은 '떼'라고 불렀다. 이 모든 과정이 자기 테이프에 녹음되었는데(이때만 해도 컴퓨터 메모리가 등장하기 전이었다), 그 얼개를 이해하기가 불가능할 정도로 복잡한데도 「젊은이들의 노래」는 사람의 소리와 전자 음향이 다층적으로 혼융된 방식이 무척이나 흥미롭다.

프랑스에서는 대통령까지 나서서 국가 차원에서 전자음악을 장려하고 나섰다. 1970년 프랑스 대통령 조르주 퐁피두 Georges Pompidou (1911~1974)는 이르캄 IRCAM, 즉 음향·음악 연구 및 조정 연구소 Institut de Recherche et Coordination Acoustique/Musique의 설립을 인가한 뒤 피에르 불레즈를 소장으로 임명했다. 이르캄은 파리 중심부에 신축된 퐁피두 센터에 입주했다. 소련 또한 1953년 스탈린 사망 이후 정부가 나서서 '사회주의 현대화'를 추진하며 전자악기의 개발을 장려했다.

한편 전자음악 연구는 방송과 대중음악에도 새로운 차원을 더했다. 1958년 영국 BBC는 라디오포닉 워크숍 Radiophonic Workshop을 설립하고 딜리아 더비셔 Delia Derbyshire(1937~2001)와 대프니 오럼 Daphne Oram(1925~2003)에게 혁신의 방향타를 맡겼다. 론 그레이너 Ron Grainer(1922~1981)가 쓴 텔레비전 시리즈 「닥터 후 Doctor Who」의 주제가를 편곡한 사람이 바로 더비셔였다. 1960년대에는 원형 격인 러시아 악기를 발전시켜 만든 모그 신시사이저Moog Synthesizer가 등장해 전자음악이 광범위하게 보급되는 기폭제가 되었다. 모그 신시사이저는 실험적 팝 음악의 영역까지 진출했고, 1970년대 전자음악 그룹 크라프트베르크Kraftwerk에 의해, 그리고 1981년 로리 앤더슨Laurie Anderson(1947~)의 「오, 슈퍼맨」에 사용되어 유명해졌다. 1980년대와 1990년대에는 여러 팝 뮤지션이 일렉트로닉 뮤직의 가능성을 탐구했고, 클래식 음악계의 슈톡하우젠을 필두로 한 여러 작곡가의 실험과 상통하는 장르를 창조해냈다.

음악이 음표뿐만 아니라 그 어떤 소리도 사용할 수 있다는 생각은 미국 작곡가 존 케이지John Cage(1912~1992)에 의해 더욱 뻗어나갔다. 케이지의 1952년작 「워터 뮤직Water Music」은 물을 이쪽 그릇에서 저쪽 그릇으로 부어 옮기고, 카드를 섞고, 라디오 주파수를 이리저리 맞추는 식으로 – 이 모든 것이 상세한 지시 사항에 따라 이루어진다 – 구성되는 곡이다. 케이지는 확률, 혹은 무작위로 발생하는 사건을 이용한 실험도 시도했다. 지금이라면 '행위예술'이라고 부를 만한 작품이었다. 또한 1952년 그는 피아니스트가 피아노 앞에 앉아 아무것도 하지 않는 것으로 악명 높은 작품인 「4분 33초」를 발표했다. 피아노 연주가 이루어지지 않는 4분 33초 동안 들리는 소리라곤 공간을 채운 소음이 전부다. 이 작품은 한 편의 간단한 농담처럼, 혹은 하나의 도발로 여겨질 수도 있다. 그러나 케이지의 의도는 음악에서 '연주'를 배제하고 사람들이 음악 주변을 둘러싼 모든 것을 향해 마음을 열게 하는 것이었다.

케이지의 1963년작 「변주곡 IV」에는 '몇 명의 연주자든 상관없이, 그 어떤 수단에 의한 그 어떤 소리의 조합으로 연주할 수 있으며, 다른 행위가 끼어들어도 좋고 끼어들지 않아도 좋다'라는 지시 사항이 붙어 있다. 연주 공간의 여기저기에 뿌려진, 여러 점과 동그라미가 그려진 종이는 행위가 일어날 수도 있는 장소를 가리킨다. 케이지가 피아니스트 데이비드 튜더David Tudor(1926~1996)[*]와 함께한 초연 실황 녹음에는 라디오의 여러 채널에서 흘러나오는 사람의 목소리와 음악 소리, 길거리에서 들려오는 소리, 사람들이 술집에서 잔을 부딪치는 소리 등이 뒤죽박죽으로 뒤섞여 있다. 초연은 저녁 7시부터 다음 날 새벽 1시까지 이어졌다. 그러나 이건 무수한 가능성 중 단 하나일 뿐이었다. 「변주곡 IV」는 연주해야 하는 '음악'이 존재하기보다는 다만 사건이 발생할 가능성을 내포한 여건의 조성이 전부인 작품이기 때문이다.

케이지는 동양 종교, 특히 모든 욕망이나 기대로부터 구도자를 해방시키는 것을 지향하는 선불교의 영향을 강하게 받았다. 물론 케이지도 기대하는 바는 있었다. 그는 자신의 음악이 들리길 요구했고, 거기에 대한 반응이 있길 원했다. 단연코 케이지의 이름은 음악의 역사에서 사라지지 않을 것이다.

불레즈는 1950년대에 한동안 케이지와 아주 가까운 친구로 지냈지만 케이지와 달리 질서와 정밀성에 헌신코자 하는 자세를 버리지 않았다. 작곡가로서, 그리고 지휘자로서 오랜 경력을 일구는 동안 질서와 정밀성은 그를 이끄는 원리로 남았다. 불레즈는 1955년 알토 성악가, 플루트, 비올라, 기타, 비브라폰, 타악기를 위한 연작 가곡 「주인 없는 망치Le Marteau sans maître」 초연으로 일약 대중의 관심을 받기 시작했다. 음악 연구가들은 불레즈가 음렬을 다루는 방법이 아주 복잡하고 절묘했다고 평가하지만, 이를 귀로 들어서 파악하기란 불가능하다. 대신 청자들이 경험하는 것은 도처에서 튀는 파편들의 거미줄이며, 주제나 선율 같은 것은 성악가의 노래 혹은 그 어디에서도 뚜렷이 감지되지 않는다. 의도적으로 서로 섞이지 않는 악기 조합을 사용하여 얻어

---

[*] 미국의 피아니스트이자 작곡가. 케이지의 긴밀한 음악적 동반자였고, 본문에도 언급된 「4분 33초」를 '초연'한 피아니스트였다.

낸 이러한 만화경 같은 효과는 동남아시아의 타악기 앙상블을 떠오르게 한다. 이런 「주인 없는 망치」를 두고 스트라빈스키는 '전후 시대의 탐구가 낳은 얼마 안 되는 중요한 작품 중 하나'로 높이 평가했다.

미국과 소련의 냉전이 심화되면서 적국에서 후한 점수를 받는 음악은 모두 따가운 혐의의 눈초리를 받았다. 스탈린 정권 아래서 어렵게 견딘 러시아 작곡가 드미트리 쇼스타코비치Dmitri Shostakovich(1906~1975)는 전쟁 중 서방 세계에 영웅적 인물로 알려졌다. 그의 「교향곡 7번」은 1941년 독일군이 레닌그라드(지금의 상트페테르부르크)를 포위한 시기에 작곡되었다. 레닌그라드 포위전은 60만 명의 목숨을 앗아갔는데, 쇼스타코비치의 음악은 압제에 맞선 사람들의 고통을 생생하고 잔인하게 그려냈다. 「교향곡 7번」 악보는 마이크로필름에 담겨 몰래 런던에 전달되었고, 마침내 프라머나드 콘서트에서 공연되었다.

미국과 소련의 냉전이 한창이었던 1949년, 쇼스타코비치는 스탈린의 명령에 따라 뉴욕에서 열린 세계평화총회에 참석했다. 총회 연단에 오른 그는 (당시 미국에 거주 중이던) 스트라빈스키를 서양 예술을 타락시키는 음악가라며 공격했고, 자신 또한 때로 길을 잃고 헤맸음을 스스로 인정했다. 누가 보더라도 소비에트 정책의 우수성을 표현하기 위해 억지로 꾸민 연설임이 분명했다.

미국에서도 공산주의를 향한 두려움이 커지면서 사회주의나 공산주의적 견해에 조금이라도 동조하는 것으로 여겨지는 음악가는 고초를 겪었다. 유명 작곡가도 예외가 아니어서, 공산주의 동조자 근절을 목표로 한 상원의원 조지프 매카시Joseph McCarthy(1908~1957)의 비미활동위원회Un-American Activities Committee 앞으로 불려 나온 이가 여럿이었다. 모든 사람에게 쉽게 다가갈 수 있는 음악을 쓰고자 했던 에런 코플런드Aaron Copland(1900~1990)는 1953년 위원회의 소환 명령을 받고 출두해 공산주의 단체에 가입했다는 혐의 내용을 부인했다. 음악가를 향한 박해는 장르를 가리지 않았다. 앞에서 이미 언급한 탁월한 재즈 피아니스트이자 가수 헤이즐 스콧은 민권운동의 열혈 지지자였는데, 그녀 역시 1950년에 매카시 위원회의 소환을 받은 뒤 진행하던 텔레비전 프로그램이 모두 폐지되는 비운을 맞았다. 이후 스콧은 신경쇠약에 시달렸고, 자신의 음악가 경력을 다시는 회복하지 못했다.

공산주의 진영의 작곡가들 또한 박해를 견디고 있었다. 헝가리 작곡가 리게티 죄르지Ligeti György(1923~2006)는 나치 점령기를 견디고, 이어 스탈린의 서슬 퍼런 탄압을 받다가 1956년 헝가리 혁명이 소련 전차 부대에 의해 진압되자 조국을 버리고 오스트리아로 망명했다. 리게티는 선배 작곡가 버르토크와 마찬가지로 헝가리와 루마니아의 민속 음악으로부터 영감을 받았고, 최신 음악 경향과 사조뿐만 아니라 수학과 물리학에 경도된 인물이었다. 그러나 그는 그러한 가능성을 공개적으로 탐구할 자유를 누리지 못했다. 헝가리를 등지기 전까지 리게티는 공개 연주용 작품으로 태평스러운 민요밖에 쓰지 못했지만, 남들 몰래 피아노 작법의 새로운 방법을 탐구하는 등 혁신적인 실험을 거듭했다. 그가 쓴 「무지카 리체르카타 Musica Ricercata」(1951~1953년)는 하나의 음표로 시작해 곡이 바뀌면서 음표를 하나씩 더해 최종적으로는 옥타브 내의 열두 음을 모두 사용하는 곡에 이른다. 마치 작곡 방법을 시연하듯 대위법과 리듬, 피아노 음향의 가능성을 탐구하는 매력적인 작품이다. 「무지카 리체르카타」가 일반에 공개된 건 완성 후 한참이 지난 1969년이었다. 리게티는 오스트리아로 망명한 후에는 오스트리아와 독일을 주요 거점으로 공개적인 실험을 선보였다. 말년에는 복잡하면서도 매혹적인 총 세 권 구성의 피아노 연습곡집을 발표했다. 인도네시아의 가믈란과 아프리카 전통음악의 북소리 패턴 등 다양한 원천에

음악의 역사

서 영감을 길어 올린 작품이다.

전쟁 전과 마찬가지로 현대성의 최선봉에 서거나 전통적인 방식에 갇히지 않은 채 자신만의 길을 묵묵히 걸어간 작곡가도 많았다. 그중 분류하기가 가장 까다로운 인물이 바로 프랑스 작곡가 올리비에 메시앙 Olivier Messiaen(1908~1992)이다. 메시앙은 몬테베르디부터 스트라빈스키와 쇤베르크까지 모든 주제를 가르치는 스승으로 이름났고, 불레즈와 슈톡하우젠을 가르치기도 했다. 메시앙은 매우 종교적인 사람이었다. 그는 다량의 오르간 음악을 작곡했고, 훌륭한 오르간 즉흥 연주자로 칭송받았다. 메시앙은 자신의 음악이 하느님의 사랑의 표현인 세계에 관한 명상이라 여기며 그 세계를 폭넓게 표현했다. 그는 인도 음악과 (드뷔시가 그러했듯) 발리 섬의 가믈란 음악의 복잡한 리듬에 매료되었다. 1940년대에는 이러한 서로 다른 영향을 하나로 모아, 트리스탄과 이졸데의 신화를 통해 사랑을 탐구한 대작 「투랑갈릴라 교향곡 Turangalîla Symphony」을 썼다. 메시앙이 찬양한 하느님의 또 다른 선물은 바로 새의 노랫소리였다. 그는 새의 울음을 진지하게 연구했고, 새소리를 악보로 옮겨 적어 자신의 작품 속으로 끌고 들어왔다. 1950년대에 작곡된 「새의 카탈로그 Catalogue d'Oiseaux」는 거의 전적으로 새소리만으로 구성된 피아노곡 모음집으로, 메시앙의 새소리 연구를 집대성한 작품이라 할 만했다.

메시앙의 음악은 그 어떤 유행이나 악파에 얽매이지 않으면서도 대단히 파격적이다. 반면 제2차 세계대전 이후 두각을 나타낸 두 명의 영국 작곡가는 한층 전통적인 접근법을 취했다. 벤저민 브리튼 Benjamin Britten(1913~1976)과 마이클 티펫 Michael Tippett(1905~1998)이 그들이다. 두 사람은 공통점이 많았다. 둘 다 반전주의자였고 양심적 병역 거부자로 참전하지 않았다. 또한 두 사람은 촌스럽지 않으면서도 듣기 쉬운 작품을 창작의 지향점으로 삼았고, 일반 음악 애호가들에게 다가가겠다는 목표에 천착했다. 티펫은 평생교육원에서 교편을 잡았고, 일자리를 잃은 음악가로 구성된 오케스트라를 지휘했다. 그는 인간 본성의 어두운 면과의 화해를 희망하는 칸타타 「우리 시대의 아이 A Child of Our Time」(1944년)로 이름을 알렸고, 마치 요한 제바스티안 바흐가 자신의 칸타타에 루터교 코랄을 활용했던 것처럼 흑인 영가를 칸타타에 포함했다. 티펫의 오페라 중에는 활기 넘치는 「한여름의 결혼 The Midsummer Marriage」(1955년)과 「프리암 왕 King Priam」(1962년)이 있다.

브리튼은 서퍽 출신의 시인 조지 크랩 George Crabbe(1754~1832)이 쓴 시를 바탕으로 한 오페라 「피터 그라임스 Peter Grimes」(1945년)로 이름을 알렸다. 오페라에서 브리튼은 서퍽의 어촌과 어느 고독한 어부를 향한 그곳 사람들의 잔인한 태도를 생생하게 묘사했다. 브리튼은 서퍽의 올드버러 인근에 살면서 1948년부터 매년 올드버러 음악 페스티벌을 개최했다. 브리튼 및 그와 같은 성향의 작곡가들이 다름슈타트의 아방가르드 추종자들을 보면서 느꼈을 거리감의 크기는 올드버러 페스티벌의 개막식에서 잘 드러난다. 개막식을 위해 브리튼은 전문 연주자와 학생 합창단, 일반 관객이 모두 참여해 노래 부르는 칸타타 「성 니콜라스 Saint Nicolas」를 작곡했다. 불레즈나 슈톡하우젠이 추구했던 복잡한 지성과는 아득히 먼 세계의 음악이었다.

CHAPTER 37

몸에 두른 보석이나 흔드시던가

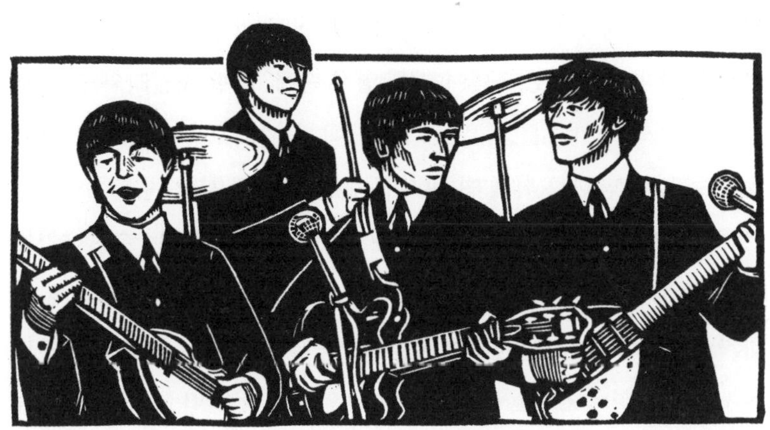

우리 집에 비틀스The Beatles 레코드가 처음 생긴 1963년의 그 순간을 나는 지금도 생생히 기억한다. 나는 열여덟 살이었고, 「쉬 러브스 유She Loves You」 싱글 레코드였다. 그건 훅하고 밀려든 상쾌한 공기와도 같았다.

리버풀의 10대 소년 폴 매카트니Paul McCartney(1942~), 존 레논John Lennon(1940~1980), 조지 해리슨George Harrison(1943~2001)이 의기투합해 스키플 그룹을 결성한 것이 1956년이었고, 여기에 드러머 링고 스타Ringo Starr(1940~)가 몇 년 뒤 정식 멤버로 영입되었다. 스키플skiffle은 사실상 임시변통으로 이루어지는 아마추어 장르로서 노동자 집안의 아이들이 어렵잖게 손대볼 수 있는 음악이었다. 스키플은 미국에서 생겨난 여러 그룹의 음악에서도 그 영향을 들을 수 있다. 이들은 집에서 만든 악기에 싸구려 기타나 밴조를 곁들인 형식으로 음악을 연주했다. 그러다가 전자기타가 개발되면서 미국과 유럽에 사는 민초들의 음악을 뿌리로 하여 로큰롤이 발전하기 시작했다.

초창기의 로큰롤은 미국 밴드 '빌 헤일리와 그의 혜성들 Bill Haley & His Comets'이 발표한 싱글「록 어라운드 더 클락 Rock Around the Clock」(1955년)과 함께 영국에 상륙했다. 커다란 성공을 거둔 이 곡은 이듬해에 같은 제목을 단 음악영화로도 이어졌다. 영화 속에서 '빌 헤일리와 그의 혜성들'은 파티 드레스를 입은 소녀들을 위해, 그리고 무도회 댄스 스텝을 밟는 성인 남녀를 위해 연주한다. 나 역시 10대 시절 댄스 수업에서 로큰롤에 맞춰 '무도회' 스텝을 배운 적이 있다. 재미있는 수업이었지만, 그때 내가 들었던 음악은 이후의 로큰롤 역사에 기록될 사건에 비하자면 참으로 유순한 편이었다.

빌 헤일리 Bill Haley(1925~1981)처럼 백인이었던 엘비스 프레슬리 Elvis Presley(1935~1977)는 헤일리보다 훨씬 격렬하고 감정에 직접 호소하는 방식으로 노래를 불렀다. 엘비스 자신이 흔쾌히 인정한 것처럼 그의 가창 방식은 흑인들의 리듬감과 블루스 가수들의 노래를 모델로 삼았다. 엘비스 프레슬리는 1956년에 발표한「하운드 독 Hound Dog」과「돈트 비 크루얼 Don't Be Cruel」같은 곡으로 어마어마한 성공을 기록하며 신인 시절부터 승승장구했다. 엘비스의 '반半흑인적' 가창 양식은 후배 백인 로큰롤 가수들이 전범典範처럼 추종하면서 주요 백인 소비층의 입맛에 맞는 양식으로 굳어졌다. 엘비스는 특히 고혹적인 음성에다 보랍시고 성적인 엉덩이 동작을 더해 관객을 홀렸다. 그는 교회에서 노래하며 성장했지만, 가수로 데뷔한 뒤에는 공공질서에 위협이 된다는 이유로 당국의 요주의 인물로 간주되었다. 확실히 엘비스는 젊은 팬들을 끌어당기는 힘이 있었고, 팬들은 그를 향해 비명에 가까운 환호를 보냈다.

로큰롤은 기존의 인기 뮤지션들이 누린 성공적인 대중 연예인의

음악의 역사

지위를 급속히 위협했다. 대중의 총애를 받은 크루너crooner* 프랭크 시나트라Frank Sinatra(1915~1998)도 로큰롤의 광풍에 위협감을 느꼈다. 1957년 런던의 신문에 보낸 기고문에서 그는 온 세계 사람들의 사랑을 받는 재즈를 미국의 훌륭한 사절로 추켜올린 반면, 로큰롤에 대해서는 '가장 야만적이고 추하며 퇴폐적이고 악랄한 표현 형식'이라고 깎아내리고는 '대개의 경우 얼간이 같은 건달 나부랭이들이 쓰고 연주하고 노래하는 음악이며…… 이 시큼한 냄새가 나는 최음제를 나는 경멸한다'고 언명했다. 그러나 시나트라는 질 수밖에 없는 싸움을 하는 중이었다. 3년 뒤 그는 자신이 진행하는 텔레비전 쇼에 엘비스 프레슬리를 초대하지 않을 수 없었고, 한 무대에 선 두 사람의 모습은 어색하기 짝이 없었다. 이미 형세는 완전히 뒤집힌 뒤였고, 미래는 로큰롤의 몫이었다.

비틀스는 로큰롤에 영향을 미친 흑인 음악과 블루스에서 파생된 음악을 모두 알고 있었다. 그러나 그들이 음악에 다가간 방식에는 자생적 매력이 내포되어 있었다. 주로 레논과 매카트니가 작곡을 맡은 비틀스의 노래는 단순했고 흡사 민요풍의 선율은 대단히 명쾌했다. 그들이 구사하는 리버풀 사투리는 비틀스의 노래에 즉각적으로 알아차릴 수 있는 개성을 부여했다. 그리고 여타 로큰롤 밴드와 달리 비틀스의 노래는 이례적으로 정교한 2성 혹은 3성 화음으로 이루어져 있었고 화음 진행 또한 놀라운 구석이 짙었다. 덕분에 비틀스의 음악은 이전까지 로큰롤이라고 하면 거들떠보지도 않은 클래식 음악평론가들조차 인정하지 않을 수 없었다. 비틀스의 연습 영상이 보여주듯 레논과 매카트니의 음악적 관계는 치열했고, 대중은 이를 특별한 무언가로 파악했다. 「쉬 러브스 유」는 발매한 지 한 달도 안 되어 75만 장 이상이

---

* '크룬croon' 창법, 즉 낮은 목소리로 읊조리듯 노래하는 대중가수를 일컫는 말.

판매되면서 영국에서 가장 빠르게 팔려나간 레코드로 기록되었다. 비틀스는 6년 동안 열일곱 곡의 넘버 원 히트를 기록했다.

한편 비틀스의 「쉬 러브스 유」와 같은 해인 1963년 미국에서는 비치 보이스 The Beach Boys가 「서핀 유에스에이 Surfin' USA」라는 히트곡을 내놓았다. 비치 보이스는 ― 비틀스와 마찬가지로 ― 10대 소년 브라이언 윌슨 Brian Wilson(1942~)이 두 명의 남동생과 함께 자기 집 차고에서 시작한 밴드다. 이들은 비틀스처럼 세련되고 정교한 음악을 선보였는데, 3성 보컬 하모니뿐만 아니라 테이프 녹음기를 통한 더블 트래킹이나 보이스 중첩 기법까지 활용했다. 덕분에 비치 보이스의 음향은 풍성하고 고도로 현실적인 느낌을 지니게 되었다. 비틀스의 강점이 리버풀 노동자 가정 출신의 솔직함과 명쾌함이었다면, 비치 보이스는 구릿빛 피부의 소녀로 넘쳐나고 태양빛이 작열하는 캘리포니아를 향한 동경을 투영했다. 비치 보이스는 비틀스가 주도한 '영국인들의 침공 British Invasion' 시기에도 꾸준한 성공을 거둔 몇 안 되는 미국 밴드 중 하나였다.

1964년 비틀스는 미국 투어 도중 「에드 설리번 쇼」에 출연하여 미국 텔레비전 역사상 가장 많은 시청자 수(7,300만 명)를 기록했다. 유럽에서건 미국에서건 비틀스는 어디를 가나 ― 엘비스가 그러했듯 ― 열성 팬 무리에 둘러싸였다. 비틀스의 콘서트는 워낙 관객의 함성이 거센 나머지 음향 증폭 장치를 사용했음에도 음악이 거의 들리지 않았다(비틀스 멤버들은 바로 이런 이유로 콘서트에 진절머리를 냈다). 엘비스처럼 무대 위에서 노골적인 성적 표현을 전혀 하지 않았는데도 그랬다.

비틀스는 시운 時運이 좋았다. 이들이 데뷔한 건 제2차 세계대전이 끝나고 20년이 채 되지 않은 시점이었다. 당시 영국 사회는 국민건강보험 National Health Service, NHS 제도로 높이 평가받은 노동당 정부가 실권

음악의 역사

한 뒤 나날이 보수화되고 있었다. 기득권층의 번영을 상징하는 해럴드 맥밀런Harold Macmillan(1894~1986)이 총리 자리에 앉은 지 6년째였다. 전쟁이 끝나면 더욱 공정한 사회가 될 거라는 약속과 달리 영국 사람들은 빠르게 꿈을 접고 있었다. 10대들은 스키플에나 관심을 둘 뿐이었다. 영국과 미국의 투표 가능 연령은 21세로, 다시 말해 당시 10대들은 자신들을 통치할 사람을 선출하는 과정에 전혀 참여하지 못했다. 변화를 거부하는 기성세대가 자신들의 답답한 가치를 고집하는 상황을 향한 사람들의 좌절도 늘어만 갔다. 스키플과 로큰롤의 도래에도 불구하고 대다수 가정의 대중음악 취향은 이전 세대가 좋아하는 춤과 노래 양식에 머물러 있었다.

로큰롤은 그러한 모든 상황에 도전장을 내밀었다. 로큰롤은 전통이 물러나야 한다고 요구했고, 모두가 자유로운 댄스 플로어로 나와 몸을 흔들어보라고 주장했다. 그리고 결정적으로 대중음악의 주 표적이 젊은 층으로 이동했다. '틴에이저'라는 단어는 1940년대 이전에 좀처럼 사용되지 않았지만, 이제는 젊은이의 음악과 문화를 결정하는 용어가 되었다. 청년 세대가 기성세대보다 더 중요하고 젊은이의 활기가 노인의 지혜보다 더 중요하다는 생각이 뿌리를 내렸다. 그러한 생각은 지금까지 우리 곁에 머물고 있다.

비틀스가 특히 영민했던 부분은 리버풀의 노동자 계층 출신이라는 뿌리를 잊지 않음으로써 허위와 가식 없는 진실됨의 외양을 유지하면서 젊은이들에게 호소하고, 동시에 기성세대에는 위협으로 다가가지 않는 요령을 알았다는 사실이다. 우리 집에 「쉬 러브스 유」 싱글 앨범이 생긴 것과 같은 해인 1963년, 우리 가족은 '로열 버라이어티 퍼포먼스'에 출연해 여왕 앞에서 노래하는 비틀스의 모습을 텔레비전으로 보았다. 흥겹고 재치 있으면서도 적당히 까불대는 그들의 무대는 어디 하나 흠잡을 데가 없었다. 마지막 곡을 연주하기에 앞서 존 레논은 가장 싸구려 좌석에 앉은 관객들의 손뼉을 유도했다. 그러면서 '그리고 나머지 번듯한 자리에 앉으신 분들은 몸에 두른 보석이나 흔드시던가' 하고 농을 던졌다. 그러고는 마치 아버지를 놀리고 손찌검을 피하는 어린아이처럼 슬쩍 미소 지으며 고개를 숙였다. 바로 그 동작이 모든 걸 말해주었다. 비틀스는 기성세대의 심각한 걱정을 유발하지 않으면서 그들의 면전에 대고 당돌하게 말하는 법을 알고 있었다.

비틀스의 음악적 세련미는 다년간에 걸친 전문가들의 도움과 관리에 기인했다. 특히 그들의 프로듀서인 조지 마틴 George Martin (1926~2016)의 공이 컸다. 마치 옆 스튜디오에서 녹음 중인 클래식 음악가들이 와락 문을 열고 들어오기라도 한 것처럼 「엘리노어 릭비 Eleanor Rigby」에 현악 4중주 반주를 더한 인물도 마틴이었고, 「페니 레인 Penny Lane」에 고음 트럼펫 솔로를 덧붙인 것도 그의 아이디어였다. 이와 같은 유사 클래식 음악적 터치는 향후에도 여러 유명 록 밴드의 음악에 가미된다. 널리 알려진 사례로 레드 제플린 Led Zeppelin의 「스테어웨이 투 헤븐 Stairway to Heaven」 인트로에 나오는 리코더 음향이나 퀸 Queen의 「보헤미안 랩소디 Bohemian Rhapsody」의 풍성한 오페라적 음향이 있다.

하지만 이런 건 모두 로큰롤의 가장 점잖은 형태였다. 이들과 달리 아프리카계 미국인 가수들이 주로 사용한 격렬한 양식을 받아들인 록 밴드도 있었다. 1962년에 결성된 롤링 스톤스 The Rolling Stones는 공격적인 가창 스타일과 묵직하고 투지 넘치는 기타 리듬이 특징인 '하드 록'이라는 이름으로 널리 알려지게 될 음악의 선구자였다. 롤링 스톤스에 이어 1964년에는 더 후 The Who와 킹크스 The Kinks가 등장했다. 비틀스의 유순한 분위기와는 대조적으로 이들은 은근한 위협감과 잠재적 폭력의 함의가 매력 포인트였다. 그리고 롤링 스톤스와 킹크스의 경우에는 때로 그러한 함의가 실제 무대의 폭력 행위로 이어지기도 했다. 이후 등장한 '펑크 록punk rock'은 하드 록의 어두운 면모를 특히 부각하고 기성세대를 거스르는 메시지를 공공연하게 표출하게 된다. 그러나 그건 세월이 10년쯤 흐른 뒤의 일이었고, 당장의 하드 록은 거기에 내재된 폭력적 칼날에도 불구하고 행동 규범을 강요당하길 거부하는 자신감 있고 유행을 이끄는 젊은이들이 주도한 영국의 '스윙잉 식스티스Swinging 60s'에 기여한 한 가지 요소로 간주되었다.

이러한 발전 노정에 이바지한 요소 중 하나가 있었으니, 바로 일렉트릭 기타다. 일렉트릭 기타와 일렉트릭 베이스는 록 밴드의 걸걸하고 활력 넘치는 사운드의 상징이었다. 전자악기는 1920년대에 시작된 마이크를 이용한 증폭 기술의 최신 산물이었다. 애초에 마이크는 빅 밴드 반주를 곁들인 가수의 노랫소리나 집회 및 유세 연단에 오른 정치인의 연설처럼 커다란 공간에서 사람의 음성을 전달하는 수단으로 사용되었다. 증폭 기술이 도입되면서 음악계는 곧 증폭이 적절한 장르와 그렇지 않은 장르로 나뉘었다. 클래식 음악계는 레코딩 스튜디오 외에는 대체로 증폭 장치를 필요로 하지 않았다. 지금까지도 오페라 가수들은 증폭 장치의 도움을 받지 않고 공연장에서 가장 구석진 곳까지 목소리를 보낼 것으로 기대된다(그러나 이례적으로 거대한 공연장이나 야외무대라면 마이크가 필요하다). 반면 팝 음악은 음향 증폭 기술을 받아들였다. 증폭 기술은 단지 가수의 가청성을 올리는 데 그치지 않고 아예 새로운 가창 양식의 발전을 가능케 했다. 가수들은 빅 밴드와 함께하는 무대라도 마이크 앞에만 서면 힘들이지 않고 자연스럽고 편안하게 노래할 수 있었고, 공연장 구석구석까지 또는 라디오를 통해 음성을 전달할 수 있었다. 빙 크로스비Bing Crosby(1903~1977)와 프랭크 시나트라 같은 크루너들은 증폭 기술이 없었다면 그만한 성공을 거두지 못했을 것이다.

일렉트릭 기타 역시 증폭 기술과 마찬가지로 장르의 분기分岐를 일으킨 촉매가 되었다. 싱어송라이터 빌리 브래그Billy Bragg(1957~)는 1980년 무렵 영국의 록 클럽을 전전하며 뮤지션 생활을 시작한 당시를 떠올리며 '내가 일렉트릭 기타를 친 이유는 간단했다. 어쿠스틱 기타를 들고 갔다면 포크 클럽으로 쫓겨났을 게 분명했기 때문'이라고 했다. 한편 미국의 컨트리 뮤지션들은 전통적인 어쿠스틱 기타를 고수했다. 그러는 편이 컨트리 음악을 둘러싼 소박하고 건전한 시골 생활이라는 분위기와 잘 맞았기 때문이다. 그들에게 전자장치의 증폭을 배제한 수수한 음향은 도시 음악의 날카로운 칼날과 대비되는 특장점이었던 것이다.

음반 발매로 스타가 된 최초의 컨트리 가수는 1927년에 녹음을 시작한 버지니아 남서부 출신의 카터 패밀리Carter Family였다. 카터 패밀리의 리드 싱어 새라 카터Sara Carter(1898~1979)는 어쿠스틱 리듬 기타와 오토하프autoharp*를 연주했고, 화음 싱어 메이벨 카터Maybelle Carter(1909~1978)는 저음으로 선율을 깔고 그 위로 코드를 사이사이에 끼워 넣는, 이른바 '카터 스크래치Carter Scratch' 주법을 처음으로 선보였다. 카터 패밀리는 자식 세대까지 이어서 활동하며 1949년 일렉트릭 기타를 든 뮤지션 쳇 앳킨스Chet Atkins(1924~2001)와 의기투합했다. 컨트리 뮤직과 일렉트릭 기타의 만남은 로큰롤과 맞설 경쟁력을 갖춘 전력 보강판 '컨트리 앤드 웨스턴' 장르의 탄생으로 이어졌다.

컨트리 뮤직은 백인이 압도하는 판이었다. 그러는 중인 1965년 흑인 가수 찰리 프라이드Charley Pride(1934~2020)가 발매한 첫 컨트리 음반이 RCA 역사상 엘비스 프레슬리 이후 최다 판매고를 올리는 기염을 토했

---

* 단추를 눌러 연주하는 발현악기. 치터의 일종.

다. 그러나 이 성공을 둘러싼 사건의 진행은 그리 간단하지 못했다. 프라이드의 첫 음반 홍보 자료에는 늘 포함되게 마련인 뮤지션의 사진이 빠져 있었다. 역대급 판매고를 기록한 컨트리 음반의 주인공이 흑인이라는 사실이 알려지자 오히려 프라이드를 무대에 세우려는 이들이 꽁무니를 감추기 시작했다. 프라이드는 어마어마한 음반 판매고에도 불구하고 백인 장르에 난입한 '불청객'이었던 것이다.

한편 일렉트릭 기타는 팝 음악을 지배하는 악기의 위치에 올라서고 있었다. 흑인 뮤지션들은 일렉트릭 기타를 이용해 블루스 장르에 힘을 더했다. 머디 워터스 Muddy Waters(1913~1983)와 B. B. 킹 B. B. King(1925~2015) 같은 뮤지션들은 인간의 노랫소리를 흉내 내어 노트 벤딩 note bending, 비브라토 같은 기타 주법을 발전시켰다. 남성 연주자들은 일렉트릭 기타의 파워를 이용해 마초풍의 연주 양식을 키워왔고, 때문에 이 악기는 남성이 연주하는 게 당연한 것처럼 인식되었다. 하지만 기타를 메고 노래한 유명 여성 연주자도 있었으니, 이를테면 전통적 여성 가스펠 가창의 저력과 일렉트릭 기타를 접목한 시스터 로제타 사프 Sister Rosetta Tharpe(1915~1973)가 바로 그러했다.

사프는 자신의 출신 배경인 교회 성가대에서 논쟁의 여지가 많은 인물이었다. 비록 찬송가를 메뉴로 한 콘서트가 금지되지는 않았지만, 코튼 클럽 ─ 사프는 1938년 이곳 무대에 섰다 ─ 같은 곳에서 교회음악을 연주하는 것이 적절한가 하는 문제에 대해서는 반대하는 목소리를 내는 이들도 있었다. 하지만 사프는 교회 찬송가에 고도로 리듬적인 양식을 버무린 새로운 스타일로 인기 가수의 위치에 올라섰다. 남자들에게 조금도 밀릴 생각이 없었던 그녀는 재즈계의 '커팅 콘테스트'와 유사한 '기타 배틀'에 참전하기도 했다. 일렉트릭 기타 음향을 바탕으로 깐 사프의 흑인 영가 블루스는 레코드 레이블들이 새롭게 명명한

'리듬 앤드 블루스' 장르에 큰 영향을 미쳤고, 곧 '리듬 앤드 블루스'는 미국 주요 도시의 댄스홀에서 재즈를 압도하는 인기를 누리게 된다.

초창기의 로큰롤 뮤직은 사프로부터 받은 영향이 적지 않았다. 그녀가 남긴 파문의 범위는 흑백을 가리지 않았다. 흑인들 중에는 리틀 리처드Little Richard(1932~2020)와 척 베리Chuck Berry(1926~2017), 백인들 중에는 조니 캐시Johnny Cash(1932~2003)와 엘비스 프레슬리, 제리 리 루이스Jerry Lee Lewis(1935~2022)가 사프의 영향권 안에 들었다. 사프의 영향력은 영국 출신의 블루스 그룹과 기타리스트에게까지 미쳤다. 대표적으로 에릭 클랩튼Eric Clapton(1945~)과 제프 벡Jeff Beck(1944~2023), 그리고 롤링 스톤스의 키스 리처즈Keith Richards(1943~) 같은 뮤지션이 여기에 해당한다. 그러나 공격적인 음악 스타일은 여전히 여성이 틈입하기 힘든 남성의 영역으로 여겨졌다. 록 음악계가 본격적인 여성 스타 기타리스트를 만나게 된 건 1970년대 들어서였다. 미국 출신의 베이스 기타리스트 수지 쿼트로Suzi Quatro(1950~)가 「캔 더 캔Can the Can」에서 모든 남성 마초 로커들을 향해 유쾌하면서도 한바탕 요란한 응수를 선보인 것이다.

음악의 역사

CHAPTER 38

저항부터 팝까지

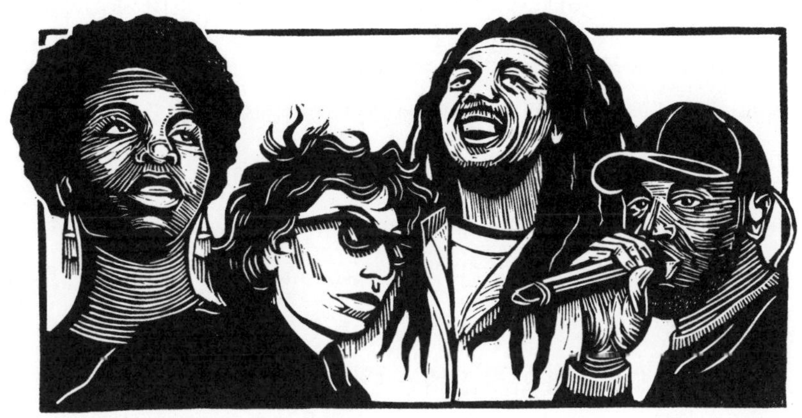

시스터 로제타 사프는 흑인 영가에서 리듬 앤드 블루스로 옮겨간 최초의 가수 중 한 명이었다. 흑인 교회 커뮤니티에서 발원한 음악의 대중화는 1950년대와 1960년대를 거치면서 '소울 뮤직soul music'의 등장으로 이어졌다. 소울 뮤직 가수들은 흑인이었지만, 소울 뮤직이 가진 호소력은 인종의 장벽을 초월했다. 레이 찰스Ray Charles(1930~2004)는 1954년 히트곡 「아이 갓 어 우먼I Got a Woman」으로 인기를 끌었다. 격렬한 창법과 댄스 비트, 평범한 삶과 그들의 사랑을 다룬 단순한 가사가 합쳐진 소울 뮤직의 인기는 1960년대에 최고조에 달했다. 오티스 레딩Otis Redding(1941~1967)의 「리스펙트Respect」는 아레사 프랭클린Aretha Franklin(1942~2018)이 불러 대히트를 기록했다.

흑인 음악 전통이 대중음악계에 미친 영향에도 불구하고 1950년대 후반 레코드 회사는 대부분 백인 소유였고, 그들이 보유한 레코딩 아티스트 역시 백인이 압도적 다수를 차지하며 그 수익을 독식하다시 피 했다. 1960년 디트로이트에서는 그러한 불균형적인 상황을 바로 잡고 인종 장벽을 무너뜨리려는 시도가 생겨났다. 흑인 송라이터 베리 고디Berry Gordy(1929~)와 스모키 로빈슨Smokey Robinson(1940~)은 모타운Motown 레코드 레이블을 창립한다. 모타운 레코드는 흑인 예술가의 녹음 발매와 홍보에 집중했다. 스모키 로빈슨이 속한 그룹인 '미라클스The Miracles'는 모타운의 첫 번째 히트곡「숍 어라운드Shop Around」를 선사했고, 이어서 메리 웰스Mary Wells(1943~1992), '마블렛츠The Marvelettes', '슈프림스The Supremes', 마빈 게이Marvin Gaye(1939~1984), 그리고 열한 살 때 첫 음반을 발매한 스티비 원더Stevie Wonder(1950~)까지 여러 아티스트가 모타운을 빛냈다. 모타운 레이블은 주로 긍정적이고 활기찬 음악을 다루었고, 덕분에 소울 뮤직은 대중에게 한층 가까이 다가가며 인종 간 장벽 혁파에 기여했다. 디트로이트를 거점으로 한 하드 록 그룹 소속의 백인 남성 가수 앨리스 쿠퍼Alice Cooper(1948~)는 모타운 소속의 흑인 뮤지션과 백인 록 뮤지션이 서로의 음악을 듣기 위해 한자리에 모이곤 했다고 회상했다. '록 음악의 던전 같은 곳이었다. 후끈거리는 열기에 땀이 흘렀다. 아래를 내려다보면 스모키 로빈슨이 있었고, 반대편을 보면 템테이션스The Temptations나 슈프림스의 멤버가 있었다. 모타운 아티스트들은 에너지 넘치는 하드 록을 좋아했다. 그리고 모타운 뮤지션들이 공연하는 곳에 우리도 모두 가서 귀를 기울였다. 폭동이 있고 난 뒤에도 머리를 기르고 밴드 소속이라고 하면 다운타운에 있는 흑인 술집에 문제없이 출입할 수 있었다.'

쿠퍼의 폭동 언급은 1960년대에 미국 사회가 인종 갈등을 해소하지 못한 채 신음하고 있었음을 시사한다. 1960년대에는 인종차별을 금지하는 법률이 연달아 도입되었지만, 흑인을 바라보는 편견 어린 시선은 쉽게 사라지지 않았다. 한편으로는 시민 평등권 운동이 확산되면서 법률이 이론상으로 규정한 바를 실현하려는 사람들을 움직였다.

맬컴 엑스Malcolm X(1925~1965)가 주도한 블랙 파워 무브먼트는 인종 차별과 정면으로 맞부딪쳤다. 한편 마틴 루터 킹 주니어Martin Luther King, Jr.(1929~1968) 목사는 1963년 워싱턴 DC의 위대한 행진으로 상징되는 평화로운 시민 평등권 운동의 선봉으로 활동했다. 킹 목사는 대규모로 운집한 청중 앞에서 유명한 연설을 했다. "나에게는 꿈이 있습니다. 언젠가 이 나라가 일어나서 '우리는 모든 이가 평등하게 창조되었다는 진리를 자명한 것으로 여긴다'는 미국의 신조에 깃든 참뜻을 실천하는 것입니다." 1776년 미국 독립선언서에서 따온 이 인용구는 미국 독립 이후 200년간 사람들이 투쟁한 배경이 되는 믿음을 요약하는 것이기도 하다.

음악은 이러한 투쟁의 과정에서 중요한 역할을 수행했다. 니나 시몬Nina Simone(1933~2003)과 제임스 브라운 James Brown(1933~2006)은 블랙 파워 무브먼트와 발걸음을 맞춘 두드러진 목소리였다. 1964년 시몬은 백인 관객이 압도적으로 많은 뉴욕 카네기 홀 무대에 올라 흑인 살해에 항의하는 곡 「미시시피 갓댐Mississippi Goddam」*을 노래하는 기백을 보여주었다. 시몬의 음반은 금세 유명세를 탔으나 남부 주에서는 금지곡 목록에 올랐다. 4년 뒤인 1968년에 브라운이 발매한 싱글 「세이 잇 라우드 – 아임 블랙 앤드 아임 프라우드 Say It Loud–I'm Black and I'm Proud」는 블랙 파워 무브먼트의 비공식 주제가가 되었다. 고집스레 되풀이되는 리듬과 악절이 몽환적인 '그루브감'을 빚어내는 이 곡은 '펑크funk'라는 이름으로 알려졌고 폭넓은 범위의 뮤지션에게 영향을 미치게 된다.

---

* 1964년 발매 당시에는 검열 때문에 제목을 '미시시피 *@!!?*@!'로 붙였다.

킹 목사의 시민 평등권 운동을 지지한 건 흑인 뮤지션뿐만이 아니었다. 워싱턴 DC 행진에 함께하며 무대에서 공연한 가수들 중에는 흑인 가수 마할리아 잭슨과 오데타Odetta(1930~2008), 오페라 가수 매리언 앤더슨Marian Anderson(1897~1993), 백인 가수 존 바에즈Joan Baez(1941~), 밥 딜런Bob Dylan(1941~), 그리고 3인조 그룹 '피터, 폴 앤드 메리Peter, Paul and Mary' 등이 있었다.

앞에서도 썼지만, 미국과 영국의 선거권 취득 연령은 여전히 21세였다. 이러한 사실은 영국보다 미국에서 훨씬 더 중대한 문제로 부각되었다. 당시 미국은 10년 동안 베트남의 공산주의자들과 전쟁 중이었다. 잔인한 아이러니는, 열여덟 살이 된 미국 청년은 나이가 어리다는 이유로 투표권을 가지지 못하면서도 군대에 징집되어 베트남 전장에서 죽을 만큼은 나이를 먹은 것으로 간주된다는 점이었다. 이길 수 없는 이 끔찍한 전쟁에 반대하는 사람들의 목소리는 여러 형태로 나타났다. 그중 가장 부드러운 방식의 저항은 경쟁 지향적인 문화를 버리고 평화로운 나눔과 사랑, 환각적 마약의 세계에 탐닉한 젊은이들의 운동이었다. 이른바 '꽃의 아이들flower children'이라고 불린 히피들의 탄생이었다. 1967년 샌프란시스코에는 '사랑의 여름'이라는 이름 아래 전국에서 10만 명이 모여들었다. 스콧 매켄지Scott McKenzie(1939~2012)가 녹음한 듣기 편한 포크 발라드 「샌프란시스코(반드시 머리에 꽃을 달 것)」는 베스트셀러가 되면서 반전 운동의 주제가가 되다시피 했다. 샌프란시스코를 거점으로 한, '사랑의 여름'에 출연한 밴드로는 펑키 리듬 앤드 블루스 밴드 그레이트풀 데드The Grateful Dead와 마약 사용을 암시한 곡으로 '사이키델릭 록'의 길을 닦은 제퍼슨 에어플레인Jefferson Airplane이 있다. 이들 밴드도, 이들의 음악을 즐기는 청중도 거의 백인 일색이었다. 그러나 오티스 레딩과 기타리스트 지미 헨드릭스Jimi Hendrix(1942~1970)를 포함하여 흑인 예술가도 '사랑의 여름'에 모습을 비추었다.

히피들의 평화로운 나눔의 정신은 흑백을 막론한 미국 젊은이들 사이에 쌓여가던 거센 분노에는 적수가 되지 못했다. 이듬해인 1968년은 그 분노가 절정에 이르렀고, 거센 함성이 대서양 건너 유럽에까지 전해졌다. 시민 평등권 운동은 킹 목사의 피살과 함께 예상치 못한 방향으로 급선회했다. 킹 목사의 사망 소식이 전해지면서 워싱턴의 민주당 전당대회장 근처로 대규모의 군중이 집결했다. 폭동은 상점 파괴와 약탈 행위로 이어졌고, 건물이 화염에 휩싸였다. 나흘 동안 열세 명이 사망했다. 2년 뒤, 켄트 대학교의 베트남전 징집 반대 시위 현장에서는 오하이오 주 방위군이 쏜 총에 대학생 네 명이 목숨을 잃었다. 세간의 이목을 끄는 사건이 이 정도였고, 그 밖에도 미국 전역에서 수많은 사건이 일어났다.

이와 같은 혼란의 와중에도 음악은 저항의 이면에 놓인 감정 – 분노, 애도, 어리석은 인간의 폭력성 앞에서 아무것도 할 수 없는 무기력함, 더 나은 내일을 향한 소망 – 에 목소리를 부여하는 중요한 방법으로 기능했다. 파괴를 향한 가장 멋진 대응을 보여준 건 1969년 우드스톡Woodstock 페스티벌 무대에서 미국 국가 「별이 빛나는 깃발The Star-Spangled Banner」을 연주한 지미 헨드릭스였다. 그는 일렉트릭 기타를 이용해 국가를 비틀고 일그러뜨려 분노의 외침으로 탈바꿈시켰다. 헨드릭스의 연주는 그 자체로 충격적인 동작이었을 뿐만 아니라 기성세대로부터 배신당했다고 느낀 젊은 세대의 분노를 강력하게 표현하는 행위였다. 하지만 우드스톡은 단순히 저항과 항거의 장인 것만은 아니었다. 우드스톡은 훌륭한 뮤직 페스티벌이었고 신세대의 좌절뿐 아니라 희망을 표현하는, 음악의 현대사에서 중요한 순간으로 간주되는 현장이었다. 우드스톡이 품은 음악의 폭은 하드 록부터 부드러운 포크 뮤직까지, 더 후의 음악에서부터 존 바에즈의 음악까지 광범위했다. 그 중에서도 상실감과 희망을 모두 표현하는 데 최적화된 음악은 포크풍의 노래였다. 나중의 일이지만, 조니 미첼Joni Mitchell(1943~)은 「우드스톡」이라는 노래로 페스티벌의 정신을 표현했다. 노래의 가사는 베트남전에 투입된 폭격기가 나비로 바뀐다는 내용이며, 코러스 부분은 하느님이 아담과 이브를 내쫓은 에덴동산으로의 귀환을 얘기한다.

조니 미첼과 밥 딜런은 '포크-발라드' 양식의 새로운 스타였다. 포크-발라드는 몇 세기를 거슬러 올라가는, 팝 음악의 묵직한 리듬과 나란한 삶을 유지하는 양식이다. 미첼과 딜런 모두 의미를 직접 언명하기보다는 은근히 암시하는 시적인 가사 쓰기의 장인이었다. 가장 유명한 노래 중 하나가 바로 밥 딜런이 1962년에 쓴 「바람 속에 나부껴Blowin' in the Wind」다. 미첼의 많은 노래와 마찬가지로 성서에서 길어 올렸음직한 이미지를 가진 곡이며, 그 선율은 오래된 흑인 영가에 기초하고 있다. 노래가 말하고자 하는 바는 끝에 가서 의도적으로 모호하게 처리되지만, 새로운 연민의 혼에 호소하는 뜻만큼은 분명하다. 「바람 속에 나부껴」는 시민 평등권 운동과 반전 운동의 또 다른 주제가가 되었다.

딜런과 미첼을 서로 비교하는 것은 흥미롭다. 딜런에게 큰 영감을 준 인물은, 특히 유명한 「이 땅은 너의 땅This Land Is Your Land」 등을 통해 거창한 사회주의적 주제를 음악 속에 담아낸 포크 싱어 우디 거스리Woody Guthrie(1912~1967)였다. 딜런은 통기타 반주에 대뜸 하모니카로 간단한 리프를 곁들이며 노래하는 가수로 출발했다. 1966년경부터 통기타와 일렉트릭 기타 반주를 섞음으로써 '포크 록'의 시작을 알렸지만, 그의 팬들 중 일부는 이를 두고 통기타의 순수성을 해치는 변절이라 여겼다. 딜런은 오랫동안 가수로 활동하면서 좀처럼 예측을 허락하지 않는 행보를 보였다. 영감이 분출하는 듯한 시기가 있었는가 하면, 석탄이 바닥난 증기기관차처럼 잠행하는 시기도 있었다. 그리고 대중이 바라보는 그의 이미지는 – 그가 노래하는 방식 또한 그랬지만 – 사람들이 자신을 어떻게 생각하는지 개의치 않고 스스로 작정한 대로 담담히 밀고 나가는 사내의 인상에 가까웠다.

조니 미첼의 음악과 노랫말은 딜런에 필적할 만했지만, 그녀의 성격과 태도는 사뭇 달랐다. 미첼의 노래 중 상당수는 훨씬 개인적인 메시지를 담았고, 그녀는 관객과 밀착하는 걸 즐긴다. 미첼 역시 자신의 스타일을 변화시키려고 여러 장르를 시도했지만, 오랫동안 가수로 활동하면서 내놓은 결과물은 딜런보다 훨씬 고른 편이다.

2016년 밥 딜런은 노벨 문학상 수상자로 선정되었다. 노벨상 위원회의 결정을 접한 사람들의 반응은 당연히 양분되었다. 딜런이 아니라 조니 미첼이 노벨상을 수상하는 모습을 상상할 수 있는가? 어디로 튈지 모르는 말썽꾸러기 사내들은 세간의 이목을 끌지만 그들과 같은 재능을 가진 여성들은 그러지 못한다는 사실을 역사는 우리에게 가르쳐주지 않았던가. 사실을 있는 그대로 말하자면, 지난 세월 동안 딜런과 미첼은 모두 엄청난 영향력을 행사해왔다. 그리고 둘 다 젊고 재능 있는 가수들에게 나날이 늘어나는 상업화의 공세에 맞서 진지한 메시지를 담은 노래를 쓰고 부를 것을 격려해온 선배였다.

1960년대의 저항 분위기에 이어 1970년대에는 자메이카의 레게 뮤직이 블랙 파워의 선도적 음악 장르로 떠올랐다. 레게는 리듬 앤드 블루스와 아프리카의 여타 음악 요소의 영향이 혼합되어 탄생한 카리브 해 지역의 음악 장르 중 하나였다. 밥 말리Bob Marley(1945~1981)의 「겟업, 스탠드 업Get Up, Stand Up」(1973년)은 사람들에게 그들의 권리를 수호하기 위해 떨쳐 일어날 것을 촉구했다. 「노 우먼, 노 크라이No Woman, No

Cry」(1974년)는 국제적으로 히트한 말리의 첫 노래로, 결국에는 모든 것이 다 잘될 거라는 희망의 메시지를 담고 있다. 말하는 듯한 노랫말에 반복적인 리듬이 특징인 레게는 힙합과 랩뮤직을 있게 한 장르이기도 하다. 1970년대에 뉴욕의 브롱크스에서 생겨난 힙합과 랩은 이후 미국의 여러 도시에 있는 가난한 흑인 거주 지역에서 인기를 끌었다. 랩뮤직은 때로 화난 사람의 직접적인 도발처럼 느껴진다. 범죄로 넘쳐나는 동네에서 짓밟히고 억눌린 채로 살아야 했던 흑인 남성들의 삶을 표현하는 수단으로 생겨난 장르이니 어쩌면 당연한 일이기도 했다. 백인 기득권과 경찰을 향한 랩뮤직의 가사는 흔히 폭력적이었고 간혹 무자비하게 여성 혐오적이었다. 1980년대가 되면 남성이 지배한 랩뮤직 장르에 도전장을 내민 여성들이 등장한다. 이들은 힙합과 랩을 이용해 이전과 판연히 다른 사회의 모습과 그 속에서 남성과 여성이 차지하는 자리를 이야기한다.

이후 시간이 지나면서 랩뮤직도 강한 주장을 내세우는 것부터 부드럽고 즐거운 것까지 여러 스타일과 형태를 띠게 되었다. 원래는 흑인의 장르였으나 갈수록 백인의 지분이 늘어나고 있으며, 최근에는 여성 래퍼의 숫자도 급증했다. 랩뮤직은 정치적으로 민감한 문제를 다루기도 한다. 2018년 브릿 어워즈BRIT Awards 무대에 오른 영국의 흑인 래퍼 스톰지Stormzy(1993~)는 72명의 희생자가 발생한 런던의 그렌펠 타워 화재 사건에 대한 대응 실패를 두고 당시 총리인 테레사 메이Theresa May(1956~)를 공격하는 랩을 쏟아냈다. 4년 뒤 흑인 여성 래퍼 리틀 심즈Little Simz(1994~)는 올해의 영국 앨범 부문에 선정된 음반으로 머큐리상을 받았다. 파키스탄에서는 여성 래퍼 에바 비Eva B의 비디오가 수백만 명의 이목을 끌고 있다. 에바 비는 '내가 태어난 나라는 여성의 사회 진출이 극히 제한적이다. 내가 자란 사회는 랩을 하는 소녀를 존중하지 않는다. 나는 이것을 바꾸고 싶었다'고 말한다.

지난 50년간 팝 음악 산업의 성장세는 거침이 없었다. 기업 가치가 수십억 파운드에 달하는 덩치 큰 회사들이 생겨났고, 레코딩 아티스트로 성공하면 어마어마한 부를 거머쥘 수 있는 구조가 확립되었다. 한편 인터넷이 생겨나 집에서 제작한 녹음을 스트리밍 채널에 업로드할 수 있게 되었다. 거대 기업이라는 수문장을 우회하여 유명세를 얻은 뮤지션의 수도 상당해졌다.

그에 따라 백인과 유색 인종, 그리고 남성과 여성 간의 지명도와 수입 균형도 바뀌었다. 비욘세Beyoncé(1981~)와 리아나Rihanna(1988~)가 그렇듯 이제는 인종과 성별을 초월해 수백만 명의 팬을 거느리는 유색 인종 여성 뮤지션의 존재가 그리 낯설지 않다. 2016년 비욘세는 앨범 「레모네이드Lemonade」를 출시했다. 남편이자 래퍼인 제이지Jay-Z(1969~)의 외도 사실을 알게 된 후의 감정 변화를 담은 앨범이었다. 비욘세는 자신의 혈통 역시 '깨어진 남녀 관계로 거슬러 올라간다'면서 자신의 조상 중에 농장주와 여자 노예 사이에서 태어난 자식이 있었다고 썼다. 그러면서 '그 과거를 직시하고 우리의 역사를 아는 것은 우리를 아프게도 하지만 아름답게도 한다'고 덧붙였다. 「레모네이드」는 강력한 방식으로 페미니즘과 흑인 역사라는 화두를 하나로 묶음으로써 광범위한 찬사를 받았다.

현대 팝 음악의 스타일은 무척 다양하다. 기타나 피아노 반주를 곁들인 독창 가수부터 남성 그룹, 여성 그룹, 엄청난 힘을 과시하는 밴드, 정교한 스튜디오 프로덕션이 장기인 뮤지션, 폭발적인 음향 효과를 곁들인 스펙터클한 무대가 장기인 뮤지션, 그리고 음악에 어울리는 비디오 제작에 공을 들이는 뮤지션까지 가지각색이다. 지난 장과 이번 장에서 논한 모든 음악 장르는 각각의 반향과 함께 나름대로 발전을 거듭해오고 있다. 팝 음악을 향유하는 대중의 수는 어마어마하다. 그들 중에는 나긋나긋하고 조곤조곤한 음악을 즐기는 이들도 있고, 파워에 압도당하는 느낌을 사랑하는 이들도 있다. 하지만 우려스러운 지점도 있다. 2015년의 어느 연구 조사 결과에 따르면 지구의 청년 인구 중 10억 명 이상이 헤드폰과 콘서트장에서 접하는 시끄러운 팝 음악 때문에 심대한 청력 상실을 겪을 위기에 처해 있다고 한다.

이런 이야기만으로도 장 하나를 채울 수 있으리라. 그런데 미래의 역사학자들이 이 시기를 되돌아보면 미국과 영국에서 발원한 음악이 다른 문화권과 만나고 소통하며 온 세계로 뻗어나간 점을 가장 특기할 것 같다. 제31장에서 나는 서구화에 대해 말했다. 이제 우리는 그저 서양에서 다른 문화로 영향이 전파되는 데 그치지 않고 양방향으로 자유롭게 흘러 들어가고 나오는 '세계화'를 경험하고 있다.

CHAPTER 39

'세계 마을'의 음악

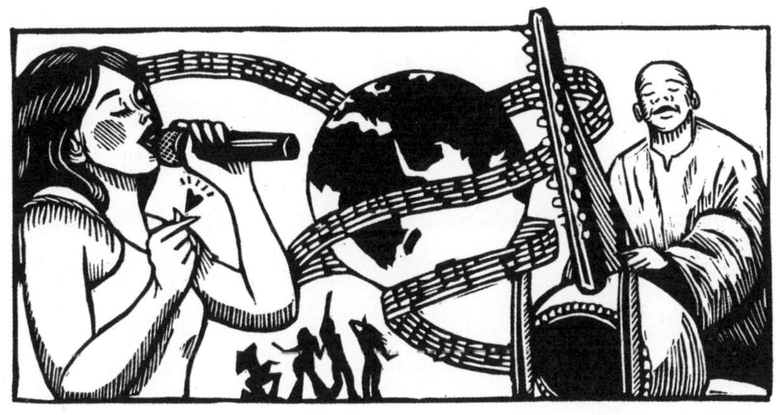

문화비평가 마셜 매클루언 Marshall McLuhan (1911~1980)이 '지구촌 global village'이라는 신조어를 만들어 현대 세계의 상호 접속성을 설명한 것이 1960년대였다. 21세기에 접어든 지금, 세계의 상호 접속성은 더욱 복잡하고 불가피해졌다. 한때는 현대화가 경쟁을 위해 서양의 기술과 가치를 받아들이는 것을 의미하는 시기가 있었다. 그러나 지금은 많은 나라가 음악을 포함해 자신들의 고유문화가 가진 중요성을 재언명하는 추세다. 그리고 유럽 음악이 특유의 발전 노정을 시작한 이후 처음으로 서양 문화권과 세계의 여타 음악 문화권 간에 본격적인 교류가 시작되었다. 물론 서양 문화권이 다른 문화권에 관심을 둔 게 이번이 처음은 아니다. 하지만 서양과 비서양이 서로를 존중하며 쌍방향으로 영향력을 주고받고 생각을 교류하는 것은 지금이 처음이라고 해도 과언이 아니다. 세계 각지에서 벌어지는 이러한 과정의 몇 가지 사례를 소개하려 한다.

재31장에서 이미 쓴 것처럼, 서양 음악과의 교류는 매우 다양한 형태를 띠었다. 일본은 1860년대부터 서양을 지향하는 '현대화'를 표방했고, 제2차 세계대전이 끝난 뒤에는 재건의 필요성을 앞세워 다시 한 번 현대화의 기치를 내걸었다. 그 결과 서구의 클래식, 재즈, 팝 음악계에서 뛰어난 활약을 펼치는 일본 음악가가 다수 탄생했다. 흥미롭게도 일본이 서양의 모더니즘에 관심을 갖게 된 그 무렵은 서양 사람들도 다른 곳으로 시선을 돌리는 시기였다. 1961년 도쿄에서는 미국의 반反공산주의 단체가 일부 자금을 후원한 '동서양 음악의 만남' 회의가 개최되었다. 이 자리에는 미국과 유럽 출신의 모더니스트 작곡가가 다수 참석해 일본 작곡가들과 생각을 나누었다. 이듬해에는 존 케이지가 일본을 방문해, 이미 새로운 방식의 즉흥성을 탐구하는 일본 음악 단체들과 협업했다.

이와 동시에 일본에서는 자신들의 고대 전통을 보존할 필요성이 대두되었다. 최근까지 일본 안팎에서는 일본 전통음악과 서양 음악 간의 교류로 수많은 신작과 흥미로운 생각이 탄생했다. 일본의 전통 피리 샤쿠하치는 소리의 폭이 독보적일 뿐더러 명상 및 선불교와의 연관성 때문에 서양에서 큰 인기를 끌었다. 미국 뮤지션 존 카이잔 넵튠John Kaizan(海山) Neptune(1951~)은 전통적인 일본 음악부터 재즈, 북미 원주민에게 영감을 받은 음악까지 다양한 폭의 음악에 샤쿠하치를 사용해 이름을 알렸다.

제2차 세계대전 이후 세계무대로 비상한 일본 작곡가들 중 가장 두드러진 인물은 다케미츠 도오루武満徹(1930~1996)였다. 그는 전후 미군이 일본에 진주하던 무렵 라디오 방송을 통해 서양 음악을 처음 접했고, 특히 현대 음악에 강하게 끌렸다. 젊은 시절 다케미츠는 일본 문화에서 거리감을 느꼈고 전통 일본 음악에 대해서도 아는 게 없었다. 그러다가 일본 전통 인형극 분라쿠에 쓰인 음악을 발견하면서 일본과 서양 음악의 요소를 자신의 작품 속에서 융합하는 시도를 하게 된다.

중국에서는 마오쩌둥毛澤東(1893~1976)의 끔찍한 문화혁명이 막을 내린 1970년대 후반부터 서양 클래식 음악을 향한 열풍이 되살아났다. 학생들은 음악원으로 몰려들었고, 중국 피아니스트의 국제 콩쿠르 입상 소식이 들려오기 시작했다. 세계적인 슈퍼스타 랑랑郎朗(1982~)의 성공은 피아노 연주 붐으로 이어졌다. 2012년 조사에 따르면 중국은 전 세계에서 사용되는 피아노의 80퍼센트를 생산하는 것으로 추산되었다. 내가 이 글을 쓰고 있는 지금도 랑랑은 자신의 재산을 투자해 '피아노 실험실 Piano Labs' 프로젝트를 추진 중이다. 우선 미국과 중국의 초등학교에, 나아가 영국의 초등학교에 피아노 교실을 마련한다는 계획인데, 유럽의 클래식 음악을 연주하여 돈을 번 중국 피아니스트가 서양 국가들의 정부가 내팽개친 음악 교육의 빈틈을 메우겠다고 나선 것은 이 시대의 아이러니를 나타내는 징후라고도 하겠다.

한편 역사적인 중국 음악의 전통을 보존하고 그 부흥을 꾀하는 이들도 있다. 치터와 비슷한 악기로서 전통적으로 명상에 사용된 금琴은 새로운 작품이 작곡되면서 부흥기를 맞았고, 재즈 및 록 뮤지션과의 협업 기회도 늘어났다. 현대의 금 대가 관평후管平湖(1897~1967)의 「고산유수高山流水」 연주를 녹음한 음반은 지구의 음악을 알릴 예시로 선정되어 1977년 우주탐사선 보이저 호에 실렸다.

20세기 초 일본 제국에 침략당해 식민지가 된 한국은 1945년에 독립한 이후 남과 북으로 쪼개지고 말았다. 1970년대 이후로 남한 음악가들은 서양 음악계에서 눈에 띄는 위치에 올라서기 시작했고, 특히 바이올리니스트를 필두로 한 뮤지션들이 국제적인 명성을 쌓았다. 그런가 하면 한국산 재즈도 세계의 주목을 받고 있으며, 전통적인 음악과 서구 팝 음악을 혼합한 음악도 인기를 끌고 있다. 1990년대에는 팝에서 레게까지 다양한 장르의 영향이 뒤섞인 '케이팝 K-pop'이 한국 음악 클럽에서 생겨나 주요한 상업적 장르로 부상했다. 한국 팝 스타의 공연을 공들여 촬영한 영상물이 여러 언어로 번역되어 전 세계로 퍼져나갔고, 2012년 한국 팝 스타 싸이의 「강남 스타일」은 전 세계에서 가장 많이 시청된 비디오가 되면서 많은 패러디 영상을 낳았다. 그러나 동양과 서양의 고정관념 사이의 상호작용을 영리하게 이용한 「강남 스타일」은 이미 그 자체로 케이팝의 의식적 패러디였다.

동남아시아의 음악 전통 중에서 서양인들을 가장 오랫동안 매혹해온 건 자바 섬과 발리 섬의 가믈란이다(가믈란 음악이 드뷔시와 메시앙에게 미친 영향에 대해서는 이미 앞에서 썼다). 1970년대 들어 가믈란을 연구한 미국 작곡가가 여럿 있었는데, 스티브 라이히 Steve Reich(1936~)도 그중 한 명이다. 가믈란의 다층적이고 상변 常變 하는 패턴은 끊임없이 반복되며 점차 변화하고 진화하는 '미니멀리즘' 음악의 밑거름이 되었다. 1976년 뉴욕에서는 작곡가 바버라 베나리 Barbara Benary(1946~2019), 필립 코너 Philip Corner(1933~), 대니얼 구드 Daniel Goode(1936~)가 뜻을 모아 '가믈란 선 오브 라이온 Gamelan Son of Lion'이라는 가믈란 앙상블을 조직했다. 2009년 자바의 가믈란 연주자들은 영국 뮤지션 대니얼 패트릭 퀸 Daniel Patrick Quinn(1981~)과 함께 '인 넴 In Nem'이라는 레코딩 프로젝트에 참여해 함께 작곡한 짧은 주제로 즉흥 연주를 꾸몄다. 이 실험에 참여한 자바 섬의 음악가들은 각자가 맡은 바를 해내는 데 거의 어려움을 느끼지 못했지만, 다만 실험의 요점이 무엇인지 이해하기는 어려웠다고 털어놓았다. 한편 가믈란 앙상블은 서양 세계에서 아이들과 학생들이 참여하는 활동으로서 훨씬 의미 있는 성취를 거두고 있다. 서양식 사고방식과 사뭇 다르게 구축되는 공동체적 경험을 할 기회가 되기 때문이다. 이처럼 새로운 생각이 시도되고 영그는 동안에도 자바 섬과 발리 섬의 마을에서는 전통적인 가믈란이 삶의 중요한 부분으로 계속 기능하고 있다.

동남아시아 서쪽에 위치한 인도에서는 20세기 들어 세간의 이목을 끄는 문화 교류가 이루어졌다. 인도 음악의 선율과 서양 음악의 비트를 결합한 화려한 '발리우드' 스타일의 음악은 1970년대 들어 오디오 카세트가 도입되면서 커다란 시장으로 발돋움했다. 한편 인도의 전통음악을 고수해온 뮤지션들은 서양 음악가들과 협업하며 서구에서 이름을 알렸다. 시타르 연주자 라비 샹카르 Ravi Shankar(1920~2012)와 미국의 클래식 바이올리니스트 예후디 메뉴인 Yehudi Menuhin(1916~1999)은 함께 연주회 무대에 올라 라가를 즉흥 연주했다. 샹카르가 비틀스와 함께 협력했음은 널리 알려진 사실이다. 1966년 조지 해리슨은 인도를 방문해 한 달 반 동안 머물며 샹카르에게 시타르 연주법을 배웠다. 해리슨은 「노르웨이의 숲 Norwegian Wood」을 비롯해 비틀스의 여러 노래에 시타르 반주를 입혔고, 비틀스가 해체된 이후로도 샹카르와 함께 콘서트 무대에 올랐다. 샹카르는 1969년 우드스톡 무대에서 공연했지만, 서구 사회가 자신을 히피 문화의 일부로 여기는 시선은 달갑지 않다고 했다. 그는 미국의 미니멀리즘 음악계에도 영향을 미쳤다. 필립 글래스 Philip Glass(1937~)는 샹카르에게 가르침을 받고 함께 앨범 작업을 하기도 했다.

인도 음악과 서양 음악 양식의 합심이 가장 생산적인 열매를 맺은 분야는 재즈였다. 즉흥 연주를 핵심으로 여기는 재즈 뮤지션들은 인도 전통에 한결 자연스럽게 다가갈 수 있었고, 요즘 많은 재즈 드러머는 타블라를 연주하기도 한다. 인도계 영국 기타리스트 겸 피아니스트인 니틴 소니 Nitin Sawhney(1964~)는 1990년대부터 그러한 교차수정을 통한 음악의 '르네상스' 가능성에 대해 말해왔다. 젊은 시절 그에게 영향을 미친 음악으로는 인도 전통음악부터 플라멩코, 쿠바 음악, 재즈와 록을 꼽을 수 있고, 그의 음악에는 이 모든 장르의 메아리가 들려온다.

한편 가수와 연주자에 의한 인도 라가의 전통적 연주는 아직까지 그 명맥을 유지하고 있으며, 지금껏 인도 음악을 얕본 국가에서도 인도 음악을 향한 평가가 높아지고 있다. 최근까지 인도 전통음악을 노래하고 연주하는 이는 열이면 열 남성이었다. 그러나 점차 여성의 참여를 제한하는 장벽이 무너져 내리는 추세다.

아랍 세계에서도 비슷한 변화가 일어났다. 이집트 가수 움 쿨숨을 비롯해 과거에도 유명 여성 가수가 없지는 않았지만, 최근 들어 서양 세계에도 널리 이름을 알린 여성 가수가 생겨나고 있다. 그중 한 명이 바로 팔레스타인 출신의 카밀리아 주브란Kamilya Jubran(1962~)이다. 주브란은 아버지의 악기인 우드를 배운 뒤 2002년 유럽으로 이주해 파리에 정착했다. 그녀의 음악은 직접 우드 반주를 곁들인 아랍 전통에 뿌리박은 노래부터 스위스의 작곡가 겸 트럼펫 연주자 베르너 하슬러Werner Hasler(1969~)와 함께한 아랍-재즈 퓨전까지 폭넓게 뻗어 있다.

아프리카는 거대한 문화 간 융합의 촉매가 된 대륙이었다. 앞에서 보았듯, 아프리카 노예들의 음악은 현재 서양 팝 음악의 토대가 되었다. 오늘날 사람들이 즐기는 음악에 남은 아프리카의 중요한 기여를 이 책에서 얼추 다 다루었다고 생각할 수도 있겠지만, 그래도 아프리카 대륙에서 곧장 흘러나온 음악적 흐름의 사례를 몇 가지만 짚어보자.

제31장에서 19세기 후반 남아프리카에서 태동한 노동자 계층의 음악 퓨전에 대해 언급한 바 있다. 이 음악은 20세기 중반 집요한 댄스 리듬으로 남아프리카 흑인 문화의 패기와 활력을 상징하는 활기찬 스트리트 뮤직으로 진화했다. 이 음악은 1986년 미국의 백인 싱어송라이터 폴 사이먼Paul Simon(1941~)이 아프리카 출신의 흑인 뮤지션들에서

착안하여 그들과 함께 작업한 앨범 「그레이스랜드Graceland」를 통해 일반 대중에게 알려졌다. 당시 남아프리카 사람들은 잔인한 인종 분리 정책인 아파르트헤이트에 시달렸고, 사이먼의 앨범은 인종 간 장벽을 무너뜨리는 노력의 일환으로 널리 찬사를 받았다. 하지만 일부는 사이먼이 아프리카 뮤지션들을 이용해 제 배만 불렸을 뿐이라고 비난했다. 이러한 비난은 이후로도 여러 비슷한 맥락에서 몇 번이고 되풀이된다.

짐바브웨에서는 1970년대부터 제국주의 식민 지배의 탄압을 견뎌온 지역 문화를 부흥시키려는 움직임이 생겨났다. 그 결과 중 하나가 바로 음비라(엄지손가락 피아노)의 부활이다. 아프리카의 전통 신앙은 조상 정령이 허락하는 때와 장소에서만 음비라를 연주할 수 있다고 믿는다. 그런데 음비라가 짐바브웨의 국경을 넘어 인기를 끌면서 그러한 종교적 원칙이 발목을 잡게 되었다. 음비라는 원래부터 관객의 여흥을 위해 사용된 악기가 아니었기 때문이다. 그러나 음비라의 대중화를 두고 반드시 조상 정령이 무시된 처사라고 할 수만은 없을 것이다. 음비라 연주자 포워드 크웬다Forward Kwenda(1963~)는 세계를 돌며 콘서트를 개최하면서도 음비라를 연주할 때마다 조상 정령께서 역할을 하심을 굳게 믿고 있다. '음악은 인간이 이해할 수 있는 것보다 훨씬 더 거대하다. (……) 나는 정령이 내 음비라를 연주할 수 있도록 길을 비켜줄 뿐이다. 연주하는 건 내가 아니다. 나는 그저 탄복하며 지켜볼 뿐이다.'

전통음악의 또 다른 응용도 여럿이다. 집안 내에서 대물림되는 말리의 찬양 가수들은 대중을 상대로 한 무대에 진출하고 있다. 그리고 전통적으로 찬양 가수 반주에 사용되어온 코라는 독주 악기로서도 인기몰이를 하는 중이다. 코라 연주자로 가장 유명한 인물이 바로 투마니 디아바테Toumani Diabaté(1965~)다. 유서 깊은 찬양 가수 집안 출신인 디아바테는 다문화 이벤트와 앙상블에 자주 참여한다. 래그타임이나 재즈의 자유와 함께 성장한 감상자라면 코라 연주에서 보이는 선율과 저음 사이의 '울쑥불쑥한' 관계를 쉽게 납득할 수 있을 것이다. 물론 래그타임과 재즈의 뿌리가 아프리카 음악의 리듬임은 불문가지의 사실이고 말이다.

마지막으로 '범아프리카주의'의 문제, 그리고 아프리카 대륙 전체의 표현으로서의 음악이라는 문제가 있다. 아프리카처럼 광대한 지역에서 이러한 화두가 어떤 의미를 가질 수 있을까? 아프리카 대륙을 표현하는 음악을 한 인물이 있었으니, 바로 나이지리아 출신의 펠라 쿠티Fela Kuti(1938~1997)다. 쿠티는 런던에서 트럼펫을 전공한 뒤 1963년 신생 독립국이 된 조국으로 돌아왔다. 그는 재즈, 칼립소, 펑크, 아프리카 전통음악 등 다방면으로부터 영향을 받은 밴드를 결성했고, 그때부터 이미 자신의 음악을 '아프로비트Afrobeat'라는 이름으로 불렀다. 1969년 쿠티는 자신의 밴드와 함께 미국에서 거의 1년을 머물며 블랙 파워 무브먼트와 제임스 브라운의 「세이 잇 라우드 ─ 아임 블랙 앤드 아임 프라우드」를 현지에서 접했다. 미국 체류를 마치고 돌아온 고국에는 군사정권이 들어서 있었고, 쿠티와 그의 음악은 정치색을 띠기 시작했다. 쿠티는 코뮌을 설립해 국가로부터의 독립을 선언하며 논쟁적 인물이 되었고, 요루바족의 전통 행사에 참가해 공연했으며, 스물일곱 명의 아내와 결혼(그리고 나중에는 이혼)했다. 그리고 1977년에 발표한 나이지리아 군대를 비판하는 노래 「좀비」는 소요 사태의 원인이 되었다. 이때 그의 코뮌은 공격당했고 쿠티의 어머니는 살해당했으며 쿠티 자신도 폭행당했다. 그는 평생 투쟁의 한가운데에 선 인물이었다.

쿠티의 지배 지향적 성격과 보편적 '아프리카주의'를 표방한 노선을 지지한 사람도 많았지만 거기에 반대하는 사람도 많았다. 특히 사람들은 여성을 향한 쿠티의 마초적 태도에 분개했다. 최근 아프리카 음악의 가장 놀라운 특징 중 하나는 강력한 여성 가수의 득세인데, 말하자면 대서양 건너편의 추세가 아프리카에서도 일어난 것이었다. 그중 가장 널리 알려진 인물이 폴 사이먼의 「그레이스랜드」 투어에 참여한 미리엄 마케바Miriam Makeba(1932~2008)다. 남아프리카공화국에서 태어난 마케바는 아파르트헤이트에 반대하는 운동에 앞장섰고, 1960년 미국으로 이주해 시민 평등권 운동과 블랙 파워 무브먼트에 관여했다. 마케바는 아프리카 음악이라는 광범위한 개념을 세상에 널리 알렸으며 니나 시몬, 아레사 프랭클린, 앙젤리크 키조Angélique Kidjo(1960~)를 포함해 다음 세대의 가수들에게 큰 영향을 주었다.

오늘날의 음악계를 일컬어 '용광로'라고 표현하곤 한다. 그런 표현을 쓰는 것도 당연하다. 전 세계의 문화가 서양 클래식, 재즈, 팝 음악과 온갖 다양한 방식으로 어우러지고 교류하고 있다. 전 세계 곳곳의 도시에서 오페라하우스와 콘서트홀이 건축되고 있으며, 중국부터 베네수엘라까지 세계 곳곳의 젊은이들이 서양 클래식 음악을 배우고 있다. 1980년대에 영국의 록 뮤지션 피터 가브리엘Peter Gabriel(1950~)이 워매드World Of Music, Art and Dance, WOMAD와 함께 처음으로 '월드 뮤직' 페스티벌을 기획했지만, 이제 서양 세계에서 개최되는 음악 페스티벌은 전 세계 모든 대륙 출신의 뮤지션들을 초빙하는 것이 기본값이며, 여러 문화권 출신의 뮤지션들이 서양 뮤지션들과 함께 연주하는 것도 일상화되었다.

세계의 음악은 어디로 향하고 있는가? 이 질문에 대한 답은 미래의 역사학자 몫으로 남겨둬야 하리라. 하지만 현재 우리가 어디에 있는지, 그리고 어떻게 여기까지 왔는지는 최소한 정리해볼 수 있을 것 같다.

CHAPTER 40

어제, 오늘, 그리고 내일

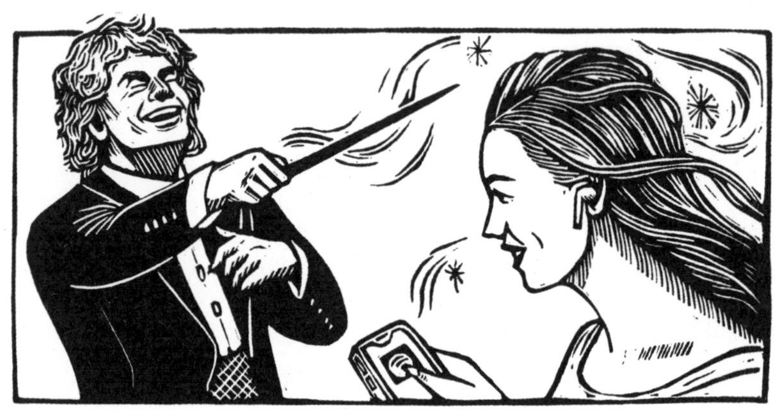

　　내가 런던에서 음악대학에 다니던 1960년대의 일이다. 어느 총명한 피아노 전공 학생이 불레즈의 「피아노 소나타 2번」을 악보도 보지 않고 연주했다. 당시 세상에 발표된 지 15년밖에 되지 않은 작품으로, 불레즈 본인부터 '폭발적이고 파괴적이며 분산적인 성격'을 가졌다고 규정한 난곡이었다. 학생의 연주는 그 자체로 대단한 성취였고, 연주가 끝난 뒤 우리는 뜨거운 박수를 보냈다. 하지만 폭력적으로 귀를 긁는 이 작품이 연주되는 동안 우리 중 대부분은 웃음을 터뜨리지 않기 위해 안간힘을 써야 했다. 우리는 모두 음악가로 훈련받았지만, 그럼에도 피아노가 토해내는 소리의 급류를 조금도 이해할 수 없었고 피아니스트가 연주하는 음표가 옳은지 아닌지 실마리조차 잡을 수 없었다.

　　이 일화는 더 큰 일반적 문제의 축약판이기도 하다. 20세기 전반까지 연주회는 청중이 이해할 수 있는 언어를 사용한 신작 비중이 높은 게 보통이었다. 하지만 20세기 후반이 되면 스승으로부터 관객에게 '야합하지 않는' 음악을 쓰라고 배운 젊은 작곡가들이 주문 생산한 작품이 일단 초연된 뒤로는 좀처럼 다시 연주회 무대와 인연을 맺지 못하는 상황이 되풀이된다. 과거에는 신작을 마다하지 않았던 음악 대중은 끊임없이 이어지는 불협화음에 쉽게 마음을 주지 못했다. 콘서트 프로그램과 음반 및 악보 판매고를 기준으로 볼 때 클래식 음악은 과거의 위대한 작곡가가 주류를 이루는 '박물관 문화'의 전당이 된 것 같았다.

이러한 상황에 따르는 결과가 몇 가지 있었다. 그중 하나가 고전의 반열에 오른 작품이 끊임없이 되풀이되며 무대에 오르는 현상이다. 음반이 보급되며 음악 작품을 집에서 즐기기 쉬워진 것도 일조했다. 하지만 같은 음식만 계속 먹으면 물리는 법, 종래라면 동시대의 신작에서 흥미로운 작품을 찾아 기웃거렸을 관객이 이제는 입맛을 돋울 음악 작품을 다른 방면에서 찾기 시작했다. 고ㅂ음악 운동이 힘을 받을 수 있었던 이유다.

17세기 이전의 잊힌 레퍼토리를 발굴하려 노력한 스페셜리스트들은 이미 19세기 후반부터 있었다. 그러나 고음악 운동이 본격적으로 탄력을 받은 건 1960년대 들어서였다. 유럽과 북아메리카의 음악가들은 옛 음악의 음향을 재현하는 데 몰두했다. 오랫동안 비주류의 그늘에 머문 하프시코드가 다시 제작되기 시작했다. 연주자들은 르네상스 시대의 음악을 연주하기 위해 숌, 크룸호른crumhorn, 코르넷을 배웠고, 그에 맞춘 노래 양식도 생겨났다. 고악기를 사용한 연주라는 원칙은 곧 우리에게 더욱 친숙한 레퍼토리에도 적용되었다. 우선 하이든의 교향곡이 고악기로 연주되었고, 이어서 베토벤, 브람스, 바그너의 음악, 심지어 드뷔시의 음악까지 고악기로 연주하는 이들이 생겨났다. 사람들은 강력한 현대 악기에 비해 대체로 가볍고 밝으며 명쾌한 옛 악기 고유의 독특한 성격이 있음을 알아가게 되었다. 고음악 운동은 신선한 바람처럼 다가왔고, 잘 알려진 명작들의 '시대' 연주가 흔해졌다.

이 모든 변화는 콘서트홀 안에 국한되지 않고 음반과 라디오에 의해 멀리 뻗어나갔다. 사람들은 고음악의 청량한 음향에 익숙해졌고, 그때껏 익숙하게 들어온 종래의 연주를 다소 무겁고 고루하다고 여기기 시작했다. 이러한 인식의 변화는 전통적 오케스트라와 연주 단체가 명작 고전을 연주하는 방식에도 영향을 미쳤다. 21세기인 지금, 고악기가 바흐나 베토벤을 연주하는 음향은 딱히 놀랄 구석이 없는 정상적인 것으로 받아들여지고 있다. 한때는 신선하다고 여겨졌던 음향이 이제는 지극히 예측 가능한 음향으로 전락할 위기에 처했다.

한편 또 다른 커다란 간극이 그 아가리를 벌리기 시작했다. 1960년대에 팝 음악이 폭발적으로 성장하는 동안 신성시되어온 기성 클래식 음악계는 – 최소한 상업적 성공이라는 잣대로만 이야기하자면 – 한때 인기를 구가한 재즈보다 더욱 심한 찬밥 신세로 전락했다. 대중음악과 클래식 음악의 차이는 그 어느 때보다 극명히 드러났다. 빅 밴드나 브로드웨이 뮤지컬 오케스트라에 입단하는 것이 교향악단에 들어가는 것만큼이나 전문성과 훈련도를 요구하게 되었다. 동시에 격식에 얽매이지 않고 기술적으로도 간단한 음악 양식을 추구하는 팝 그룹이 등장하면서 팝 뮤지션이 되는 훈련 과정도 이전과 달라졌다. 누구나 만들 수 있을 것만 같은 사운드를 내는 것이 중요해졌기 때문이다. 팝 음악은 민주적이고 반反엘리트적인 음악이 되었다.

1960년대 이후로 상황은 바뀌어왔다. 팝 음악은 프로듀싱 및 프레젠테이션, 마케팅 방식에서 전에 없이 다양해지고 복잡해졌다. 재즈는 아직도 충성도 높은 관객에게 소구하지만, 1940년대만큼 대규모의 관객에게 다가가진 못하고 있다. 클래식 음악 역시 다양한 방식을 동원하여 시장에서 살아남기 위해 고군분투 중이다.

영리한 마케팅과 프레젠테이션이 그 여러 방법 중 하나다. 1990년 로마에서 열린 월드컵 결승전에 앞서 루치아노 파바로티 Luciano Pavarotti (1935~2007), 호세 카레라스 José Carreras (1946~), 플라시도 도밍고 Plácido Domingo (1941~)의 이른바 '쓰리 테너' 갈라콘서트가 열렸다. 전 세계 추산 8억 명이 시청했고, 추후 발매된 실황 음반은 클래식 음악 역사상 가장 많이 팔린 앨범으로 기록되었다. 네덜란드 태생의 바이올리니스트 앙드레 류 André Rieu (1949~)와 그가 이끄는 요한 슈트라우스 오케스트라는 클래식과 팝을 막론하고 투어 소득이 가장 높은 그룹으로 기록되어 있다. 그들의 성공 비결은 왈츠와 가벼운 클래식 작품에 집중한 프로그램뿐만 아니라 화려한 볼거리를 강조한 무대에 있다.

대중에게 다가가고자 하는 의도적 시도 외에 모든 사람이 부지불식간에 클래식 음악을 경험하게 되는 방법도 있다. 텔레비전에서 방송되는 자연 다큐멘터리는 사실상 클래식 음악으로 범벅이 되어 있다. 아프리카의 대평원이나 거대 고래들을 촬영한 장면에는 장엄한 행진곡이 사용되고, 도마뱀과 곤충의 깡충대는 움직임에는 목관악기가 연주하는 경쾌한 음악이 제격이며, 악어가 먹잇감을 공격하는 장면에는 금관과 타악기의 으르렁대는 듯한 음향이 어울린다. 영화음악은 다큐멘터리 음악보다 스케일도 크고 때로 훨씬 섬세하다. 미국 작곡가 존 윌리엄스 John Williams (1932~)는 영화의 서사와 이미지에 안성맞춤인 음악을 창조하는 거장으로 널리 인정받는다. 존 윌리엄스는 「스타워즈」, 「E. T.」, 「쉰들러 리스트」 등 수많은 영화음악으로 다수의 상을 받은 것은 물론이고 전통적인 음악의 만듦새 덕분에 클래식 음악가들의 인정도 얻어냈다.

요즘은 전통적인 클래식 음악 양식에 종사하는 작곡가들이 특화된 영역에서 일하는 경향이 있다. 텔레비전이나 영화가 바로 그런 분야이고, 또 하나가 바로 합창 음악이다. 민간의 합창 협회는 아마추어로 구성되는 게 보통이고, 따라서 이들이 퇴근 후 여가 시간에 모여 불협화음으로 가득한 음악과 씨름하길 원하지 않음은 자명한 이치다. 합창 음악 분야를 선도하는 작곡가들은 전통적인 양식 안에서 불편함을 느끼지 않는다. 그들은 지난 100년간을 점철했던 모더니즘의 문제를 회피하는 편에 가깝다. 대표적으로 존 러터John Rutter(1945~)가 쓴 캐럴과 합창곡들은 큰 인기를 끌고 있다. 스코틀랜드 출신의 제임스 맥밀런James MacMillan(1959~)은 종교 합창곡, 그중에서도 특정 합창단에 맞춤된 도전 과제를 가진 곡으로 높은 평가를 받고 있다. 웨일스 작곡가 칼 젠킨스Karl Jenkins(1944~)는 클래식 음악 교육과 재즈-록 그룹에서 활동한 경험을 성공적으로 접목하여 대규모의 '크로스오버' 합창곡을 창조했다. 젠킨스의 「무장한 남자 : 평화를 위한 미사곡The Armed Man: A Mass for Peace」(2000년)은 직업 합창단과 아마추어 합창단에 의해 널리 노래되고 있다.

위협적인 복잡성을 외면하고도 새롭게 들릴 수 있는 또 다른 비결을 찾은 작곡가들도 있다. 앞에서 언급한 '미니멀리스트' 작곡가들이다. '미니멀리즘'은 단순한 악절이 무수히 반복되는 과정에서 서로 중첩되고 조금씩 변화함으로써 복잡성에 이르는 음악을 통칭하는 단어다. 미니멀리즘 음악의 시초는 테리 라일리Terry Riley(1935~)가 1964년에 발표한 「인 씨In C」로 본다. 스티브 라이히는 존 콜트레인의 재즈 즉흥 연주부터 아프리카 가나의 북 음악, 그리고 자신이 1970년대에 연구한 가믈란 음악에 이르기까지 다양한 영향을 접붙임으로써 미니멀리즘을 한층 다채롭게 만들었다. 존 애덤스John Adams(1947~)와 필립 글래스는 미니멀리즘 오페라로 이름을 알렸다. 두 사람의 오페라 모두 반복적이고 서서히 변화하는 패턴의 오케스트라 연주로 듣는 이를 최면 상태로 몰고 간다. 이러한 음악의 흐름 위로 성악가들은 마치 구호를 외치듯 노래한다. 오페라라기보다 흡사 한 편의 제의와도 같은 효과를 자아내는 음악이다.

라이히, 애덤스, 글래스는 모두 미국인이다. 여기에 두 명의 유럽 출신 작곡가가 나타나 미니멀리즘에 강한 종교적 자극을 더했다. 에스토니아 태생의 아르보 페르트Arvo Pärt(1935~)는 여기에 유럽 르네상스 음악을 접목시켰다. 그의 음악은 고풍스러운 향취가 강하고 깊은 명상의 분위기를 자아낸다. 폴란드 작곡가 헨리크 구레츠키Henryk Górecki(1933~2010)는 젊은 시절만 해도 복잡하고 불협화음이 두드러지는 작품을 주로 썼다. 그러나 1970년대 들어 그의 음악 세계는 근본적인 변화를 겪게 되었고, 페르트처럼 훨씬 단순하고 사색적인 작품 노선으로 전향했다. 1977년 그의 세 번째 교향곡인 「슬픔의 노래 교향곡 Symphony of Sorrowful Songs」이 초연될 때만 해도 평론가들은 머리로 듣는 복잡한 음악을 쓰던 그가 단순미로 전향한 것을 두고 실망감을 금치 못했다. 어느 평론가는 '작품이라고 부르기도 민망한 이 곡은 유치하기 짝이 없는 새로운 단순성으로 향하는, 다시는 돌아올 수 없는 길로 떨어지고 말았다'고 직격했다. 그러나 12년 뒤 런던 초연을 접한 평론가들은 '살을 에는 듯 날카롭고 간결한 선율선'에 훨씬 동조적인 입장을 보였고, 곧이어 발매된 음반은 클래식 판매 차트의 최상단을 차지하며 수많은 감상자에게 다가갔다.

'새로운 단순성'은 루도비코 에이나우디Ludovico Einaudi(1955~)의 음악을 묘사하는 데에도 적절하게 쓰일 법한 표현이다. 그러나 구레츠키의 경우와 마찬가지로 에이나우디를 향한 견해는 날카롭게 나뉘고 있

다. 흡사 성직자처럼 피아노 앞에 앉아 연주하는 그의 모습에 도취된
팬들로 연주회장은 만원사례를 이루지만, 평론가들은 아주 냉담하다.
어느 평론가는 에이나우디의 음악이 '자신의 음악적 언어를 두루뭉술
하고 영혼 없는 화음 진행의 멀건 죽처럼 만들어 상에 올리는 꾀바른
솜씨일 뿐'이라고 일축했다. 그러나 유치하건 아니건 간에 '새로운 단
순성'은 갈등과 도전으로 가득한 세상을 사는 사람들이 갈망하는 바이
긴 한 모양이다.

　　평단과 일반 음악 애호가들 사이의 대분열은 2022년에 들려온 해
리슨 버트위슬 Harrison Birtwistle(1934~2022)의 부음을 접한 이들의 반응에
서 극명히 나타났다. 음악평론가 리처드 모리슨 Richard Morrison(1954~)은
복잡하고 귀에 거슬리는 음악의 대가로 여겨진 영국 작곡가 버트위
슬이 '당당히 타협을 거부하는' 서사시를 썼음을 높이 평가했다. 그러
나 모리슨의 평가에 발끈한 어느 평론가는 버트위슬의 오페라 「가웨
인 Gawain」이 '곡소리 나는 허튼 음악으로 가득한 청각적 쓰나미'와도
같다고 주장했다. 이에 모리슨은 버트위슬이 '당장 이해하기 쉬운 알
랑방귀를 생산해내지 않는…… 창조적 예술가들을 향해 영국 대중의
대다수가 느끼고 있는(그리고 언제나 느껴온) 경멸감을 제일 앞서 맞아온 피
뢰침 같은 인물'이라고 재반론을 펼쳤다.

　　모리슨은 '다수의 적의는 지적 지평에서 미지의 영역을 개척해나
가는 이들을 언제나 냉대하게 마련'이라고 했던 90년 전 쇤베르크의
주장을 메아리처럼 되풀이한 셈이다. 그러나 대중이 도전적 예술을 늘
거부해오지는 않았다. 서점은 생존 작가가 쓴 묵직한 내용의 책으로
가득하다. 예술에 애착이 있는 사람들은 최신 연극을 관람하기 위해
극장으로 향하고, 현대 미술 작품을 눈에 담기 위해 아트 갤러리를 찾
는다. 그런 작품들이 대중과 만나기 위해 넘어야 할 난관 역시 부족한

것이 아니다. 그러나 문학과 연극, 미술의 작자들이 넘어야 할 난관과 현대 음악이 제시하는 난관은 서로 같지 않다. 문학과 연극, 미술에는 핵심적 이해가 남아 있어 작가와 화가는 이를 가지고 대중과의 접점을 모색한다.

물론 입체파 미술부터 터너상 Turner Prize[*] 응모작까지 시각예술에도 대중이 이해하지 못하는 작품은 넘쳐난다. 그러나 미술관을 찾은 방문객들은 난해한 작품을 30분 동안 물끄러미 바라보며 씨름하지 않는다. 다음 작품으로 넘어가면 그만이기 때문이다. 그리고 아방가르드 미술을 둘러싼 성공적인 마케팅은 작품에 금전적 가치라는 흥분을 더했고, 덕분에 사람들은 이해하지 못하는 작품에도 관심을 갖게 되었다. 하지만 현대 음악 악보에 300만 달러를 지불할 의향이 있는 사람은 세상에 단 한 명도 없을 것이다.

한편 팝 음악계에서는 거금이 오간다. 2020년 밥 딜런은 자신의 구반 저작권을 약 3억 달러에 매각했고, 2021년 브루스 스프링스틴 Bruce Springsteen(1949~)은 비슷한 계약으로 약 5억 달러를 손에 쥐었다. 이런 형편이니 저작권 관련 분쟁이 법정 소송으로까지 비화되기도 한다. 2022년 최고의 싱어송라이터 에드 시런 Ed Sheeran(1991~)은 팝 음악 역사상 최대 판매고를 올린 곡으로 손꼽히는 「셰이프 오브 유 Shape of You」를 놓고 벌어진 법정 공방에서 승리했다. 공방의 핵심은 시런의 반복 후렴구 '오 아이'가 새미 스위치 Sami Switch의 노래 「오 와이」를 표절했다는 것이었다. 재판부는 원고의 표절 의혹 제기를 기각하고, 비록 양자 간에 유사성이 없진 않으나 후렴구가 '너무도 짧고 간단하고 흔하디흔하여' 시런이 독자적으로 창작한 것이라고 보기에 무리가 없다

---

[*] 1984년에 영국의 테이트 브리튼이 제정한 현대미술상.

고 결론 내렸다. 시런은 재판부의 판단을 환영하면서 '팝 음악에서 사용되는 음표와 화음의 숫자는 지극히 제한적이다. 매일 스포티파이에 6만 곡의 신곡이 쏟아져 나오는 마당에 우연의 일치는 생기게 마련'이라고 언급했다.

시런의 성명을 향한 반응도 제각각이었다. 시런을 사랑하는 팬들은 지지를 아끼지 않았고, 그처럼 단순하고 반복적인 악상으로 그토록 거금을 벌어들이는 음악 산업을 향한 비판도 제기되었다. 현대의 상업적 팝 음악이 성공을 담보하는 공식에 의존하는 경향이 있음은 부인할 수 없는 사실이다. 「팝 아이돌 Pop Idol」이나 「더 엑스 팩터 The X Factor」 같은 텔레비전 음악 경연 프로그램의 인기는 전 세계적으로 비슷한 유형의 프로그램 제작을 촉발하며 그러한 경향에 부채질을 하고 있다. 이를 긍정적으로 해석하여, 팝 음악은 모두가 이해하는 공통의 언어를 구사한다고 말할 수도 있다. 매력도를 최고로 올리기 위해 뮤지션, 제작자, 뮤직비디오 생산자, 프로모터는 모든 변수를 치밀하게 계산한다. 그리고 계산 과정에서는 독창성이나 재능 같은 전통적 관념보다 친숙도와 이미지가 최우선적으로 고려된다.

클래식 음악계에는 이와 정반대되는 문제가 있다. 클래식 음악은 20세기 초에 분열을 시작한 이후로 공통의 언어를 유지하지 못한 채 허덕이고 있다. 공통의 언어 부재라는 문제는 비단 음악가들 사이에만 존재하는 것이 아니라 음악가와 관객 사이에도 존재한다. 고도로 복잡하고 이지적인 음악은 평론가들이 중히 다루지만 관객, 그리고 (나와 함께 강의를 들은 학생들이 그러했듯) 심지어는 음악가들 사이에서도 업신여김을 당한다. 반대로 까다롭지 않은 음악은 관객에게 받아들여지지만 평론가들이 백안시한다. 이러한 분열을 봉합하기는 쉽지 않지만, 마침내 조금씩 치유의 기미가 보이고 있다.

2019년 174명의 작곡가에게 그들이 생각하는 위대한 작곡가가 누구인지 물은 설문조사가 있었다. 조사 결과를 바탕으로 1위부터 50위까지 순위를 매겼는데, 생존 인물 중에서는 핀란드 작곡가 카이야 사리아호 Kaija Saariaho(1952~)가 17위로 최상위에 랭크되었다. 사리아호는 쇤베르크 이후의 치열한 음렬주의를 추종한 스승들에게 배웠으나, 전통적인 화성이나 선율과의 접점을 놓친 음악은 공허할 뿐이라고 결론짓고는 '나는 소거법을 통해 음악을 쓰고 싶지 않다'고 선언했다. 파리에 있는 불레즈의 이르캄에서 그녀는 전자 분석을 활용해 여러 악기의 '사운드 스펙트럼'을 탐구했다. 즉 악기별로 고유의 음색을 가능케 하는 배음을 분석한 것이다. 사리아호는 이를 바탕으로 점차적으로 스스로 변화해가는 빽빽하고 매혹적인 소리의 '구름들'을 빚어내는 방법을 개발해냈다. 그 결과물로 탄생한 음악은 귀에 거슬리긴 하지만 잔인하리만치 그러하진 않다. 2016년 그녀는 뉴욕의 메트로폴리탄 오페라 무대에 작품을 올린 사상 두 번째의 여성 작곡가가 되었다.

우리 시대에 가장 중요한 작곡가로 흔히 손꼽히는 또 한 명이 있으니, 바로 타타르 태생의 러시아 작곡가 소피아 구바이둘리나 Sofia Gubaidulina(1931~2025)다. 스탈린의 서슬이 퍼렇던 소비에트연방에서 성장한 그녀는 깊은 신앙심을 가졌으나 그것이 알려질까 두려워 심지어 자신의 부모에게도 말하지 못했다고 한다. 구바이둘리나의 음악에는 강한 영성靈性이 있다. '음악은…… 우리 존재의 최고 지점에 접근하게 한다. 음악 예술에는 우주와 세계에 존재하는 신비와 법칙에 다가가고 그것을 건드릴 수 있는 능력이 있다.' 그녀 역시 불협화음을 두려워하지 않지만, 대개의 경우 화음과 선율이 거기에 맞서 생존을 위한 투쟁을 벌이는 파괴적인 힘으로서 불협화음을 사용한다. 그녀가 쓴 작품들 중에서 가장 특별한 「심연으로부터 De Profundis」는 러시아 아코디언인

바얀bayan으로 연주하는 곡인데, 헐떡대는 호흡부터 낮은 신음, 으르렁대는 불협화음, 황홀경의 코랄까지 모든 표현을 사용한다.

우리 시대를 대표하는 작곡가로 두 명의 여성을 거론할 수 있다는 사실 자체가 많은 변화가 있었음을 시사한다. 여성 작곡가는 오랜 세월 존재해왔지만, 아주 최근까지도 여성들은 남성이 압도적 우위를 점유하고 있는 기득권층에 맞서 힘든 싸움을 이어가야 했다(음악사를 공부하고 음악사와 관련된 문헌을 생산하는 이들 역시 남성 위주였음은 말할 필요도 없다). 이전까지는 생존 작곡가 중 가장 위대한 인물로 여성을 꼽을 수 있는 시기가 단 한 번도 존재하지 않았다. 세상은 그러한 가능성을 용납조차 하지 않았고, 여성은 대중 앞에 노출될 기회를 거의 갖지 못했다. 그러나 이제는 세계 곳곳의 음악원 졸업생들 중에서 여성이 차지하는 비율이 높아지고 있다. 상황이 매우 달라졌다.

구시대의 장벽이 하나둘씩 무너지고 있다. 성별 간 장벽, 인종 간 장벽, 음악 장르 간 장벽, 그리고 서양과 여타 세계 사이의 장벽이 말이다. 팝 음악 쪽에서는 크라프트베르크와 브라이언 이노Brian Eno(1948~)부터 케이트 부시Kate Bush(1958~), 애니 레녹스Annie Lennox(1954~), 데이비드 보위David Bowie(1947~2016), 비요크Björk(1965~)까지 월경越境에 성공한 이가 이미 무척 많다. 재즈나 클래식 음악 쪽에 한 발을 걸친 팝 뮤지션들도 있다. 포크 가수들은 아주 오래된 악기를 연주하거나 여러 문화권의 민속음악을 접목한다. 동시에 클래식 음악 작곡가들은 서로 다른 양식의 지뢰밭을 조심스레 헤쳐 나가며 자신만의 목소리를 발견하기도 한다. 프리재즈, 실험적 팝, 일렉트로닉 뮤직의 가능성, 다른 장르 간의 크로스오버 등 현재 음악계의 시류를 짚다 보면 음악을 규정하기 위해 관례적으로 사용해온 꼬리표들이 날이 갈수록 무용지물이 되어감을 알 수 있다. 어느 것 하나로 범주화하기 어려운 음악을 묘사하기

음악의 역사

위해 '컨템포러리'라는 용어를 만병통치약처럼 사용하는 경향도 두드러진다. 나는 이전 장에서 여러 문화권 간의 통섭에 대해 썼는데, 서로 다른 장르 간의 경계가 녹아내리고 있는 상황을 생각하면 '용광로'라는 표현이 참으로 적절함을 다시 한 번 느끼게 된다.

인간은 수백만 년 동안 음악을 만들어왔고, 오랜 세월에 걸쳐 우리가 처한 상황에 맞는 음악을 만들어낼 방법을 탐구해왔다. 우리의 건강과 안녕의 본질적인 요소인 음악은 인간이 스스로를 표현하는 근본적인 형식이길 멈춘 적이 한 번도 없다. 미래에 무슨 일이 일어나더라도 음악은 늘 우리와 함께 진화해나갈 것이다.

역사에 관한 금언 중에는 유독 시니컬한 것이 많습니다. 우리는 보통 '역사는 승자의 기록'이라는, 비교적 가치 판단을 억제한 간단한 경구로 역사 서술의 본질을 논하곤 합니다만, 이 말을 좀 더 풀어서 그 본뜻 – 역사 서술의 주관성과 임의성, 불공평성 – 을 꿰뚫은 이도 많습니다. 소설가 줄리언 반스는 작품 속 등장인물의 입을 빌려 '역사는 부정확한 기억이 불충분한 문서와 만나는 지점에서 빚어지는 확신'이라고 비꼬았습니다. 나폴레옹은 '역사라는 건 고작해야 많은 이들이 동의하는 우화일 뿐'이라고 냉소했습니다. 굳이 물 건너갈 것도 없습니다. 미술사가 유홍준은 '승자는 역사 속에서 정사라는 이름 아래 허구를 치장하겠지만 패자는 야사 속에서 위대한 전설을 남길 것'이라고 일갈했습니다. 승자는 생존하고 패자는 절멸합니다. 승자는 생존하여 기록을 남기고 패자는 절멸하니 손에 펜을 쥘 여가조차 없습니다. 투박한 이분법이지만, 대체로 인류의 역사 기록은 그래 왔지 않나 싶습니다. 그러니까 패자를 응원하는 문장들이 호소력을 가지는 것이기도 할 테지요.

음악사는 어떨까요? 흔히들 음악은 '만국 공통의 언어'라고 하니 여기서까지 굳이 승자와 패자를 나눌 필요가 있을까 싶습니다만, 안타깝게도, 그러나 충분히 예상 가능합니다만, 음악사에서조차 승자와 패자의 구분은 뚜렷했습니다. 같은 시대, 같은 지역 내에서도 지배 계급의 음악과 민중 계층의 음악이 뚜렷이 나뉘곤 했고 녹음 기술, 이동 수단과 통신 수단의 발달로 음악이 국경을 수월히 넘을 수 있게 된 뒤에는 소수의 국가와 특정 문화권이 향유하는 음악이 세계의 음악 담론을 독점하다시피 하는 현상이 오랫동안 이어졌습니다. 훌륭한 음악은 계급과 국경, 인종을 초월하여 청자의 고막과 심금을 울리는 것이라는데, 생각해보면 납득하기 어려운 일이기도 합니다.

지금까지 여러 종류의 음악사 입문서를 읽고 접해보았지만, 로버트 필립이 쓴 이 책이 유독 빛나는 지점이 있습니다. 바로 비유럽권 음악에도 상당한 분량을 할애하는 미덕을 갖고 있기 때문입니다. 이 책이 특별히 반가운 이유입니다. 지금까지 시장에는 제목에 '음악사' 운운해놓고 정작 책장을 펴보면 내용은 '서양 음악의 역사' 혹은 '유럽 음악의 역사'인 책이 많았기 때문입니다. 지역적으로 아프리카 대륙, 아랍 문명권, 인도, 동아시아 음악뿐만 아니라, 장르 면에서도 클래식과 전통음악뿐만 아니라 록과 재즈, 케이팝까지 훑습니다.

이 책이 지닌 또 하나의 미덕은 솔직함입니다. 저자는 이 책이 객관적인 역사서라고 주장할 생각은 아예 없는 것 같습니다. 제목에 붙은 부정관사 'a'가 힌트입니다. 저술 가능한 수많은 역사 기록 중 하나임을 아예 시원하게 밝히는 것입니다. 그렇다면 이 책은 누구도 이견을 달 수 없는 '더 히스토리The History', 즉 결정판 역사가 아니라 음악사를 바라보는 하나의 관점과 견해에 가깝겠습니다(이는 예일 대학교 출판부가 기획한 'A Little History' 시리즈에 일관되는 지향점이기도 합니다).

　음악의 역사를 단 몇백 쪽의 책에 모두 정리하겠다는 건 누구에게도 불가능한 과업이며, 설령 수십 권짜리 전집의 지면을 모두 내어준다 해도 끝내는 부족할지 모릅니다. 어떤 이야기에 빛을 비추고, 어떤 인물의 달성에 귀를 기울이고, 또 어떤 사건의 의미를 어떻게 평가해야 할지는 모두 저자의 선택이고, 우리 독자들은 일단 그 선택을 따라갈 수밖에 없습니다. 그러나 이 책은 그 자체로 해답이 있는 도달점이자 지향점이 되고자 하진 않습니다. 대신 저자는 문지기 역할이랄까, 최소한의 방향만 일러주는 안내자 역할에 만족합니다. 문지기의 손가락이 가리키는 곳에는 마흔 개의 이야기가 있습니다. 마치 도약대와도 같은 이야기들입니다. 시대순으로 배열된 이들 이야기는 특정 시기와 특정 지역의 음악에 관해 어렵지 않은 표현으로 차례차례 우리에게 말을 겁니다.

　이런 책의 특성상 '수박 겉 핥기' 식이 될 수밖에 없는 한계는 어쩔 수 없을 것입니다. 그러나 수박 겉 핥기면 또 어떻습니까? 중요한 건, 내가 핥은 수박이 참 맛있겠구나 하는 희망과 기대감을 독자들에게 심어주는 것이 아닐까요? 독자가 수박을 갈라 그 빨간 과육을 맛보고 싶게 만들 수만 있다면, 일단 이 책이 스스로에게 부과한 가장 중요한 임무는 완수했다고 봐야겠지요. 여러분 앞에 지금 커다란 수박이 있습니다. 음악의 역사라는 수박이요, 음악이라는 수박입니다. 베어 먹기 좋게 길쭉하게 썰어서 접시 위에 올려도 좋고 얼음을 넉넉히 띄운 화채를 만들어도 좋습니다. 아무튼 평생 먹어도 다 못 먹을 만큼 거대한 수박입니다. 제가 번역자로서 여러분보다 조금 앞서 이 수박을 핥아보고 다부진 꿀밤을 먹여보았습니다. 통통통, 소리가 맑은 것이 제대로 고른 것 같습니다. 모쪼록 맛있게 드시길 빕니다.

2025년 늦봄과 초여름의 사이에

이석호

마르크스, 카를(Marx, Karl) 334
마리 앙투아네트(Marie-Antoinette, Queen of
     France) 217
마블렛츠(Marvelettes, The) 358
마쇼, 기욤 드(Machaut, Gillaume de) 113~4,
     117, 118
마스카니, 피에트로(Mascagni, Pietro) 313~4
마신, 레오니드(Massine, Léonide) 308
마오쩌둥(毛澤東) 294, 369
마이닝겐 궁정 오케스트라(Meiningen Court
     Orchestra) 271
마이스터징거(Meistersinger) 139, 165
마이어베어, 자코모(Meyerbeer, Giacomo)
     250, 252~3
마캄(maqam) 46~7, 95, 176, 291, 292
마케바, 미리엄(Makeba, Miriam) 375
마틴, 조지(Martin, George) 352
마호메트(Mohammed, 예언자) 42
만토바(Mantua) 126, 157, 159, 185
만하임(Mannheim) 224~5, 230, 233, 268
  '만하임 크레셴도(Mannheim Crescendo)'
     224~5
말러, 구스타프(Mahler, Gustav) 255, 270,
     299~300
말러, 알마(Mahler, Alma) 300, 303
말리(Mali) 65, 66, 67
말리, 밥(Marley, Bob) 363~4
망게슈카르, 라타(Mangeshkar, Lata) 293
매카시, 조지프(McCarthy, Joseph) 343~4
매카트니, 폴(McCartney, Paul) 347, 349~50
매켄지, 스콧(McKenzie, Scott) 360
매클루언, 마셜(McLuhan, Marshall) 367
맥도웰, 에드워드(MacDowell, Edward) 275
맥밀런, 제임스(MacMillan, James) 380
맥밀런, 해럴드(Macmillan, Harold) 351
맬컴 엑스(Malcolm X) 359
머큐리상(Mercury Prize) 364
메뉴인, 예후디(Menuhin, Yehudi) 371
메디치, 로렌초 데(Medici Lorenzo de')
     118~9, 156~7
메리 1세(Mary, Queen of England) 144

메리 스튜어트(Mary Queen of Scots) 146
메소포타미아(Mesopotamia) 20, 27, 29~31,
     32~4, 36, 42, 43, 45, 48, 50, 55, 57, 64,
     84, 101, 135
메시앙, 올리비에(Messiaen, Olivier) 345
메이, 테레사(May, Theresa) 364
메케넴, 이스라헬 판(Meckenem, Israhel van)
     132
멕시코(Mexico) 76~8, 149, 150~3
멕시코시티(Mexico City) 151
멘델스존, 펠릭스(Mendelssohn, Felix) 201,
     245~6, 259, 264, 280
멩엘베르흐, 빌럼(Mengelberg, Willem) 270
면죄부(indulgence) 111, 140
모그 신시사이저(Moog Synthesizer) 340~1
모더니즘(modernism) 305~6, 368, 380
모던 재즈 쿼텟(Modern Jazz Quartet) 333
모라비아(Moravia) 280~1, 283
모레스키, 알레산드로(Moreschi,
     Alessandro) 193
모리슨, 리처드(Morrison, Richard) 382
모스크바(Moscow) 259
모차르트, 레오폴트(Mozart, Leopold) 235~6
모차르트, 마리아 안나(Mozart, Maria Anna,
     '난네를Nannerl') 236, 263
모차르트, 볼프강 아마데우스(Mozart,
     Wolfgang Amadeus) 201, 217~8, 224,
     226, 228, 229, 234~8, 239, 241, 243, 244,
     245, 248, 249, 259, 262, 263, 278
모차르트, 콘스탄체(Mozart, Constanze) 238
모타운(Motown) 358
모테트(Motet) 108~9, 117~8, 123
목테수마 2세(Moctezuma II) 77~8, 150
몬태규 공작(Montagu, 2nd Duke of) 215
몬태규 공작부인(Montagu, Duchess of) 215
몬테베르디, 클라우디오(Monteverdi,
     Claudio) 159~60, 161, 162~3, 166, 185,
     222, 345
몰리, 토머스(Morley, Thomas) 168, 177
몰리에르(Molière) 163, 172
몽즈루, 엘렌 드(Montgeroult, Hélène de) 262

음악의 역사

초판 1쇄 인쇄 ┃ 2025년 6월 13일
초판 1쇄 발행 ┃ 2025년 6월 27일

지은이 ┃ 로버트 필립
옮긴이 ┃ 이석호
펴낸이 ┃ 박남숙

펴낸곳 ┃ 소소의책
출판등록 ┃ 2017년 5월 10일 제2017-000117호
주소 ┃ 03961 서울특별시 마포구 방울내로9길 24 301호(망원동)
전화 ┃ 02-324-7488
팩스 ┃ 02-324-7489
이메일 ┃ sosopub@sosokorea.com

ISBN 979-11-7165-026-2 03670
책값은 뒤표지에 있습니다.